KB265627

朱子封事

Jujabongsa : The Collection of Zhu Xi's Political Opinion on Sung Society

Association for Research on Zhu Xi's Thought

연세국학총서 90

朱子封事

朱子思想研究會 譯

혜안

머리말

이『주자봉사(朱子封事)』역주본은 주자사상연구회 공동작업의 세 번째 결실이다. 강독을 통한 번역 작업에는 모든 회원이 참여하였지만 역주 작업의 최종 정리 작업은 아홉 분이 분담하여 해주셨다. 원고는 이미 수년전 작성되어 있었지만 좀 더 신중을 기하고자 한 점에 더하여 회원들의 개인적 사정이 겹쳐져서 출간이 지연되었다.

주희의 저술 가운데 봉사(封事)만을 따로 떼어내어 한 권의 책으로 편집, 간행한 것은 동아시아 삼국 가운데 조선의 특이한 현상이다. 이것은 '조선주자학(朝鮮朱子學)'이 성립된 이후 당시 조선 사회가 직면한 여러 문제에 대한 해결책을 주희의 봉사에서 찾고자 한 데에서 기인한 것으로 생각된다. 율곡 이이를 비롯하여 우암 송시열 등이 여기에서 많은 영향을 받았으며 국왕 영조와 정조 역시『주자봉사』를 경연의 자료로 이용하였다.

특히 우암 송시열 같은 분은 당시 조선이 처한 상황을 금나라의 압박을 받고 있었던 남송(南宋)과 매우 유사하게 생각하면서 주희의 '내수외양적(內修外攘的) 개혁(改革)'만이 조선을 구할 수 유일한 있는 방책이라고 생각하였다. 이런 점에서 보면 반계 유형원과 같은 실학자만큼 철저하지는 않았지만 송시열은 당시로서는 개혁론자이었다. 이것은 송시열이 나름대로 주희를 철저히 따르고자 한 데에서 비롯된 것이라고 하겠다. 본 역주서의 간행이 조선주자학과 주자학 자체를 이해하는 데에 도움이 되기를 기대한다.

최근 우리 주자사상연구회는 회원들의 개인적 사정 등이 겹쳐 활동이 활발하지 않게 되었다. 본서 출판을 활동 재정비와 활성화의 계기로 삼고자 한다. 아울러 본서는 주자사상연구회의 출범을 이끄셨던 고 김준석 교수님의 9주기를 추모하는 의미를 갖는다.

이 책이 만들어지는 과정에서 연세대학교 국학연구원의 연구비 지원을 받았다. 오랫동안 출간을 기다려준 국학연구원에 깊이 감사드린다.

본 역주서에 대하여 자세한 해제를 써주신 정호훈 선생, 교열 작업을 도와주신 이봉규·서대원 두 분 선생님, 주자사상연구회의 공동작업의 결과를 세 번째로 내어주시는 오일주 도서출판 혜안 사장님 그리고 꼼꼼한 교정과 깔끔한 편집을 하여 주신 출판사의 여러 선생님들께도 감사의 말씀을 드린다.

2011년 4월 26일 수원 梅山路 寓居에서
조성을 삼가 쓰다

목 차

일러두기

1 이 책은 조선후기에 나온 『주자봉사』를 모두 번역하고 주석을 가하였다. 번역 대본은 규장각 소장본[奎中603]이다.

2 제 1권부터 제 4권까지 실린 봉사(封事)와 주차(奏箚)를 9명이 분담하여 번역하였다. 내용과 문체, 각주를 다는 방식에서 번역자별로 차이가 있었다. 번역문의 끝 부분에 번역자의 이름을 밝혀 두었다.

3 각주는 이항로(李恒老 : 1792~1868)·이준(李埈) 부자가 퇴계 이황 이래 조선 학자의 주석을 총정리한 『주자대전차의집보(朱子大全箚疑輯補)』(121권 70책, 연세대 소장, 초고본)를 참조하여 달았다. 각주에서 제시한 주요한 출전의 약호(略號)와 그 저자는 다음과 같다. 『箚疑』(宋時烈)『箚補』(任聖周)『刊補』(李栽)『翼增』(洪儀泳)『同異考』(韓元震)『雜識』(閔遇洙) 『管補』(金近淳)『標補』(金邁淳)『箚補』(金敏材, 姜始煥 부자)

4 각 글의 본문 앞에 '해제'를 달아, 상소가 만들어진 연도, 그 담고 있는 내용 등을 간략하게 소개하였다.

5 책의 끝 부분에 『주자봉사』의 원문을 제시하여 번역문과 함께 볼 수 있도록 배려하였다.

6 원문의 교감은 1771년판 『주자대전(朱子大全)』과 1996년 사천교육출판사(四川敎育出版社) 판 『주희집(朱熹集)』을 활용하였다.

조선후기 『주자봉사(朱子封事)』의 간행과 활용

1. 『주자봉사』의 구성과 내용

『주자봉사』는 송대 학자 주희(朱熹, 1130~1200)가 관료로 재직 중 군주에게 올렸던(혹은 올리려 했던) 봉사(封事), 주차(奏箚), 차자(箚子) 등의 글을 묶은 작은 책자로, 모두 33편이 4권 체재로 담겨 있다. 책 제목을 '봉사'로 삼았으나 실제 실려 있는 것은 봉사와 주차, 차자 등 다양한 형식의 글이다. 1권과 2권에는 봉사 5편을 실었고, 3권과 4권에는 주차 20편, 차자 8편을 수록했다. 글이 작성된 시기를 구분하지 않고, 봉사를 먼저 선보이고 주차와 차자를 뒤에 소개한 구성이다. 물론, 봉사와 차자, 주차는 각기 작성된 순서대로 배열되어 있다. 봉사, 주차, 차자는 모두 특정한 주제에 대해 군주에게 의견을 개진한 상소문이었지만, 그 형식에서 서로 구별되었다. 봉사는 자신의 의견을 담아 밀봉해서 올리는 상소문을 지칭했고, 차자는 특정 사안에 대해 간략하게 자신의 의견을 개진한 글을 의미했다. 주차는 차자 가운데, 군주를 직접 만나 그 면전에서 자신의 의견을 진술하며 올린 글을 말한다.

『주자봉사』에 수록된 상소문은 주희의 문집에 있는 상소문의 일부이다. 다만, 그 체재는 주희의 문집에 실려 있는 것을 그대로 옮긴 것이다. 주희의 문집은 모두 100권으로 구성되어 있으며,[1] 주희가 관료로 재직하는 시절에

---

[1] 주희의 문집은 그의 생전에 정리되어 나오기도 했는데, 사후에 여러 차례 다양한

작성했던 봉사, 주차, 차자, 의장(議狀) 등 수백 편에 가까운 글들은 『주자대전』 권11부터 권23까지 실려 있다. 그 가운데 권11과 12에서는 봉사 5편을 실었고, 권13, 14에서는 주차·차자 28편을 실었다. 강의(講義)·의장·차자(권15), 주장(奏狀 : 권16~19), 신청(申請 : 권20~21), 사면(辭免 : 권23) 등의 글은 권15부터 권23까지 실려 있다. 『주자봉사』는 여러 글 가운데 권11과 12에 실린 봉사와 권13과 14의 주차·차자를 『주자봉사』라는 이름으로 같이 묶은 것이다. 이것은 거질의 주희 문집에서 주희의 주요 상소문만을 이용하기 쉽게 별도의 책으로 만든 것이라 할 수 있을 것이다. 말하자면 『주자봉사』는 주희의 여러 글 가운데 일부를 추려 엮은 일종의 상소문 선집이었다.

　『주자봉사』는 주희의 관직생활의 산물로, 주희 정치사상의 핵심을 담고 있다고 할 수 있다. 주희는 20세 후반, 천주(泉州) 동안현(同安縣)의 주부(主簿)를 시작으로 60대 후반까지 크고 작은 내외의 관직을 거쳤다. 1162년 33세 되던 해의 감남악묘(監南岳廟), 1179년의 남강군지사(南康軍知事), 1181년의 제거양절동로상평다염공사(提擧兩浙東路常平茶鹽公事－浙東提擧), 1187년의 강남서로제점형옥공사(江南西路提點刑獄公事－江西提刑), 1190년의 장주지사(漳州知事), 1193년의 담주지사(潭州知事), 형호남로안무사(荊湖南路安撫使), 1194년의 환장각대제겸시강(煥章閣待制兼侍講) 등이 그가 역임했던 주요 관직들이다.[2]

이름으로 간행되었다. 1996년 郭齊·尹波가 點校하여 중국 四川敎育出版社에서 간행한 『朱熹集』은 중국에서의 역대 판본을 총정리한 교감본으로, 正集 100권, 續集 11권, 別集 10권, 遺集 3권, 外集 2권으로 구성되어 있다.

조선에서는 1575년(선조 8) 柳希春·趙憲이 교정한 주희의 문집을 처음 간행하였다. 이후, 1771년(영조 47) 이전에 간행된 주희 문집을 보완한 『朱子大全』을 전주에서 전라감사 尹東昇의 주도로 출판하였다. 이 책은 洪啓禧가 중국에서 새로 구입한 자료를 활용, 이전 유희춘이 교정했던 주희의 문집을 교정하고 여기에 새로운 자료를 덧붙여 편집해 두었던 것을 영조의 명을 받아 간행한 것이었다. 1771년에 나온 『주자대전』은 原集 100권, 續集 11권, 別集 10권에 주희의 글로 판단되는 자료를 묶은 遺集 2권, 그리고 주희와 연관된 자료를 모은 附錄 12권으로 구성되어 있다. 조선에서의 『주자대전』의 간행과 유통을 확인하기에 매우 중요한 자료이다.

대체로 50대와 60대에 활발하게 관직 활동을 했던 것을 볼 수 있다. 황간이 행장에서 "선생은 남강의 지사가 되고 절동의 감찰칙사가 되어서 처음으로 그가 배운 학문을 실천할 수 있었다"고 한 대로 그는 50세를 넘어 본격적인 관료 생활을 경험했으며, 그 생활을 통하여 그의 평소의 생각을 정치의 현장에서 구체적으로 실천했다. 이 시기에 지은 글들은 그의 사상과 송(宋) 사회의 현실을 접맥하고 있기에, 그가 작성한 어떤 종류의 글보다 핍진하고 현실감 넘쳤다.

주희의 관료로서의 생활은 비교적 단순했고, 실제 업무를 수행했던 기간 또한 짧았다. 여기에는 여러 이유가 있었지만, 학문에 집중하고자 하는 의지는 그가 관직 생활에 매진하지 않게 된 주된 요인의 하나였을 것이다. 주희의 삶은 성리학을 연구하고 제자를 기르는 일과 관직에 나아가 관료로서 생활한 것으로 나눠지지만, 실제 그의 삶에서 중심을 이루는 것은 전자였다. 생애 대부분의 시간을 그는 향리에 우거하며 학문에 매진하고, 많은 학자와 만나 교류하며 제자를 길렀다. 공부에 전념할 수 있는 시간과 공간을 확보하고 문제의식을 심화·확장할 수 있는 인적 연결망을 단단하게 구축, 그 누구보다 강도 높은 강학 활동을 수행해 나갔던 것이 주희의 삶이라고 할 수 있다. 주희가 송나라에서 다양한 색채로 성장하고 있었던 새로운 학문 성리학을 자신의 관점에서 창조적으로 집성하는 것이 가능했던 것은 이러한 생활이 밑받침되었기 때문일 것이다.

말하자면, 관직 생활은 될 수 있는 한 피하고자 했었던 것이 주희의 의지였는데, 평생 스스로 실무를 맡는 관직보다는 봉사(奉祀)의 직을 더 원한 것도 이러한 사실과 연관이 된다. 봉사직은 사록관(司祿官)이라고도 하며, 도교의 사원인 궁관(宮觀)과 오악(五嶽)의 사묘(祠廟)를 관리하는 것이 주 임무였다. 나라에서 주는 녹만 받고 실제로 맡은 책임은 없는 일종의 무임직인 셈이었다.

---

2) 黃幹, 『勉齋集』 부록, 「朱子行狀」 ; 미우라 쿠니오 지음/ 김영식·이승연 옮김, 『인간 주희』 연표, 창작과비평사, 1996 참조.

주희는 이 일을 젊었을 적부터 자원하여 수행했다. 최초의 관직 경험이었던 4년간의 동안현 주부를 마친 뒤 주희는 사록직을 맡기를 원하였고, 그 결과 감남악묘(監南岳廟)에 임명되었다. 이후 여러 차례 내외의 관직을 맡기도 했지만 그 기간은 얼마 되지 않았으며, 대부분 사록직을 요청하고 이를 수행하였다. 그의 관직 생활은 사록직과 내외 관직을 번갈아 가며 이루어졌다고 할 수 있을 것이다.3) 그의 제자 황간이 행장에서 "50년간 네 명의 황제(고종·효종·광종·영종)를 섬겼는데, 지방관으로서 외지로 나간 것은 겨우 9년, 조정에 섰던 것은 단 40일 뿐이었다. 도란 이처럼 행하기 어려운 것이다."4)라고 하여 주희의 짧은 관직 생활, 그리고 이로 인한 그의 의지 실현의 어려움에 대해 안타까워하는 마음을 드러내고 있었으나, 어떤 면에서 본다면 짧은 관직 생활은 주희의 의도대로 된 점도 다분히 있었다.

실무를 담당·집행했던 관료로서의 생활이 짧았다 할지라도 이것이 주희에게서 가지는 의미는 적지 않았다. 주희는 이 시간을 자신이 구축한 학문을 실천하는 중요한 계기로 생각했다. 그는 자기에게 주어진 직분에 최선을 다했으며, 주요한 국면 국면마다 남송 사회가 안고 있는 현안을 정리하고 이를 타개할 수 있는 방안을 자신의 사상을 근거로 마련, 군주에게 적극 개진했다.

주희가 관직에 나아가 있는 동안 남송 국가를 다스렸던 군주는 고종(高宗), 효종(孝宗), 광종(光宗), 영종(寧宗) 등 모두 4명이었다. 이들은 금나라의 중국 침략으로 국도를 양자강 남쪽으로 옮겨 새로이 출발한 남송(南宋)의 초기 군주들로, 위기에 빠진 국가 질서를 재정비하고 안정시켜야 하는 한편으로

---

3) 주희가 관료 생활을 하는 동안 남송 국가를 다스렸던 군주는 高宗, 孝宗, 光宗, 寧宗 등 모두 4명이었다. 군주의 개인적인 취향과 성격을 비롯, 각 군주 치세 기간 동안의 정세가 상이했고, 또 주희를 둘러싼 주위 환경이 군주별로 변했던 까닭으로 네 군주와 주희 개인의 관계는 다르게 나타났다. 주희는 네 군주 가운데 효종과 영종 두 사람과 긴밀한 관계를 유지했던 것으로 보인다.
4) 黃幹, 『勉齋集』 부록, 「朱子行狀」.

금나라로부터 오는 위협을 적절히 풀어가야 하는 중차대한 과제를 안고
있었다. '이적(夷狄)'의 나라 금에게 복수하고 잃어버린 양자강 북쪽의 땅을
찾아야 한다는 많은 사람들의 여망 또한 이들이 진 무거운 짐이었다. 정세가
엄중했고, 이에 대응하여 최고 정치지도자로서의 군주가 짊어진 과제 또한
막중했다.

그런 만큼 정국 운영과 연관된 여러 정치세력의 갈등 또한 다양하게 표출되
었는데, 이 과정에서 군주도 변화의 소용돌이 속에 휩싸여 있었다. 50여
년간 고종에서 영종에 이르기까지 4명의 군주가 등장한 것은 그러한 복잡한
상황의 예증일 것이다. 주희는 기회가 닿는 한, 한편으로는 이들 군주에게
그들이 맡은 책무를 일깨우며 또 한편으로는 그러한 현실을 타개할 수 있는
사회경제적 방책을 구체적으로 제시하고자 했다. 그리고 그 직접적인 표현이
상소문이었다. 다음 자료는 『주자봉사』에 실린 상소문들의 기본 정보다.

『주자봉사』에 수록된 상소문의 제목과 내용

권	제 목	작성 연도 (나이)	작성 시 관직	내 용	비 고
1	壬午應詔封事	1162년 (33세)	監南嶽廟	(고종 양위) 孝宗 즉위 직후 求言敎에 응한 글 '帝王學'을 익히고, '內修外攘'의 정책을 확정하며, '정치의 本原': 중앙조정에 주의를 기울여야 함	『주자대전』 권11 수록
	庚子應詔封事	1180년 (51세)	知南康軍	민생 안정을 위해 과중한 세금을 줄이고 군정 정비해야 함	〃
	繳進奏疏狀	1180년 (51세)	〃		〃
	戊申封事	1188년 (59세)	直寶文閣 主管西京崇山崇福宮	6가지 현안과 정치의 근본	〃

	己酉擬上封事	1189년 (60세)	秘閣修撰官	새로 즉위한 광종이 군주로서 시행해야 할 9항목의 일	『주자대전』 권12 수록. 광종 즉위년에 작성
2	甲寅擬上封事	1194년 (65세)	潭州知事	효종에 대해 광종이 효를 돈독히 실천할 것을 주장. 효는 국가 기강의 근간	『주자대전』 권12 수록
	乙卯擬上封事				『주자대전』 권12 수록 *이 상소문은 제목만 달려 있으며, "文不錄"이라 하여 원문을 싣지 않았다.
	癸未垂拱奏箚 (一~三)	1163년 (34세)	監南嶽廟	효종 즉위년에 효종을 만나 올린 글. 제왕학, 주전론, 언로확대, 측근 제거를 논함	『주자대전』 권13 수록
3	辛丑延和奏箚 (一~七)	1181년 (52세)	南康軍知事 -浙東提擧	1~2: 군주의 마음을 바로잡는 문제 3~5: 절동지역의 기근구제 6~7: 남강군 지사 이후의 일	『주자대전』 권13 수록 -1, 2의 주차의 경우, 주희가 몸소 써서 내용의 누설을 방지함
	戊申延和奏箚 (一~五)	1188년 (59세)	江西提刑	1: 소송사건 2: 옥관의 인선 3: 경총제전 문제 4: 지방의 형벌 부과 5: 군주의 성의 정심	『주자대전』 권14 수록
	甲寅行宮便殿奏箚(一~五)	1194년 (65세)	煥章閣待制兼侍講	1: 광종에게 효도를 다할 것 2: 爲學의 도 3: 호남의 재정운용을 위하여 관리 임원 감축 4: 소주의 군사 정비 5: 潭州 성벽 수축	『주자대전』 권14 수록 -영종 즉위 후 작성
4	乞進德箚子	1194년 (65세)	〃	제왕학의 근본	『주자대전』 권14 수록
	乞不以假故逐日進講箚子	1194년 (65세)	〃	경연을 부지런히 할 것을 요청	〃
	乞差官看詳封事箚子	1194년 (65세)	〃	後省의 관리들에게 봉사를 제대로 살피게 해야 함	〃
	乞瑞慶節不受賀箚子	1194년 (65세)	〃	광종 상중에 영종의 탄생 축하연을 하지 말 것, 그리고 孝治의 정치 주장	〃
	經筵留身面陳四事箚子	1194년 (65세)	〃	군주의 절약 생활, 수강궁 문안 예 준행 등 4가지	〃

4	乞災異箚子	1194년 (65세)	〃	恐懼修省하여 災異를 구함	〃
	乞令看詳封事官 面奏箚子	1194년 (65세)	〃	봉사문을 관료들이 제대로 살피도록 요청	〃
	乞討論喪服箚子 書奏藁後	1194년 (65세)	〃	영종이 조부인 효종의 상에 아버지 광종을 대신하여 3년상을 치르는 의미	〃
	乞脩三禮箚子	1194년 (65세)	〃	『의례경전통해』를 완성하기 위한 자료 및 거기에 소요되는 경비 요청	〃

『주자봉사』에 실린 봉사, 차자, 주차는 작성된 시점이 다르고, 그 담고 있는 내용 또한 다양했다. 시간이 흐르며 군주가 바뀌고 정국이 변화하였으며, 정치적으로 풀어야 할 지방 사회의 현안 또한 복잡했기에 상소문마다 주장하는 내용이 일률적이지 않았다. 『주자봉사』의 여러 상소문들을 평면적으로 파악하기에 곤란한 점이 있는 것이다. 하지만 이 책에 실려 있는 글들은 몇 가지로 분류하여 그 특징을 살필 수 있다. 일단, 작성 시기에 따라 크게 다음과 같이 세 경우로 나누어 볼 수 있다.

첫째, 효종대 작성한 글이다. 주희는 효종 즉위 후부터 20여 년 동안 효종에게 3차례 봉사를 올리고 3번 만나 차자를 올렸다. 주희는 효종에게 정치적으로 큰 기대를 걸었고, 효종 또한 주희로부터 많은 조언을 청취하려 하였다. 「임오응조봉사」, 「계미수공주차」, 「경자응조봉사」, 「신축연화주차」, 「무신연화주차」, 「무신봉사」 등이 효종에게 올린 글들이다.

둘째, 광종 즉위 후 작성한 글이다. 「기유의상봉사」, 「갑인의상봉사」 등을 들 수 있다. 두 상소문 모두 작성만 했지 직접 올리지는 않았다.

셋째, 영종에게 올린 글이다. 주희는 영종 즉위 후 환장각대제겸시강으로 임명되어 영종 바로 옆에서 일을 했다. 재직했던 시간은 40여 일에 불과했지만 주희는 이때 다양한 주제로 여러 차례 영종에게 글을 올렸다. 그 내용 또한 풍부하다. 매우 의욕적으로 자기에게 주어진 직분을 다하였음을 짐작할 수 있다. 「갑인행궁편전주차」, 「걸진덕차자」, 「걸재이차자」 등이 이때 작성된 글들이다.

한편, 이 책에 실려 있는 상소문들은 그 담고 있는 내용, 주제 등과 연관하여 두 측면으로 나누어 살필 수 있다. 하나는 국왕의 구언교에 응하여 작성하거나 혹은 국왕을 직접 만나 진술한 것으로, 이들 글에서는 대체로 제왕학의 근본, 그리고 남송이 처한 현실 문제를 타개할 수 있는 근본 대책을 다루고 있다. 여기에는 효종 즉위년에 올린 「임오응조봉사」, 「계미수공주차」가 있다. 다른 하나는 지방관으로 재직하며, 실제 그 지방의 사회경제적 현안 문제를 발견하고 이에 대한 정치적 대책을 제시했던 경우이다. 「경자응조봉사」, 「신축연화주차」 등이 여기에 속한다.

전자의 경우는 제왕학 전반에 관한 문제를 다루므로 지방의 구체적인 현안과는 거리를 둔 내용이 많다. 후자의 여러 상소문, 주차는 사회 정치적 현안을 매우 구체적으로 살피고 있다. 그러나 그 언급하는 내용은 주희가 지방관을 맡았던 특정 지방의 사안에 국한되어 있다는 느낌을 준다. 양자는 주희의 현실인식, 정치사상의 한 단면을 각기 담고 있는 셈이다. 서로 비교하며, 포괄하여 살필 필요가 있다.

주희의 상소문 속에 담겨 있는 그의 생각은 다음 몇 가지로 추려볼 수 있다. 첫째, 군주의 제왕학에 관한 논의이다. 주희는 정치가 제대로 이루어지기 위해서는 군주에게 필요한 학문[제왕학]을 익혀야 한다고 강조했다. 그가 주장한 바 제왕학이란 고대의 명철한 성인으로부터 전래된 것이며 노자사상과 불교와는 상관이 없었다. 주희는 정치의 성패는 군주의 한 마음[心]에 달려 있으므로 군주의 마음을 바로 잡는 것이 무엇보다 중요하며, 이를 위해서는 『대학』의 방법론에 따라 '격물치지(格物致知)', '성의정심(誠意正心)'의 공력을 쌓아야 한다고 주장했다.

둘째, 주희는 '내수외양(內修外攘)'의 정책을 확정하고 이를 밀고나가야 한다고 보았다. 금나라와는 어떠한 타협도 불가함을 밝혀 화의론의 싹을 자르고 주전론을 확립하려는 것이었다. 주희는 송나라가 금나라에 당한 치욕을 씻어 복수하고 또 잃어버린 땅을 되찾는 것이 남송 최대의 국가적 과제이므로 이 과제를 수행하기 위해 국정 운영의 모든 것을 집중해야 한다고 생각했다.

셋째, 국가 운영의 정상화를 위해 기강을 바로 잡아야 한다고 했다. 이때 기강은 중앙의 재상으로부터 지방의 수령에 이르기까지의 군현제적 질서를 정비하는 문제로 강조되었다. 군현제를 근간으로 하는 집권 체제를 무리 없이 운영하기 위해 주희는 어떤 방안을 구상하고 있었던가를 살필 수 있다.

넷째, 농민을 비롯한 지방민의 삶을 구휼하기 위해서는 부세제도의 운영을 개선하고 군정 상의 폐단을 바로 잡는 조치가 시급히 내려져야 한다고 보았다. 경제전(經制錢)·총제전(總制錢)의 감하, 군액의 감축, 군량미의 정확한 확보 등의 문제가 주로 거론되었다.

다섯째, 농민 경제의 개선과 농민의 삶의 안정을 위해서는 사창제(社倉制)를 적극 시행할 필요가 있다고 주장했다. 주희는 관으로부터 관곡(官穀)을 빌린 뒤, 이를 사대부가 주축이 되어 춘궁기에 곡식을 필요로 하는 농민에게 대여하고 추수 후에는 이자를 붙여 받아들이는 방식으로 운용, 몇 해만에 대부받은 관곡을 돌려주고 독자적으로 사창을 운영할 수 있는 자산을 확보했던 자신의 경험을 원용하여, 지방의 사대부들이 주축이 되어 자율적으로 운영하는 사창제를 실시하자고 했다. 관의 힘을 빌리면서도 사대부의 자율적 운영에 기초하여 농민 경제의 안정을 도모하는 특징을 가지는 방안이었다.

요컨대, 『주자봉사』에 수록된 여러 글들은 남송 사회의 정치적 현안을 파악하고 이에 대해 나름의 적절한 대책을 제시하고자 했던 주희의 고심어린 산물이었다. 주희는 자신이 익힌 사상·학문을 근거로 그가 살았던 현실의 문제를 보았고 또 이와 연관하여 대응책을 강구했다. 주희의 학문과 정치적 실천의 삶이 온전히 결합되어 이들 글 속에 용해되어 있었다 할 것이다. 그것은 조선의 관료들이 그의 봉사문·상소문에 대해 평한 바 그대로일 것이다. "『주자봉사』에서 이르길, '정치를 행하는 근본은 학문에 있으며, 학문의 실효는 정치에 나타나니, 학문과 정치는 상호 표리가 된다'고 했다."[5]

2. 17세기 『주자봉사』와 『주자봉사차의(朱子封事箚疑)』

주희의 문집에 실린 상소문 가운에 일부를 활용, 독립된 책자로 만든 『주자봉사』는 조선에서 간행되어 유통된 책이었다. 그런 점에서 이 책은 조선 사회와 조선 학계 고유의 개성을 그 자체 담고 있다고 할 수 있다. 주자학을 기저로 세계를 이해하는 근본 사유를 세우고 또 사회 운영의 원리를 모색하고자 했던 조선의 양반 지식인들은 주희의 사상을 담고 있는 다양한 책들을 익혔거니와, 주희의 상소문만을 모은 『주자봉사』를 별도의 책으로 직접 간행, 주자학 학습의 한 도구로서 활용하고자 했던 것이다. 『주자봉사』는 동아시아 학술계로서는 찾아보기 힘든, 조선의 역사적 개성을 잘 보여주는 사례라 하겠다.

이 책이 조선 사회에 처음 출현한 시기는 현재로서는 17세기 중엽, 효종~현종대로 확인된다. 이는 이 무렵 간행된 『고사촬요(故事撮要)』에 4권 체재의 『주자봉사』가 출판되어 있다는 내용에서 확인할 수 있다.[6] 어숙권(魚叔權)이 편집한 『고사촬요』는 명종대에 처음 간행된 이후, 선조대 이후로 내용을 보완하며 여러 차례 복간되었다. 새로 수정된 간본에는 수정 간행될 당시의 새로운 현실을 어느 정도 담고 있었다. 현종대 이전의 판본에 『주자봉사』에 관한 정보가 실려 있지 않다가 현종대 간행본에서 비로소 이 내용이 나오는 것으로 보아, 이 무렵 이 책이 조선 사회에서 출판되었음을 알 수 있다.

---

5) 『승정원일기』 영조 25년 1월 28일(丁丑), "朱子封事曰, 行政之本, 在於學, 爲學之效, 見於政, 學與政, 相爲表裏矣."

6) 『故事撮要』(3권본). 『고사촬요』는 처음에는 불분권 단책이었다가 영조대에는 5권 체재로까지 확대되어 간행되었다. 현종대에 나온 책자는 3권본이다.

물론 이 책에 실려 있다고 해서 『주자봉사』가 이때에 만들어졌다고 단정하는 것은 무리지만, 일단 이와는 다른 시기에 『주자봉사』가 간행되었다는 사실을 확인할 수 없으므로 잠정적으로 이 무렵에 처음으로 이 책이 나온 것으로 추정하고자 한다.7) 이때의 『주자봉사』를 누가 혹은 어떤 기관에서 만들었는지, 그 실려 있는 내용이 어떠한지는 확인할 수 없다. 4권 체재를 갖추고 있다는 점에서 주희의 문집 11권부터 14권까지 실려 있던 봉사와 주차를 온전히 싣고 있는 책이 아닌가 추측하게 되나, 그 실물을 볼 수 없어 확언할 수는 없다.

이 시기 주희의 문집에서 봉사와 주차를 따로 떼어내어 독립된 책으로 『주자봉사』를 편집, 간행한 사실은 매우 이채롭다. 이 책이 나오게 되는 배경은 일단 주희의 봉사문을 중시해 왔던 앞선 시기 조선의 주자학 학습의 내력 속에서 살필 수 있다. 조선에서 주희의 봉사문·상소문을 학습하는 것은 오랜 시간의 경험을 거친 하나의 전통이었다. 조선의 위정자, 양반 사대부들은 국초부터 주희의 문집, 주희가 정리한 『소학』과 사서(四書), 『주희가례』, 『근사록』, 『통감강목』 등의 서책을 통해 주자학의 본령을 학습하고 확산시키는 가운데서도, 주희의 봉사문과 상소문 또한 특별히 주목하고 그 속에 담긴 내용을 익히고자 하였다.

정도전이 『조선경국전(朝鮮經國典)』에서 주희의 봉사문에 제시된 여러 정치론을 원용하며 조선의 국가 체제를 구상했던 것은 그 초기의 주요한 사례이다.8) 16세기 이후에는 그 활용도가 더 높아졌다. 그리하여 어떤 경우는

---

7) 17세기 중반 이전에도 『주자봉사』가 이미 만들어져 유통되었을 가능성을 배제할 수 없다. 이식의 언급에서 그러한 느낌을 가지게 된다.(『澤堂別集』 卷15, 雜著, 示兒代筆, "竊見今世, 亦有以理學爲名者. 夷考所學, 經書章句, 且不熟, 反不及應擧待講之士. 其所從事, 不過家禮一卷·心經一卷·朱子封事一卷. 若旁及近思錄 ; 朱子節要等書, 則高視法門矣. 然以此立名, 又有不肯作尋常士大夫之心, 聲名雖高, 實德何有.") 하지만 본고에서는 이와 연관된 충분한 자료를 확보하지 못해, 『고사촬요』의 기록을 중시하고자 한다.

8) 정도전 정치사상의 기저에는 주희의 봉사문에서 제시되었던 경세론이 중요하게

필요한 내용을 뽑아 작은 책자로 묶어 내기도 하고, 어떤 경우는 봉사문 가운데 추려내어 저술의 자료로 활용하기도 했다. 이를테면 1517년(중종 12) 종친인 시산부정(詩山副正) 이정숙(李正叔)이 주희가 효종에게 올렸던 봉사문을 제책하여 중종에게 진헌, 군주 학습의 지침으로 삼기를 바란 것은 전자의 사례이고, 이이가 「무신봉사」 등을 활용하여 『성학집요』를 만든 것은 후자의 예가 된다.

이정숙의 『주자봉사』는 실물을 확인할 수는 없지만, 효종대의 글을 가지고 제책했다는 실록의 내용으로 본다면, 후대에 나오는 『주자봉사』와는 직접 연관되지 않는 것으로 판단된다. 효종대의 상소문은 『주자봉사』의 일부분에 지나지 않기 때문이다. 이이의 『성학집요』에서의 주희 봉사문 인용은 특기할 만하다. 『대학』에서 제시된 ‘수기치인(修己治人)’의 순서에 맞추어 군주 성학의 방법론과 그 지향을 제시한 이 책에서 이이는 여러 곳에 걸쳐 주희의 ‘봉사’를 활용, 자신의 논지를 강화하려고 하였다.

『성학집요』에서 주희의 봉사문을 이용하고 있는 곳은 『성학집요』 제2장의 ‘용현(用賢)’장, 제7장의 ‘입기강(立紀綱)’장, 두 군데이다. 이들 글을 인용하며 이이는 주희가 올린 여러 봉사문의 이름을 구체적으로 거명하지는 않은 채 한결같이 “‘주자봉사’에 나온다[朱子封事曰]”라고 했다. 여기서 ‘주자봉사’ 는 『주자봉사』라는 책명이라기보다는 주희의 봉사를 의미했는데, ‘용현’장에 서는 ‘절의를 위하여 죽는[伏節死義] 선비[士]’를 얻기가 힘들다는 내용, 군주 의 재상 선택[論相]의 중요성을 다루었다. 전자는 『주자대전』의 권11에 실린 「무진봉사」의 한 구절이고, 후자는 같은 책 권12에 실린 「기유의상봉사」에서 왔다. ‘입기강’장의 글은 천하를 잘 다스리기 위해서는 기강을 세우는 것이 중요하며, 현부(賢否)를 변별하여 상하의 분수를 정하고 공(功)과 죄(罪)를

자리 잡고 있었음을 확인할 수 있다. 이에 대해서는 도현철, 『高麗末 士大夫의 政治思想 研究』, 일조각, 1999 ; 도현철, 「鄭道傳 『經濟文鑑』의 주자 글 원용과 그 意圖」 『實學思想研究』 10・11합집호, 1999 참조.

밝혀 상벌의 시행을 공정하게 하는 것이 그 방법이라는 내용을 담고 있다. 권12의 「기유의상봉사」에서 인용했다.

주희의 봉사문은 다양하게 활용되었다. 이정숙이나 이이와 같은 이들처럼 군주 학습에 지침이 되는 내용을 여기서 찾으려 했을 뿐만 아니라, 과거를 준비하는 사람들은 이 자료에서 책문 작성에 필요한 논리를 얻으려고 하였으며,[9] 또 어떤 사대부들은 봉사문에서 학문(學問)과 적덕(積德)의 방법을 찾을 수 있다고 여겨 열심히 읽기도 하였다.[10] 주희의 봉사문·상소문이 본시 군주의 정치와 학문을 위한 자료로서 작성되어 있었지만 그 포함하고 있는 내용이 다양하였으므로, 조선의 양반 사대부들은 그 관심사에 따라 이를 여러 층차에 걸쳐 활용하고 있었던 것이다. 그렇다고 할지라도 이때까지는 아직 독립된 서책 『주자봉사』가 만들어져 사회적으로 유통된 것은 아니었다. 그런 면에서 17세기 『주자봉사』의 출현은 아주 새로운 모습이었다.

17세기 조선 사회에서 『주자봉사』가 출현한 또 다른 배경은 주희 상소문에 실려 있는 정치론·정치의식을 적극 활용하려던 이 시기 조선 사상계·정치계 일각의 문제의식과 움직임에서 찾을 수 있다. 임진왜란과 병자호란 두 차례의 전란을 거치며 국가를 유지할 수 없을 정도의 심각한 위기 국면에 빠졌던 조선 사회는 국가를 정상화해야 하는 어려움에 직면해 있었다. 이때의 국가 정상화는 단지 무너진 질서를 재건한다는 차원을 넘어 국가를 새로이 만드는 수준의 전면적인 국가재조(國家再造)의 성격을 지니고 있었다.[11]

국가재조를 위한 방책은 다양하게 제시되었지만, 주자학의 사회적 역할을 강조하고, 주자학의 정치론으로부터 이 과제를 해결할 수 있는 지혜와 방법을 적극적으로 찾으려는 것은 그 주요한 흐름의 하나였다. 이미 조선 사회에서

---

9) 『退溪集』 권27, 答琴夾之應夾○庚申.

10) 『牛溪集』 권5, 答李台徵壽俊書丙戌二月.

11) 이 시기 역사를 '국가재조'의 관점에서 살핀 본격적인 연구서는 金駿錫, 『朝鮮後期政治思想史研究』, 지식산업사, 2003이다. 17세기 여러 갈래의 국가재조론에 대해서는 이 책 참조.

지배적 사상으로 기능하고 있던 주자학을 이 시기에 강조하는 것은 새삼스러울 것도 없는 모습일 수 있지만, 17세기 조선 사회에서 주자학의 정치론을 보다 확대하기를 바라는 요청이 거셌던 것은 여기에 들어 있는 생각이 이 시기 조선 사회에 부합하는 측면이 보다 강했기 때문이었다.[12]

'이적'의 야만족으로 여기던 여진족에게 군사적으로 굴복하고 정치적으로 신복(臣服)하는 관계를 맺어야 했던 조선의 상황은 여진족이 세운 금나라의 군사력에 밀려 국토의 일부를 잃어버리고 국도를 옮기며 새로이 남송의 역사를 개척해야 했던 12세기 송나라와 크게 유사한 점이 있었다. 남송 초기에, 내수외양의 정치, 복수설치의 북벌을 주장하는 한편으로 부세제도의 이정(釐整)을 통해 농민과 농업 경제의 위기를 극복해야 한다고 주장했던 주희의 정치론은 조선의 위정자들에게 충분히 주목될 수 있는 것이었다.

이러한 흐름을 주도했던 정치세력은 서인이었으며, 송시열(宋時烈)은 그 중심에 서 있었다. 효종·현종·숙종 세 왕대에 주로 활동했던 송시열은 양반과 지주의 신분·계급적 지위를 안정적으로 유지하는 체제의 수립을 도모하였으며, 구체적으로는 부세제도 이정, 치안유지책의 강화와 같은 방식을 통하여 농업 경제가 가진 문제를 해소하고 농민들의 삶을 안정시킬 것을 구상하였다. 이와 더불어 송시열은 사상 문화의 측면에서, '내수외양'하며 자강할 것, 존왕양이(尊王攘夷)를 통하여 이적(夷狄)의 사상과 논리 그리고 그 힘을 배격할 것, 조선의 허약함을 중화 계승의 이념을 통하여 벗어날 것, 사상적·정신적으로 청나라에 굴복하지 말 것, 국가의 힘을 보다 강화하여 복수설치(復讐雪恥)할 것, 이를 위해 대일통(大一統)의 이념을 조선의 정치와 사상에서 확립할 것 등을 극력 강조했다. 그가 내세운 논리는 이 시기 조선의 많은 사람들이 그 필요성을 공감하는 요소를 지니고 있었는데, 송시열은 이러한 의견을 철저히 주자학의 사유에 기초하여 모색했다. 특히, 주희의 봉사문은 그가 상소문이나 정책 토론을 통해 자신의 의견을 개진해 나감에

---

12) 金駿錫, 위의 책, 제3장의 '서인의 국가재조론' 참조.

주요한 전거였다. 이 시기 많은 사람들이 주희의 상소문을 활용하고 있었지만, 송시열만큼 주희의 상소문을 중시한 사람은 없었다고 할 정도로 그는 누누이 주희의 상소문, 봉사문을 강조하고 그로부터 많은 내용을 이끌어내려 했다.

요컨대 17세기 중반, 조선 사회에서 주희의 정치론은 현실적으로 커다란 영향력을 발휘하였으며, 그 맥락에서 주희의 상소문·봉사문 또한 크게 강조되고 있었다. 17세기 중엽 『주자봉사』가 책으로 간행되며 유통되었던 것은 그러한 사회적 수요, 사회적 분위기 속에서 이루어진 일이었다고 할 수 있다.

주희의 봉사문을 중시하여 이를 독립된 단행본으로 간행했던 조선 사회의 움직임은 이 책을 경연에서 진강(進講), 군주의 학습에 활용하고자 하는 노력으로까지 확대되었다. 1683년(숙종 9) 봄, 정부에서 송시열이 만든 『주자봉사』의 주해를 참고하여 『주자봉사』를 경연에서 강독하기로 한 것이 그것이다. 이 일은 주희의 정치론을 주목하던 17세기 정치사상계의 움직임을 압축하여 보여준다 하겠는데, 이 책을 경연 교재로 삼기로 한 것은 박세채의 건의 때문이었다. 박세채는 송시열이 주희의 봉사·주차를 주해한 것이 있으니 이를 참고로 하여 주희의 봉사를 읽자고 하였으며, 정부에서는 이를 받아들여 송시열로 하여금 주희의 봉사 주해서를 올려 보내게 했다.13)

송시열은 이미 오래 전에 『주자대전』을 읽기 편하게 주석 작업을 해둔 것이 있었다. 조정에서 『주자봉사』의 주해를 써서 올리라는 명령이 내리자 그는 제자 권상하(權尙夏)의 도움을 빌려14) 기존에 만들어 두었던 주해를 좀 더 정밀하게 다듬어 바쳤다.15) 송시열로서는 효종대에 주희의 봉사문을 정서하여 효종에게 읽도록 진달한 바 있었거니와,16) 『주자봉사』의 주해서를

---

13) 『숙종실록』 권14, 9년 4월 8일(庚辰).

14) 『宋子大全』 권88, 與權致道(癸亥四月十日).

15) 『宋子大全』 권18, 進朱子封事奏箚箚疑箚(癸亥六月二十八日). 이때에 올린 『주자봉사』 주해는 규장각에 소장되어 있다. 연보에는 이해 6월 22일에 올린 것으로 되어 있다.(『宋子大全』 附錄 권9, 年譜[八]).

올리라는 숙종의 명령은 대단히 고무적인 일이었다. 언필칭 '주자', '주자학'을
내세우며 주자학에 기준하여 조선 사회 재조의 원칙을 모색하려던 주자학
절대주의자 송시열에게 이 일만큼 의미 있는 일은 없었을 것이다.[17] 송시열은
이 책자를 올리며, 주희가 살았던 송대의 상황이 조선과 비슷했고, 조선의
병통을 다스리는데 이만한 약이 없다고 하여 『주자봉사』의 의미를 극구
강조했다.

> 신이 또 삼가 생각건대, 본조의 개국(開國)이 조송(趙宋 : 趙光胤이 세운
> 송나라)과 같았기 때문에 그 말류(末流)의 폐단도 서로 비슷합니다. 국세(國勢)
> 의 선약(善弱)도 비슷하고 인심이 투박한 것도 비슷하며 기강이 떨치지 못하는
> 것도 비슷합니다. 선악이 서로 다투는 것도 비슷하고 호강(豪强)이 멋대로
> 난폭한 짓을 하는 것도 비슷합니다. 주희가 당시에 이런 상황을 보고 구제할
> 방도를 생각했으므로 말한 것이 매우 절실하고 정성스러워 그 병통에 딱
> 들어맞는 약이었습니다. 오늘날 우리나라의 병통을 치료하려면 이 약을
> 버리고 무엇으로 하겠습니까?[18]

한편 송시열은 이 책에 실려 있는 글에는 선후와 완급의 차이가 있으므로,
'봉사'를 읽은 뒤, 갑진년 행궁편전 제2차인 '논성학차(論聖學箚)'를 비롯 계미
년수공전 제1·제2차와 신축년연화전 제1·제2차, 무신년연화전 제5차 및
「걸진덕차(乞進德箚)」 등의 주차를 순서대로 숙독(熟讀)한 뒤에 그 나머지를
읽으면 된다고 진언하였다.

한편, 정부에서는 송시열에게서 『주자봉사』의 주해를 받은 이후, 송시열에

---

16) 송시열은 효종에게 주희의 봉사문을 정서하여 효종에게 바쳤다고 한다. 그러나
   어떤 자료인지 명확하지 않다. 현재 규장각에 독립된 필사본으로 남아 있는 「壬午庚子
   封事」(규2031), 「戊申封事」(古 5130-4) 등의 글이 혹 이때의 자료가 아닌가 여겨지나,
   단언할 수는 없다.

17) 송시열의 주자학 절대주의에 대해서는 金駿錫, 앞의 책, 2003 참조.

18) 『宋子大全』 권18, 進朱子封事奏箚箚疑箚(癸亥六月二十八日).

게 그가 만들어 두었던 『주자대전』의 주석도 올리도록 하였다. 종이와 먹을 지급하고, 글씨 쓰는 사람[書手]을 시켜 정서하게 하는 조처가 동시에 뒤따랐다. 송시열은 『주자대전차의』라는 이름을 붙여 이 책을 조정에 바쳤다.[19]

송시열의 주해를 참고하여 읽으려던 『주자봉사』는 어떤 체재, 어떤 내용을 담고 있었을까? 이전부터 전해 오던 것일 수도 있고, 새로 정리한 책일 수도 있는데, 실록에는 『주자봉사』를 새로 만들었다는 기록이 나오지 않는다. 아마도 현종대에 간행된 『고사촬요』에 실려 있던 것과 같은 체재의 책일 가능성이 높다. 그런데 이 책의 실체를 알 수 있는 실마리를 송시열의 『주자봉사』 주해로부터 얻을 수 있다. 『주자봉사』 주해가 『주자봉사』를 대상으로 만들어졌으므로, 『주자봉사』 주해를 제대로 파악한다면 『주자봉사』의 실제 모습을 자연스럽게 알 수 있는 것이다.

송시열이 바친 『주자봉사』 주해는 규장각에 소장되어 있는 필사본 『주자봉사차의(朱子封事箚疑)』일 것으로 추정된다.[20] 이 책의 필사자가 누구인지, 어떤 용도로 만들었는지, 그리고 정부에서는 언제 이 책을 소장하게 되었는지 파악할 수 있는 내용은 책 어디에도 나와 있지 않다. 다른 자료를 통해서도 이 책에 대한 의미 있는 정보는 찾을 수 없다. 다만, 책자의 본문 가운데 홍문관의 도장[弘文館印]이 찍혀 있어 이 책이 본래 홍문관에서 소장하고 있던 것이며, 또 국왕과 관련된 것임을 알 수 있다.

그런데, 이 책의 체재와 싣고 있는 봉사문은 송시열이 지어 올린 『주자대전차의』의 권11부터 14까지의 내용과 일치한다. 누군가가 『주자대전차의』에서 일부분을 전재하여, 『주자봉사차의』를 만들었다고 볼 수도 있겠지만, 이 시기 기록에서 그럴 수 있는 정황을 찾는 것이 쉽지 않다. 송시열이 작성하여

---

19) 『숙종실록』 권14, 9년 4월 8일(庚辰).

20) 규2028. 이 책과 체재는 똑 같지만, 표지 제목이 『朱文箚疑』로 된 책도 존재한다(규 2037). 두 책 모두 弘文館印이 찍혀 있는데, 종이질은 조금 다르다. 『주문차의』가 조금 두터운데 반해 『주자봉사차의』는 약간 얇고 투명하여 고급스런 느낌을 준다. 두 책이 같은 시기에 인쇄되었는지의 여부는 명확하지 않다.

올린 그 책으로 추정할 수 있다.[21)]

　『주자봉사차의』를 송시열이 작성하여 올린 그 주해서로 본다면, 『주자봉사차의』의 체재 · 구성은 『주자봉사』의 그것과 합치할 것이다. 『주자봉사』의 강독에 도움을 얻고자 『주자봉사차의』를 정리했기 때문이다. 『주자봉사차의』는 『주자대전』의 권11부터 권14까지 실린 봉사 주차 등 상소문을 주석하고 있다. 그런데 이 책에서 제시하는 정보, 이를테면 책의 판수, 실려 있는 상소문의 내용을 검토해보면, 규장각에 현존하고 있는 『주자봉사』의 그것과 똑 같다. 그렇다면, 숙종대에 읽으려 했던 『주자봉사』와 현존하고 있는 『주자봉사』는 같은 책이 된다. 물론, 숙종대의 『주자봉사』가 현존하는 『주자봉사』와 동일한 실물은 아닐 수 있다. 어쨌든, 숙종대 박세채가 『주자봉사』를 강독하자고 했을 당시에 『주자봉사』는 이미 독립된 책으로 존재하고 있었으며, 이때의 『주자봉사』는 후대에 남게 되는 『주자봉사』와 체재 구성상 상호 일치했던 것은 분명하다.

　송시열이 올려 보낸 『주자봉사』 주해를 활용하여 경연에서 강독이 실제 행해졌을까? 숙종대의 실록은 물론이고 이때의 경연 사실을 담고 있는 자료에 숙종이 『주자봉사』를 읽었다는 기록이 나오지 않는다.[22)] 이것으로 본다면, 『주자봉사』를 읽자고 논의하고 또 『주자봉사』의 주해를 확보했으나, 실제 경연에서 강독은 하지 않았던 것으로 보인다. 그 이유는 명확하지 않다. 경연에서 주희의 봉사를 읽는 것이 간단한 일은 아니었던 것 같다. 숙종

---

21) 『주문차의』에서는 주희 문집의 권11에서 권14까지 실린 봉사와 주차를 대상으로 주해를 했다. 주희 문집의 판수와 주해 대상의 원문을 적은 뒤, 거기에 작은 글자로 주를 달았다. 그러니까 이 책은 독립된 서적이면서도, 또 형식상으로는 주희의 문집과 연관된 것이었다. 그런데, 『주문차의』는 송시열의 『주자대전차의』에 실린 권11에서 권14까지의 내용과 일치한다.

22) 『列聖朝繼講冊子次第』(규3236)에 따르면, 숙종이 동궁 때 진강한 책자는 『孝經』 『童蒙先習』 『小學』 『通鑑』 『大學』 『論語』였으며, 등극 후에는 경연에서 『論語』 『孟子』 『中庸』 『書傳』 『詩傳』 『心經』 『周易』 『大學衍義』 『聖學輯要』 『春秋集傳』 『禮記』를 읽었고, 召對에서는 『綱目』 『宋鑑』 『皇明通紀』 『明紀編年』 『東國通鑑』 『唐鑑』 『節酌通編』 『名臣奏議』를 읽었다고 한다.

말년에도 주희의 '봉사' '주차'와 그 주해를 경연에서 강독하자는 논의가
대두했으나 이 또한 건의에 그쳤던 것으로 여겨진다. 이 글들을 경연에서
읽었다는 기록이 확인되지 않는다.[23]

3. 영·정조대 경연(經筵)에서의 『주자봉사』 강독

『주자봉사』의 간행, 보급은 조선 사회에 주희의 봉사문, 상소문이 널리
확산되는 주된 계기가 되었다. 양반·유자(儒者)들은 이 책을 통하여 주희의
봉사문, 상소문을 보다 쉽게 접할 수 있게 되었다. 이들에게서 주희가 살았던
남송대의 현실, 그 사회에 대한 주희의 정치적 진단과 대책에 대한 지식이
넓어지는 것 또한 자연스런 일이었다.

조선의 국왕들 또한 이 책을 경연에서 강독하며, 주희 정치사상이 가진
가치를 접하고 그 의미를 충분히 음미할 수 있게 되었다. 그 일은 영조와
정조대에 일어났다. 두 군주는 조선의 어떤 국왕보다 많은 책을 읽으며
나라를 다스림에 필요한 소양을 구했거니와, 『주자봉사』 또한 경연의 공부
자료로 활용하였다. 이들의 『주자봉사』 강독은 앞선 시기에도, 그리고 이들
이후에도 나타나지 않던 모습이었다.

영조가 『주자봉사』를 강독한 것은 1728년(영조 4) 봄이었다. 소대(召對)에서
명나라의 역사를 정리한 『황명통기(皇明通紀)』의 학습이 끝나자, 영조는 그
다음으로 『주자봉사』를 읽었다. 1728년 3월 12일에 시작하여 같은 해 6월
18일까지 약 3개월 동안이었다.[24] 본래 영조는 『황명통기』의 후속으로 『동국
통감(東國通鑑)』을 검토하기를 원했지만, 영의정 이광좌, 좌의정 조태억 등이
『주자봉사』와 『대학연의』를 읽는 것이 좋겠다고 진언하여 『주자봉사』를

---

23) 『승정원일기』 숙종 44년 11월 9일(癸未).

24) 侍講院(朝鮮) 編, 『列聖朝繼講冊子次第』(규3236), "召對進講冊子次第 朱子封事[戊申三
月十二日始講 戊申六月十八日畢講]."

선택했다.[25] 고려조의 사실에서 치국에 필요한 자료를 얻을 것이 많지 않다는 것이 이들이 내세운 이유였지만, 실상은 『주자봉사』와 『대학연의』를 통해 주자학에 제시한 바 군주 성학의 핵심을 영조가 이해하고 익히기를 바라는 마음이 더 컸기 때문이었다.

왕위에 오른 뒤, 영조는 조강 주강 소대 등의 경연을 부지런히 소화했으나, 아직 주자학의 성학론을 정리한 책은 접하지 않은 상태였다. 그런 점에서 『주자봉사』 읽기는 그가 본격적으로 주자학의 세계를 만나가는 계기였다. 영조는 이미 강독을 위한 자료로 『동국통감』의 인출(印出)을 명해둔 상태였지만, 이광좌 등의 말을 따라 『주자봉사』를 먼저 읽고 이어 『대학연의』를 강독하기로 했다. 그리하여 홍문관에 보관 중이던 (새로 간행한) 『주자봉사』 1권에 더하여 여러 권을 인쇄, 자료 준비를 마쳤다. 강독할 서책은 군주, 경연관의 수에 맞추어 새로 인출하여 마련하는 것이 관례였다.

한편, 이때 인간하여 강독한 책은 『주자봉사』에 대한 정보를 보다 명확하게 보여준다. 이를테면 영조 4년 5월 4일의 경연 석상에서 참찬관 오광운이 "58판에 '세월이 가는 것이 물이 흘러가는 것과 같다'는 표현이 나오는데, 신은 이 말에서 느끼는 것이 있습니다.[五十八板曰, 歲月逾邁, 如川之流, 臣於此言 竊有感焉]"라고 한 적이 있다.[26] 이 표현은 「무신봉사」[27]에 나오는 것으로, 현 규장각 소장 『주자봉사』 권1에 4번째로 실린 「무신봉사」의 58판에 나오는 것과 일치한다. 현재 규장각 등에서 보존하고 있는 『주자봉사』는 이때 읽었던 간본이거나 아니면 이때의 책을 저본으로 하여 후대에 간행한 것이라 보아야 할 것이다. 또한, 이때 읽었던 간본은 홍문관에 이미 보관되어 있던 것이므로, 이 경연 강독에서 활용한 『주자봉사』는 그 이전에 만들어진 것일 것이다.

강독을 시작한 뒤 얼마 안 있어 이인좌, 박필현, 이사성 등이 주동이 되어

---

25) 『승정원일기』 영조 4년 2월 17일(戊戌).
26) 『승정원일기』 영조 4년 5월 4일(甲寅).
27) 『朱子大全』 卷11, 戊申封事.

영조를 부정하는 무장 변란을 일으켰으므로,[28] 영조의 경연 참가와 강독이 그다지 충실히 행해질 수 있는 여건은 아니었으나, 학습은 계획한대로 마무리 되었다.[29] 영조의 『주자봉사』 강독은 대체로 경연관들이 일부 구절을 읽고 그 의미를 풀이하는 식으로 이루어졌다. 숙종대의 『주자봉사차의』는 이때의 경연 학습에서 활용하지 않았다. 오광운, 이현모(李顯謨), 이인복(李仁復), 서명선(徐命善) 등이 경연에 참가했다. 오광운·이인복은 남인이었는데, 이들 은 영조의 탕평 의사에 따라 정국에 적극 참여하던 중이었다. 『승정원일기』는 이때의 인상적인 모습을 몇 장면 기록하고 있다.

우선, 「임오응조봉사」를 읽으며, 오광운은 조선과 송나라는 문명의 근본은 동일하지만 병력이 약하고 기강이 위축된 측면에서는 서로 일치하는 점이 있으므로, 주희의 말 하나 표현 하나가 오늘날의 병증(病症)을 구할 수 있는 좋은 약방문이 되니 깊이 새겨둘 것을 강조했다.[30] 이와 더불어 오광운은 '종주(宗周)의 의리', '복수를 위한 계획'을 하루라도 잊어서는 안 된다고 강조하 였다. '복수', 이 두 글자를 잊지 않는 것, 그것은 계지술사(繼志述事) 하는 방도라는 것이 그의 생각이었다.[31] 이 책의 내용이 과거의 사실에 머무는 것이 아니라 현재적 의미를 지니고 있음을 부각시키고자 하는 모습이었는데, 17세기 숭명배청(崇明排淸)의 견지에서 복수설치와 내수외양을 외쳤던 주장 들과 동일한 맥락에서의 『주자봉사』 이해였다.

신료들은 또한 영조에게 학문을 통하여 요·순의 경지에 오르기를 강조했 다. 오광운은 송의 효종이 주희의 말을 따라 실천했더라면 요·순과 같은 인물이 될 수 있었지만 실제로는 그러하지 못했음을 아쉬워하며, 영조가

---

28) 侍講院(朝鮮) 編, 『列聖朝繼講冊子次第』(규3236), "召對進講冊子次第 朱子封事[戊申三月十二日始講 戊申六月十八日畢講]."

29) 「무신봉사」를 읽을 때, 贊善 정제두가 경연에 참가하여 탕평의 방도에 대해 강론했다. (『승정원일기』 영조 4년 4월 24일 甲辰)

30) 『승정원일기』 영조 4년 3월 12일(壬戌).

31) 『승정원일기』 영조 4년 3월 12일(壬戌).

요·순, 문·무의 성인이 되면, 신료들은 팔원(八元)·팔개(八愷)가 되고 주공(周公)과 소공(召公)이 될 것이라고도 하였다. 「걸진덕차(乞進德箚)」를 강독하면서도 신료들은 영조에게 '천지가 만물을 기르는 마음[天地育萬物之心]'을 가슴에 새기고 학문 수양에 힘을 쏟아 요·순과 같은 성인이 될 것을 촉구했다.32)

경연에서의 『주자봉사』 강독은 복수설치, 내수외양을 위한 주희의 마음·주장을 영조가 익힐 것을 기대하는 자리였지만, 동시에 이 강독은 신료들이 영조에게 바라는 바를 제시하는 기회이기도 했다. 상소문의 내용을 해석하며 경연관들은 자신들의 욕구를 구체화하였다. '총명을 두텁게 하여 군주가 된다[亶聰明作元后]'라는 구절로서 제시된 바, 군주의 총명과 그 의미에 대한 해석은 대표적인 사례였다. 이 구절은 군주가 총명해지는 것이 군주가 군주로서의 자질을 갖춤에 주요한 요건이 된다는 언명으로, 「걸진덕차」에 소개되어 있었다. 그런데 경연관들 사이에서 군주가 총명함을 갖추는 방법을 두고 논란이 일었다. 이인복은 부지런한 학문의 공력을 통해서 군주가 총명함에 이를 수 있음을 강조했다.33) 군주의 총명함은 군주 개인의 힘으로 이루어진다고 이해하는 방식이었다. 반면, 서종옥(徐宗玉)·윤부(尹扶)는 『서경』의 구절을 빌어, 총명은 "공변되이 보고 두루 살핌[公聽而竝觀]"의 의미를 지닌다고 이해했다. 여러 사람들이 내는 공적인 의견을 두루 듣고 아울러 살펴보아야 군주의 총명이 이루어진다는 주장이었다. 이들이 보기에, 『서경』에서 요·순의 총명은 곧 '명목달총(明目達聰)'하는 것으로 천명되었으며, 이것의 의미는 "공변되이 보고 두루 살핌"이라는 것이었다. 후대의 군주가 요·순의 총명함에 이르지 못하게 되는 것은 요·순의 '명목달총'34)의 뜻을 이해하지 못하고

---

32) 『승정원일기』 영조 4년 6월 18일(丁酉).

33) 『승정원일기』 영조 4년 6월 18일(丁酉).

34) 『書經』, 舜典, "二十有八載, 帝乃殂落, 百姓如喪考妣, 三載, 四海遏密八音. 月正元日, 舜格于文祖, 詢于四岳, 闢四門, 明四目, 達四聰. 咨十有二牧曰, 食哉惟時, 柔遠能邇, 惇德允元, 而難任人, 蠻夷率服."

본인 스스로 총명하다고 자임함으로써 총명함을 키우고 지혜를 두터이 하지 못하기 때문에 일어나는 현상이었다.[35]

군주는 자신의 독단에 빠져서는 안 되며, 신료들의 공론을 중시해야 한다는 것이 이들의 의견이었다. 서종옥과 윤부는 「걸진덕차」에 나오는, 신료들을 자주 만나 그들의 의견을 청취해야한다는 내용을 빌어, 영조가 육경의 여러 신하들을 자주 인대하여 치도를 강구해야 하며, 그것이 곧 '공변되이 보고 두루 살피'는 것일 뿐만 아니라, 주희의 도를 다하는 것, 그리고 사정(邪正)을 겸찰(兼察)하고 인재를 얻는 방도가 된다고 하였다.

『주자봉사』 강독 중에는 찬선(贊善) 정제두(鄭齊斗)도 참가하여 탕평에 관한 자신의 의견을 피력하기도 했다. 정국의 위기를 돌파하는 방법에 대한 지혜를 영조에게 진언하기 위해 강화도를 떠나 조정에 왔던 정제두는 주희가 「무신봉사」에서 인용했던 제갈량의 말을 빌어 탕평의 방도에 대해 조언했다. "'현신(賢臣)을 가까이하고 소인을 멀리하라'는 말을 따라, 대신(大臣)과 함께 매일 치도를 강구하면 탕평을 이룰 것이며, 이외는 달리 도리가 없다"는 것이 그의 진단이었다.[36] 탕평을 구체적으로 어떻게 해야 한다는 구체적인 의견으로까지 제시하지는 않았지만, 군주 독단으로 일을 처리하지 말고, 대신과 더불어 탕평의 방법을 찾으라는 그의 조언은 '공변되이 보고 두루 살핌[公聽而竝觀]'을 주장하는 신료들의 의견과 같은 맥락에서 나온 것이었다.

요컨대, 영조대의 『주자봉사』 강독은 경연에 참가하는 신료들의 다양한 생각을 드러내며 어느 정도는 활발하게 진행되었다. 영조는 『주자봉사』의 주장, 그리고 그 내용을 강조하는 경연관들의 주장에 호응하며, 또 그들의 의견을 긍정하며 강독을 소화해 나갔다. 이 책을 강독한 후, 영조는 소대에서 『대학연의(大學衍義)』, 『동국통감(東國通鑑)』, 『성학집요(聖學輯要)』, 『당감(唐

---

35) 『승정원일기』 영조 4년 6월 18일(丁酉).

36) 『승정원일기』 영조 4년 4월 24일(甲辰), "又以諸葛所謂親賢臣遠小人爲法 與大臣 日夜講求治道 方可以做得蕩平 此外 無他道理矣."

鑑)』,『절작통편(節酌通編)』,『육선공주의(陸宣公奏議)』,『이충정공주의(李忠定公奏議)』,『역대명신주의(歷代名臣奏議)』,『정관정요(貞觀政要)』,『송명신언행록(宋名臣言行錄)』,『송원강목(宋元綱目)』,『대학연의보(大學衍義補)』,『여사제강(麗史提綱)』,『역대군감(歷代君鑑)』,『국조보감(國朝寶鑑)』 등을 읽었다.[37] 아주 다양한 책이 경연 자료로 이용되었음을 알 수 있는데, 주로 중국과 조선의 역사서 정론서 등이었으며, 조선의 서책은 대부분 서인이 집필한 것이었다.

정조의『주자봉사』강독은 그 생애에 두 차례나 행해졌다. 첫 번째는 1769년(영조 45) 8월 25일에 시작하여 같은 해 9월 3일에 마쳤다.[38] 이때는 아직 왕위에 오르기 전이었다.『일성록(日省錄)』에 강독 일시와 강독을 했다는 사실이 기록되어 있다. 두 번째는 1784년(정조 8) 6월 3일에 시작하여 이듬해 1월 25일에 마무리 하였다.[39]『국조보감』강독을 이은 새로운 선택이었다.[40] 정조대『주자봉사』강독은 영조대와는 다르게, 정조 스스로의 판단에 따라서 결정되었던 것으로 보인다.[41]

정조가『주자봉사』를 강독하며 어떤 생각을 하고, 주희의 주장을 어떻게 수용했는지를 기록은 쉽게 보여주지 않는다.『승정원일기』나『일성록』,『내각일기』등에 나타난 정조의 강독 모습은 매우 소략하다.

강독에서 경연관들이 강조한 점은 다음 몇 가지로 정리된다. 이노춘(李魯春)은「임오응조봉사」의 종지는 '성의정심(誠意正心)'에 있으며, 주희가 중원을 회복하기 위해 '성의정심'을 중시했다고 이해하고, 천하만사가 군주의 한

---

37) 侍講院(朝鮮) 編,『列聖朝繼講冊子次第』(奎3236).

38) 侍講院(朝鮮) 編,『列聖朝繼講冊子次第』(奎3236), "朱子封事[己丑八月二十五日始講 同年九月初三日 畢講]."

39) 侍講院(朝鮮) 編,『列聖朝繼講冊子次第』(奎3236), "朱子封事[甲辰六月初三日始講 乙巳 正月二十五日 畢講]."

40)『승정원일기』정조 8년 5월 23일(丁丑).

41)『승정원일기』정조 8년 5월 23일(丁丑), "又下敎曰 寶鑑今幾畢講 此後進講 朱子封事 好矣."

마음에 근본하지 않는 것이 없으므로 '성의정심'의 공부에 노력해야 한다고
했다.[42] 이정운(李鼎運) 또한 인주의 한 마음이 천하만사의 근본이 된다고
강조하고, '성의정심'에 노력할 것을 요청하였다.[43]

한편, 신료들은 『주자봉사』를 읽으며 주로 '조정을 바로 잡는 일[正朝廷]'의
문제를 강조하였다. 박광원(朴廣源)의 경우, 『주자봉사』의 내용으로 보아
'조정을 바로 잡는 일[正朝廷]'이 오늘의 급선무라고 이해하고 이를 실천할
것을 주장했다. 조정이 바르게 되면 기강이 서고 풍속을 권장할 수 있으며,
군국(軍國)의 사무 또한 어느 것이나 조정을 바르게 하는 일과 연관이 된다는
것이었다.[44] 윤서동(尹序東) 또한 「수공전제삼차(垂拱殿第三箚)」를 읽은 후,
이 문제를 강조하였다. '조정을 바로 잡는 일'과 '기강을 세우는 일[立紀綱]'이
이적을 물리치고 중흥을 회복함에 근본이 된다고 주희가 주장한대로, 지금
필요한 것은 조정을 바로잡고 기강을 세우는 일이라 하였다. 난역(亂逆)이
겹겹이 생기고 인륜이 무너지며 인심이 불안정한 오늘날의 사태를 해결하기
위해서는 이것이 필요하다는 것이었다.[45]

『승정원일기』, 『일성록』, 『내각일력(內閣日曆)』 등에 전하는 정조대의 『주
자봉사』 강독은 영조대에 비하면 비교적 조용히 이루어진 인상을 준다.
신료들 사이에서도 별다른 논란 없이 강독이 순조롭게 진행되었다. 또한
책에 실린 봉사를 읽으며 주목하는 점 또한 양상을 달리 했다. '존주외양'
'복수설치'와 같은 개념보다는, 군주의 일심이 만사의 근본이 되므로 '성의정
심'해야 한다는 군주 성학의 일반론을 강조하고, '조정을 바로 잡고 기강을
세움[正朝廷立紀綱]'의 논리를 원용하여 조선의 당면 문제를 풀 수 있는 방도를
생각하였다. 이러한 변화는 정조나 경연관들 공히 『주자봉사』에서 주장하는
점, 이를테면 내수외양, 복수설치, 중원회복과 같은 사항들에 대해 그다지

---

42) 『승정원일기』 정조 8년 6월 3일(丙戌).
43) 『승정원일기』 정조 8년 11월 3일(甲寅).
44) 『승정원일기』 정조 8년 6월 5일(戊子).
45) 『승정원일기』 정조 8년 11월 5일(丙辰).

깊은 신뢰를 보이지 않았기 때문은 아닌가 하는 생각을 하게 된다. 18세기 후반 조선이 처했던 상황은, 그리고 규장각을 만들어 중국을 비롯한 동아시아 여러 나라들의 문헌을 적극 수집하고 다양한 지식을 집성하려고 했던 정조 정부의 지향은 존주(尊周)의 논리 하에 내수외양의 북벌론을 강조하려는 흐름과는 배치되는 측면이 어느 정도 있었다. 이미 내수외양과 같은 주장은 시의성을 잃고 있었으며, 정조와 신료들은 굳이 이를 강조하지 않았던 것이다.

영조·정조에게서『주자봉사』강독은 이전 시기 국왕들은 행하지 않았던 새로운 일이었다. 이들에게서『주자봉사』의 강독은 오래고도 광범위했던 그들의 독서 이력에 비추어본다면 그 비중이 그다지 큰 것은 아니었지만, 주희의 정치론·학문론을 그의 육성을 통해 직접 익히는 계기인 점에서 많은 의미가 있었다.『주자봉사』의 주요한 내용들을 이들은 경청하고 또 의미 있게 받아들였다. 그렇다고 하더라도 이들이『주자봉사』의 내용에 깊이 빠져들지는 않았던 것으로 보인다. 내수외양·복수설치의 주장으로 표현되는 주희의 생각은 시기상 적절성을 잃고 있었다. 영·정조를 이끌 매력을 그다지 갖춘 개념이 아니었다.

다만, 영조와 정조가 여러 형태의 경연에서 다양한 성격의 서책을 학습하는 가운데 주자학의 핵심 논리를 담고 있는 자료 또한 강독하며 이를 자기 성장의 계기로 삼으려 했던 의미는, 탕평의 정치를 통하여 당대 조선의 여러 갈등과 모순을 해소하고 조선을 안정적으로 운영하고자 했던 영조와 정조 정치의 지향 속에서 확인할 수 있을 것이다. 영·정조의 탕평정치는 주자학을 비롯한 다양한 사상과 학술 그리고 여러 사회·정치 세력 사이에 일어나는 충돌과 알력을 군주·국가의 힘을 바탕으로 조정하고 절충하며 당대 사회의 제반 문제를 점진적으로 해소하려는 성격을 지니고 있었다. 어떤 사상에 일방적으로 경도되거나, 특정 정치 세력에 좌우되지 않으려는 것이 그 주된 방향이었다.『주자봉사』의 학습 또한 그러한 차원에서, 군주의 사고를 계발하려는 작업으로 이루어진 일이었고, 영·정조 또한『주자봉사』

의 주장을 일방적으로 추종하지 않는 상태에서 이를 자기의 것으로 만들어 나가려 했다.

영조와 정조가 『주자봉사』에 그다지 열광적이지 않았던 또 다른 요인으로 이상적인 군주상에 접근하는 주희의 방식에 영조와 정조가 크게 공감하지 않았던 점도 꼽을 수 있다. 주희는 송대의 황제들에게 요·순(堯·舜)의 이상을 제시하고 그 방법으로 『대학』의 공부론을 제시했다.[46] 군주의 한 마음이 정치의 성패를 좌우한다는 현실적 공효론 또한 이 맥락에서 운위되는 것이었다. 영조와 정조는 요·순의 이상을 긍정하고 강조하면서도, 그 방법으로는 '법조종(法祖宗)'의 방식을 채택하고 이를 실천하고자 했다. '요·순'과 같은 성인이 되기를 기필하되, '법조종'의 방식으로 이를 이룬다는 것이었다.

'조종'을 모범으로 한다는 '법조종' 관념은 송대에도 논의되었고 조선에서도 거론되고 있었지만, 영·정조대에 이르러 이 개념은 치국(治國)의 주요 이념으로까지 키워지고 있었다.[47] 조종을 모범으로 한다는 것은 조선의 역사적 문화적 맥락과 전통 위에서 최선의 정치를 모색해나간다는 방식이었다. 주희가 요·순과 같은 성인이 되기를 바라고, 그와 연관하여 군주의 성학론을 강조하는 것과는 구별되는 지점에서 이들은 자신들의 정치론을 마련하고 있었다. 이들은 이 선상에서 주희의 사상을 전적으로 수용함에는 어느 정도 거리를 두었던 것이다.

영조와 정조 이후, 조선의 국왕들이 『주자봉사』를 강독하는 일은 확인되지 않는다. 경연을 여는 일 자체가 그다지 많지 않게 된 상황에서 굳이 이 책을 읽을 필요성은 없었기 때문일 것이다. 19세기 조선의 새로운 상황이

---

46) 『朱子封事』에 실린 「戊申封事」 등의 여러 글에서 이를 확인할 수 있다.

47) 이를테면, 영조와 정조 정부에 이루어졌던 『續大典』과 『大典通編』, 『續五禮儀』 편찬에서 이 이념을 살필 수 있다. 여기에 대해서는 윤정, 『18세기 국왕의 文治사상 연구 : 祖宗事蹟의 재인식과 繼志述事의 실현』, 서울대학교대학원 국사학과 박사학위논문, 2007 ; 김백철, 『조선후기 영조의 탕평정치』, 태학사, 2010 ; 정호훈, 「영조대 《續大典》의 편찬 논리와 성격」『韓國文化』 50, 2010 ; 송지원, 「영조대 의례 정비와 《國朝續五禮儀》 편찬」, 『韓國文化』 50, 2010 참조.

『주자봉사』로 대표되는 바의 정치론, 정치적 판단을 국왕과 신료들에게 요청하지 않았던 지도 모르겠다.

17·18세기 조선에서의 『주자봉사』의 간행, 그리고 경연에서의 강독은 이전 시기의 조선에서는 나타나지 않았던 새로운 현상이었다. 물론, 국초부터 주자학이 중시되며 주희의 봉사문·상소문 또한 구체적으로 활용되었지만, 이는 17·18세기 상황과는 비교할 수 없을 정도였다. 그런 점에서 17세기 이후 『주자봉사』의 간행과 관련하여 나타나는 여러 일들은 조선후기 정치·사상계의 특성을 반영한 결과라 하겠다.

이 책의 간행과 활용 양태에 대한 이해는 이 시기 조선 사람들이 주자학을 어떻게 자기 것으로 영유하고 또 활용하는지를 구체적으로 파악할 수 있는 계기가 될 것이다. 이는 또한, 17·18세기 조선의 재조와 변화의 국면에서 조선의 저명한 주자학자들 뿐만 아니라 국왕·국가가 나서서 주희의 문집 및 주희의 어록(語錄)을 활발히 연구하고 또 주희의 서책을 대거 간행하는 움직임[48]이 갖는 의미를 조감함에 도움이 될 것이다.

_ 정 호 훈

---

48) 여기에 대해서는 다음 글 참조. 金駿錫, 「조선후기 畿湖士林의 朱子認識－朱子文集·語錄 硏究의 전개과정」『百濟硏究』18, 1987 ; 柳鐸一, 「『朱子書節要』注釋의 脈絡과 그 注釋書들－外來文獻의 韓國的 受容Ⅱ」『書誌學硏究』5·6합집, 1990 ; 우경섭, 「朴世采의 朱子學 연구와 『朱子大全拾遺』」『韓國文化』39, 2007 ; 姜文植, 「宋時烈의 『朱子大全』 연구와 편찬－『朱子大全箚疑』·『節酌通編』을 중심으로」『韓國文化』43, 2008 ; 김준석, 「주서백선(朱書百選)의 번역에 붙임」『주서백선』, 혜안, 2000.

주자봉사 권 1

임오년 봉사

해 제 이 글은 주희 나이 33세 때인 1162년(壬午, 紹興 32) 8월 7일에 쓰여졌다. 6월에 고종(高宗, 趙构, 재위 1127~1162)이 황제의 자리에서 물러나 효종(孝宗, 趙昚, 재위 1162~1189)에게 양위(讓位)하였다. 황제가 된 효종은 국정의 전기를 마련하기 위하여 6월에 중외(中外)의 사민(士民)에게 시정(時政)의 잘잘못을 지적하라는 구언교(求言敎)를 내렸다. 이를 접한 주희가 8월 7일 황제에게 봉사를 올렸다. 이 봉사를 쓰기 전해 9월에 금나라의 완안량(完顔亮)이 백만 군대를 3개 부대로 나누어 남침을 감행하였는데 남송의 군대는 지레 겁을 먹고 도망하여 양회(兩淮) 지역 모두 싸워보지도 못하고 자멸하였다. 11월 27일 양주(揚州)의 구산사(龜山寺)에서 완안량이 완안원(完顔元)에게 살해되어 국면이 역전되자 남송의 군대는 양회지역을 포함한 실지를 수복하였다. 이런 상황에서 주희는 소흥 8년 이래 20여 년간 조정을 장악한 화의론(和議論)의 허구성을 깨닫고 강경한 주전론(主戰論)을 펼쳤다. 마침 등극한 효종은 금과의 화의에 매달리는 굴욕적인 자세를 버리고 잃어버린 중원의 실지를 회복하고 송나라를 중흥하려는 포부를 피력하였다. 하지만 실제로는 효종은 태상황으로 건재한 고종의 견제를 받지 않을 수 없었고, 금과의 화의를 통한 실지회복이라는 환상에 빠져 화의론에 입각한 정책을 전개하였다. 이에 주희는 한편으로는 고무되고 한편으로 실망감을 가지고 이 봉사를 통하여 강력한 주전론을 전개함으로써 정국이 다시 화의론으로 흘러가는 것을 만회하고자 하였다.

이를 위하여 주희는 세 가지 급선무를 실천에 옮겨야 한다고 주장하였다.

첫째는 '제왕학(帝王學)'을 충분하게 익히지 않으면 안 된다. 제왕이 유학에 사상의 바탕을 두어야 하며, 불교와 노장에 탐닉하는 일이 있어서는 안 된다고 역설하였다.

둘째는 '내수외양(內修外攘)'의 정책을 시급하게 확정해야 한다. 금나라와는 어떠한 타협도 불가하다는 입장을 표명하여 화의론(和議論)의 싹을 없애고 주전론(主戰論)을 확립하자고 주장하였다.

셋째는 '정치의 본원(本原)'에 주의를 기울여야 한다. '정치의 본원(本原)'은 정치의 중심인 중앙의 조정을 가리킨다. 이것은 현자가 관직을 맡지 않고 조정의 고관으로부터 감사(監司)와 군수에 이르는 지방관리까지 나태와 비리의 끈으로 연결되어 있는 관료집단의 과감한 혁신을 역설한 것이다.

이상의 세 가지 급선무는 각각 사상과 군사, 정치의 세 분야에서 남송이 당면한 현상을 날카롭게 분석한 것이다. 이 봉사는 주희가 현실정치에 대하여 전면적으로 논의한 첫 번째 글이다. 처음 쓰여진 글임에도 불구하고 정치에 대한 주희의 기본사상이 충분히 담겨 있어 그의 정치사상을 이해하는 관건이 되는 글이다.

소흥(紹興) 32년(1162) 임오(壬午)년 여름 6월 병자(丙子)일, 효종황제(孝宗皇帝)[1]가 즉위하자 조서를 내려 직언(直言)을 구하였다. 가을 8월에 공(公)이 그 조서에 응하여 봉사(封事)[2]를 올렸다. 문공(文公) 연보(年譜)에 보인다.[3]

8월 7일 좌적공랑(左迪功郎) 감담주남악묘(監潭州南嶽廟)[4] 신 주희(朱熹)는 삼가 죽음을 무릅쓰고 황제폐하께 두 번 절하고 글을 올립니다.

---

1) 효종황제(孝宗皇帝) : 효종황제(1127~1194)는 태조의 7세손이다. 고종은 아들이 없어 소흥 2년(1132) 종친인 수왕(秀王)의 아들인 효종을 대궐로 불러 교육하였다. 소흥 12년에 보안군왕(普安郡王)에 봉하였고, 소흥 30년에 황자(皇子)로 삼아 건왕(建王)에 봉하였다. 소흥 32년 5월에 태자(太子)로 삼고, 6월에 양위하였다. 효종은 즉위했을 때 장준(張浚)을 기용하고 악비(岳飛)를 신원하고 추증하는 등 금나라에게 잃은 고토의 회복에 비상한 관심을 가졌다. 그러나 융흥(隆興) 원년(1163) 북벌군이 부리(符離)에서 무너지자 금나라와 융흥화의(隆興和議)를 맺었다. 그 뒤로 우윤문(虞允文)·왕회(王淮) 등이 고토회복을 모색하였으나 끝내 성공을 거두지 못하고 말았다. 재위는 28년이다.

2) 봉사(封事) : 남에게 누설되지 않도록 밀봉하여 천자에게 바치는 서장(書狀). 『한관의(漢官儀)』에 따르면, 간원(諫院)에서 올리는 모든 상주문은 검은 주머니에 넣어 봉하여 바쳤다고 하였다.(『차의』)

3) 연보(年譜)에 보인다 : 이 문장은 본문이 시작되기 전 맨 첫장의 첫머리에 주 형식으로 제시되었다. 이 봉사에 대한 소개글이다. 연보(年譜)에 따르면, 임오년(壬午年)에 이 봉사(封事)를 올렸으나 상소한 내용을 인정받지 못했다고 했다.(『익증』)

4) 감담주남악묘(監潭州南嶽廟) : 이 직책은 송조(宋朝)의 사관(祠官)으로 실직이 없는 자로 차정(差定)하였다. 이때 주희는 임소(任所)에서 두 번 제수받았다. 『익증』담주는 장사부(長沙府)에 속해 있다.

삼가 생각건대, 태상황제(太上皇帝)[5]께서 중화(中華)를 재조(再造)하여 천명(天命)을 받고 중흥시키고자 온갖 심려와 수고를 쏟으며 공손하고 검소한 자세로 천하를 다스린 지 36년,[6] 춘추가 아직 높지 않고[7] 나라 안에는 큰일이 발생하지 않았습니다. 이에 천하와 국가를 위한 지극한 계책을 깊게 생각하시고 하루아침에 광대한 사해(四海)와 드높은 천자의 자리를 마음속으로부터 결단하시어 성스런 태자에게 전해주셨습니다.

황제폐하께서는 삼가 태상황제의 가르침을 받들어 천명에 따라 천자의 자리에 오르셨습니다. 즉위한 지 얼마 되지 않은 사이에도 제도를 시행하고 사안을 처리하심에 백성들의 소망을 크게 위로해주시려는 노력이 나날이 새로워 하루도 그냥 지나친 날이 없으시니, 그동안 성취한 규모만으로도 이미 넓고 원대합니다. 그러나 오히려 폐하께서는 겸손하게 뒤로 물러나 자신이 재주 있다 하지 않고 우선 먼저 조서를 내려 직언(直言)을 구하셨습니다. 이를 통해 폐하께서 제왕(帝王)의 높은 식견으로 통치의 급선무가 무엇인지 간파하고 계심을 더욱더 알 수 있습니다. 천하를 위해 참으로 다행한 일입니다.

신이 삼가 시골에 묻혀 살면서 스스로 깊이 생각해보니, 넓은 천하에 사람이 없지 않으므로, 충성스러운 말과 훌륭한 계책, 고상한 논변과 심오한 논의가 벌써 날마다 폐하의 앞에 펼쳐질 것입니다. 그런데도 폐하께서 한번 살펴보시기를 바라기에도 부족하고, 채택할 만한 것이 조금도 없을까 그들은

---

5) 태상황제(太上皇帝) : 태상황제는 고종(高宗)으로 효종에게 전위(傳位)하고 태상황제로 물러나 막후에서 영향력을 행사하였다. 고종은 휘종(徽宗)의 아홉 번째 아들로 정강(靖康) 2년(1127) 휘종과 흠종(欽宗)이 금나라에 포로로 잡혀가자 남경에서 황제의 자리에 올랐다. 이강(李綱) 등 항전파의 주장을 묵살하고 양자강을 건너 남쪽으로 피난하여 임안(臨安)에 수도를 건설하였다. 이것이 남송(南宋)이다. 진회(秦檜) 등의 모략을 받아들여 악비를 살해하였다. 소흥 11년(1141) 금나라와 국토를 할양하고 신하라고 칭하며 공물을 바치는 굴욕적 화의를 맺었다. 소흥 32년(1162)에 효종에게 전위하였다. 재위는 36년이다.

6) 36년 : 고종은 즉위년인 1127년부터 건염(建炎)이란 연호를 사용하다가 4년 만에 소흥(紹興)으로 변경하였다. 따라서 소흥 32년은 고종 재위 36년이 된다.

7) 춘추가 아직 높지 않고 : 전위할 때 고종의 나이는 56세였다.

염려합니다. 더군다나 신처럼 우매한 자야 보잘 것 없는 정성을 바치고자 하나 어찌 만분의 일이라도 보탬이 되겠습니까?

또한 즉위하여 직언을 구하는 것은 역대 제왕들이 서로 이어받아 관례로 삼았던 일입니다. 잘 모르겠습니다만, 이제 폐하의 의중이 잠시 행하여 관례를 갖추려는 것인지요? 아니면 여러 의견들을 두루 다 들어보고 만에 하나라도 도움이 되는 의견을 찾기를 진정으로 바라시는 것인지요? 신은 진실로 우매하여 무엇을 말씀드려야 할지 모르겠습니다만, 임금을 사랑하고 존중하는 마음은 견마(犬馬)의 정성에서 나온 것으로 멈출 수 없습니다. 그러므로 죽음을 무릅쓰고 말씀드리오니 폐하께서 살펴보시기 바랍니다.

신이 엎드려 조서를 읽어보니 이러한 대목이 있었습니다 : "짐에게 과실(過失)이 있거나, 조정의 정사에 빠뜨린 일이 있거나, 백성들에게 근심스런 일이 있거나, 사해(四海)에 병폐되는 일이 있을 경우 조정 안팎의 사대부나 서민들이 직언하고 힘껏 간언(諫言)하는 것을 모두 허락하노라." 신이 적이 살펴보건대, 폐하께서 태자로 지낸 기간이 거의 삼십 년이었지만, 음란한 소리와 여색을 가까이 하지 않았고, 재물을 불리는 데 힘쓰지 않으셨습니다. 조금의 지나친 물욕(物欲)도 자신의 사적인 생활 중에 형성되지 않아 한 가지 과실도 조정 안팎에 알려진 바가 없습니다. 새벽같이 일어나 공경하고 삼가 두려워하는 마음으로 태상황제를 알현하고 모셨으니 어질고 효순한 덕이 위아래 사람들에게 모두 믿음을 주었습니다. 폐하께서 뭇 백성들의 여망을 확고히 붙들고 태상황제의 깊은 사랑을 자아내어 나아가 보위(寶位)를 부탁받고 천하의 주인이 된 것은 분명히 그런 결과를 가져오게 한 이유가 있습니다. 따라서 폐하 일신의 과실에 대해서 신은 아직 들어본 것이 없습니다.

이제 폐하께서 즉위한 지 얼마 되지 않았지만, 원로들을 부르시고 강직한 신하를 등용하여, 요행을 쫓는 폐단을 억눌러 조정의 기강을 바로잡았으며, 원한을 씻어주어 사림(士林)의 사기를 진작시켰습니다. 또한 사사로운 공물을 내탕고(內帑庫)[8]에 옮기지 않아, 공경하고 검약하는 덕망이 날로 사방에 알려졌습니다. 천하 사람이 모두 바라는 바이나 아직 시행되지 못한 것과 걱정거리로써 미처 없애지 못한 것은 차례로 시행하거나 혁파시켜서 백성들이 한스럽게 여기는 것이 거의 남아있지 않습니다. 따라서 조정 정사의 잘못된 것[闕遺]에 대해서도 신은 또한 들은 바가 없겠습니다.

그러나 백성들의 근심스러운 일이나 사해(四海)에 병폐되는 일에 이르러서는 언급할 점이 있을 것입니다. 하지만 신은 구석진 민(閩)땅9)에 물러나 지낸 지가 십여 년이라,10) 발걸음이 천하 사방에 두루 미친 적이 없습니다. 제 견문으로 미친 바 한두 가지는 마음속으로 가만히 헤아려 볼 때, 모두가 오늘 폐하 앞에서 말씀드리기에 알맞은 것은 아닙니다. 그러므로 감히 세세한 일까지 들어서 폐하의 귀를 흐려서는 안 될 것입니다. 그렇기는 하지만 가만히 팔짱만 끼고 묵묵히 입을 닫아 끝내 폐하를 위해 한마디도 말씀드리지 않는다면 그것 또한 신하로서 감히 취할 태도가 아닐 것입니다.

신이 듣건대, 소공(召公)11)이 성왕(成王)을 경계하여 하신 말씀에, "자식을 낳은 것과 같도다. 처음 태어났을 때 익히는 것에 따라 스스로 지우(智愚)의 명수(命數)를 가져온다"12)고 하셨습니다. 맹자의 말씀에도 "비록 지혜가 있다 해도 시세를 타는 것만 못하다"13)라고 하였습니다. 바야흐로 지금 천명이 한창 새롭게 돕고, 폐하에 대한 백성들의 기대가 한창 간절한 때이니, 폐하께서 근본을 바로잡고 시작을 올바르게 하여14) 스스로 지혜로운 자의 명수(命數)를

---

8) 내탕고(內帑庫) : 황제의 사사로운 재물을 두는 곳집. 따라서 황제와 황실의 개인 재산을 가리킨다.

9) 민(閩)땅 : 오늘날 중국의 복건성(福建省)에 해당한다. 주희가 머문 곳은 당시의 건녕부(建寧府) 숭안현(崇安縣)이다.

10) 십여 년으로 : 주희는 22세 때(1151) 봄에 전시(銓試)에 합격하여 좌적공랑 천주동안현 주부가 되었다. 그로부터 당시까지가 12년이다.

11) 소공(召公) : 주(周) 문왕(文王)의 서자인데 이름은 석(奭)이며, 성왕(成王) 때 삼공(三公) 중 한 사람이었다.

12) 자식을~것이다 : 소공의 경계는 『서경(書經)』「주서(周書)」가운데「소고(召誥)」편에 보인다.

13) 비록~못하다 : 『맹자』「공손추(公孫丑) 상」에 나오는 제(齊)나라 사람의 말이다.

이룰 때이며, 시운에 따르고 이치에 순응하여, 시세를 타고 일을 도모할 절호의 기회인 것입니다.

더구나 폐하의 높고 성대한 덕망에 대하여 천하 사람들이 전하여 칭송하고 말해온 것이 여러 해입니다. 이번에 천자의 자리에 오르심에 천하의 만물이 모두 폐하를 바라보고 있습니다. 그들의 마음은 모두 비상한 사업과 비상한 업적을 폐하께 기대하며, 그저 선왕의 법도나 준수하여 다스리는 어진 군주를 바라는 것이 아닙니다.

그러나 역대 임금께서 차지하고 있던 고토를 아직 회복하지 못하였고,[15] 종묘가 원수에게 당한 치욕을 아직 씻지 못하였으며,[16] 오랑캐의 간교한 속임수가 예사롭지 아니하고, 백성들의 괴로움과 초췌함이 이미 극에 달하였습니다. 바야흐로 이때에 폐하께서 화급히 일을 도모하여 생령(生靈)의 소망에 부응하고자 하신다면 마땅히 어찌해야 하겠습니까?

그렇다면 오늘날의 사세는 폐하에게 놓칠 수 없는 절호의 때일 뿐만 아니라, 국가의 성쇠(盛衰)와 치란(治亂)의 갈림, 종묘사직의 안위(安危)와 영욕의 전망이 모두 여기에서 결정되는 시기입니다. 생각건대 폐하로 말하면 우리 송나라가 흥성할 수 있는 군주요, 오늘날로 말하면 폐하가 흥성할 수 있는 좋은 때입니다. 이 때 백성들의 기대에 부응하지 못한다면, 조종(祖宗)의 백성과 자손들은 다시는 귀의하는 마음을 두지 않을 것입니다. 그러하니 두려워하지 않을 수 있겠습니까? 두려워하지 않을 수 있겠습니까?

우매한 신이 죽을 죄를 무릅쓰고 말씀드립니다만, 제가 생각건대 폐하 자신이 아직 과실이 있지 않더라도, 제왕의 학문을 충분히 익숙하도록 공부하지 않아서는 안 됩니다. 그리고 조정의 정사에 아직은 빠뜨리고 부족한

---

14) 폐하께서~올바르게 하여 :『차의』에서는 근본은 황제 자신을 가리키고, 시작은 시기를 가리켜 말한 것이라 하였다.

15) 역대~못하였고 : 이 당시에 중원은 금나라의 영토가 되었다.(『차의』)

16) 종묘가~씻지 못하였으며 : 정강 2년(1127)에 휘종과 흠종이 금나라군에 의해 포로가 되어 끌려간 사실을 의미한다.

것이 없다고 하더라도 국내를 잘 다스려 외적을 물리치는 계획을 서둘러 확립하지 않으면 안 됩니다. 사해(四海)의 병폐와 백성들의 근심거리에 대해서는 두루 조목조목 들어서 살필 수 없다 하더라도, 본원(本原)이 되는 바탕[17]에 대해서는 더욱 마음을 기울이지 않으면 안 됩니다. 대개 제왕에게 필요한 학문을 배우고 익히지 않는다면 과실이 싹틀 것이고, 국가의 기본 방침이 결정되지 않는다면 조정의 모자라고 부족한 것이 커질 것입니다. 그리고 근본이 바로잡히지 않는다면 말류의 폐단은 이루 말할 수 없을 정도일 것입니다. 신은 폐하께 그것들에 대하여 상세히 말씀드리기를 요청합니다.

신이 듣건대, 요임금, 순임금, 우임금께서 서로 천자의 지위를 전해줄 때 하신 말씀은 "인심(人心)은 위태롭고 도심(道心)은 오직 미약하다. 오직 정밀히 살피고 전일하게 집중하여 마땅히 중도(中道)를 견지하라!"[18]는 것이었습니다. 저 요임금, 순임금, 우임금은 모두 위대한 성인입니다. 그들은 지식을 타고난 분이므로 일삼아 배울 필요가 없었을 것입니다. 그런데도 오히려 정밀하게 살피라고 말하고, 전일하게 집중하라고 말하고, 견지하라고 말한 것은 비록 지식을 타고났다고 해도 학문의 힘을 빌어서 지식을 이루는 것임을 밝혔습니다.

폐하의 덕성이 순수하고 성대한 것은 옛 성인과 꼭 들어맞으며, 타고난 지식도 제가 엿볼 수 없는 경지입니다. 그러나 제가 간접적으로 전해들은 바로는 폐하께서 태자로 계시던 무렵에 밤낮으로 과정을 정해 놓고 공부하시던 것[簡策衡石之程][19]이 글월을 암송하고 성정(性情)을 읊는 것에 지나지

---

17) 본원(本原)이 되는 바탕 : 『차의』에서는 몸과 마음[身心]을 가리킨다고 했으나 『절보』에서는 "아래 문장을 가지고 보면 본원이 되는 바탕이란 조정을 바로잡는 것을 가리켜 말한 것"이라고 하였다.

18) 인심(人心)은~견지하라! : 『상서』「대우모(大禹謨)」의 한 구절이다.

19) 밤낮으로~공부하시던 것[簡策衡石之程] : 간책(簡策)은 책을 뜻한다. 고대에 책을 대나무쪽에 써서 엮었기에 책을 간책이라고 하였다. 형(衡)은 저울을 단다는 뜻이고 석(石)은 20근(斤)을 지칭하는 무게 단위이다. 진시황은 낮에는 옥사를 처리하고 밤에는 공문서를 처리하느라 쉴 틈이 없었다고 한다. 그는 (죽간으로 된) 문서를

않았다고 하고, 근년 이래로는 폐하께서 독자적인 것을 추구하는 데 마음이 가 있어 (일상의 윤리는 돌아보지 않고) 대도(大道)의 요체를 간취하고 싶어 하며, 노자(老子)와 불교의 서책에도 상당히 마음을 두고 있다고 합니다. 소루한 사람이 먼 곳에서 전해들은 이야기이므로 과연 그러신지 모르겠습니다. 그러나 개인적으로 혼자 생각하기를, 그 소문이 정말 사실이라면, 이것은 하늘이 내려준 신성한 자질을 잘 받들어 요임금과 순임금의 높은 경지에 오르는 방법이 아니라고 생각하였습니다.

왜냐하면 문장이나 암송하고 글을 화려하게 조탁하는 일은 연원을 탐구하여 정치의 도리를 도출하는 방법은 아니며, 노자(老子)의 허무(虛無)와 석가(釋迦)의 적멸(寂滅)을 추구하는 것은 근본과 말단을 관통하여 지나치거나 모자람이 없는 바른 도(道)를 세우는 방법이 아니기 때문입니다. 그러므로 옛날 명철한 제왕의 학문은 반드시 격물치지(格物致知)의 방법으로 사물의 온갖 변화를 남김없이 고찰하여, 자신의 앞을 지나는 모든 사물에 깃들어 있는 의리들을 정밀하게 낱낱이 드러내서, 생각하고 보는 매 순간 명료하여 터럭만큼도 감추어진 것이 없게 하였습니다. 그러므로 저절로 생각이 진실해지고 마음이 올바르게 되어 천하의 일에 대응하는 것이 마치 손가락으로 하나 둘 세고 검고 흰 것을 분간하는 것처럼 분명하였던 것입니다.

학문을 하지 않는다면 그만이지만 학문을 한다고 하면서 이 격물치지를 위주로 하지 않는다면, 안과 밖, 근본과 말단이 뒤집어지고 어그러지므로 아무리 총명하고 지혜로운 자질과 효성스럽고 우애하고 공순하고 검소한 덕을 가지고 있다 하더라도 그 지혜로는 선(善)을 밝힐 수 없고, 그 식견으로는 이치를 궁구할 수 없으며, 결국 천하의 치란(治亂)을 경영하는 데 도움되는 바가 없을 것입니다. 따라서 군주가 학문을 하고 안하고, 또 그 내용이 올바르고

저울로 달아 양을 정해놓고 공무를 처리하였다고 한다.(『한서(漢書)』「형법지(刑法志)」) 여기서는 효종이 태자 시절 정해진 교육과정을 통해 쉴 틈 없이 공부한 것을 비유적으로 말하였다.

올바르지 않은 것은 바로 군주 자신의 마음에 달려 있습니다. 그로 인해 천하 국가가 다스려지고 다스려지지 않는 것이 역사에 그처럼 현저하게 드러나니, 결부된 것이 어찌 작다고 하겠습니까! 『주역(周易)』에서 이른바 털끝 만한 차이가 천리로 벌어진다[20]는 것은 이런 경우를 두고 한 말입니다.

대개 격물치지(格物致知)는 요임금과 순임금이 말한 '정밀히 살피고 전일하게 집중하는 것'입니다. 성의정심(誠意正心)은 요임금과 순임금이 말한 '중도(中道)를 견지하는 것'입니다. 예로부터 성인이 말로 전하고 마음으로 전하여 구체적인 일로 나타난 것이 오직 이것뿐입니다. 공자에 이르러서 그것을 집대성하였지만, 나아가 그 지위를 얻어 천하에 시행하지 못하였습니다. 그러므로 물러나 육경(六經)을 찬술하여 뒤에 천하와 국가를 다스리는 자에게 보여주었습니다. 간혹 본말(本末)과 시종(始終) 그리고 선후(先後)의 순서에 대해 말한 것 중 특히 상세하고 명확한 저작은 곧 대성(戴聖)이 편찬한 현행의 『예기(禮記)』 가운데 보이는 이른바 「대학(大學)」편[21]이 바로 그 책이라 하겠습니다. 고 승의랑(承議郎) 정호(程顥)와 그 아우 숭정전설서(崇政殿說書) 정이(程頤)는 근세의 위대한 선유(先儒)로서 공자·맹자이래 전해지지 않았던 학문[22]을 체득하였는데, 모두 「대학」이 공자가 남긴 글로 학자가 마땅히 먼저 힘써 배워야 할 것이라고 하였습니다. 참으로 지당한 말입니다.

어리석은 신이 엎드려 바라건대, 폐하께서 예전의 공부하던 방식을 버리고, 들뜨고 화려한 문장에 마음을 쓰지 말며, 옳은 듯하지만 그른 사악하고 치우친 학설[23]을 물리치고, 잠시 남아있는 이 경전[24]에 폐하의 뜻을 두시기

---

20) 『주역(周易)』에서~천리로 벌어진다 : 『주역』 '가인(家人)'괘에 나오는 말이다.
21) 「대학(大學)」편 : 『대학』은 본래 『예기』 가운데 한 편명이다. 『예기』는 대성(戴聖)이 기록하여 말한 것이다.
22) 정이(程頤)는 근세의~않았던 학문 : 『주자대전』의 「명도묘표(明道墓表)」에서 선생은 버려진 경전에서 전해지지 않았던 학문을 찾아냈다고 하였다.
23) 옳은 듯~치우친 학설 : 『차의』에서는 노자와 석가의 글을 뜻한다고 보았다.
24) 남아있는 이 경전 : 『차의』에서는 『대학』을 말한다고 하였다.

바랍니다. 그리고『대학』의 요지를 깊이 알고 있는 참된 선비를 맞아들여 좌우에 두고 자문할 수 있도록 하시기 바랍니다. 뜻을 탐구하고 마음으로 확충할 때에는 지극히 정밀하게 살피고 지극히 전일하게 집중하는 곳에 힘을 기울여 천하 국가를 다스리는 방법이 이것을 벗어나지 않는다는 사실을 아시기 바랍니다. 그런 다음에 본체와 작용은 근원이 같다[體用一原]는 사실과 드러난 것과 은미한 것 사이에 간극이 없다[顯微無間]25)는 사실을 자각하여, 요(堯)임금·순(舜)임금·우(禹)임금·탕(湯)임금·문왕(文王)·무왕(武王)·주공(周公)·공자(孔子)께서 전해준 취지를 홀로 체득하시기 바랍니다. 그 위에서 육경의 글을 가지고 고찰해보고 역대 역사의 발자취로 징험하면서 마음에 새겨 오늘날 무궁한 변화들에 대처하시기 바랍니다. 폐하의 명철한 능력에다 이와 같이 원천을 깊게 하고 뜻을 보좌한다면, 폐하께서 얼마나 크게 성취하실지 어찌 어리석은 신이 헤아리겠습니까?

그러나 신은 도를 알고 있는 사람이 못됩니다. 이상 말씀드린 내용은 스승과 친구에게 들은 지식의 개략이자 단서일 뿐으로, 폐하께서 이를 바탕으로 삼아 학문에 힘써 스스로 터득하신다면 반드시 신의 말이 미칠 수 없는 더한 결과가 있을 것입니다. 폐하께서 뜻을 여기에 깊이 두시어 소홀히 하지 않으신다면, 천하를 위해 참으로 다행한 일이겠습니다.

신이 또 듣건대, 천하와 국가를 다스리는 자는 한번 확립되면 바꾸지 않는 계획을 반드시 가지고 있다고 합니다. 그런데 오늘날의 계획이라 하면 정사(政事)를 잘 수행하고 오랑캐를 물리치는 것에 불과하므로 깊이 숨어있어 알기 어려운 것이 아닙니다. 그러나 현재 그 계책이 때맞추어 확립되지 못하고 있는 것은 강화(講和)를 주장하는 설이 회의하기 때문입니다. 저 금(金) 오랑캐는 우리에겐 하늘을 함께 이고 살 수 없는 불공대천(不共戴天)의 원수입니다. 그러므로 저들과 강화를 맺을 수 없음은 그 의리가 너무도

---

25) 드러난 것과~간극이 없다[顯微無間] :『차의』에서 정이천의『역전』서문에 나오는 말이라고 하였다.

분명합니다. 그럼에도 더러 계속 강화설을 주장하는 이가 있는데 그들의 생각은 분명 이렇습니다.

"지금은 근본이 아직 튼튼하지 못하고, 형세도 조성되지 않아 나아가 중원을 회복하는 계책을 쓰기도 어렵고 물러나 침략에 방어할 방책을 마련하기도 어렵다. 그러니 저들을 허례(虛禮)로 얽어매어 빙문(聘問)하러 오면 사자를 파견하여 답례하는 기회를 이용하여 영토를 돌려달라고 청하는 방책을 쓰는 것만 못하다. 외교적으로는 허약한 척하여 저들이 마음놓고 교만하며 나태해져 우리를 불쑥 침략하지 않게 유도하면서, 우리는 그 사이 시간을 갖고 분발하여 서로 도우면서 크게 일을 도모할 수 있을 것이다. 만일 하늘이 재앙을 내린 것을 후회하고 우리를 돕는다면, 우리가 크게 바라는 것을 한 명의 병사도 희생시키지 않으면서 편안히 이룰 수도 있다. 무엇을 꺼려서 이 방법을 쓰지 않겠는가?"

신이 생각건대, 의리(義理)상 하지 말아야 한다는 것을 알면서도 도리어 하는 것은 이익만 있고 해로움은 없기 때문입니다. 그러나 신이 판단하기로 이른바 강화의 계책은 온갖 해만 있을 뿐 이로움은 없습니다. 어찌 고생하면서 반드시 해야 하겠습니까? 원수를 갚기 위해 이적(夷狄)을 토벌하는 것과 스스로 힘써 선(善)을 행해야 하는 것은 경전에 상세하게 나와 있습니다.[26] 게다가 폐하의 총명하신 지혜로도 옛 사적에서 살펴보실 수 있으므로 일일이

---

26) 원수를~있습니다 : 부모의 원수와는 같이 살 수 없고 항상 복수의 준비를 해야 한다.(『예기(禮記)』「곡례(曲禮) 하」) 주나라 평왕(平王)은 부친 유왕(幽王)이 신후(申侯)와 견융(犬戎)에 의해 살해된 뒤 신후의 추대로 왕이 되었는데, 부친의 원수인 이들에 대하여 복수하기는커녕, 도리어 백성들을 시켜 신후의 땅을 지키게 하였다. 그러자 파견되어 가는 백성들이 원망하는 노래를 지었는데, 그것이 『시경(詩經)』「왕풍(王風)·양지수(揚之水)」이다. 주희는 주석에서 복수를 해야 마땅할 군사들에게 도리어 은혜를 베풀도록 시켰으니 도리를 잃고 백성에게 죄를 지은 것이라고 비판한 바 있다. 힘써 선을 행한다는 것은 주나라의 선조 태왕이 적인(狄人)의 침략을 견디지 못해 기산(岐山) 아래로 이주하여 착실히 기틀을 다진 것을 말한다. 맹자는 창업수통의 성공 여부는 하늘에 달려 있는 것이며 군주가 해야 할 일은 힘써 선을 행하는 것일 뿐이라고 말한다.(『맹자(孟子)』「양혜왕(梁惠王) 하」)

말씀드릴 필요가 없겠습니다. 다만 신이 그 이로움과 해로움에 대해 잠시 말씀드리오니 폐하께서 가려주시기 바랍니다.

강화론을 주장하는 저들이 말하는 "국가의 근본이 아직 튼튼하지 않고 형세도 여의치 않아, 나아가 공격할 수도 없고, 물러나 나라를 방어하기도 어렵다"는 상황은 무엇 때문에 그렇게 되었겠습니까? 바로 강화하자는 주장이 있기 때문입니다. 그러므로 그 주장을 없애지 않는다면 천하의 일은 한 가지도 이루어질 이치가 없습니다. 왜 그렇겠습니까? 적에게 나아가서는 살든 죽든 한번 결판을 내자는 생각이 없고, 물러나서는 이리저리 미루면서 그만 둘 구실만 만든다면, 생각은 나아가 일을 도모하는 데 힘을 다해 노력하고 싶어도, 기운은 이미 맥이 풀려 응하지 않을 것입니다. 그러면 방어하는 것도 견고하지 못하고, 군대를 출정해도 용감하게 싸우지 못할 것입니다. 이것은 의지가 본래 그런 것이 아닙니다. 기운이 형세로 인해 분산되고, 의지가 맥 빠진 기운에 의해 힘을 잃었기 때문입니다. 그러므로 오늘날 강화하자는 주장을 혁파하지 못하면, 폐하의 매서운 의지도 틀림없이 약해지고, 대신들의 책임의식도 반드시 가벼워지며, 전공을 세우려는 장군과 병사들의 투지도 틀림없이 느슨해지며, 관리들이 조정의 명령을 받들 때도 틀림없이 위에서 바라는 대로 몸과 마음을 다해서 충실하게 일하지 않을 것입니다. 그렇게 되면 근본이 언제 튼튼해지기를 바랄 것이며, 형세는 언제나 조성되기를 바라겠습니까? 옛 영토를 회복하는 일은 언제쯤 도모할 것이며, 방어하는 것은 언제쯤이나 믿음직스럽게 되겠습니까? 기대할 수 없음이 분명합니다.

만일 '허례(虛禮)로 저들을 얽어맨다'고 하면, 저들이야 인의(仁義)는 모자랄지라도 흉포하고 교활한 것은 넘쳐나는 작자들인데, 정말 우리를 칠 마음을 갖게 되면, 어찌 구구한 허례 때문에 교만해지겠습니까? 저들이 정말로 우리를 겸병할 형세를 갖게 되면, 어찌 구구한 허례 때문에 그만두겠습니까? 만일 '허약한 척하자'고 한다면, 이는 속을 펼쳐 실정을 드러내서 본래 허약함을 보여주는 것일 뿐, 실제론 강한데 일부러 상대에게 허약한 척 하는 것을 말하는 것이 아닙니다. 다만 저들에게 우리의 속사정을 엿보고 우리가 아무 계책도 없다는 사실을 간파하게 하여 더더욱 아무 것도 꺼리지 않게 만들 뿐입니다. 설령 저들이 쳐들어오지 않아서 우리가 강화책을 믿고 편안해 한다고 하더라도, 기세는 분산되고 기력은 힘을 잃어 날이 갈수록 앞서 말한 상태로 될 뿐입니다. 비록 십년을 그렇게 지낸다한들, 또한 무슨 계책을 성사시킬 수 있겠습니까? 따라서 오랑캐를 교만하게 유도하겠다는 방책이 사실은 오랑캐에게 길을 내주면서 자신이 교만해지는 방법이며, 도적의 정신을 해이하게 한다는 방법이 사실은 도적을 양성하면서 자신이 해이해지는 방법입니다. 오랑캐를 위한 계책이라면 훌륭한 계책이지만, 우리 신하된 자가 해야 할 말은 결코 아닙니다.

게다가 저 도적들은 중원(中原)을 차지하고 매년 금폐(金幣)를 받아가며 안전하고 강성한 세력을 기반으로 강화 여부에 대한 주도권을 장악하고서, 세력이 조금 약해지면 강화하자고 요구하는데 우리는 감히 군사를 움직여 치지도 못합니다. 저들은 또 세력이 충분해지면 대거 군대를 동원하여 깊숙이 침입해오는데 우리는 맞서지도 못합니다. 생각건대 저들은 느긋하게 강화를 주도하지만 그 술책은 언제나 강화를 초월하여 행하고 있습니다. 그러한 까닭에 유리하다 싶으면 공격해오고 불리하다 싶으면 움츠리면서,27) 저쪽은 나아가든 물러나든 모두 실속을 차리는데, 우리 쪽은 저들 오랑캐를 올려다보 며 강화 여부의 명령에 따를 뿐입니다. 국사(國事)를 도모하는 자들은 오로지 오랑캐의 환심을 잃을까봐 걱정할 뿐 먼 미래를 위한 계책을 수립하지 않아, 나아가서는 중원을 회복할 기회를 잃고 물러나서는 충신과 의사(義士)의 의지를 꺾어놓습니다. 우리는 강화를 하는 데 급급하여 의지와 생각이 늘 강화 속에 빠져있습니다. 이런 까닭에 진퇴양난에 빠져 나아가든 물러나든

---

27) 유리하다 싶으면~움츠리면서 : 양자(揚子)가 "편리하면 활개를 치고, 편리하지 않으 면 몸을 움츠린다"(便則伸, 否則蟄)고 한 말에서 나왔다. 『차의』에서는, 오랑캐가 자기에게 이로우면 침공하고, 불리하면 물러나는 것을 일컫는 말이라고 하였다.

모두 손해만 봅니다. 선화(宣和, 1119~1125) 정강(靖康, 1126~1127) 이래 전후 34년 동안 오랑캐들은 오로지 이 계책을 이용하여 우리의 심장을 꿰뚫어 보고 전략을 결정하여 승리를 장악하니, 자유자재로 전진하고 후퇴하면서 그들 뜻대로 하지 못한 경우가 없었습니다. 그렇건만 우리는 그들의 술책에 놀아나면서도 전혀 깨닫지 못하고 한결같이 나라를 위태롭게 만들고 군대를 잃는 짓만을 해 왔습니다.

　지난해 금(金)이 침략했을 때의 일을 통해서도[28] 사람들은 조정에서 (금을 더 이상 믿을 수 없음을) 깨달았으리라 생각했습니다. 그런데 전쟁상태가 풀린 지 얼마 지나지 않은 시점에서 오랑캐의 사신이 다시 이르렀습니다.[29] 저들이 우리에 대해 무엇을 꺼려서 갑작스럽게 이와 같은 행동을 했겠습니까? 이것은 예전의 책략으로 우리에게 자신의 의도를 성취하려는 것이었지만 우리는 여전히 깨닫지 못하고 사신을 받아들이고 그 답례로 사신을 파견하였습니다. 그런데 우리의 사절단이 미처 돌아오기도 전에 저들에 의해 해주(海州)가 포위되어 다급한 상황이 되었습니다.[30] 그들의 위장하고 뒤집는 이들 행위를 어떻게 쉽게 예측하겠습니까? 그럼에도 국사를 논하는 사람들은 여전히 실패를 본 계책의 찌꺼기를 가지고 저들을 당해내려고 합니다. 생각이 없는 사람들입니다.

---

28) 지난해 금(金)이~일을 통해서도 : 지난해는 신사년(1161년, 송 고종 紹興 31년, 금 세종 大定 1년)이다. 이 해 여름 5월에 금의 해릉왕(海陵王) 완안량(完顔亮)이 송에 사신을 파견하자 송에서는 가을 7월에 서가(徐嘉)를 금에 보냈다. 그런데 9월에 완안량이 대거 침략을 감행하였다. 따라서 조정에서도 저들과 화의를 맺는 것은 이처럼 믿지 못한다는 사실을 분명히 알 것이라고 국민들이 말한다는 것이다.(『차의』)

29) 전쟁상태가 풀린~다시 이르렀습니다 : 전쟁상태를 해제했다는 말은 신사년 11월에 금의 군주 완안량(完顔亮)이 그 부하에게 시해를 당한 사건이 발생하여 금의 군대가 모두 도망하여 달아났기 때문에 송이 전쟁에 대한 경계령을 해제한 사실을 가리킨다. 오랑캐의 사신이 다시 이르렀다는 말은 임오년(1162) 정월에 금의 군주 완안옹(完顔雍)이 사신을 송에 파견한 사실을 가리킨다.(『차의』)

30) 우리의 사절단이~상황이 되었습니다 : 임오년 2월에 송에서는 기거사인(起居舍人) 홍매(洪邁)를 금에 파견하여 금이 사절을 파견한 데 대한 답례를 하게 하였다. 그런데 4월에 금이 다시 군대를 파견하여 해주를 공격하였다.(『차의』)

강토를 돌려달라고 저들에게 요청하여 만에 하나 얻기를 기대한 것도[31] 참으로 생각 없는 일이었습니다. 저 강토는 우리의 옛 영토입니다. 비록 불행하게도 저들에게 빼앗기긴 했지만, 그렇다고 해서 어찌 강토를 주고 말고 하는 권한을 저 원수 오랑캐들이 행사하도록 해서야 되겠습니까? 그것은 우리의 덕이 어떠하고 우리의 힘이 어떤 정도인지에 달려 있을 뿐입니다. 저 강토를 우리가 가져올 역량이 있으면 저들은 그 땅을 차지하지 못할 것이고 자연스럽게 우리에게 돌아올 것입니다. 반면 우리가 가져올 역량이 없다면, 우리 힘으로 가져올 수 없는 땅을 저들이 어찌 기꺼이 내주려 하겠습니까? 게다가 저들은 차지할 수 있는데 우리는 그렇지 못하다는 것은 우리가 약하고 저들이 강하기 때문임은 따져볼 필요도 없이 명확합니다. 설령 그 땅을 우리에게 내준다고 한들 우리가 무슨 방법으로 그 땅을 지키겠습니까? 저들에게는 큰 은혜를 베푸는 것이지만 우리에겐 큰 비용만 들어가고 얻는 바도 확실하지 않을 것입니다. 예전에 있었던 연경(燕京)과 운중(雲中) 등 삼경(三京)에 관한 일에서 거울을 삼을 수 있습니다. 어찌 한심스러운 일이 아니겠습니까?

가능성이 거의 없긴 하지만 만일 반드시 그렇지 않을 것이라는 계책대로 되어서, 저들이 진실로 속이지도 않고 보답을 요구하지도 않아 우리가 스스로 그 땅을 보전할 수 있고 영구히 다른 걱정거리가 안 생긴다면, 좋은 일이기는 합니다. 그러나 당당하고 위대한 송나라가 자력으로 조종(祖宗)의 영토를 회복하지 못하고 원수 오랑캐에게 구걸하여 국가를 유지하는 것이므로 신은 비록 불초하오나 폐하를 위해 수치스럽게 생각합니다. 전날 사신을 파견하여 답례하면서 이런 일을 요청한 것이 이미 실패로 돌아가고, 폐하께서 황제의 보위를 이어받자 모든 사람들이 이제는 그런 일이 없겠구나 기대하였습니다.

---

31) 강토를~것도 : 홍매(洪邁)가 금에 사신으로 갈 때 황제가 "조종(祖宗)의 능묘에 세시(歲時) 때마다 제사를 모실 수가 없다. 저들이 만약 하남(河南) 지역을 우리에게 돌려준다면 반드시 예전처럼 윗자리에 오르려고 할 것이다. 그러나 나를 굽힌다고 한들 아까울 것이 있겠는가?"라고 하였다.

그러나 사면하는 조서가 내려져서[32] 장수들을 억눌러 출진하지 못하도록
하였습니다. 사신을 파견하여 전 황제를 계승할 뜻을 알리고 우호관계를
유지하는 예를 계승하여 행하고자 했는데 마치 화의를 반드시 성립시켜
강토가 저절로 회복되기를 편안히 기대하는 정책에 의향을 둔 것 같았습니다.
사방에서 사람들이 전해 듣고 크게 실망하였습니다. 어리석은 저로서는
어떤 연유로 그런 계책이 나왔는지 모르겠습니다만, 좌우에서 보필하는
신하들의 전략이 치밀하지 못함을 개탄하지 않을 수 없습니다.

  옛말에 "의심하면서 하는 일은 공을 이루지 못하고 의심하면서 하는 행동은
명예를 이룰 수 없다"[33]는 말이 있습니다. 지금 적들은 우호를 맺자고 다가오면
서도 무력사용을 거두지 않고[34] 있습니다. 그런데 그들에 대한 우리의 대응은
항상 두 갈래 길[35]에서 방황하고, 일정한 계책이 없으니, 이른바 '의심하면서
하는 일'이 아니겠습니까? 이런 상태에서 명령을 내려, 보고 듣는 사람을
헷갈리고 의심스럽게 만들어 마음이 이반하고 몸이 해이하도록 만들어 놓으
면, 이는 공격도 하기 전에 벌써 물러나고, 싸워보지도 못하고 미리 패하는
것입니다. 이런 방식으로 옛 강토를 회복하는 공을 이루고자 한다면 어려운
일입니다.

  그러나 실책을 범한 것이 아직 심각하지 않으므로 계획을 바꾸어 도모하기
가 어렵지 않습니다. 지나간 잘못은 아무리 따진들 소용이 없습니다만 대신
앞으로 다가올 일은 생각대로 할 수 있습니다.[36] 바라건대 폐하께서는 대신들

---

32) 사면하는 조서가 내려져서 : 이때 이현충(李顯忠)이 금의 도통(都統) 소기(蕭綺)와
    은밀하게 결탁하여 군대를 내어 하동(河東)을 차지하자고 주장하였다. 마침 조칙이
    내려져 이 일에 대한 조사를 그만두라고 하여 중지되었다. 또 황제는 유공(劉珙)을
    금에 보내어 등극을 통보하려하다가 길을 떠나기 전에 중지시켰다.
33) 의심하면서~이룰 수 없다 : 『전국책(戰國策)』과 『사기(史記)』에 나오는 상앙(商鞅)의
    말이다.
34) 무력사용을 거두지 않고 : 『좌전(左傳)』 '은공(隱公) 4년'에 "대저 무기는 불과 같다.
    거두지 않으면 앞으로 자신이 불에 탄다.(夫兵, 猶火也, 弗戢, 將自焚也)"는 구절이
    있다.
35) 두 갈래 길 : 화의(和議)와 주전(主戰)을 가리킨다.(『차의』)

에게 자문을 구하고 뭇 신하들이 제시한 대책을 모두 검토하십시오. 실책의 원인이 무엇인지를 살펴보시고 저들에게 대응할 방안을 강구하십시오. 이때 공정한 의리(義理)를 기준으로 판단하시고, 실제적인 이해(利害)를 참작하십시오. 그리하여 화의(和議)를 주장하는 자들을 쫓아버리고 금나라로 보낸 사신을 뒤쫓아가서 돌아오게 하십시오. 사신이 아직 회수(淮水)를 건너지 않았다면 따라잡을 수 있을 것입니다. 이후로는 국경의 관문을 닫고 저들과 어떠한 조약도 맺지 마십시오. 현명한 사람을 등용하고 능력 있는 인재에게 일을 시키며, 조정의 기강(紀綱)을 세우고 풍속을 진작시키십시오. 우리 자신이 정사(政事)를 정비하여 오랑캐를 몰아내는 정책 이외에는, 미련을 갖고 이리저리 미루며 중도에서 그만두는 구실로 삼을 일이 터럭만큼도 없음을 명확히 인지하여, 한시도 안이하게 생각하지 않도록 하십시오.

그런 뒤에야 중앙과 지방을 막론하고 장수와 정승, 군사와 백성들 모두 폐하의 뜻이 기필코 원수를 갚고 영토를 회복하려는 데 있으며 허송세월하려는 마음이 없음을 명확히 알 것이고, 서로 분발해서 실질적 성과를 이루기 위해 도모할 것입니다. 그래서 몇 년 뒤에 우리의 의지가 확립되고 기세도 충만해지며 재정도 넉넉해지고 군사력도 강해지면, 그 때 우리의 국력이 어떤지 비교해보고 저들의 틈이 어느 정도인지 살펴가면서 서서히 군사를 일으켜 도모하면, 중원의 옛 강토가 우리 것이 되지 않고 어디로 가겠습니까? 이 계책은 불과 몇 년을 늦추는 것이지만 이치로도 합당하고 형세 상으로도 완벽하며 명분 상으로도 바르고 실리 상으로도 유리합니다. 강화를 맺어 강토를 요청하는, 그야말로 구차하고 요행을 바라며 게다가 결코 이루지 못할 허망한 계책과 같이 논할 수 없음이 분명합니다. 오직 폐하께서 깊이 유념하시고 소홀히 하지 않으신다면 천하를 위해 참으로 다행한 일이겠습니

---

36) 지나간 잘못은~할 수 있습니다 : 『논어』 「미자(微子)」에 나오는 말이다. 원문은 다음과 같다. "楚狂接輿歌而過孔子, 曰, '鳳兮, 鳳兮! 何德之衰? 往者不可諫, 來者猶可追. 已而已而, 今之從政者殆而.'"

다.

　사해(四海)에 병폐가 있는지 여부에 대한 문제에 이르면, 신은 그 여부가 백성이 고달파하는지 아니면 기뻐하는지에 달려 있다고 생각합니다. 그리고 백성의 기쁨과 근심은 수령의 현명함 여부에 달려 있다고 생각합니다. 그런데 감사(監司)는 수령의 벼리이고, 조정은 감사의 근본입니다. 우리 백성들이 모두 제자리를 잡기 바란다면 근본 되는 바탕은 역시 조정에 있을 뿐입니다. 폐하께서 오늘날 감사 중에 멋대로 부정을 저지르고 포악한 짓을 행하면서 백성을 해치는 자가 누구냐고 물으시는데, 바로 재상과 대간(臺諫)의 친구요 빈객이 아니겠습니까? 이미 세력을 잃은 자들이야 폐하께서 사사로이 공모한 실상을 발각하여 쫓아낸 결과이지만, 아직 권세를 갖고 있는 자 중에도 그 같은 자가 어찌 없겠습니까? 단지 폐하께서 파악할 방도가 없을 뿐입니다. 그렇기 때문에 어떤 일의 좋은 점이 백성에게 기쁨이 되고, 어떤 일의 병폐가 백성에게 근심이 되는지 폐하께서는 알고자 하시지만, 누가 폐하의 그 뜻을 받들어 백성에게 시행하겠습니까? 신은 오직 조정을 바로잡는 것을 급선무로 삼는다면, 그 문제는 오래지 않아 저절로 혁파되리라고 생각해왔는데, 폐하께서도 이 일에 마음을 두고 계신 듯합니다.

　생각건대 전일에 조정으로 불러들인 몇 명의 군자[37)는 모두 천하에서 충신과 현사(賢士)로 일컬어지는 사람들입니다. 조정을 바로잡기 위해 갖추어야 할 인재로 이보다 더 중요한 것이 있겠습니까? 그러나 그들의 재능이 뛰어난 분야가 같지 않으므로 담당할 직무 역시 다릅니다. 원컨대 폐하께서는 큰 능력을 가진 사람에게는 천자를 도와 국정을 경영케 하여 하늘을 대신해 천하를 다스리는 천자의 일을 보필하게 하십시오. 작은 능력을 가진 사람들에게는 관직을 갖고 직무를 담당케 하여 여러 사업들을 일으켜 빛내게 하십시오. 대외적 일에 뛰어난 인재에게는 군사를 맡아 국방을 안정시키는 직책을 담당케 하고, 정치의 대체(大體)에 밝은 인재는 천자의 미진한 점을 보좌하는

---

37) 몇 명의 군자 : 장준(張浚)·호전(胡銓)와 같은 이를 지칭한다.(『차의』)

관직[38])에 임명하십시오. 또한 그들에게 각자가 알고 있는 인재를 천거하도록 하여 여러 관직에 배치해서 천하의 일을 함께 도모하십시오. 그렇게 함으로써 소원한 인재들이 아무리 멀리 있어도 버림을 받지 않게 하고, 친밀하지만 능력이 안 되는 사람은 가까이 있어도 반드시 버림받게 하십시오. 먼저 조정에 들어온 신하를 중시하여 한 사람의 말만 듣고 가까운 사람에게만 일을 맡긴다는 비판을 듣게 해서는 안 됩니다.[39]) 사사로운 은혜를 과도하게 베풂으로써[40]) 사람을 널리 보지 않는다는 과오를 범해서는 안 됩니다. 등용하고 물리치며 채택하고 버림에 있어 오직 공론(公論)이 어디에 있는가 만을 살펴야 합니다. 그렇게 한다면 조정이 바르게 되어 안팎과 원근 어디에서나 누구도 감히 하나같이 바르게 되지 않을 수 없을 것입니다.

감사(監司)에 적임자를 선발한 뒤에 모든 군(郡)의 득실(得失)을 알아낼 수 있습니다. 군수(郡守)에 제대로 된 사람을 선발한 뒤에 그 휘하의 현(縣)들이 잘 다스려지고 있는지 살펴볼 수 있습니다. 그런 다음 그들이 맡은 자리에 무게를 실어주면서 성과를 요구하고, 잘하는 일을 장려하고 부당한 처사를 징계합니다. 그와 같이 한다면, 일에서 이롭다고 하는 것과 백성에게 좋다고 하는 것 모두 시행될 것이요, 일에서 이른바 병통이라고 여겨지는 것과 백성에게 근심이 된다는 것 모두 제거될 것입니다. 그러면 무엇이 성상께

---

38) 천자의 미진한 점을 보좌하는 관직 : 원문은 "습유보과(拾遺補過)". 『한서(漢書)』 「급암전(汲黯傳)」에 "저는 중랑(中郎)이 되어 대궐에 출입하면서 천자의 잘못된 점을 보충하고, 천자가 미처 생각하지 못한 것을 채워줄 수 있기를 바랍니다(願爲中郎, 出入禁闥, 補過拾遺)"라는 대목이 있다.

39) 먼저 조정에~안 됩니다 : 이 당시 한림학사(翰林學士) 사호(史浩, 1106~1194)는 천자가 잠저(潛邸)에 있을 때의 신하라는 점을 이용하여 때때로 국가의 기밀에 관여하였다. 그래서 장준(張浚)과 틈이 벌어졌다. 장준이 계획한 것이면 무조건 사호가 반드시 저지하였기 때문에 주희가 이런 말을 한 것이다.(『차보』)

40) 사사로운~베풂으로써 : 효종이 즉위했을 당시에 바로 잠저(潛邸) 때에 내지객(內知客)이었던 용대연(龍大淵)을 추밀부도승지(樞密副都承旨)로 삼고, 증적(曾覿)을 간판황성사(幹辦皇城司)로 삼았다가 조금 뒤에 용대연을 지합문사(知閤門事)로, 증적을 동지합문사(同知閤門事)로 삼았다. 이 일을 두고 한 말이다.(『차보』)

심려를 끼치겠습니까? 만일 조정이 바로 서지 않은 채 급히 오늘 한 가지 조칙을 내리고 내일 한 가지 일을 행하면서, 백성에게 혜택을 주고자 한 것이 도리어 분란만 증가시키고, 이익을 흥기시키려 한 것이 해악만 더욱 가중시킨다면, 근간이 서지 않은 채 자질구레하게 분주히 조처하는 것 자체가 군주의 도리로서 마땅하지 않을뿐더러, 조칙을 선포하고 명령을 받들어 행하는 것이 실제의 성과는 없고 한갓 외관상 보기 좋은 것을 추구하는 꼴이 되고 맙니다. 그렇게 되면 국정에 무슨 도움이 되겠습니까?

더구나 올해는 가뭄과 메뚜기의 피해가 사방에서 일어나 백성의 식량이 모자랄 것으로 예상되는데, 세금과 부역을 경감하고 구휼미를 갖추며 유민과 도망자에게 직업을 마련해주고 도적떼의 발생을 방지할 계책을 도모하자면 그 일은 더욱더 제대로 된 수령을 선발하는 데 달려 있습니다. 그 일의 근본적인 바탕은 또 조정을 바로 세우는 데 있습니다. 바라건대, 폐하께서 이를 깊이 유념하시고 소홀히 하지 않으신다면 천하가 모두 다행으로 여길 것입니다.

대개 국가의 일이 오늘에 이르러 어느 하나 폐단을 드러내지 않은 것이 없어서 일일이 다 진술할 수 없을 정도입니다. 폐하께 의견을 올린 자가 많으므로 어쩌면 이미 대략 다 파악하셨을 수도 있겠습니다. 그러나 이른바 요체이자 급선무로서 미루어서는 안 될 일을 찾는다면 바로 위에서 말씀드린 세 가지 일이 그것입니다. 학문을 강마(講磨)하는 것[講學]은 이치를 환하게 밝혀서 앞에서 인도하는 것이요, 계책을 확립하는 것[定計]은 기운을 양성하여 뒤에서 독려하는 것입니다. 현자를 임용하는 것[任賢]은 정사를 정비하여 가운데에서 규획(規劃)하는 것입니다. 천하의 어떤 일도 여기에서 벗어나지 않을 것입니다. 삼가 생각건대, 폐하께서 국정을 맡은 초기에 근본을 바로잡고 시작을 올바르게 하여 스스로 지혜로운 자의 명수(命數)를 이룰 때입니다. 시대의 변화에 맞추어 이치에 순응하면서 시세를 타고 적극적으로 일을 도모할 기회인 지금 이 시기를 이용하여 저의 세 가지 진언을 깊이 살펴

받아들이고 과감하게 결단하여 힘써 실행해서 천하를 안심케 하십시오. 그런다면 일일이 다 진술할 수 없을 정도로 많은 문제들 역시 국정을 논의하는 이들의 말 속에 표출되어 공평한 의리에 부합되고 이해가 달린 계획에 절실한 것들부터 자연 순차적으로 다루어지면서 각기 합당한 해결책을 갖게 될 것입니다.

그러므로 신이 위에서 말씀드린 세 가지 사항을 자주 반성하셔서 서둘러 도모하심으로써 민심에 순응하여 하늘의 뜻에 응답하도록 하셔야만 합니다. 영명하신 폐하의 자질은 반드시 이런 사태에 잘 대처하실 방도가 있을 것입니다.

그러나 만약 그리 하지 않아, 국가를 잘 다스리려는 의욕이 있어도 잘 다스릴 방도를 세우지 못하고, 국가를 잘 다스릴 계책이 있어도 일의 순서를 확립하지 않은 채, 갑자기 공손하고 검약하며 힘들게 수고하면서 걱정하고 애쓰는 것이 지나쳐 감당하지 못할 정도임에도 별 효과를 보지 못한다면, 결국 관례나 따르며 나태해지고 성공을 거두지 못할 것입니다. 그것이 어찌 천하 백성들이 목을 빼고 발꿈치를 들면서 기대하였던 폐하의 초심(初心)이겠습니까? 그때 이르러 후회해도 폐하의 심려만 배로 힘들게 하면서 성과를 이루는 것은 기약하기 어렵지 않을까 염려됩니다.

더군다나 가뭄과 메뚜기의 재해가 수천 리 땅을 뒤덮고 있습니다. 폐하께서 처음에 깨끗한 정사를 펼치고 도의를 실행하여 아직 잘못이 없는 차에 하늘이 경계하여 노함이 이렇게도 대단하니 거기에는 분명 이유가 있을 것입니다. 신의 어리석은 생각으로 이 재앙은 하늘이 폐하를 사랑하심이 깊어 정치를 잘못하고 행실에 과오가 있기를 채 기다리지 않고 미리 경계시키는 뜻을 보이신 것입니다. 그렇게 함으로써 폐하의 마음을 일깨워 성대한 덕의 훌륭함을 처음부터 끝까지 흠결 없이 온전히 견지케 하며 그 누구도 훼방할 수 없게 하려는 것입니다. 마치 상(商)나라의 중종(中宗)이나 주(周)나라의 선왕(宣王)이 천재지변을 계기로 군주의 덕을 닦아 국가의 중흥을 이룬 것과 같습니다.

그러므로 신이 말씀드린 이 세 가지 정책을 자주 살펴 신속히 도모함으로써 민심에 따르고 하늘의 뜻에 응답해야 합니다. 영명하신 폐하의 자질은 반드시 이 사태에 잘 대처하실 수 있습니다.

신이 우려하는 바로는, 특히 걱정스런 것은 국정을 논하는 자들이 재해가 발생한 이유는 깊이 헤아리지 않고, 그동안 개혁한 시책에 더러 태상황제의 뜻과 배치되는 것도 있었으므로 폐하께서 부친의 뜻을 어기지 말아야 한다고 말하는 것입니다. 그러나 신은 개인적으로 오판이라고 생각합니다. 삼가 생각건대, 태상황제께서는 지극히 공정하고 사심이 없어 덕이 천지에 부합하였습니다. 30여 년 동안 보위에 계시면서 숱한 난관을 헤쳐 오셨습니다. 인재를 등용하고 국사를 처리하는 모든 일에서 시의(時宜)와 순리에 따라 사태의 변화에 대처하였을 뿐, 고정된 한 가지 주장에 묶인 적이 없었습니다. 태상황제의 시책에서 먼저 행하고 뒤에 행한 것과 처음에 하고 끝에 한 것이 서로 같지 않음은 마치 봄과 가을의 그리고 겨울과 여름의 변화가 서로 반대가 되면서 한 해의 일을 완성하는 것과 같았습니다. 그래서 덕으로 감화시키거나 행동으로 교화하는[存神過化][41] 모든 과정에 터럭만큼의 사사로운 뜻도 그 사이에 응체되어 있지 않았습니다. 태상황제께서 훌쩍 보위에서 나와 천자의 자리를 신발 벗듯이 내주면서 어려워하지 않았던 것도 바로 이 때문입니다. 태상황제께서 폐하께 천자의 자리를 전한 뜻을 근본에서 헤아려보건대, 폐하께서 필연코 제왕의 학문을 밝게 알아 요임금과 우임금을 본받아 실천할 능력 때문이 아니겠습니까? 또 폐하께서 반드시 원수를 갚고 고토를 회복하여 종묘사직을 빛낼 능력 때문이 아니겠습니까? 또 폐하께서

---

41) 덕으로~교화하는[存神過化] :『맹자』「진심 상」에 "대저 군자란 그가 지나가는 곳은 교화가 되고 그가 마음에 품고 있으면 신묘하게 감화시켜 상하가 천지와 더불어 함께 흐르나니 어찌 조금밖에 보탬이 되지 않는다고 말할 수 있겠는가?(夫君子, 所過者化, 所存者神, 上下與天地同流, 豈曰小補之哉)"라고 하였다. 본래 이 말은 군자란 존재는 행동을 하든 안 하든 모두 주위의 사람들에 감화를 미친다는 것을 강조한 것이다. 여기서는 천자가 조용히 있을 때는 자신의 덕을 통해 간접적으로, 정사를 펼칠 때는 시책을 통해 적극적으로 교화를 미치는 것을 말한다.

현자를 임용하고 정사를 잘 펼쳐서 백성에게 혜택을 주고 편안케 할 능력 때문이 아니겠습니까?[42] 진실로 그렇다면 신이 말씀드린 내용은 바로 후손을 잘 이끌어 보살피려는 태상황제의 마음을 크게 받들고, 또 어버이를 존경하고 그 뜻을 받들려는 폐하의 효성을 이루게 하는 것입니다. 국정을 논하는 자들은 단지 한 때의 우연한 결과 한 두 가지만을 고집스레 따르면서 이것이 태상황제의 본심이라고 합니다만, 그것은 사물의 거친 자취를 가지고 천지의 신묘한 변화를 말하는 것이니 어찌 오판이 아니겠습니까?

게다가 옛날에 제왕의 자리를 선양한 아름다운 사례로 요순 임금의 경우보다 성대한 것이 없습니다. 순임금이 요임금으로부터 양위를 받아 (요임금이 생존해 있던) 28년 동안 예악과 형정(刑政)의 분야에서 개혁한 내용이 많습니다. 그중 주요한 것을 보면, 순임금은 16명의 재상을 등용하였는데 그들은 모두 요임금이 등용하지 않았던 사람들입니다. 4명의 간흉(奸凶)을 제거하였는데, 그들은 모두 요임금이 제거하지 않았던 사람입니다. 그렇다고 하여 순임금이 혐의를 두지 않았고, 요임금 역시 순임금에게 죄를 주려고 하지 않았으며, 천하 사람들은 그릇된 처사라고 생각하지 않았습니다. 그 내용이 『서경』「우서(虞書)」에 실려 있으니, 공자(孔子)가 수록하여 큰 법으로 삼아 만세의 모범이 되게 하였습니다. 더구나 신이 말씀드린 내용은 태상황제가 제정한 법령을 모두 변경하여 어지럽히려는 것이 아닙니다. 천한 자를 귀하게 만들고, 귀한 자를 천하게 만드는 방식으로 모든 것을 고치자는 것이 아닙니다. 답습할 것인지 개혁할 것인지 덜 것인지 보탤 것인지는 의리가 어떤가를 살필 뿐입니다. 해서는 안 될 이유가 어디 있기에 폐하께서 어떤 혐의를 두시는 것입니까? 바라건대 일찍 도모하여 천하를 편안케 하시고, 신의 계책을 의심하지 마십시오.

---

42) 폐하께서 필연코~아니겠습니까? : 이 세 가지 능력은 각각 앞에서 주희가 역설한 제왕학(帝王學)의 연마, 내수외양(內修外攘)의 정책노선 확립, 정치의 본원(本原)으로서 조정을 바로 세우는 일 등 세 가지 급선무를 행할 능력을 말한다.

싸우고 방어하는 시기와, 유리한 고지를 점령하거나 적을 제압하는 형세 따위의 문제는 신이 아직 배우지 못하여 감히 망령되이 말씀드리지 못합니다. 그러나 제가 들건대, 상류(上流)의 장수[43]는 사람들의 평가가 평소 신통치 않은데다 장교 임용을 합당하게 하지 못하여, 이미 시험해본 결과로 나타났습니다. 하류에서 수비하는 군사[44]는 회전(淮甸)과 장강(長江)의 요새지를 그대로 버리고 적과 대치하고 있습니다. 이러한 정세는 고금에 걸쳐 함께 우려하는 것으로 어리석은 자나 지혜로운 자가 모두 이상하게 생각하는 일입니다. 신이 비록 비루하고 어둡지만 역시 의아하게 생각하는 바입니다. 더구나 가을 기운이 이미 높은데 적군의 동태는 예측하기 어렵고 전해오는 소문은 흉흉하여 모두들 다시 지난해와 같은 전쟁이 발생할 수도 있다고 말합니다. 비록 병력의 실제 상태가 어떤지 아직 모르지만, 이 두 가지 일은 참으로 강약과 안위(安危)의 형세가 걸려있는 사항입니다. 경각에 달렸다는 말로도 그 다급한 상황을 말하기에 부족합니다. 바라건대 폐하께서는 이 일에도 함께 유념하십시오. 폐하에 대한 간절한 바람을 신은 억누르지 못하겠습니다.

---

43) 상류(上流)의 장수 :『차의』에서는 왕철(汪澈, 1109~1171)에게 조칙을 내려 호북(湖北)과 경서(京西)의 군사를 지휘하게 한 일을 가리킨다고 하였다. 왕철은 어사중승(御史中丞)으로 있다가 바로 호북경서선유사(湖北京西宣諭使)가 되었다.『차보』에서는『속강목(續綱目)』의 내용을 이용하여 다음과 같이 보았다. 고종(高宗) 신사년에 동지추밀원사(同知樞密院事) 섭의문(葉義問)에게 조칙을 내려 강회군마(江淮軍馬)를 총괄하게 하였다. 금나라 군대가 과주(瓜州)를 침입하자 섭의문이 중군통제(中軍統制) 유사(劉汜)로 하여금 방어하게 하였으나 줄곧 패하였다. 아래 문장에서 "장교의 임용이 적절하지 않다"고 한 것이 이를 가리키는 듯하다. 이 해 10월에 섭의문이 파직되었다. 일설에는 양존중(楊存中)을 가리킨다고 하였다. 이 해 정월에 양존중을 강회형양로선무사(江淮荊襄路宣撫使)로 삼았다.

44) 하류에서 수비하는 군사 :『차의』에서는 사호(史浩, 1106~1194)가 과주(瓜州)와 채석(采石)에 축성하고자 했으나 장준(張浚)이 양회(兩淮)를 지키지 않고 장강을 지키는 것은 적에게 약함을 보이는 짓이라고 말한 사실을 가리킨다고 하였다.『차보』에서는『속강목』의 기사를 들어『차의』에서 말한 사호의 일은 주희의 이 봉사가 쓰여진 뒷일이라 하였다.『차보』의 설이 옳다.『속강목』에서는 1161년 10월에 유기(劉錡, 1098~1162)에게 조칙을 내려 진강(鎭江)으로 환군하여 오로지 장강만을 지키라고 하였는데 이로 인해 양회(兩淮) 지역을 모두 잃게 되었다고 하였다.

신은 평범하고 어리석은 자로서 학문이 깊지 못한데, 근자에 주제넘게 무리지어 시험을 보아 태상황제로부터 합격자의 끝자리를 하사받고[45] 외람되게 관직과 녹을 받았습니다.[46] 그뿐만 아니라 황제께서 남들의 말을 잘못 들으시고 말도 안 되게 저를 불러주셨습니다만,[47] 마침 질병이 생겨 저는 뒤에 떨어져 남아 나아가지 못했습니다. 지금은 기력이 더욱 쇠하고 정신도 더욱 희미해져 산중에 물러나 있으므로 크나큰 은혜에 보답할 날이 있을지 모르겠습니다. 하여 감히 조칙에 따라 노둔한 충정을 다 쏟아서 죽음을 무릅쓰고 글을 올려 아룁니다. 우활하고 망령된 신이 기휘(忌諱)할 줄 모른 채 존귀하고 친근한 이들[48]의 비위를 거스르고 국가의 기밀을 난도질하였으니 그 죄는 만 번 죽어 마땅하오나, 오직 폐하께서 불쌍히 여겨 재량하여 용서하시고 그 가운데에서 채택하여 주시기를 바랍니다. 천자의 위엄을 범하였으니 신은 두려움을 견딜 수 없어 벌벌 떨며 엎드린 채 죄가 이를 것을 기다립니다. 신 주희는 죽음을 무릅쓰고 두 번 절하옵니다.

_ 안대회

---

45) 합격자의~하사받고 : 주희는 나이 19세(1148년) 봄에 왕좌(王佐)가 주관한 과거시험에 진사로 급제하였다. 여름에 조칙에 따라 동진사출신(同進士出身)을 하사받았다. 『연보』에 따르면, 주희는 제5갑(甲) 제90인으로 합격하였다.

46) 관직과 녹 : 소흥 21년(辛未, 1151) 주희 나이 22세 때 봄에 좌적공랑(左迪功郞) 천주(泉州) 동안현주부(同安縣主簿)에 임명되었다.

47) 황제께서~저를 불러주셨습니다만 : 소흥 29년(己卯, 1159) 8월에 황제가 행재소로 주희를 불렀으나 주희가 질병으로 사양하였다. 『연보』에 따르면, 집정(執政) 진준경(陳俊卿)의 추천에 의한 것이었다고 하였다. 『송사(宋史)』「주희전(朱熹傳)」에 따르면 이때 보좌하는 신하의 추천에 의하여 서도(徐度)·여광문(呂廣問)·한원길(韓元吉) 등과 함께 부름을 받았으나 질병으로 사양하였다고 하였다.

48) 존귀하고 친근한 이들 : 『차의』에 귀하고 친근한 자란, 위 글에서 이른바 재상과 대간(臺諫)의 친구와 빈객을 가리킨다고 하였다.

경자년 봉사

해 제 이 글은 주희 나이 51세 되던 1180년(庚子, 淳熙 7) 4월에 올린 상소로 『주자대전(朱子大全)』 권11에 실려 있다. 1178년(戊戌, 淳熙 5) 8월 주희는 재상 사호[史浩, 자(字) 직옹(直翁). 1106~1194]의 천거로 강서성 남강군의 지사로 임명되어 1179년(己亥, 淳熙 6) 3월 남강군에 부임했다.

남강군에 부임한 주희는 학교를 세우고 그 안에 주돈이의 사당을 세워 정호·정이 형제의 신주를 배향했으며 백록동서원(白鹿洞書院)을 재건하고 학규(學規)를 제정하는 등 민심의 교화에 힘쓰는 한편 민생의 안정을 도모하였다. 그는 남강군에 도착하자마자 군이 관할하는 성자(星子)·건창(建昌)·도창(都昌)의 3현에 포고를 내려, "사대부나 부로(父老), 승려와 민간인 중에서 날로 곤궁해지는 이 지역의 이익과 피해의 근원을 잘 아는 사람이 있으면 조속히 보고하라"고 명하였다. 이로써 지역의 민심을 수합하는 가운데 주희는 6월이 되면서 남강군 성자현의 부세를 줄여달라는 청을 올렸다. 주희가 성자현의 사정을 특히 문제화했던 것은 이곳이 금나라와의 전쟁으로 많은 주민이 피난을 떠나 인구가 급격하게 줄어들어 부세를 둘러싼 갈등이 극심했던 곳이었기 때문이었다. 그러나 조정에서는 전혀 반응이 없었고, 급기야 가을이 되자 성자현의 주민들은 무거운 세금을 견디다 못해 도망가기 시작했다. 이에 주희는 자신의 책임을 깊이 통감하는 가운데 방만하고 태만한 조정의 조치에 불만을 품고 거듭 파면 처분을 요청하였고, 마침내 조정으로부터 남강군의 세 속현을 합하여 연 2천 관의 감세를 실시하라는 조처를 받아냈다.

이러한 상황에서 1180년(庚子, 淳熙 7) 4월, 주·군의 지사 등에게 각지에 있는 여러 가지 문제나 폐해에 대한 의견을 적어 올리라는 조칙이 조정으로부터 하달되었다. 경자응조봉사(庚子應詔封事)는 주희가 남강군의 현실을 빌려 당시 남송 사회의 폐단과 그 대책을 강구한 상소이다. 이 글에서 주희는 군비 조달을 위해 각종 세금의 과세율을 높인 결과 많은 사람들이 고충을 겪고 있으므로 이를 근본적으로 재검토해야 한다고 주장하고 그 방책을 다각도로 제시하였다. 세금을 무겁게 하는 군비 증가의 주요 원인이 용병(冗兵)들의 요식비와 부패한 간신들에게 뇌물을 일삼는 장수들이 도적질하고 낭비하는 비용, 신(新)·구임(舊任)의 교체를 비롯한 잡다한 명목의 비용들에 있으며, 이 문제들을 해결하기 위해서는 장수와 관리를 정선하고 병적을 조사하며 둔전을 확장함으로써 군비를 절약하고 군량을 충실하게 해야 한다는 것, 그리고 무엇보다도 이 모든 일의 근본이 군주의 심술(心術)을 바르게 함으로써 기강을 세우는 것에 있으니만큼 효종이 한 두 명의 권신들에 의해 용단되는 작금의 정치를 뉘우치고 바로잡아야 한다는 것이 그 주요 내용이었다. 경자응조봉사에서 주희는 군주(君主)의 일심(一心)이야말로 정치의 근본(根本)이라는 정치론에 기초하여 생부이군(省賦理軍), 즉 부세를 살펴 과중한 세금을 경감하고 군정을 정비할 때 민생을 안정시킬 수 있다는 현실 인식을 피력하였던 것이다.

4월 21일 선교랑(宣教郎)[1] 권발견남강군사(權發遣南康軍事)[2] 겸관내권농사(兼管內勸農事)[3] 제할본군계분제포체각(提轄本軍界分諸鋪遞角)[4] 차배(借緋)[5] 신(臣) 주희는 삼가 목욕재계하고 소(疏)를 갖추어 황제가 계신 쪽으로[6]

---

1) 선교랑(宣教郎) : 송의 37관계 가운데 26번째의 관계명으로 종8품에 해당한다.

2) 권발견남강군사(權發遣南康軍事) : 1178년에 주희는 발견남강군사(發遣南康軍事)에 임명되었다. 송의 지방제도는 로(路)-주(州)-현(縣)의 삼급제(三級制)였다. 군(軍)은 군대가 둔전(屯田)하면서 주둔하는 곳인데 그곳의 장(長)은 군대의 통솔 외에 민정을 겸하였고, 그 지위는 주와 같은 경우도 있고 현과 같은 경우도 있다. 남강은 강남로(江南路)에 속하는데 성자(星子), 건창(建昌), 도창(都昌) 3개 현을 관할하였다. 권발견(權發遣)이란 송나라의 제도에 품계가 아래인데도 높은 등급의 직책을 맡는 것을 가리킨다. 한 등급 아래인 것을 권지(權知)라 하고, 두 등급 아래인 것을 권발견(權發遣)이라 하였다.

3) 겸관내권농사(兼管內勸農事) : 송나라의 제도에 지주(知州)와 지군(知軍)이 권농사(勸農事)를 겸임하였다.(『익증』)

4) 제할본군계분제포체각(提轄本軍界分諸鋪遞角) : 북송(北宋)에서는 주군(州郡)에 제할병갑관(提轄兵甲官)을 두었는데 이를 제할이라 하였고 지주(知州)가 겸임하는 경우가 많았다. 군대를 통할하여 훈련시키고 도적을 체포하여 치안을 유지하는 일을 맡았다.

5) 차배(借緋) : 당송 시기 규정에 의하면 사오품(四五品)이 되는 관리만이 대홍색(大紅色 : 緋)의 관복을 입을 수 있었다. 예외적으로 그와 같은 지위에 이르지 않았는데도 대홍색 관복을 허락하는 경우에 있었는데 이런 경우를 '차배(借緋)'라 한다.

두 번 절하며 죽음을 무릅쓰고 황제폐하에게 올립니다.

신이 보건대, 3월 9일 폐하께서는 신료들의 상주에 따라 감사와 군수에게 민간의 이익과 병통을 조목조목 갖추어 빠짐없이 보고하고 숨기는 것이 없게 하라고 거듭 조칙을 내리셨습니다. 신은 포의제생(布衣諸生)의 처지로 성은을 입어 변방에서 죄를 기다리며 봉직하고 있던 중에, 어질고 성스러운 천자께서 국가를 훌륭히 다스릴 계책을 물으시며 멀리 떨어져 있는 신하에게도 가리지 않고 구언(求言)하심을 알게 되었습니다. 어찌 온 마음으로 정성을 다하여 조칙에 대답하지 않을 수 있겠습니까?

그러나 신은 계책을 올리는 자가 천하국가의 대체[天下國家之大體]는 생각하지 않고 세세한 일들을 털끝 하나하나까지 말하는 것[毛擧細故]을 충성이라 여기는 것과, 진언을 듣는 사람이 천하국가를 위한 지극한 계책은 살피지 않고 숨겨져 있는 것을 일일이 드러내 지적하는 것을 명철하다고 여기는 것을 일찍부터 병통이라고 생각해 왔습니다. 이 때문에 계책을 올리는 사람이 많아도 나라에 보탬이 되지 못하고, 듣는 사람이 언로를 널리 열어도 천하의 좋은 계책을 모두 얻지 못하는 것입니다. 신은 진실로 보잘 것 없는 사람입니다만, 얕은 생각과 자질구레한 말7)만으로 조서에 응하지는 않을 것입니다. 바라옵건대 폐하께서 그 대체(大體)8)에 귀를 기울이시고 살펴 실행하신다면, 천하를 위해 크게 기쁜 일이 될 것입니다.

신은 천하국가의 중요한 일은 백성을 구휼하는 것보다 큰 것이 없는데, 백성의 구휼은 부세의 경감에 달려 있고, 부세를 경감하기 위해서는 군정(軍政)을 잘 다스려야 한다고 일찍부터 생각해 왔습니다. 또한 합리적 군정과

---

6) 황제가 계신 쪽 : 여기에서 동(東)은 주인 혹은 주인의 방향이란 의미로 쓰였다. 때문에 동향(東向)은 동쪽을 향한다는 뜻이 아니라 귀방(貴方) 혹은 존위(尊位)를 향한다는 뜻이다. '동향(東嚮)', '동향(東鄕)'이라고도 쓴다.

7) 자질구레한 : 앞의 "세세한 일을 털끝 하나하나까지 말하는 것[毛擧細故]"을 지칭한다.

8) 대체(大體) : 앞의 "천하국가의 대체[天下國家之大體]"를 지칭한다.

부세의 경감이 백성을 구휼하는 근본이 되려면 그것은 군주가 자신의 심술(心術)을 바로잡음으로써 기강을 세우는 것에 있을 뿐입니다. 동중서(董仲舒)가 "마음을 바로잡음으로써 조정을 바로잡고, 조정을 바로잡음으로써 백관을 바로잡으며, 백관을 바로잡음으로써 만백성을 바로잡고, 만백성을 바로잡음으로써 천하사방을 바로잡는다"9)고 한 것은 이를 말한 것입니다.

백성을 구휼하지 않을 수 없다는 사실은 지혜로운 사람이라야 알 수 있는 것이 아니고, 총명한 사람만 말할 수 있는 것도 아닙니다. 그러나 폐하께서 백성이 초췌하고 곤궁한 실상과 그러한 실상을 초래한 원인을 알고자 하시니 먼저 신이 다스리는 군(郡)의 사례를 말씀드리고 이어 그 해결 방도를 차례차례 말씀드리겠습니다.

신이 남강군(南康郡)을 살펴보니, 이곳은 토지가 척박하여 생물이 잘 자라지 못하고, 수원(水源)이 마르고 얕아서 쉽게 고갈됩니다. 백성의 수는 적고 곡물은 제값을 받지 못하여 농업이 피폐하니 실로 가난한 고을입니다. 그런데도 부세(賦稅)가 지나치게 무거워 다른 고을에 비해 두 배, 네 배가 되기도 합니다. 백성들이 밭 갈고 씨 뿌리는 데 온 힘을 기울여도 거두어들이는 수익으로는 부세를 감당하기에도 부족하니, 달리 방도를 강구해야만 메꾸어 관에 납부할 수가 있습니다.

이 때문에 사람들은 굳은 의지가 없고 생활에는 고정된 생업이 없어, 농사를 짓고 누에를 치는 것이 자손을 위한 장구한 계책이라 생각하지 않습니다. 다행히 풍년을 만나면 곡식을 싼 가격으로 팔아 구차하게 눈앞의 편안함을 도모하고, 홍수와 가뭄이라도 들면 노인은 부축하고 어린아이는 끌며 사방으로 유랑하니, 전답(田畓) 보기를 여관과 다름없이 여깁니다. 교외로 나가 사방을 살펴보면 황폐해진 전답과 허물어진 가옥이 곳곳에 널려 있습니다.

그래서 신은 이곳에 부임한 초부터 글을 올려10) 성자현(星子縣)의 세전(稅

---

9) 마음을~바로 잡는다 : 동중서가 무제에게 바친 「현량대책(賢良對策)」에 나온다.
10) 글을 올려 : 주희는 6월 20일에 「걸견감성자세전장(乞蠲減星子稅錢狀)」을 올려 세금

錢)[11]을 특별히 감면해 줄 것을 요청했으며, 또 일찍이 제점강야사(提點坑冶司)[12]에 상세히 아뢰어 하세(夏稅)에 화폐로 대납하는 목탄가전(木炭價錢)[13]의 할당량을 감해줄 것을 요청하였습니다. 목탄전은 이미 성은을 입어 너그러이 윤허를 받았습니다. 그러나 세전을 감면해 달라는 일은 조사(漕司)[14]가 상세히 살펴보느라 이제야 판조(版曹)[15]에 올렸습니다. 만약 재차 성은을 입어 요청한대로 된다면 이 지방의 초췌하고 곤궁한 백성들이 갱생의 희망을 갖게 될 것입니다.

그러나 신이 살펴본 바로는 군(郡)의 접경인 강주와 요주 등 남강군처럼 전답이 척박한 곳이 일군일현(一郡一縣)일 뿐이 아니며, 남강군 같은 무거운 부세(賦稅)가 일과(一科) 일색(一色)[16]일 뿐이 아닙니다. 만약 크게 조치하고 깊이 구휼하지 않는다면 비록 납부기한을 늦추어 조금 여유를 준다 하더라도 이는 한 대접의 물로 수레에 실린 섶의 불을 끄려는 것과 같아서 구제의 효과가 크지 않을 것이며, 살을 바르고 뼈를 깎는 화가 점점 심해지고 가혹해져 구제할 수 없게 될 것입니다. 원기는 날로 소모되고 근본은 날로 손상되어 불행히 사방 수천 리의 홍수나 가뭄이라도 만난다면 백성들은 사방으로 흩어져 장차 어찌할 방법이 없을테니, 폐하께서 이에 대해 장차 어떻게

의 경감을 상주하였는데 대신들의 반대에 부딪혀 실현되지 못하자 그가 남강군을 떠날 때인 순희(淳熙) 8년 11월까지 6차에 걸쳐 계속 상주를 하였다.

11) 세전(稅錢) : 산전(産錢)이라고도 한다. 특별히 양세(兩稅)의 하세전(夏稅錢)을 가리킨다. 양세법에서 하세(夏稅)는 돈으로 액수를 정하기 때문에 그렇게 부른다.

12) 제점강야사(提點坑冶司) : 관아의 명칭으로 제점강야주전공사(提點坑冶鑄錢公事)를 가리킨다. 주로 철의 야련과 화폐의 주조를 관장하였다.

13) 목탄가전(木炭價錢) :『차의』에서 "목탄은 궁중에서 사용할 나무와 숯을 말한다. 오늘날의 기인(其人)과 같은 것이다. 절(折)은 양절(量折)로 이 구절은 나무와 숯을 상납하지 않고 그 값을 평가하여 금전으로 내는 것을 의미한다"고 하였다. 한편『익증』에서는 "일설에 숯을 석탄과 구별하여 목탄이라고 하였다"고 했다.

14) 조사(漕司) : 전운사(轉運使)를 가리킨다. 그 직책은 과세(課稅), 징세(徵稅), 금곡(金穀)의 출납, 상납품(上納品)의 조달 및 수운(輸運) 전반을 담당하였다.

15) 판조(版曹) : 송나라 호부(戶部)의 별칭이다.

16) 일과(一科) 일색(一色) : 세금의 명목과 종류.

대처하시려는지 모르겠습니다. 이것이 신이 말씀드린 "백성이 초췌곤궁하니 구휼하지 않을 수 없다"는 것입니다.

　이제 신이 말씀드린 부세를 경감하고 군정을 다스리는 일에 대해서 다시 폐하께 아뢰고자 합니다. 토지가 있으면 조세가 있는 것은 오랜 일입니다. 그런데도 오늘날 민간에서 과중한 세금을 특히 고역으로 여기는 것은 바로 이세(二稅)[17]의 수입을 조정에서 모두 군(軍)에 공급하느라 주(州)와 현(縣)에는 남는 것이 없기 때문입니다. 이세(二稅)의 수입을 남김없이 군에 공급하면, 공급 물자에 정해진 수(數)가 있게 되고 공급하는 기한에 정해진 기한이 있게 되며 수로와 육로로 수송하는 비용까지 부담하게 되어, 주현(州縣)에서는 기한을 늦추거나 감면하는 일은 모두 하용할 수 없게 됩니다. 주현에는 이미 관리에게 녹봉을 지급하거나 군병을 양성할 여유가 없는데도 조정에서는 이군(離軍)[18]이나 귀정(歸正)[19] 등을 끊임없이 내려보내 떠맡기고 있으니 군현의 경비는 날로 증가하게 되고, 이를 마련할 방법이 없어 이세(二稅) 외에 별도의 명색을 만들어 교묘하게 백성으로부터 수취하고 있는 형편입니다.

　또한 납미수모(納米收耗)[20] 같은 것은 7두 8두부터 원래 납부미의 1~2배가 되어도 그치지 않으며, 예차관물(豫借官物)[21]은 1~2년에서 3~4년치를 미리

---

17) 이세(二稅) : 당 덕종 때 양염(楊炎)의 건의에 따라 제정한 양세법. 양세법은 여름·가을 2기로 나누어 징수하였기 때문에 이세라 불리기도 하였다.(『차의』)

18) 이군(離軍) : 나이 들어 군에서 제외되었으나 본군을 떠나면 의식을 의뢰할 곳이 없는 이들을 말한다. 이에 조정에서는 이들을 임시로 여러 읍에 배치하였다.(『차의』) 이군은 대개 하문에서 보이는 군의 용병(冗兵)이다. 당시 제군의 태졸(汰卒)은 군중에 서 의식을 공급하여 그 소모되는 곡식이 많았는데 본군에서 공급할 것이 떨어지면 제주현사(諸州縣使)들에게 나누어 맡겼다.(『표보』)

19) 귀정(歸正) : 금(金)이 점령한 중원을 피하여 남송(南宋)으로 내려온 이들을 일컫는다.

20) 납미수모(納米收耗) : 납미(納米)할 때 손상될 것에 대비하여 약간의 예비미(豫備米)를 더 거두는 것을 말한다.

21) 예차관물(豫借官物) : 인용(引用)과 같은 것으로 다음 해의 납세를 미리 거두는 것을 말한다.

거두어들이고도 그치지 않습니다. 이외에도 월장(月椿)[22] 이용(移用)[23] 등 여러 잡다한 명목의 세금이 있고, 유향(乳香)[24]을 강매하거나 군기를 할당하여 사게[25] 하며, 군병을 기초(寄招)[26]하고, 철갑(鐵甲) 등속을 만들게 하는 등, 판조(版曹)[27]·총소(總所)[28]로부터 조사(漕司)에 이르기까지 상하가 서로 번갈아가며 재촉합니다. 오늘은 아전을 추궁하고 내일은 지통(知通)[29]에게 따져 물으니, 비용이 나올 곳 없는 관리들은 모두 백성에게 취할 수밖에 없습니다. 이와 같이 하지 않으면 결손된 부세를 보충하거나 시급한 비용을 감당할 수가 없어, 비록 한 순간에 발각될 것을 뻔히 알면서도 법을 어기고 죄를 짓는 일을 미처 돌아보지 못합니다. 죄가 자기 몸에 미쳐도 돌볼 겨를이 없는데 하물며 백성을 구휼할 겨를이 어디에 있겠습니까. 이로써 보건대 오늘날 백성이 가난하고 부세가 무거운 까닭을 알 수 있습니다. 만약 군실(軍實)을 잘 다스리고 쓸데없는 잡세[30]를 제거하지 않는다면 민력(民力)은 결코

---

22) 월장(月椿) : 남송 초에 시작된 잡세의 일종. 당시 군사비 지출이 막대하여 징세관이 매월 대군전(大軍錢) 10만 관을 징수하였으므로 명칭을 월장전(月椿錢)이라 하였다.

23) 이용(移用) : 운송비. 이세(二稅)는 본색(本色)으로 납부하는 외에 절색(折色)이란 명목이 있는데 원거리에 납부해야 할 경우 이용(移用)·지이(支移)라는 운송비를 따로 내야 했다.

24) 유향(乳香) : 약 이름. 양세를 거둘 때 물품 대신 화폐나 현물로 징수하기도 하였으며 규정된 물품 대신 등가의 다른 물품으로 거두기도 하였는데, 이는 모두 교묘한 명분으로 규정 외에 착취하는 수단이었다. 이 시기의 유향 또한 관에서 민에게 절급하고 화폐로 받는 과정에서 고가로 억매하는 폐단이 있었다.

25) 군기를 할당하여 사게 : 읍의 대소에 따라 분등하여 군기를 구매하도록 하였던 폐단.

26) 기초(寄招) : 인리(人吏)가 군병을 초집할 때 본군의 제군자제(諸軍子弟), 토호들과 결탁하여 이들을 충액에서 제외시키고 다른 주현의 백성들에게 분정(分定)하여 모집하는 폐단.

27) 판조(版曹) : 호조(戶曹).

28) 총소(總所) : 총제소(總制所) 혹은 총제사(總制司)라고도 한다. 총제전(總制錢)을 비롯한 각종의 재부의 임무를 맡은 관사이다. 총제전이란 남송 초에 시작된 잡세의 일종으로 총 세금이 1관(1,000문)이 되면 56문을 추가로 징수하였던 것을 가리킨다.

29) 지통(知通) : 지현(知縣)과 통판(通判).

30) 쓸데없는 잡세 : 명목없이 거두어들이는 잡세.

펴지지 않을 것입니다. 그러나 국가는 동남쪽에 쫓겨 들어와 회복할 힘이 아직 축적되지 않았고, 군사를 기르고 변방을 지키는 일은 언제나 그 힘이 부족할까 걱정스러우니 병력을 갑자기 감축할 수는 없습니다. 신의 생각으로는 군관(軍官)을 선발하고 병적을 상세히 조사한다면 군비를 절약할 수 있고 둔전을 확장한다면 군량을 충실하게 할 수 있으며 민병을 연습시킨다면 변방을 방어하는 데 도움이 될 것입니다. 진실로 이 세 가지를 실행하면서 때때로 금전(禁錢)[31]을 내어 경비를 보조해 준다면 민력은 아마도 펴질 수 있을 것입니다.

지금 장수로 선발된 자들은 거의 모두 부귀한 집안의 어리석은 자들이거나 천한 속류들로서 다만 추종하고 아첨하는 일만을 능사로 여기고 뇌물로 결탁함을 일삼고 있습니다. 이들은 평소에 평판이 가벼워 군사들이 복종하지 않으며 그 지위를 얻기 위해 들인 비용도 이미 상당합니다. 이 때문에 군에 도착하는 날부터 오직 각박하게 거두어들이고 장사를 하며 백 가지 명목으로 모아들여 부채를 갚는 데만 힘씁니다. 빚을 다 갚으면 다시 또 다른 바람이 생겨서 더욱더 주구질을 자행합니다. 위로 권귀를 받들어 높은 벼슬에 기용되기를 구하는 비용과 아래로 자녀를 호사시키고 자기의 사욕을 채우는 비용을 모두 이 방법(주구질)으로 충당합니다.

군사를 소집하여 간단히 검열(檢閱)하고, 그들을 훈련시켜 무예를 갈고 닦는 것은 군중에서 시급히 행해야 할 일인데도 모두 돌볼 겨를이 없습니다. 군사들은 각박함에 고통 받고 사역을 힘들어하며, 능력 있는 자가 그에 걸맞는 대우를 받지 못하는가 하면, 무능한 자가 혹 총애를 받기도 하니 원망과 분노가 쌓여도 하소연할 곳이 없습니다. 이미 평소에 모든 이들이 노여워하며 복종하지 않는 마음을 가지고 있으니 갑자기 위급한 일이라도 닥친다면 어떻게 믿을 수 있겠습니까.

군중자제(軍中子弟) 중에서도 평소 궁마에 능숙하고 진법(陳法)에 정통한

---

31) 금전(禁錢) : 내탕고(內帑庫).

자들은 으레 본군(本軍)의 응모에 참여하지 않고 있습니다. 그런데도 조정에서는 이들을 주군에 파견함으로써 금전과 물력을 쓸데없이 허비하거나, 보잘것없고 서툴고 쓸모없는 이들로 군대의 머릿수를 채웁니다.

이러한 여러 가지 사단들로 인해 근본과 말단, 대체과 세목이 모두 어그러지지 않음이 없습니다. 이른바 장수라 하는 자들은 자기의 사욕을 채울 것만 궁리하여 얻고 나면 다시 행장을 차려 길을 떠나 다른 군이 모아 놓은 것을 자기의 밑천으로 삼으려 합니다. 때문에 요 근래 군대를 관할하는 신료들의 교대 속도가 1년에 두 번인 사람도 있습니다. 이러한즉 군중(軍中)의 이로움과 폐단에 대해서는 깊이 살피지 못할 뿐만 아니라 쓸모없는 병사와 하는 일 없이 먹기만 하는 자들이 날로 늘어갑니다. 또한 이들이 도적질하고 낭비하는 비용과 신·구관의 교체 비용, 그리고 잡다한 명목의 비용들이 얼마나 되는지 알지도 못할 지경입니다. 물자운송을 총괄하는 자들 또한 모두 부패한 간신들에게 의지하여 교통(交通)하고 뇌물을 주고받습니다. 동남(東南) 수십 주 백성들의 기름과 골수를 뽑아내어 명목은 군에 납부한다 하면서 실제로는 수레에 싣고 권귀들의 문 앞에 나르는 자들이 수도 없이 많습니다. 둔전·민병의 두 가지 일은 큰소리만 치는 소인들이 관직을 도둑질하는 수단으로 여기므로 지금까지 조금의 실효도 보지 못하고 있습니다.

이러한 여러 가지 폐단을 천하 사람 중 누구인들 모르겠습니까. 그런데도 일을 맡은 신하들이 한마디도 폐하에게 아뢰지 않으면서 오직 주현을 핍박하여 세금을 사정없이 거두게 함으로써 나라의 근본인 백성을 해치고 있습니다. 그들은 폐하를 속여 "이렇게 하면 나라가 부유해질 수 있습니다", "이렇게 하면 병력이 강해질 수 있습니다"라고 합니다. 폐하 또한 그러한 말 듣기를 즐거워하며 실상은 살피지 않으시고 그들에게 종종 큰 총애를 내려 권한을 내주십니다.

이런 이유로 요 몇 년 사이 이 무리들은 모두 높은 관직에 올라 봉록을 후하게 받으며 기고만장하고 있습니다, 그러나, 백성들은 날로 곤궁해져 의지할 곳이 없습니다. 향촌의 사대부들이 서로 더불어 의논하고 남몰래 한탄하며 막대한 화와 근심이 가까운 시일 안에 반드시 도래할 것이라 여기고 있는데, 유독 폐하께서만 알지 못하고 계십니다.

지금 군정을 바로잡고 민력을 덜어주고자 계획하는 일은 반드시 이전에 했던 일들을 모두 반대로 돌이킨 후에야 바랄 수 있습니다. 장수의 인장을 주고 권한을 위임하는 것이 모두 조정의 공의에서 나온다면 뇌물로 청탁하는 사사로움은 뿌리뽑을 수 있을 것입니다. 충성스럽고 용맹하며 심지가 굳고 실제 전투에서 공적[32]을 세운 경험이 있는 사람을 힘써 구한다면 재주 없는 자에게 가벼이 권한을 위임하는 폐단을 혁파할 수 있을 것입니다. 또한 뇌물로 청탁하는 사사로움이 없어진다면 백성들을 착취하는 풍조를 없앨 수 있을 것입니다. 장차 그 직책에 걸맞는 사람을 장수로 얻는다면 군사들이 존경하고 따르며 분발할 것이고, 때때로 군적을 조사한다면 이름을 은닉하거나 쓸데없이 식량만 축내는 자들이 용납될 수 없을 것입니다. 걸맞는 사람을 얻어 그 직임을 오래도록 맡긴다면 상하가 서로 평안하고 위급한 때에도 믿을 수 있으며 신·구관의 교체 비용 또한 절약할 수 있을 것입니다.

군대의 쓸모없는 군졸과 북에서 내려온 귀정(歸正)들, 그리고 임기가 만료되어 교대를 기다리는 이들을 모두 둔전에 귀속시켜 백성과 함께 농사에 힘쓰게 하여 그들이 주현에서 받아가는 급료를 점차 줄이십시오. 또한 재주와 용맹, 기예를 갖춘 사람은 그 품성과 자질을 헤아려 토지를 보다 많이 나누어주고 십(什) 오(伍)의 우두머리로 삼아 말달리기, 활쏘기, 격투기, 군대 행렬법들을 가르치도록 하십시오. 여러 주에 내려진 군대모집령을 혁파하고 군중자제들 중 용맹스러운 자들을 모집하여 따로 토지를 지급하여 주시고 그들을 병적에 올리십시오. 이것과 현재 행하고 있는 둔전·민병의 법이 서로 표리가 되도록 만들고, 노련하고 충실하며 병농의 임무에 정통한 이들을 골라 그들에게 일을 관할하게 하십시오. 그들에게 중요한 권한을 부여하고 오래도록 맡겨

---

32) 공적 : 원문의 **"勞效"**를 이렇게 번역했다.

조그만 이익을 탐하거나 소소한 공로에 급급해 하지 않도록 하십시오. 그리하여 식량이나 축내는 병력을 점차 줄이고, 주군에서 군대에 보급하는 수량을 감소시키기를 기다려 성과가 우수한 자는 품계를 올려 주십시오. 이러기를 십 수년 간 한다면 자연히 효과가 나타날 것입니다.

만약 그 공효가 아직 일거에 나타날 수 없는 때에 주현 민간의 시급한 일들을 빠르게 해결하고자 하신다면 바라건대 회계를 담당하고 수송을 맡은 신하들에게 엄한 조칙을 내리십시오. 그리하여 현재 장적한 금곡(金穀)과 면견(綿絹) 수에서 매년 적당량을 헤아려 20~30만을 감면하고, 주군의 빈곤한 정도를 살펴 상공하는 관물의 3할 내지 5할을 감면해 주어 그 수송비용을 대체하게 하십시오.

향후 군적의 조사가 완성되고 둔전이 완성되며 민병이 단련된다면 위에서 말씀드린 매년의 감면량은 그 수량이 점차 감소하게 될 것이며, 주군에 면제해 주는 부세의 수량은 점차 증가하게 될 것입니다. 주현의 사력(事力)이 펴진 이후라야 그 가렴주구의 행위를 금할 수 있으며 백성들에 대한 구휼의 책임을 물을 수 있을 것입니다. 해마다 과세하면서 수시로 살피신다면 그 효과는 더 거두어들이는 폐단, 미리 거두어들이는 폐단, 법에 어긋나게 과세하는 폐단을 제거하는 정도에 그치지 않을 것입니다. 또한 토지의 비옥함과 척박함, 과세의 가벼움과 무거움을 헤아려 균등하게 감면한다면 곤궁한 처지의 백성이 생업을 보전할 수 있을 것이며 다시 떠돌아 다닐 뜻을 갖지 않게 될 것입니다. (그렇게 된다면) 곳곳에 널린 황무지를 점차 개간하고 씨를 뿌리는 사람이 있게 될 것이고, 자연히 위에 올리는 부세 또한 넉넉해져 점차 여유가 있게 될 것이니, 독촉하거나 재촉하지 않아도 국가는 부유해지고 병력은 강해질 것입니다. 이것이 신이 말씀드린 바 부세를 경감하고 군정을 다스린다는 말의 내용입니다.

이른바 ‘그 근본은 심술(心術)을 바르게 함으로써 기강을 세우는 것에 있다’는 것은 신의 직분상 반드시 언급해야 할 내용은 아닙니다. 그러나 천하만사의 근본과 원류가 여기에 있기 때문에, 비록 피하여 말하고 싶지 않더라도 그렇게 할 수 없습니다. 또한 신이 지난 번 융흥(隆興, 1163~1164) 초에 삼가 부르심을 받고 이미 그 대략을 소략하게나마 진언한 적이 있습니다. 청컨대 지금 죽음을 무릅쓰고 폐하를 위하여 다시 그 말을 아뢰고자 합니다.

강(綱)이란 그물의 강(綱)33)과 같고 기(紀)는 실의 기(紀)34)와 같습니다. 그물에 강이 없으면 잘 펼쳐질 수 없으며 실에 기가 없으면 잘 다스려질 수 없습니다. 때문에 일가(一家)에는 일가의 기강이 있으며 일국(一國)에는 일국의 기강이 있는 것입니다. 향은 현에 총괄되고 현은 주에 총괄되며 주는 각 로(路)에 총괄되고 로는 대성(臺省)에게 총괄되며 대성(臺省)은 재상(宰相)에게 총괄되고, 재상은 여러 직책을 겸하여 통솔하며 천자와 더불어 가부를 상의하고 정령을 내는 일, 이것이 천하의 기강입니다.

그러나 기강은 스스로 서지 못하니, 반드시 인주가 심술을 공명정대하게 하고 무리를 지어 한쪽에 치우치는 사사로움이 없게 한 연후라야 기강이 서게 됩니다. 군주의 마음은 스스로 바르게 할 수 없으니 반드시 현신을 가까이 하고 소인을 멀리하며 의리의 귀결을 강명하고 사사로운 통로를 막아야만 바르게 할 수 있습니다. 옛 성왕이 사부의 관직을 세우고 빈우(賓友)의 지위를 만들며 간쟁의 직위를 두어 앞뒤로 권면하고 좌우로 보필하도록 한 것은 잠시라도 마음의 바름을 잃을까 염려하였기 때문이었습니다. 그 원인을 따져 들어가면 진실로 천하의 근본이 여기에 있어서 하나라도 바르지 않음이 있다면 천하만사에 어떠한 것도 그 올바름을 얻지 못할 것이므로 삼가지 않을 수 없기 때문입니다.

지금 천하의 일은 앞서 말씀드린 바와 같음을 볼 수 있습니다. 폐하께서 백성을 구휼하고자 하나 민생은 날로 위축되고 있으며, 재물을 잘 운용하고자 하나 재용(財用)은 날로 결핍되고 있고, 군정을 다스리고자 하나 군정은

---

33) 강(綱) : 그물의 위쪽 코를 꿴 굵은 줄.
34) 기(紀) : 실마리.

날로 문란해지고 있으며, 영토를 회복하고자 하나 북쪽 중원의 영토를 조금도 되찾지 못하고 있고, 원수들에게 당한 수치를 씻고자 하나 오랑캐 왕[單于]의 목을 매달고 그 머리에 술을 따라 마시지 못하고 있습니다.[35]

그 이유가 무엇이겠습니까? 재상(宰相) · 대성(臺省) · 사부(師傅) · 빈우(賓友) · 간쟁하는 신하들은 모두 그 직분을 잃었고, 폐하께서 친밀하게 대하여 함께 모의하는 자들은 한두 명의 측근에 불과합니다. 이 한두 사람의 소인이 위로는 폐하의 심지를 흐리게 하여, 폐하로 하여금 선왕의 대도(大道)를 믿지 않고 공리의 비속한 설에 기뻐하게 하고, 기개 높은 선비의 직언을 즐거이 여기지 않는 대신 버릇없이 친압하는 속된 태도에 편안히 안주하도록 만들고 있습니다. 또한 소인들은 아래로 천하 사대부 중 이익을 좋아하고 염치가 없는 자들을 불러모아 문무(文武)로 패거리를 짓고 각기 그 문하에 들여, 마음에 들면 남몰래 끌어주어 높은 지위에 발탁해 앉히고, 마음에 들지 않으면 은밀히 헐뜯고 훼방하며 공공연히 배척합니다.

서로 왕래하며 뇌물을 주고받으니 이들이 도적질하는 것은 모두 폐하의 재물이며, 경에 임명하고 장수에 앉히니 훔치는 것은 모두 폐하의 권력입니다. 폐하의 재상(宰相) · 사보(師保) · 빈우(賓友) · 간쟁하는 신하들조차 도리어 그 문하에 출입하며 그 뜻에 영합하고 있습니다. 요행히 자립할 수 있는 자라 하더라도 또한 가까스로 자신을 지킬 뿐 감히 한마디도 그들을 배척하는 말을 하지 못합니다. 심히 공론을 두려워하는 자가 있어 어쩌다 그 무리의 한두 명을 배척하여 쫓을 수 있다 하더라도 큰 타격을 입힐 수는 없으며, 명철한 말로 무리지어 모여 있는 소굴을 공격하지도 못합니다.

세력이 이루어지고 위엄이 서 있어 사람들의 마음이 그리로 쏠리고 있습니다. 폐하의 호령과 상벌이 조정이 아닌 한두 사람의 문전에서 나오고 있어,

---

35) 오랑캐 왕[單于] : 오랑캐 왕 곧 선우(單于)는 흉노(匈奴)의 왕(王)을 말한다. 월지(月氏)는 한대(漢代) 감숙성(甘肅城) 서북쪽에 나라를 세웠던 종족으로, 흉노(匈奴) · 오손(烏孫)에게 패한 후 일부는 서쪽으로 옮겨가 중앙아시아에서 거주하였다. 이주한 이들을 대월지(大月氏)라 하고 본래의 땅에 머무른 이들을 소월지(小月氏)라 하였다.

말은 폐하의 독단이라 하나 사실은 한두 사람이 은밀히 숨어 폐하의 권한을 휘두르는 것입니다. 그들이 무너뜨린 것은 단지 폐하의 기강만이 아니며 폐하께서 기강을 세우는 근본인 마음도 함께 무너뜨렸습니다. 천하의 충신들과 어진 선비들은 깊이 걱정하고 길게 탄식하면서 살아있는 것을 즐겁게 여기지 않게 되었는데도, 이익을 탐하고 염치가 없어 감히 악한 일을 일삼는 자들이 사방에서 분연히 소매자락을 걷어올리며 떨쳐 일어나 자기의 욕망을 채우고자 합니다. 이러한 상황이니 백성들을 어떻게 구휼할 수 있으며 재용(財用)은 어떻게 다스릴 수 있겠습니까? 군정은 또 어떻게 정비하며, 잃어버린 영토는 어떻게 회복하고 종묘의 수치는 또 언제가 되어야 씻을 수 있겠습니까?

　신은 심히 어리석으나 치밀어 오르는 화를 이기지 못하겠습니다. 생각하건대, 지난 진대(進對)36)에서부터 망령되고 분별없는 말을 다하였는데도 폐하께서는 신을 용서하시고 죽이지 않으셨을 뿐만 아니라 그 후 18년 간 두 번에 걸쳐 부르심을 받고 다섯 번이나 벼슬을 제수받았습니다. 신이 비록 어리석으나 세상에 쓰일 바가 없음을 스스로 알고 있으며 질병과 우환37)이 항상 떠나지 않아 폐하의 은명(恩命)을 삼가 받아들일 수 없는 사정도 있습니다. 그러나 폐하께서 신을 아는 것이 깊고 신을 긍휼히 여기심도 두텁습니다. 그런데도 신이 홀로 두려워하고 위축되어, 천하의 기강이 무너져 어지럽고 백성들의 곤궁과 고통이 이 지경에 달하였음을 보고도 한 번도 죽음을 무릅쓰고 폐하를 위하여 말씀드린 바가 없으니, 이는 폐하께서는 신을 버리지 않았으나 신은 폐하를 저버린 것입니다. 지금 다행히 성상께서 언로(言路)를 널리 개방하시고, 마침 신의 직책도 몇 마디 말을 올릴 수 있는 자리에

---

36) 지난 진대(進對) : 1163년 11월, 임안으로 가 궁중의 수공전(垂拱殿)에서 「계미수공주차(癸未垂拱奏箚)」를 올린 일을 가리킨다.

37) 질병과 우환 : 주희는 평생 족질(足疾), 각기(脚氣), 눈병, 기비(氣痞), 내장질환 등에 시달렸다. 그 중에서도 다리의 질환과 류마티즘의 일종인 각기(脚氣)는 40대 후반부터 시작된 고질병으로서 심할 때는 땅을 밟지도 못할 정도여서 한동안 마치 토우인(土偶人)처럼 누워 지내지 않으면 안 되었다. 또한 「경자응조봉사(庚子應詔封事)」를 올리는 60대에 이르러서는 왼쪽 눈이 전혀 보이지 않는 상태에서 난청(難聽)으로 고생하였다.

있어 말씀드리는 것이니, 신의 죄는 비록 만 번을 죽는다 하더라도 스스로 용서받을 수 없을 것입니다. 외람됨을 무릅쓰고 말씀드렸으니, 엎드려 바라건대 폐하께서는 너그러이 가납하시어 정신을 집중해 살피시고 강단있게 분발하십시오, 그리하여 폐하의 마음을 크게 바로잡아 아첨을 일삼는 사악한 무리를 멀리하시고 기강을 세워 사해의 곤궁한 백성들에게 은혜를 베푸신다면 신은 크게 다행스럽게 여길 것입니다. 신은 삼가 하늘을 우러르고 폐하를 바라보며 전전긍긍 두려워하는 마음으로 명(命)이 신에게 이르기를 기다리겠습니다. 신 주희는 죽음을 무릅쓰고 두 번 절하며 삼가 말씀을 올립니다.

첩황(貼黃)[38]

본군의 관내(管內)에는 지난 가을 가뭄의 피해가 있었고, 지난 겨울에는 지진이 있었기에 신이 이미 조목을 갖추어 상주하여 아뢰었습니다. 이후로도 계속 비는 오지 않았고 경작하는 소는 전염병으로 죽어갔습니다. 지금 비록 비가 온다 하더라도 때가 너무 늦은 듯 하고 소가 죽어나가는 것이 끊이지 않으니 그 형편이 매우 근심스럽습니다. 엎드려 바라건대 밝게 살펴주소서.

지난번 신이 접견의 기회를 부여받아 때 폐하의 옥음(玉音)을 면전에서 받들었는데, 천하를 다스리는 것은 마땅히 정심(正心 : 마음을 바르게 하는 것)과 성의(誠意 : 뜻을 성실히 하는 것)로 근본을 삼아야 한다고 하셨습니다. 저는 항상 우러러 감탄하면서 폐하의 성학(聖學)이 고명하고 다스림의 근본이 이처럼 깊이 통달하였으니 천하가 어찌 다스려지지 않겠는가 하고 생각하였습니다. 그런데 요사이 망령되이 떠도는 말을 듣자하니 폐하께서 정심(正心)·성의(誠意)의 말을 듣기 싫어하시고, 진대(進對)를 담당한 신하들은 이 말들을 서로 경계하며 언급하지 말아야 할 금기사항으로 여기고 있다고 합니다.

---

38) 첩황(貼黃) : 당대(唐代)에 조서(詔書)에 고칠 데가 있으면 황지(黃紙)를 첨부하여 정정하였던 것에서 유래한 말로, 상소(上疏)할 때 뜻이 미진한 데가 있으면 황지(黃紙)를 끝에 첨부하여 부연하였던 것을 가리킨다.

신은 폐하께서 결코 그렇지 않으심을 분명히 알고 있으나 이러한 말들이 떠돌며 위로는 폐하의 성덕(聖德)에 누를 끼치고 아래로는 여러 사람을 의혹되게 할까 심히 근심하고 있습니다. 엎드려 바라건대 성상께서 다시 한 번 살펴주신다면 다행이겠습니다.

_ 김정신

진주원(進奏院)에 올리는 글

　　구위(具位)[1] 신 주희는 남강군에 내려진 진주원(進奏院)의 통보에서 지난 3월 9일 신료들이 감사와 군수에게 민간의 실리와 병통을 조목조목 갖추어 보고하고 숨기는 것이 없도록 신칙하라는 내용을 폐하께 상주한 일을 보았습니다. 신이 성지(聖旨)를 받들어 상주한 내용은, 신이 재주도 없이 외람되게 남강군을 맡아보며 파악한 민간의 실리와 병통 중 아뢰어야 할 일들이라 생각한 것입니다. 다만 그 사이에 기밀과 관련되어 드러내놓고 말하기에는 적합하지 않은 일들이 있어, 삼가 만 번 죽을 것을 무릅쓰고 상소 한 통을 갖추어 법식대로 밀봉하여 소장에 덧붙여 올립니다.

첩황(貼黃)

　　어전에서 개봉됨에 이르러 저의 우매한 소견이 폐하께서 구언(求言)하여 다스림이 이루어지기를 원하시는 뜻에 조금이라도 부합되기를 간절히 바랍니다. 외람되이 군주의 위엄을 범하였으니 신은 두려움을 이기지 못하며 죄를 받기를 기다립니다. 삼가 주문(奏聞)을 올리오니 바라건대 칙지(勅旨)를 내려주소서.

_ 김정신

---

1) 구위(具位) : 직위나 관작(官爵)을 적어야 할 때 이를 생략할 경우 쓰는 용어이다.

무신년 봉사

해 제 1188년(효종 순희(淳熙) 15, 주희 59세) 11월에 올린 소로, 『주자대전』 권11에 실려 있다. 이해 6월에 연화전에서 효종을 직접 만나 올린 「무신연화주차(戊申延和奏箚)」와 함께 이 시기 주희의 정치적 사고를 살필 수 있는 주요 자료이다.

이 봉사는 주희가 올린 상소 가운데 가장 널리 알려져 있으며, 군주가 갖추어야 할 성학(聖學), 힘써 해결해야 할 정치 현안에 대해 다루고 있다. 이 상소에서 주희는 천하의 큰 근본, 그리고 시급히 행해야 할 정치 현안을 거론하였다. 주희는 천하의 큰 근본은 군주의 마음이라 하고, '군주의 한 마음이 바르면 천하 만사가 모두 바르게 된다'고 주장하였다. '군주일심(君主一心)'에서 정치의 근본을 구하는 사고였다. 시급히 행해야 할 정치 현안으로는 ① 태자의 보도(輔導), ② 대신의 적임자 선택, ③ 삼강(三綱)과 사유(四維 : 禮義廉恥)의 확립, ④ 풍속의 교화, ⑤ 민력의 양성, ⑥ 군정(軍政)의 정비 등 6가지를 들었다.

12세기 후반 금나라의 공세로 양자강 남쪽으로 수도를 옮긴 송나라에서는 국력을 회복하여 잃어버린 영역을 회복하는 것이 당면한 지상과제였는데, 주희는 이에 대해 '정치를 개혁하여 이적을 몰아냄[修政事以攘夷狄]'·'내수외양(內修外攘)'의 입장에서 현실을 진단하고 그 대책을 제시하고자 하였다. 이 글은 그런 내용을 충실히 담고 있다.

11월 1일 조봉랑(朝奉郎)[1] 직보문각(直寶文閣)[2] 주관서경숭산숭복궁[3](朝

---

1) 조봉랑(朝奉郎) : 송(宋) 원풍(元豊) 이전에는 정6품 상계문산관(上階文散官)이었으나 원풍(元豊) 3년(1080) 문산관을 폐지하면서 새로이 정7품 기록관(寄祿官)으로 되었다.
2) 직문보각(直寶文閣) : 원래의 명칭은 수창각(壽昌閣)으로 경력(慶歷) 원년(1041) 보문

奉郎 直寶文閣 主管西京嵩山崇福宮) 주희는 삼가 목욕재계하고 글을 갖추어 죽음을 무릅쓰고 두 번 절하며 황제폐하께 올립니다. 신이 외람되이 용렬한 재주로 폐하의 지은(知恩 : 알아주시는 은혜)을 입은 지 지금까지 여러 해가 되었습니다. 재작년이래 빈번히 거듭 은혜를 받은 것은[4] 전보다도 더함이 있습니다. 동료 관원들을 돌아보아도 비할 바가 없으니, 그 깊은 감격을 진실로 말로는 표현할 수가 없습니다.

그러나 가만히 생각해보면, 저의 망령된 말[5]이 금기를 범하여 개진되었음에도 받아들이시고 죄를 삼지 않는 은혜를 입기는 하였지만, 엎드려 기다린 지 여러 달이 지났는데도 그 대략이나마 시행되는 것을 보지는 못하였습니다. 신은 진실로 그 연유를 알지 못하여, 폐하의 특별한 은혜를 받을 수 있는 이유를 찾지만 그것이 어디에서 온 것인지 아직 모르고 있습니다. 이 때문에 부끄럽고 참담하여 스스로도 오랫동안 편안하지 못하였습니다. 그런데 뜻밖에도 폐하께서는 신을 다시 불러 접견하고자 하시니, 어리석은 제가 폐하의 뜻을 엿보려 해도 과연 무슨 생각이신지 더욱 알지 못하겠습니다.

하여 폐하께서 신의 계책을 듣고 싶어 하시는 것인가 생각을 해보지만 이미 말씀을 드렸는데도 쓰이지 못했고, 신에게 은의(恩意)를 더해주려 하시는 것인가 생각을 해보아도 총애해주심이 이미 두터워 더할 것이 없습니다.

각(寶文閣)으로 개명(改名)하였다. 가우(嘉祐) 8년(1063), 영종(英宗)이 즉위한 후 인종(仁宗)의 어서(御書)·어제문(御制文)들을 모아 각(閣) 내에 보관하였다. 치평(治平) 4年(1067), 신종(神宗)이 즉위하면서 학사(學士) 직학사(直學士) 대제(待制) 등의 직(職)을 설치하고 영종대(英宗代)의 어서(御書)까지 정리하여 보관하게 하였다.

3) 주관서경숭상숭복궁(主管西京嵩山崇福宮) : 송대(宋代)에 치사(致仕)한 노인을 편안하게 하고 현인(賢人)을 우대한다는 뜻에서 설치한 사록관의 일종.

4) 재작년~받은 것은 : 순희 14년(1187) 3월 주관홍경(主管鴻卿), 7월 강서제형(江西提刑)을 제수 받았다. 순희 15년(1188) 정월 주사(奏事)의 직임을 내렸으나 병으로 사양하였다. 6월 연화전(延和殿)에서 주사(奏事)하였다.(「戊申延和奏箚」) 같은 달 악부랑개강서제형(岳部郎改江西提刑), 8월에는 직각봉사(直閣奉祠)를 제수 받았다. 또한 이 해 5월부터 10월에 이르기까지 3차례에 걸쳐 입대(入對)할 것을 명받았다.

5) 저의 망령된 말 : 「연화주차(延和奏箚)」를 이른다.(「차보」)

이 두 가지 중에 해당되는 것이 없습니다. 이것이 신이 망설이고 머뭇거리면서 물러갈 것을 간청하여 마지않는 이유입니다. 그러나 폐하께서는 여전히 허락하지 않으시기에 신이 거듭 생각해보았습니다. 지난날 진대(進對)하였을 때[6] 저의 소견을 구두로 말씀드렸습니다만, 병마에 시달려[7] 하고 싶은 말을 다 아뢰지 못하였습니다. 그래서 봉사(封事)로 말씀드리겠다고 요청해 놓고도 오래도록 감히 올리지 못했는데, 폐하께서 우연히 기억나서 그것을 마저 듣고자 하시는 것입니까? 아니면 다른 이유가 있는 것인지요? 신은 알지 못하겠습니다.

그러나 군부(君父)의 명령이 두 번씩 이름에도 신자(臣子)된 자로서 집에 완강하게 머물러 있었던 것은 저에게 실로 편치 못한 바가 있었기 때문입니다. 신이 깊이 우려한 것은 오직, 나아가 뵌 뒤에 말씀드린 것이 끝내 쓰이지 못하고 전과 같이 한갓 그릇된 총애만 훔치게 된다면, 신이 나아가고 물러남에 있어 처신하기가 매우 곤란해지고 결국 죄를 짓게 되는 일이 생길까 하는 것이었습니다. 이런 이유로 전에 요청드린 대로 말씀드리고자 하였던 내용을 모두 적어 올리오니, 비록 신이 폐하의 앞에 직접 나아가 아뢴다 하더라도 말씀드릴 내용은 이 글과 같으리라 생각합니다.

바라건대 자애로운 폐하께서 다행히 살펴봐주시고, 그 말이 옳다고 여기시어 하나하나 시행하신다면, 신이 바란 것은 충분히 만족하게 되니, 물러나 깊은 산 중에[8] 숨어살다 죽더라도 유감이 없을 것입니다. 만일 폐하의 생각이 반드시 신을 오게 하는 것에 있다고 해도, 신 또한 한번 청광(淸光)[9]을 우러러 뵌 뒤에 돌아갈 것을 간절히 청하고자 할 따름입니다.

만약 올리는 말씀 중에 정말로 취할 만한 것이 없다면, 이것이 신이 배운

---

6) 진대(進對)하였을 때 : 1188년 6월에 연화전(延和殿)에서 주사(奏事)한 일을 말한다.

7) 병마에 시달려 : 이때 주희는 족질(足疾)을 앓고 있었다.(『익중』)

8) 물러나~숨어살다 : 원문의 "巖穴之士"를 이렇게 번역했다.

9) 청광(淸光) : 본래 귀인(貴人)의 맑은 풍채(風采)를 뜻하며, 여기서는 임금을 직접 지칭하지 못하여 간접적으로 표현한 것이다.

비루한 학식의 전부요 달리 가진 것이 없습니다. 신으로 하여금 억지로 조정에 나오게 하시더라도 폐하께서 장차 저를 어디에 쓰시겠습니까? 차라리 간청을 받아들여 돌아가 쉬도록 허락해 주시면 군주와 신하 양쪽 모두 그 가진 것을 온전히 보존할 수 있을 것입니다. 더욱이 폐하의 조정에 곁에서 모시고 따르는 무리 중에는 유언비어를 만들어 선량한 사람을 겨냥하여 해치고 그릇된 논의를 주창(主唱)하여 상하(上下)를 위협하는 이들이 있습니다. 그 교묘한 술책과 음모가 예전에 생각 없이 망발을 일삼던 자[10]보다도 더 심합니다. 폐하께서는 신으로 하여금 경솔하게 그들의 날카로운 기세에 맞서다 다시금 앞서 밟았던 전철을 되풀이하지 않도록 해 주소서!

신이 살펴보건대 오늘날 천하의 사세(事勢)는 마치 사람이 중병을 앓아 안으로는 심장과 배로부터 밖으로는 사지(四肢)에 이르기까지 털끝 하나 머리털 하나까지 병들지 않은 곳이 없는 것과 같습니다. 비록 거처하고 먹고 마시는 것에는 아직 지장이 있을 정도까지 이르지 않았지만, 그 위급하고 촉박한 증세는 의술이 깊은 의원이라면 이미 멀리서 알아보고 달아나버릴 정도입니다.[11] 반드시 편작이나 화타 같은 명의를 만나 신묘한 약을 투약해서

---

10) 그 교묘한~일삼던 자 : 순희 15년(1188), 6월 주희는 임안으로 가 「무신연화전주차(戊申延和殿奏箚)」를 효종에게 올렸다. 그 다음날 병부랑(兵部郞)에 임명되었지만 다리가 아프다는 이유로 사퇴하였다. 한편 이보다 수일 전 병부시랑 임율(林栗, 자는 黃中)이『주역(周易)』과『서명(西銘)』에 관해서 주희와 논쟁을 벌였으나, 결국 주희의 변론에 굴하여 물러나는 일이 있었다.(논의 내용은 주희의 「기임황중변역서명(記林黃中辯易西銘)」을 참고) 이에 임율은 주희에게 적대감을 갖고 제수된 병부랑에 빨리 취임할 것을 재촉하였다. 주희가 다리의 병 때문에 사퇴하겠다는 뜻을 고하자, 임율은 소를 올려 주희가 정이(程頤)·장재(張載)가 남긴 것을 훔쳐 그것을 도학이라 이름 붙이고 수십 명의 문생을 이끌며 공자 맹자가 제후에게 초빙되어 천하를 편력했던 풍모를 흉내내고 있다고 탄핵하였다. 이에 효종은 임율의 말이 도가 지나치다고 여겼고, 주필대(周必大)와 섭적(葉適) 등이 주희를 변론하고 나섰다. 묘당의 조류는 이처럼 주희에게로 기울어, 이 사건은 임율을 천주 지사로 좌천시킴으로써 일단락되었다.

11) 그 위급하고~달아나버릴 정도입니다 :『사기(史記)』「편작전(扁鵲傳)」에 편작이 제환후(齊桓侯)를 보고 병이 있어 치료가 필요하다고 충고하였지만 제환후가 듣지 않아 병이 더 깊어졌고, 나중에는 편작이 멀리서 제환후를 보고 병세가 이미 치료할

장과 위를 깨끗이 씻어내 병의 뿌리를 제거해야만 안전을 기대할 수 있을
것입니다.

만약 그와 같이 하지 않으면, 병이 날로 깊어져도 병자가 자각하지 못하여
그 걱정스런 상태는 결코 보통 의원의 범상한 약으로 치유할 수 있는 수준이
아니게 될 것입니다. 그래서 신은 전 날 상주(上奏)하면서 "약이 독하지 않으면
그 병은 낫지 않는다"라는 말을 인용하였던 것입니다. 그 뜻이 여기에 있었지만
말에 미진한 점이 있었습니다. 그러나 천하의 일에 언급해야 할 것이 헤아릴
수 없이 많습니다. 순서상 미치지 못하는 것들은 신이 말씀드릴 겨를이
없습니다. 오직 천하의 큰 근본과 오늘날 시급히 행해야 할 일을 가지고
깊이 폐하를 위하여 말씀드리겠습니다.

천하의 커다란 근본이란 폐하의 마음입니다. (또한) 오늘 날 시급히 행해야
할 일이란 태자를 보좌하는 일·대신을 선임하는 일·기강(綱維)을 떨쳐
일으키는 일·풍속을 변화시키는 일·민력(民力)을 아끼고 기르는 일·군정
(軍政)을 닦아 밝게 하는 일 이 여섯 가지입니다. 청컨대 신이 죽음을 무릅쓰고
자세히 말씀드리겠사오니 폐하께서는 들어주시기 바랍니다.

신이 폐하의 마음으로 천하의 커다란 근본을 삼는 것은 무슨 이유이겠습니
까? 천하의 일이 천 가지 만 가지로 변화하여 그 실마리가 끝이 없으나,
(그 중에) 한 가지도 인주(人主)의 마음에 근본하지 않는 것은 없으니, 이는
자연의 이치입니다. 때문에 인주의 마음이 바르면 천하의 일은 한 가지도
바른 것에서 나오지 않음이 없지만, 인주의 마음이 바르지 못하면 천하의
일은 한 가지도 바른 것에 말미암을 수 없게 되는 것입니다.

대개 상을 주어 권면하고 형벌로 위엄을 보이는 등 각기 추향에 맞추어
조치를 취할 뿐만이 아닌 것은 형세상 그렇게 하지 않을 수 없는 점이 있습니다
만, 보고 감화되는 것에서는 초목이 바람에 쏠리듯 감화되는 신속함이 상형(賞
刑)을 따르는 것보다 훨씬 월등함이 있습니다. 그러므로 인주가 작은 몸으로

수 없는 정도가 되었음을 알아채고 달아났다는 고사가 전한다.

깊은 궁궐 안에 거처하면 그 마음의 옳고 그름을 엿볼 수 없을 듯하지만, 그 증험이 밖으로 드러남은 열 개의 눈이 지켜보는 것과 같고 열 개의 손이 가리키는 것과 같아 숨길 수가 없습니다. 이것이 대순(大舜)께서 "오직 마음을 정밀하게 살피고 전일하게 가지라[惟精惟一]"12)는 경계를 하고, 공자께서 "사욕(私欲)을 극복하여 예(禮)로 돌아가라[克己復禮]"13)는 말씀을 하신 이유이니, 이들 모두 나의 이 마음을 바로잡는 것을 천하만사의 근본으로 삼는 것입니다.

이 마음이 먼저 바르면, 보고 듣는 것이 총명하고 행동이 두루 예에 부합하여 몸가짐이 바르지 않음이 없습니다. 그러므로 행하는 것에 지나치거나 모자람이 없이 능히 그 중도를 견지할 수 있습니다. 비록 천하가 광대할지라도 어느 한 사람 나의 인(仁)으로 돌아오지 않는 자가 없습니다.

【신이 삼가 『상서(尙書)』를 살펴보니, 순(舜)임금이 우(禹)에게 "인심(人心)은 위태롭고 도심(道心)은 미약하니 오로지 정밀하게 살피고 전일하게 하여 진실로 그 중도를 견지하라"라고 말하였습니다. 무릇 마음[心]이 비어 있으면서도 영활하고 지각(知覺)함은 동일할 뿐인데도, 인심과 도심의 구별을 두는 것은 무슨 이유이겠습니까? 어떤 경우는 개별적인 형기(形氣)에서 생기기도 하고 어떤 경우는 공정한 성명(性命)에 근원하기도 하여 지각(知覺)되어 나타나는 것이 같지 않기 때문일 것입니다. 그러므로 어떤 때에는 위태로워 편안하지 못하고, 어떤 때는 미약하여 알기가 어렵기도 한 것입니다. 그러나 인간이라면 누구나 이 형체를 지니지 않음이 없기에 비록 상지(上智)라 해도 인심(人心)이 없을 수 없고, 또 인간이라면 누구나 이 성(性)을 지니지 않음이 없기에 비록 하우(下愚)라 해도 도심(道心)이 없을 수 없습니다. 이 두 가지가 마음에서 뒤섞여 있는데 이를 다스릴 방도를 알지 못하면, 위태로운 것은 더욱 위태로워지고, 미약한 것은 더욱 미약해져, 공정한 천리(天理)가 마침내 사사로운 인욕(人欲)을 이길 수 없게 됩니다. '정밀하게 살핀다[精]'는 것은

---

12) 오직 마음을~전일하게 가지라 : 『서경(書經)』 「대우모(大禹謨)」에 나오는 구절이다.
13) 사욕을~돌아가라 : 『논어(論語)』 「안연(顔淵)」에 나온다.

도심과 인심의 사이를 잘 분간해서 서로 섞이지 않게 하는 것이며, '전일하게 한다[一]'는 것은 본심의 바름을 지켜서 서로 떨어지지 않게 하는 것입니다. 여기에 종사하여 잠시도 중단하지 않고, 반드시 도심이 항상 한 몸의 주인이 되어 인심이 언제나 도심의 명령을 듣게 한다면, 위태로운 것은 편안해지고 미약한 것은 명확해져 처신하는 모든 것에서 지나치거나 모자라는 어긋남이 자연스레 없게 될 것입니다. 또한 『논어』를 보니, 안연(顏淵)이 인(仁)에 대하여 묻자, 공자께서 "자기의 사욕[己]을 이겨 예(禮)에 돌아감이 인이다. 하루 동안이라도 사욕을 이겨 예에 돌아가면 천하가 인으로 돌아간다. 인을 행하는 것은 나로 말미암는 것이니, 남으로부터 말미암는 것이겠는가?"라고 하셨습니다. '인'이란 본심에 온전하게 주어져 있는 덕이요, '사욕'이란 한 몸의 사사로운 욕심이요, '예'란 천리의 절도(節度)와 문채(文采)입니다. 사람의 마음에 주어진 온전한 덕은 천리가 하는 바가 아님이 없습니다. 그러나 일단 이 몸이 있으면 또한 사사로운 인욕이 온전한 덕에 지장을 줌 또한 없을 수 없습니다. 그러므로 인을 행하는 자는 반드시 그 사욕을 이겨서 예로 돌아갈 수 있어야만, 모든 일이 천리에 부합하고 본심의 덕이 다시 나에게서 온전해지는 것입니다. 마음의 덕이 온전해지면 비록 광대한 천하일지라도 누구 하나 나의 인을 따르지 않음이 없게 됩니다. 그러나 그 계기는 진실로 나에게 있지 다른 사람에게 있지 않습니다. 하루하루 사욕을 이겨 이겨내는 일을 어려워함이 없게 되면, 사욕은 깨끗이 다 제거되고, 천리가 모든 곳에 행해져 인(仁)을 이루 다 쓸 수 없게 될 것입니다. 이는 위대한 순임금과 공자의 말씀인데, 신이 문득 망령되게 힘쓸 방법을 이와 같이 논하였습니다. 성상께서 살펴봐 주시기를 엎드려 바랍니다.】

그러나 옳고 그름의 증험이 밖으로 드러나는 것은 집안사람보다 우선하는 것이 없습니다. 그 다음으로 가까이에서 모시는 신하들에게 나타나고, 그런 뒤에 조정에 나타나고 천하에 미치게 됩니다. 예를 들면 궁의 내전(內殿)이 장중하고 엄숙하여, 후비(后妃)에게는 관저(關雎)의 덕[14]이 있고 후궁에게는

---

14) 관저(關雎)의 덕 : 저구(雎鳩)의 자웅(雌雄)이 서로 응하는 화(和)한 소리. 저구(雎鳩)는 태어나면서부터 정해진 짝이 있어서 서로 난잡하게 하지 않고, 짝이 항상 같이

얼굴을 꾸민다는 비난이 없으며, 관어(貫魚)[15]처럼 순서에 따라 하여 감히 한 사람도 사사로운 은혜를 믿고 상전(常典)을 어지럽히거나 뇌물을 받고 청탁을 행함이 없는 것, 이것이 집안을 올바르게 하는 것입니다.

군주가 정사를 마치고 편안히 쉬는 동안에도 귀척(貴戚)과 근신(近臣), 휴복(携僕 : 기물을 들고 있는 시종)과 엄윤(奄尹 : 환관의 우두머리) 등은 각자 자신의 직무를 공손히 수행하고, 위로는 모질지 않지만 엄격하게 조처하는[不惡而嚴] 기강을 두려워하고[16] 아래로는 대분(戴盆)의 경계[17]를 삼가 지켜 한 사람도 감히 내외에 사통하거나 위복을 훔쳐서 권세를 끼고 은총을 팔아 조정을 어지럽히는 일이 없는 것, 이것이 가까이 있는 측근들을 바르게 하는 것입니다.

안으로 황궁으로부터[18] 밖으로 조정에 이르기까지 두 곳 사이에 투명하여

놀되 서로 친압(親狎)하지 않는다고 한다. 부부간에 서로 더불어 화락(和樂)하면서도 공경함이 또한 저구(雎鳩)새가 정이 두터우면서도 분별이 있음과 같음을 말한 것이다. 『시경(詩經)』 권1, 「주남(周南)·관저(關雎)」에서는 주나라 문왕의 배필인 태사(太姒)가 유한(幽閒) 정정(貞靜)한 덕이 있었음을 기리고 있다.

15) 관어(貫魚) : '관어지서(貫魚之序)'의 의미이다. 궁녀들이 직분에 맞추어 선후의 순서에 따르는 것이 마치 줄로 꿰어 놓은 물고기 같음을 말한다.

16) 모질지 않지만~기강을 두려워하고 : 『주역(周易)』 「둔괘(遯卦)」의 「상전(象傳)」에 "군자가 그것을 보고 소인을 멀리하되 나쁜 말로 하지 않고 위엄있게 대한다.(君子以, 遠小人, 不惡而嚴)"란 말이 있다. 이에 대해 주희는 다음과 같이 설명한다. 군자가 소인을 멀리하는 방법이 만약 나쁜 말과 불쾌한 표정으로 멀리한다면 그들의 원망과 분노를 살 뿐이다. 오직 위엄을 명확히 하여 소인들로 하여금 경외(敬畏)하게 한다면 소인이 자연스럽게 멀어질 것이다. 원문의 "不惡之嚴"은 바로 이와 같은 위엄을 말한다.

17) 대분(戴盆)의 경계 : 『사기(史記)』 「보임소경서(報任少卿書)」에 관련 고사가 나온다. 사마천(司馬遷)이 곤경에서 빠져나올 수 있도록 힘써달라는 청탁을 받고 임안(任安)에게 답한 편지에서, 자신의 처지가 동이를 이고 있어 하늘을 우러러 볼 수 없는 상황과 같다고 한 말에서 유래한다. 재력(才力)을 다하여 자신의 업무에만 전념하기에도 벅차 빈객(賓客)의 지우(知遇)나 가실(家室)의 일을 돌아볼 겨를이 없다는 뜻으로 자기 직분에만 충실하고 자신의 자리를 이용하여 청탁을 들어주거나 매개하는 등의 사적인 일을 하지 않음을 말한다.

18) 황궁 : 원문은 "禁省"인데, 이는 황궁(皇宮)을 의미한다.

털끝만큼의 사사로움·부정함도 끼어들지 않은 뒤에, 명령을 내려 시행하면 뭇사람들이 의심 없이 받아들이고 어진 이를 등용하고 간사한 이를 물리치면 뭇사람들의 뜻이 모두 따르며, 기강은 떨쳐져 침해되고 동요되는 우환이 없고, 정사는 다스려져 사사로이 아첨하고 무리 짓는 잘못이 없는 것, 이것이 바로 조정의 백관, 육군(六軍)과 만민이 감히 올바른 데로 나와 치도(治道)가 갖추어지지 않음이 없게 되는 것입니다.

마음이 한번 바르지 못하면 이 여러 가지 일들도 진실로 덩달아 바름을 얻을 수 없습니다. 이 여러 가지 일 중 하나라도 올바르지 않은 것이 있는데 "마음은 바르다"라고 하면, 어찌 이러한 이치가 있겠습니까? 이 때문에 옛 성왕들이 전전긍긍 삼가고 두려워하며 이 마음을 지켜서, 비록 분주하게 정신없이 움직이거나 아니면 홀로 있어 멋대로 행할 수 있는 곳에 있어도 정밀하게 살피고 전일하게 견지하며, 사욕을 이겨 예로 돌아가기를 마치 신명(神明)을 대하듯 깊은 계곡을 임하듯 하여 결코 잠시도 태만하지 않았던 것입니다.

그럼에도 불구하고 그 은미한 사이에 혹 어긋남이 있는 것을 스스로 모를까 두려워하였습니다. 그래서 태사(太師)와 태보(太保) 등을 설치하여 자신을 밝게 하고 간쟁하는 직책을 설치하여 자신을 바로잡았습니다. 그리고 음식과 주장(酒漿 : 술과 장류), 의복과 처소, 기물과 재화 등과 환관, 궁첩의 일까지 하나도 총재(冢宰)의 통솔을 받지 않는 것이 없었습니다. 모든 곳에서 모든 행동에서 해당하는 법으로 감독되지 않음이 없어, 한 순간도 털끝만큼의 사사로움조차 감출 수 없었습니다. 비록 만인의 윗사람 된 존귀함으로 구중궁 궐의 깊은 곳에 머물러 있지만, 엄정한 자세는 항상 종묘나 조정 한 가운데 서있는 듯이 하였습니다. 이것이 바로 선왕(先王)의 다스림이 안으로부터 밖에 이르기까지 은미한 곳으로부터 현저한 곳에 이르기까지 지극히 순수하고 순백하여 조금의 하자도 없었던 이유이며, 그 유풍의 남은 위세가 아직도 후세의 모범이 될 수 있는 이유입니다.

【신이 살펴보니,『주례』「천관·총재」 한 편은 바로 주공이 성왕을 보좌하여 후세에 법을 내려준 것으로 그 생각이 가장 심절(深切)한 부분입니다. 삼대(三代)의 인주들이 마음을 바르게 하고 뜻을 성실히 하였던 학문을 알고자 하시면 이 편에 대한 고찰을 통해 그 실질을 알 수 있습니다. 성상께서 살펴봐 주시기를 엎드려 바랍니다.】

폐하께서 시험 삼아 이것으로 생각해 보십시오. 내가 정밀하게 살피고 전일하게 하며 사욕을 이겨 예로 돌아가서 그 마음을 지켜 견지하기를 과연 일찍이 그렇게 노력한 적이 있는가? 나의 몸을 닦고 집안을 가지런히 해서 좌우의 근신들을 바르게 함에 정말 그와 같은 효과가 있었는가? 접근이 금지된 황궁 내부의 일들은 신이 진실로 알 수 없는 바가 있습니다. 그러나 그 형체를 보지는 못해도 그 그림자로 판단하고 그 안을 들여다보지는 못하지만 그 밖으로 드러난 것을 통해 추측해보면, 관직과 포상이 범람하고 뇌물이 넘치는 것에 대해 백성들 사이에 수군대는 것이 이미 오래 전부터 이루 말할 수 없이 자자합니다. 신이 이런 점을 근거로 살펴보건대 폐하께서 집안을 다스린 것이 아마도 옛 성왕(聖王)에게 미치지 못하는 듯합니다.

성상께서 곁에 두고 사적으로 편히 부리는 측근들에 이르면, 은혜와 총애가 지나치게 많이 주어지고 있습니다. 지난 날 용대연(龍大淵)·증독(曾覿)·장열(張說)·왕변(王抃) 등[19]이 그 권세가 대단하여 한 때를 뒤흔들었으나 이제는 이미 지적할 만한 것이 없습니다. 다만 앞서 신이 폐하를 대면하여 말씀드렸던 것[20]은 그들에 대해 비록 폐하의 지시와 깨우침을 받기는 하였지만,[21]

---

19) 지난 날~왕변(王抃) 등 :『주자대전(朱子大全)』 권11, 「경자응조봉사(庚子應詔封事)」에 나오는 '일이소인(一二小人)'을 말한다.

20) 앞서 신이~말씀드렸던 것 : 연화전(延和殿)에서의 주차[奏箚 :『주자대전』 권14, 「연화주차오(延和奏箚五)」]를 말한다.(『차의』)

21) 폐하의 지시와~받기는 하였지만 : 왕이 감변(甘昪)을 등용한 곡절을 주희에게 개유한 사실을 일컫는다.『송사(宋史)』를 살펴면, "주희가 변(昪)에 대해 힘써 논변하자 황제가 변(昪)이 재주가 있다고 하니, 주희가 소인은 재주가 없는데, 어찌 인주(人主)를 움직이게 하는가?" 했다고 한다. "재주가 있다고 하는 것", 이 말이 자세하게 개유했다

어리석은 신의 생각으로는 이 무리들을 단지 문을 지키고 명을 전하게 하며 궁중을 청소하는 일에 이바지하게 하는 것이 마땅할 뿐, 높은 지위[崇長][22]를 맡겨 주어 간사한 아첨을 거리낌 없이 행하게 하고, 안으로 음탕하고 간교한 행위로써 폐하의 마음을 흐리게 하며, 밖으로 파당을 만들어 권세를 불러들여 폐하의 정치에 누가 되도록 해서는 안 된다고 생각했기 때문입니다. 그들이 재주가 있는지 없는지[有才無才], 죄가 있는지 없는지[有罪無罪]는[23] 아예 논할 거리가 못 되었습니다. 하물며 그 재주가 있는 자들이 마침 간사한 짓을 하여 죄를 받고 다시 기용될 수 없게 된 바에 무엇을 더 이야기 하겠습니까?

또한 지난 번 상사(喪事)를 주관하도록 한 것[24]과 궤연(几筵)[25]을 삼가 받들라고 명한 것과 같은 일은 전해 듣는 사람마다 남몰래 비웃지 않는 이가 없습니다. 신은 이러한 일이 국사(國史)에 쓰여지고 야사에 기록되어 이적(夷狄)에게 알려지고 후세에 전해지게 된다면 장차 폐하를 어떠한 군주라고 여기게 될지 모르겠습니다. 설령 사정이 있어 전에 신을 깨우쳐주신 것[26]과 같다 하더라도 가가호호 일일이 설명하여 모든 사람들이 이해하게 할 수 있겠습니까? 환관[刑餘][27] 등 소인배가 사람 축에 들지도 못하면서

는 이야기다.(『차의』)『송사(宋史)』에 따르면, 감변은 송(宋)의 내시(內侍)로, 벼슬이 내시성압반(內侍省押班)에 이르렀으며, 효종(孝宗) 때 수뢰(受賂)한 죄로 죽음을 당했다.

22) 높은 지위[崇長] :『서경』「주서(周書)·목서(牧誓)」에 "사방의 죄가 많아 도망해온 자들을 높이고 우두머리로 삼고 믿고 부려서 이들을 대부와 경사로 삼는다(乃惟四方之多罪逋逃, 是崇是長, 是信是使, 是以爲大夫卿士)"라고 한 데서 유래한 말이다.(『익증』)

23) 재주가 있는지 없는지[有才無才]~죄가 있는지 없는지는[有罪無罪] : "'재주가 있는지 없는지는 효종의 '재주가 있다'라고 한 말에서, '죄가 있는지 없는지'는 '다른 자제의 죄이다'라는 말에서 나왔다."(『차보』)

24) 상사(喪事)를 주관하도록 한 것 : 1187년(丁未) 태상황(太上皇) 고종(高宗)이 세상을 떠나자 황태후의 명을 받들어 감변(甘昇) 등이 상사(喪事)를 주관한 일을 말한다.

25) 궤연(几筵) : 제향에 쓰는 기구의 한 가지. 궤(几)는 제향 때 희생을 올려놓는 기구이며 연(筵)은 제향 때 땅에 펴는 기구.『예기(禮記)』「단궁(檀弓)」에 보인다.

26) 전에 신을 깨우쳐주신 것 : 앞의 '지시와 깨우침을 받았다는 것'을 가리킨다.(『차의』)

그들이 군주의 마음을 현혹시키고 군주의 덕을 손상시킴이 이 지경에 이르렀
는데도 공경대신들은 수수방관하며 그 잘못을 바로잡고자 하는 말을 한
마디도 하지 않습니다. 신이 가슴 아파했던 것은 처음에는 오직 이 사람[28]
때문이었습니다. 그러나 도성에 이르게 되서는 이 무리들 중 농간을 부리는
자가 오직 이 사람만이 아니며, 측근의 신하들 중에도 이미 그 문하에 출입하는
자가 있음을 알게 되었습니다.

【신이 엎드려 보건대, 폐하께서 즉위하신 이래로 조금이라도 식견이 있는
신하라면 이 일을 말하지 않는 자가 없었습니다.[29] 그런데 그들의 말이
모두 받아들여지지 않았을 뿐 아니라 심지어는 죄를 받기에 이르기도 하였습
니다.[30] 때문에 근년 이래 다시 이 일을 말하는 자가 없었습니다. 그것은
대개 저들의 뿌리가 굳고 견고하여 움직이게 할 수 없어서 말한다 해도
보탬이 되지 못할 뿐 아니라, 한갓 거부감만 사서 다른 일을 말한 것까지도
받아들여지지 않게 된다는 것을 알기 때문입니다. 따라서 이 일은 도외시하고
짐짓 다른 일을 논할 뿐이었습니다. 뿐만 아니라 잘못이나 허물이 처음
생길 때는 사람들이 처음 보는 것이기 때문에 이상하다고 여겨 다투어 그것을
거론합니다. 그러나 오래되면 보고 듣는데 익숙해져 늘상 있는 일이라 말할
것이 못 된다고 생각합니다. 근년에 겨울에 우레가 울고 가을에 눈이 내리는
일이 자주 일어나자 사람들이 결국 이변이라고 여기지 않게 된 것이 바로
이와 같은 일입니다. 그러나 이것이 어찌 정상적인 이치이겠습니까? 생각해보

---

27) 환관[刑餘] : 사마천이 임안(任安)에게 보낸 편지에, "刑餘之人, 無與比數"라고 하였다.
'형여(刑餘)'는 환관을 가리킨다. '형여(刑餘)'는 원래 형벌을 받아 불구가 된 사람을
가리켰는데, 내시는 반드시 궁형을 받았기 때문에 이와 같이 불렀다.(『익증』)
28) 이 사람 : 감변(甘昇)을 가리킨다.
29) 신하라면~없었습니다. : 진복공(陳福公), 장남헌(張南軒), 위원리(魏元履), 정자명(鄭
自明)과 같은 사람들을 말한다.(『차의』)
30) 그런데~하였습니다. : 1172년(乾道 8)에 장열(張說)을 다시 추밀원(樞密院)에 기용하
고, 시어사(侍御史) 이형(李衡), 우정언(右正言) 왕희려(王希呂), 직학사(直學士) 주여대
(周女大), 급사중(給事中) 황제(黃濟)를 파면했다.(『차의』) 장남헌 또한 이 일로 쫓겨났
다.(『절보』)

면 신이 어리석고 우매하여 시의(時宜)를 알지 못하기 때문에 이제 다시 사람들이 말하기를 꺼려하고 입에 올리기 지겨워하는 일을 논하였습니다. 비록 다행히 벌을 받지는 않았지만 또한 시행되는 것도 아직 보지 못하고 있습니다. 곰곰이 생각해보면 폐하께서 소원(疏遠)한 사람의 말을 듣고 평상시 깊이 사랑하고 총애하는 사람들을 내치는 것은 참으로 해내기 어려울 것입니다. 그러나 이 일의 이로운 점과 해로운 점은 이미 앞에서 모두 말씀드렸습니다. 신이 깊이 우려하는 것은 후세 군주의 모범이 될 수 없을 것이라는 점입니다. 바라건대 폐하께서 종묘·사직과 자손 만대를 염려하시어 참고 이를 행하신다면 천하에 다행이겠습니다.】

뇌물을 일삼는 부정은 사대부가 아니라 오로지 장수들이 행합니다. 신이 전일에 뵙고 (이것을) 말씀드렸고 폐하께서는 신에게 진실로 깊이 살피고 통렬히 징계하겠다고 하셨습니다. 물러나와 궁궐을 수비하는 장수[環列之尹]31)들의 자리를 교체하게 했다는 것을 듣고 바로 폐하께서 이미 그 폐단을 깊이 파악하고 있어 다른 사람의 말이 필요가 없음을 알았습니다. 그러나 그 죄를 밝혀 바르게 하지도 않고 도리어 총애를 더하여 큰 진(鎭)을 맡도록 자급을 높여주심으로써 그들을 편안한 곳으로 나아가게 하셨습니다. 이 무리들은 무지하니 무엇을 꺼리겠습니까? 하물며 중외의 장수들 중 뇌물을 바치는 부정을 행하지 않는 자가 거의 없는데도, 폐하께서는 그 무리를 추고하여 낱낱이 제거하지 못하고 계십니다.

【신이 항간에 떠도는 말을 들어보니 왕변(王抃)을 축출한 이후에는 장수들의 관직 임명이 대부분 이 사람32)의 수중에서 나온다고 합니다. 왕변과 이 사람은 전문적으로 여러 장수들을 대신하여 내시와 관계를 맺고 뇌물로

---

31) 궁궐을 수비하는 장수[環列之尹] :『좌전(左傳)』 문공(文公) 원년의 기사, "使爲大師, 且掌環列之尹"의 주(註)에 '環列之尹, 宮衛之官. 列兵而環王宮'이라고 하였다.

32) 이 사람 :『차의』에서는 감변(甘昇)을 말한다고 보았고,『차보』에서는 아래의 문장으로 살필 때, '궁궐을 수비하는 장수[環列之尹]'를 가리킨다고 이해했다.

관직을 매수하여 그 뜻을 얻은 다음 군(軍)의 차서와 천망에 대한 논의를 은근히 흘려서 폐하를 속이고 있으니, 실로 장수들의 거간꾼입니다. 지금 비록 그들을 제거하였지만, 아직 그 죄를 바로잡지는 못하였습니다.[33] 또한 듣기에 지난번 악수(鄂帥)를 탄핵한 일에서도 이 사람이 안팎으로 힘써 구하여 마침내 죄인은 법망에서 빠져나가고 탄핵한 자는 죄를 받았다고 합니다. 조정 안팎에서 지금까지 이 일을 불평하고 있습니다. 또한 얼마 뒤 익명으로 방을 붙여 그 모든 악행을 폭로한 자가 있었는데 또한 유배되었습니다. 이 일의 처리[行遺][34]가 너무 편파적이어서 성상의 정치에 누가 될 뿐 아니라, 이 사건 이후로 다시는 장수들의 죄를 감히 거론하는 자가 없게 되었습니다. 소인(小人)에게 중요한 병권을 장악하게 하여 혹 가까이 궁궐 안에 두기도 하고 혹 천리 밖 강호(江湖)에 두었기도 한데 조정 안팎으로 한 사람도 그들의 간악함을 명백하게 아뢰는 사람이 없으니, 이는 국가 경영에 있어 온당치 못할까 심히 우려됩니다. 거울삼을 전대의 사례가 또한 멀리 있지 않습니다. 엎드려 바라건대 폐하께서는 잠시 유념하여 주십시오!】

폐하께서 백성들의 고혈을 다 끌어 모아 군대의 비용에 충당함은 본래 어쩔 수 없어 그리 하는 것이지만, 그러나 군사들을 보면 도리어 기본적인 충족도 이루지 못하고 있습니다. 심한 자들은 땔감을 모으고 신을 삼으며 분양(糞壤)에서 주워 모아[35] 조석의 끼니를 때웁니다. 더욱 심한 자는 아내와 딸자식으로 하여금 분을 발라 꾸미고, 시문(市門 : 시장의 문)에 기대어 (웃음을 팔아) 먹을 것을 구하게 합니다. 원망하고 비방하는 소리와 패역을 저지르고 인륜에 어긋나는 일이 차마 아뢸 수조차 없는 상황에 이르고 있습니다. 갑자기 비상사태라도 생긴다면 폐하께서는 무엇을 믿고 기대실지 모르겠습니다. 이러한 사정은 모두 장수된 자들이 교묘히 명색을 꾸며 머릿수에

---

33) 지금 비록~바로잡지는 못하였습니다 : 윗 글의 "그 죄를 바르게 하지도 않고 도리어 자급을 높여 거진(巨鎭)의 책임자로 삼았다"는 사실을 말한다.(『절보』)

34) 일의 처리[行遺] : 『좌전(左傳)』의 "子産將行子南"의 註, "將逐子南而遺之行"에서 유래한 말이다.(『익증』)

35) 분양(糞壤)에서 주워 모아 : 『차의』의 해석(謂掇於糞壤之中也)을 따랐다.

따라 가혹하게 세금을 징수하고,[36] 군주가 군사에게 하사하는 양식을 몰래 탈취하여 스스로 재산을 불리고, 군주의 측근에게 뇌물을 바쳐 승진을 도모하기 때문입니다.

군주의 측근과 여러 장수가 피차 모두 실컷 만족한 뒤에 때로 일부 아주 적은 소량을 군사들에게 공급하고 남은 것이라고 이름 붙여 비공식적으로 군주의 연회[燕私][37] 비용에 충당함으로써 원망하며 분노하는 사졸(士卒)들의 독기를 폐하에게 떠넘깁니다. 만약 폐하께서 그들이 바치는 것을 한 번이라도 받으신다면 뒷날 비록 그 죄를 알게 되더라도 다시 추궁할 수 없게 됩니다. 궁궐에 출입하는 심복의 신하들이 밖으로 장수들과 교통하여 함께 폐하를 속이고 숨기는 짓거리를 함이 이 지경에까지 이르렀으니, 어찌 이들에게 터럭만큼이라도 폐하를 아끼고 섬기는 마음이 있겠습니까? 그런데도 폐하께서는 깨닫지 못하고 도리어 이들을 총애하여 내 사인(私人)이라고 하면서 재상에게 그 인사의 득실을 의논하지 못하게 하고 급사중(給事中)과 간관(諫官)들에게 그 임명의 시비를 논하지 못하도록 하기에 이르렀습니다. 이로써 보건대, 폐하께서 측근을 바르게 하는 일이 옛 성왕에 미치지 못함이 분명합니다.

또 사(私)라는 이름을 얻는 것은 무슨 이유 때문이겠습니까? 이것은 자기의 분(分)이 홀로 가지고 있는 것에 근거하되 밖의 것과 통할 수 없는 것을 지칭하는 것입니다. 그러므로 필부를 중심으로 말하면, 자신의 일가(一家)를 사(私)로 삼아 그 고을 사람과 통할 수 없고, 향인을 중심으로 말하면, 일향을 사(私)로 삼아 그 나라와 통할 수 없으며, 제후를 중심으로 말하면 일국을 사(私)로 삼아 천하와 통할 수 없는 것입니다. (그런데) 천자에 이르러서는

---

36) 머릿수에~징수하고[頭會箕斂] : 『사기(史記)』「장이전(張耳傳)」의 "百姓罷敝, 頭會箕斂"에 나오는 구절이다. 주에서는 "사람마다 머리수에 따라 곡식을 내고 키로 거두었다(人人頭數出穀, 以箕斂之)"라고 했다.(『차의』)

37) 연회[燕私] : 연희의 원문은 "燕私"인데, 이것은 제사 후 벌이는 친족 간의 연회를 말한다.

하늘이 덮고 있는 것을 다하고 땅이 싣고 있는 것을 다해서 자신의 분(分)이 소유한 바 아닌 것이 없어서 통하지 않을 바깥이 없습니다. 어찌 사(私)라는 것을 가지고 하겠습니까?

이제 한 생각의 사사로움을 이기지 못하기에 사심(私心)을 갖는데 이르고, 집안과 측근의 행실을 바로잡지 못하여 사인(私人)을 두는 상황에 이르렀습니다. 사심으로 사인을 쓰니 사비(私費 : 사사로운 경비)가 없을 수 없게 됩니다. 이에 안으로는 경상비의 수입을 축내고 밖으로는 군사들에게 공급하고 남은 것이라는 헌납을 받아 마침내 사재(私財)를 두게 됩니다. 폐하는 위로 황천(皇天)의 아들로, 하늘은 그 덮고 있는 것을 모두 폐하에게 부여하여 사(私)를 두어 불공(不公)하지 않게 하셨으니 하늘이 나(폐하)에게 주신 이유가 결코 작지 않습니다. 그런데도 그 큰 것을 채우지 못하고 자신을 나누고 잘라서 좁고 작게 만들어 천하만사의 폐단이 여기로부터 나오게 않는 것이 없게 하시니, 그 어찌 애석하지 않겠습니까?

【신이 들으니, 태조 황제께서 개축하는 궁궐이 완성되자 정전(正殿)에 몸소 나오셔서 중문(重門)을 활짝 열고는 시종하는 신하들을 돌아보며, "이 활짝 열린 것이 내 마음과 같으니, 조금이라도 사사롭고 왜곡된 점이 있으면 사람들이 모두 알아볼 것이다."라고 하셨다고 합니다. 신이 생각하건대, 태조 황제는 문자 언어로 된 학문을 한 것은 아니지만, 그 마음이 광명정대하기가 바로 요순의 마음과 부절을 합한 듯 일치하니, 이것이 새 나라[區夏]38)를 창건하여 후세에 영원히 공업을 남긴 까닭일 것이옵니다. 엎드려 생각건대 폐하께서는 멀리는 이전의 훌륭한 선왕들을 계고(稽考)하고 가깝게는 태조의 교훈을 모범으로 삼는다면, 한 마음이 바르게 될 것이며 내외의 어느 누구도 바른 것에 귀일하지 않는 사람이 없게 될 것입니다. 부디 살펴봐주시기를 엎드려 바라옵니다.】

---

38) 새 나라[區夏] : 제하지국(諸夏之國)의 의미이니 중국(中國)을 지칭한다.

시세(時勢)의 유리하고 불리함으로 말하면, 천하의 형세는 단합하면 강해지고 분열하면 약해집니다. 그러므로 제갈량이 그 주군에게 이르길, "궁중과 조정이 일체이니, 착한 자를 상주고 악한 자에게 벌 내리는 것을 달리해서는 안 됩니다. 만약 간사한 짓을 하여 법을 어기는 자와 충성스럽고 착한 일을 하는 자가 있으면 담당 관리에 맡겨 합당한 상벌을 논하게 해서 폐하께서 공명정대하게 다스림을 명확히 드러내야 마땅하며, 치우치고 사사로이 하여 궁중과 조정에 법을 다르게 해서는 안 됩니다."39)라고 했습니다.

당시에 소열제(昭烈帝)의 부자(父子)가 자그마한 촉(蜀)을 근거지로 하여 천하의 십분의 구를 차지한 나라와 맞서서 중원을 취하고 한 왕실[漢室]을 중흥시킬 것을 도모하였습니다. 제갈량의 충성과 지혜로 깊은 계책을 만들었는데, 그 대책의 내용이 이에 불과했으니, 시세의 흐름에서 승리하는 요체를 깊이 알고 있으며, 은연중 선왕의 법과도 들어맞는다고 말할 수 있겠습니다. 대저 촉은 작은 나라인데 그 내부에 또 공과 사로 분열하여 저쪽과 이쪽이 마치 두 나라처럼 대립하였으니 이는 장차 양익(梁益)의 반으로 오나라와 위나라의 전체를 도모하려는 형세가 되는 것입니다.40)

또 소인을 안에 두고 군자를 밖으로 내치며, 법령을 폐기하고 간사한 무리를 보호하여, 안에서 나오는 것이 날로 밖을 해치게 하며, 공(公)으로 세워진 것이 항상 사사로운 것[私]을 이기기에 역부족이 된다면, 이것은 이 두 나라가 또 서로 공격하여, 그 안의 사사로움이 항상 이기고 밖의

---

39) 궁중과~해서는 안 됩니다 : 「출사표(出師表)」에 나오는 말이다.(『익증』)

40) 대저 촉은~것입니다. : 양주(梁州)는 고대 중국의 구주(九州) 가운데 하나로서 『서경(書經)』「우공(禹貢)」에 보인다. 후에 이 지역은 익주(益州)로 개칭되었다. 그러므로 양익(梁益)이란 두 주가 아니라 한 지역을 지칭한다. 그런데 삼국시대의 촉나라의 근거지가 대략 이 익주(益州)에 기반을 두고 있었으므로 여기에서 말하는 양익(梁益)은 촉나라의 영토를 지칭한다. 촉나라의 영토는 본래가 고대 구주(九州) 가운데 하나에 불과할 정도로 작은데 거기에다가 다시 공(公)과 사(私)로 다시 반분된다면 공(公)으로서의 촉(蜀)이 가지는 영토는 결국 양익(梁益)의 반밖에 되지 않게 된다. 본래 작은 촉나라가 위나라와 오나라를 대항하는 것도 어려운데, 다시 반분된 촉나라를 기반으로 위나라와 오나라의 연합세력을 대항하기는 더욱 어려울 것이란 내용이다.

공은 늘 지는 것입니다. 밖으로는 이웃 적국의 군사가 도발하고, 안으로는 음흉하고 사악한 것이 노략질하여, 밤낮으로 협공하여 그치지 않으면, 나라는 이미 위태로워진 것입니다.

대저 의리로서 말하면 이미 저와 같고, 시세의 유불리로 말하면 또 이와 같습니다.[41] 지금의 사태는 빨리 바로잡지[正] 않을 경우,[42] 신이 염려하건대, 폐하가 현자를 구하는데 애를 많이 쓰더라도 이 사사로움에 의해 하나라도 방해받게 되면, 현인은 반드시 등용되지 못할 것이고 등용되는 자는 모두 용렬하고 비루하며 아첨이나 하는 교활한 인간일 것입니다. 비록 힘써 정치를 행하더라도 이 사사로움에 하나라도 구애되면, 선정은 반드시 이루어지지 않을 것이며 행하는 것은 모두 사사롭고 구차한 정치가 될 것입니다.

세월이 흐르는 사이 화액의 근본을 양성할 뿐, 후손에게 편안함을 물려줄 것을 도모하는[43] 계책이 긴 안목으로 세워지지 못하고 보필하는 관직이 제대로 정비되지 않으며 기강은 위에서 무너지고 풍속은 아래에서 흐트러져, 백성은 근심하고 군사는 원망하며 국가의 위세는 날로 약해지는데, 어느 날 갑자기 예기치 못한 사태가 벌어진다면, 신은 적이 두려우니, 폐하께서 그 뒷일을 어떻게 잘 수습할지 모르겠습니다. 그러므로 신이 말씀드린 바 '천하의 근본은 오직 폐하의 한마음에 있다'는 것에 황급히 서둘러서 그 바로잡을 방도를 찾지 않을 수 있겠습니까?

【신이 지난번 면전에서 아뢴 차자[44] 중 한 곳에서 이렇게 말씀드렸습니다. "엎드려 바라건대 폐하께서는 지금 이후로, 어떤 생각이라도 처음 생길 때

---

41) 대저 의리로서~이와 같습니다. : 앞 문장은 위의 "어찌 애석하지 않겠습니까" 이상을, 뒷 문장은 "시세(時勢)의 유리하고 불리함으로 말하면" 이하를 가리킨다.(『차의』)

42) 바로잡지[正] : '정(正)'은 윗 문장의 "人主之心正, 則天下之事, 無一不出於正"의 '正'을 말한다.(『차의』)

43) 후손에게~도모하는 : 『시경』 「대아(大雅)・문왕유성(文王有聲)」, "자손에게 좋은 계책 남기시어 길이길이 후대를 편히 하시다(詒厥孫謀, 以燕翼子)"에 나온다.(『차의』)

44) 면전에서 아뢴 차자 : 「연화전주차제오(延和殿奏箚第五)」를 가리킨다.(『차의』)

반드시 이것이 천리인가 인욕인가를 삼가 살피십시오. 과연 천리라면, 경(敬)으로써 확충하여 조금이라도 막히지 않도록 하며, 과연 인욕이라면 경으로써 극복하여 조금이라도 남지 않도록 해야 합니다. 이를 미루어, 말하고 행동할 때나, 사람을 등용하고 일을 처리할 때도 반드시 이와 같이 하시옵소서. 그것이 옳은 일이라는 것을 알고 그것을 행할 때는, 힘을 다하여 행하지 못할까 걱정할 것이지 그 힘쓰는 것이 지나칠까 근심해서는 안 됩니다. 잘못을 한다는 것을 알고 그것을 제거할 때는 그 과감하지 않을까 두려워할 것이지 너무 과감하지 않을까 근심해서는 안 됩니다. 그 현명하다는 것을 알고 등용할 경우에는, 일을 맡김에 전적으로 맡기지 못할까 염려하고, 그들을 불러모음에 많이 모으지 못할까 염려할 것이지, 그들이 편당을 지을까 근심해서는 안 됩니다. 그 어리석다는 것을 알고 물리치려 할 경우에는, 물러나게 함에 신속하게 쫓아내지 못할까 염려하고, 제거함에 완벽하게 제거하지 못할까 염려해야지, 치우침이 있을까 염려해서는 안 됩니다. 그와 같이 하면, 폐하의 마음이 확 뚫리고 안팎이 하나 되어, 사욕은 한올 터럭만큼도 그 사이에 끼어들지 못할 것이며 천하의 일은 장차 오직 폐하가 하는 바여서 뜻하는 대로 되지 않음이 없을 것입니다." 이제 시일이 많이 지나 원본이 없을 것 같아 다시 여기에 갖추어 아뢰니, 엎드려 바라건대 살펴봐주십시오】

태자를 보익하는 일에 대한 이야기는 신이 전날 말한 바, "여러 세대에 미칠 인정[仁]"[45]이라는 말 속에 그 단서를 조금 드러내었지만 아직까지 자세히 말하지는 않았습니다. 무릇 태자는 천하의 근본으로 그를 보익하는 것은 신중하지 않으면 안 되니, 「보부전(保傅傳)」[46]에 기재된 내용이 상세합니다. 폐하는 성학이 고명하여 고금을 꿰뚫고 있으니 굳이 제 이야기를 듣지 않더라도 잘 알 것입니다. 그러나 신은 일찍이 폐하가 동궁(東宮)[47]을 조호(調

---

45) 여러 세대에 미칠 인정[仁] : 「연화주차(延和奏箚)」에서 다음과 같이 언급되어 있다. "조종(祖宗)의 사업이 폐하께 맡겨져 장차 무궁토록 전하게 한 것이니, 온 세상 사람들이 폐하께 바라는 것은 여러 세대에 미칠 인(仁)에 불과한 것이 아닙니다.(祖宗 之業, 付在陛下, 將以傳之無窮, 四海之內所望於陛下者, 不但數世之仁而已)"(『차의』)
46) 보부전(保傅傳) : 『대대례(大戴禮)』의 「보부(保傅)」를 지칭한다. 『대대례』의 한 편이 므로 '전(傳)'이라 불렀을 것이다.

護)하는 일이 왜 그리도 심하게 소략한지 괴이하게 여긴 적이 있습니다. 앞서 논한 것에 근거하여 보건대 그것은 자신을 다스리는 법도가 아직 소략함을 면하지 못하여 이로 인해 이것도 당연시하고 깊이 생각하지 않았기 때문에 그러한 것이 아니겠습니까?

왕십붕(王十朋)과 진량한(陳良翰)[48] 이후로는 동궁을 보필하는 관료의 선발은 적임자를 뽑는다고 뽑았지만, 그 직임에 걸맞은 사람은 거의 없었습니다. 또 때로 삿되고 눈치 빠르고 경박하며 용렬한 무리들이 그 사이에 끼어들 수가 있었습니다. 이른바 강독도, 다만 규정에 따라 그 회수를 채웠다고만 들었지, 잠규(箴規)[49]의 효과가 있다고 들은 적이 없습니다.

밤낮으로 태자에게 권유하고 인도하는 자와 휴식하고 노는 때에 곁에서 따르는 자들로는 또 마음대로 부리는 신하[50]인 환관 몇 명일 뿐입니다. 황태자는 총명한 성품에 조숙한 덕으로 이치를 살피기를 오래도록 충분히 했으니, 다른 사람의 보도가 필요 없는 듯합니다. 그러나 사람의 마음은 보존하기 어려우며 기질과 습성은 오염되기 쉬우니, 올바른 것에 익숙해지면 올바르게 되고, 삿된 것에 익숙해지면 삿되게 됩니다. (그래서) 옛날의 성왕이 세자를 가르칠 때, 반드시 방정하고 정직하며 학문이 박식한 선비를 뽑아 세자와 더불어 거처하게 하고 또 그로 하여금 악인을 쫓아내고 악행을 보지 못하게 하도록 한 이유도 이 때문입니다. 대개 항상 은미할 때 조심하고

---

47) 동궁(東宮) : 황태자(皇太子)의 관청을 말하며, 천자의 중앙정부 구조에 유사한 체제를 갖추고 있다. 곧 첨사부(詹事府)는 상서성(尙書省), 좌춘방(左春坊)은 문하성(門下省), 우춘방(右春坊)은 중서성(中書省)이 된다.

48) 왕십붕(王十朋)과 진량한(陳良翰) : 왕십붕은 자(字)가 구령(龜齡)이며 호(號)는 매계(梅溪)이다. 낙청인(樂清人)인데, 주희가 문집(文集) 서문(序文)을 썼다. 진량한은 자(字)가 방언(邦彦)이며 임해인(臨海人)이다. 주희가 행장(行狀)을 지었다. 이 글들은 모두 『주자대전(朱子大全)』에 실려 있다.(『차의』) 건도(乾道) 7년에 광종(光宗)이 세자를 정한 후, 직학사(直學士) 왕십붕, 대제(待制) 진량한을 태자첨사(太子詹事)로 삼고 다른 관직을 겸하지 못하게 했다.(『표보』)

49) 잠규(箴規) : 경계하여 바로 잡음.

50) 마음대로 부리는 신하 : 곧 환관을 말한다.(『차의』)

허물이 생긴 연후에 바로잡기를 기다리지 않았던 것입니다.

　오늘날 삼대(三代)의 제도를 비록 고찰해 볼 수 없지만, 일단 당(唐)의 『육전(六典)』[51]에 근거해 그것을 논해보면, 동궁의 관속으로, 사부(師傅)와 빈객(賓客)은 보필하고 지도하는 직무를 담당하는데, 첨사부와 좌우 양 춘방[52]은 실로 천자의 삼성(三省)에 비견됩니다.[53] 그러므로, 여러 첨사(詹事)·서자(庶子)로 하여금 관할하게 하니, 그 인선이 매우 중합니다. 그러나 지금은 사부와 빈객은 다시 설치하지 않고, 첨사·서자는 유명무실해졌습니다. 좌춘방과 우춘방의 직임을 드디어 다만 환관(宦官)으로 담당하게 하니 그 얼마나 경솔하며 또 무람한 일입니까? 태자를 세우고도, 사부와 빈객을 두지 않으면, 스승을 극진히 여기고 벗을 가까이 하여, 덕을 높이고 의를 즐기는 마음을 계발할 수 없습니다. 오직 춘방의 직임을 맡은 환관들로 하여금 곁에서 모시게 하면, 우습게 여기고 버릇없이 하며 부정한 것들이 잡다히 진출하는 폐해를 막을 수 없습니다. 이것은 결코 작은 일이 아닙니다.

---

51) 육전(六典) : 치전(治典)·교전(敎典)·예전(禮典)·정전(政典)·형전(刑典)·사전(事典)을 말한다. 당조(唐朝)의 직관(職官) 제도는 고대의 『주관(周官)』과 같다.(『차의』) 개원(開元) 10년 기거사인(起居舍人) 육견(陸堅)이 조칙을 받고 찬집했다. 30권으로, 현우(玄宇)가 육조(六條)를 손으로 필사했다고 한다.(『익증』)

52) 첨사부와 좌우 양 춘방 : "(당나라에서는) 첨사부를 설치하여 중무(衆務)를 통괄하고 좌우 춘방을 두어 제국(諸局)을 통령했다. 좌춘방은 좌서자(左庶子) 2인을 두고 육국(六局)을 겸하여 통령했고, 우춘방은 우서자 2인을 두고 내방(內房)을 겸하여 통령했다.(置詹事府, 以統衆務, 置左右春坊, 以領諸局. 左春坊置左庶子二人兼統六局, 右春坊置右庶子二人兼統內房)"(『차의』)

53) 천자의 삼성(三省)에 비견됩니다 : "송 신종 때 당 『육전』에 따라 상서령, 문하시중, 중서령으로 나누어 3성으로 삼았다. 중서령은 취지(取旨), 문하시중은 복주(覆奏), 상서령은 시행(施行)을 담당하였다.(宋神宗朝依唐六典, 分尙書令門下侍中中書令爲三省. 中書取旨, 門下覆奏, 尙書施行) ○ 주희가 말하길, '동궁의 관제는 작은 조정과 같다. 첨사를 두어 여러 일을 통령하는 것은 조정의 상서와 유사하고, 좌우 춘방을 두어 여러 국을 통령하는 것은 조정의 중서문하성과 유사하다. 좌우 춘방에 또 모두 설관하는 것은 또 각기 그 관속을 거느리는 의미이다.'(先生曰, '東宮官制如一小朝廷. 置詹事以統衆務, 則猶朝廷之尙書也, 置左右春坊以領衆局, 則猶朝廷之中書門下省也. 左右春坊又皆設官, 又各帥其屬之意')"(『차의』)

황손의 경우, 그 덕성이 아직 정해지지 않고 견문이 아직 넓지 않으니, 또 황태자에 비할 바가 아닙니다. 그러기에 그를 보양하는 대책이 더욱 엄격하지 않을 수 없습니다. 그러나 오늘날 그 관속은 더더욱 구비되지 않았고, 그 책임 또한 전담하는 것이 아니니, 직임을 맡은 자 또한 어찌 이 일에 대해 미처 깊이 생각하지 못함이 있다고 염려함이 있겠습니까? 생각건대, 마땅히 대신에게 심각하게 명령하여 전대의 제도와 사례를 토론하도록 하고, 동궁은 현재 이미 설치되어 있는 관직 외에, 별도로 사부와 빈객의 관리를 두어서 늘상 더불어 지내도록 해야 하고, 춘방에서 부리는 환관(宦官)들을 제거하고, 첨사(詹事)와 서자(庶子)가 그 직책을 다시 맡게 해야 합니다. 궁중의 일은 들어오는 말 한마디나 나가는 명령 하나라도 반드시 이들54)을 경유한 후 출납하도록[通] 해야 합니다. 또, 찬선대부55)를 두어 간관의 역할을 맡겨서 동궁의 잘못을 경계하도록 해야 합니다.

왕부(王府)56)는 마땅히 『육전』에 있는 친왕 제도57)를 대략 참고하여, 부우(傅友)와 자의(咨議)를 두어 훈도를 담당하게 하고, 장사(長史)와 사마(司馬)를 두어 여러 직책을 총괄하게 해야 합니다. (동궁이나 왕부 모두) 덕이 높은 원로[耆德] 가운데 정선하여 다른 재주를 가진 사람이 뒤섞이지 않도록 하고, 모두 전담직으로 설치하여 겸직하지 않게 하면서, 그 직무를 명확히 밝혀 공효(功效)를 요구해야만, 그 관속이 이미 대략 갖추었다 할 것입니다.

폐하께서는 또한 마땅히 태자와 황손을 때때로 불러58) 한가히 휴식할 때 곁에서 시중들게 하며 그때그때 자연스럽게 계적(啓迪)59)하십시오. 옛날

---

54) 이들 : 첨사(詹事)와 서자(庶子)를 가리킨다.(『절보』)

55) 찬선대부 : 당(唐)나라에서 시작된 벼슬 이름. 동궁(東宮)에 설치하는데 시종(侍從)·익찬(翊贊)을 맡음.

56) 왕부(王府) : 황손부(皇孫府)를 가리킨다. 황손은 영종(寧宗)으로, 처음 가왕(嘉王)에 봉해졌었다.(『차의』)

57) 친왕 제도 : 당(唐)의 친왕부(親王府)는 부(傅) 1인, 자의(諮議)·참군(參軍)·장사(長史)·사마(司馬) 각 1인씩 두었다.(『익증』)

58) 태자와 황손을 때때로 불러 : 태자(太子)와 황손(皇孫)을 부르는 것을 말한다.(『절보』)

성왕이 행했던 정심수신(正心修身)과 치국평천하(治國平天下)의 요목 가운데 폐하가 몸소 행하여 이미 효과를 본 것과 힘써 닦으려 했지만 아직 미치지 못했던 것, 부끄러워하고 후회하면서도 (그 잘못에서) 벗어나지 못한 것들을 모조리 끄집어내어 나열하고, 그 모든 것을 알려 주면, 곧 성자(聖子) 신손(神孫)이 모두 장차 폐하가 마음으로 전하는 그 묘한 도리를 얻을 수 있게 될 것이며, 종사(宗社)의 안정과 왕업[統業]의 견실함이 영구히 전해질 수 있을 것입니다. 이것이 현재 시급한 일 가운데 첫 번째입니다.

【신이 삼가 보건대, 근래 폐하께서 조칙을 내려 황태자가 조정의 여러 정무에 참가하여 처결하도록 하셨으니,[60] 이것은 폐하의 깊은 생각을 보여주신 것으로, 장차 황태자로 하여금 그때그때 정사의 득실을 익히고 알게 하려는 것입니다. 그러나 신의 어리석은 견해로는 태자에게 정사를 익히게 하는 것보다는 덕을 힘써 닦도록 하는 것이 더 낫다고 생각합니다. 더구나 황태자가 춘궁(春宮)[61]에서 거의 20년이나 덕을 길렀으니, 천하의 일에 대해서는 대개 따로 익히지 않아도 충분히 알 것입니다. 다만, 마음을 바르게 하고 덕을 쌓는 공부가 충분하지 않아 사사로운 물욕에 얽매여 있는 것을 벗어나지 못하게 되면 비록 천하의 일에 익숙하다 하더라도 취사선택함에 있어 스스로 결정하지 못할까 염려됩니다. 그러므로 신이 보양의 대책이 지극하지 못함을 논한 것은 다름 아니라, 폐하께서 여기에 좀 더 유의하시기를 바라기 때문입니다.[62] 살펴봐 주시기를 엎드려 바랍니다.】

대신(大臣)을 선임(選任)하는 것에 대한 논의에 이르면, 신이 전에 말씀드린 "현능한 사람을 구하는 데에 힘쓰지만, 그 사람을 얻지 못한다"라고 한 말이

---

59) 계적(啓迪) : 『상서』에 나온다. 가르쳐 길을 열어준다는 의미이다.

60) 황태자가~처결하도록 하셨으니 : 구체적으로 황제가 "태자로 하여금 의사당에서 여러 정무를 참결하도록 한 것(上使太子參決庶務于議事堂)"을 가리킨다.(『익증』)

61) 춘궁(春宮) : 동궁(東宮)의 별칭(別稱).

62) 여기에~바라기 때문입니다 : "덕을 닦아 실천하는 것을 가리킨다.(謂此修德)"(『절보』)

대개 이미 그 단서를 밝힌 것입니다. 총명한 폐하께서 천하의 일은 반드시 강명(剛明)하고 공정한 사람을 얻어야 맡길 수 있음을 어찌 모르겠습니까? 항상 이 같은 사람을 얻지 못하고 도리어 비루한 사람이 조정의 자리를 훔치는 것을 허용하게 되는 까닭은 다른 데 있지 않습니다. 단지 한번 생각하는 사이에 사사로움에 가리워진 편견을 능히 걷어내지 못하여, 사사로이 좋아하는 사람들[燕私]63)과 가까이 부리는 부류를 모두 법도에 따라 다스리지 못하고, 만약 강명하고 공정한 사람을 재상으로 삼아 보도(輔導)하게 할 경우 곧 그가 나의 일을 방해하고 나의 사람을 해쳐서 내가 마음대로 하지 못할까 염려하여, 그 때문에 대신을 가려 뽑을 때 항상 먼저 이와 같은 무리는64) 제쳐 두고, 세상에 찌들고 비겁하며 연약하여 평일에 감히 직언하며 정색(正色)하지 못하는 사람을 취하여 마음속으로 맞추어 보고, 또 그들 가운데서도 극히 용렬하고 극도로 비루하여, 결코 방해되는 일이 없을 것으로 확신할 수 있는 자를 얻은 연후에 발탁하여 자리에 올려놓기 때문입니다. 이에 임명장이 나오기도 전에 인물평이 먼저 정해지며, 성명이 아직 드러나지 않아도 안팎에서는 이미 그가 결코 천하의 제일류가 아니라는 것을 미리 압니다.

그러므로 폐하께서 영명하심과 의연하게 결단하심에 거의 불세출의 탁월함이 있으면서도, 취하여 자신을 돕게 하는 신하 가운데는 급암(汲黯)65)과 위징(魏徵)66)에 비할 만한 인물이 없습니다. 돌이켜보면 오히려 항상 진회(秦檜)67)가 만년에 재상으로 있을 때 임용했던 집정대신과 대간(臺諫) 같은

---

63) 사사로이 좋아하는 사람들[燕私] : 원문은 "燕私"인데, 이는 한 집안 식구끼리 단란하게 모여 이야기 하는것을 의미한다. 여기서는 무리를 짓는다는 것을 뜻하는 것으로 보임.

64) 이와 같은 무리 : 강명공정(剛明公正)한 사람들을 가리킨다.(『차의』)

65) 급암(汲黯) : 한대(漢代)의 간신(諫臣). 자(字)는 장유(長孺). 복양(濮陽) 사람. 성정(性情)이 엄격하고 직간(直諫)을 잘하여 무제(武帝)로부터 옛날의 사직(社稷)의 신하(臣下)에 가깝다고 평을 들었다.

66) 위징(魏徵) : 당(唐)나라 태종(太宗)의 명신(名臣)으로 자(字)는 현성(玄成)이다.

인물68)을 등용했습니다. 그는 신하로서 국정의 칼자루를 도적질하여, 충성스러운 말을 하는 이가 황제를 깨우쳐 자기들의 간사함을 드러낼까 두려워하였습니다. 그러므로 오로지 이 같은 무리를 취하여 현능한 사람이 진출할 길을 막아버리고 황제의 마음을 가린 것이니, 그 형세상 어쩔 수 없었던 것입니다. 폐하는 지존의 신극(宸極)69)에 거처하시고, 위복(威福)70)은 폐하 자신으로부터 나오는데, 무엇 때문에 이 같은 무리들에 의지하여 천하의 정사를 함께 함으로써 그 총명을 스스로 가리고 그 기강을 스스로 무너뜨려 천하가 그 폐해를 입게 하십니까?

등용하는 방법이 이와 같으므로 그 선발함이 정밀할 수 없습니다. 선발이 정밀하지 않기 때문에, 일을 맡김에 중책을 맡길 수가 없습니다. 맡은 것이 무겁지 않으니 곧 저들이 자임하는 것도 또한 가볍습니다. 지극히 용렬한 재주를 가지고, 지극히 가벼운 임무를 맡으니, 이름은 비록 대신이라고 하나, 그 실제 하는 일은 시키는 대로 명령을 수행하고 문서나 봉행하여, 마치 말단의 관리들이 하는 것처럼 그 지위와 자급(資級)을 잃지 않기를 바라는데 불과합니다.

그들이 성덕을 도와 조정을 바로잡아 기강을 진작시키기를 바라지만, 지혜로운 자가 아니더라도 그들이 결코 그럴 수 없다는 것을 압니다. 이들보다 한 등급 아래의 인물들은 오직 간사히 기만하는 일을 행하고, 파당을 짓고, 뇌물을 바쳐서, 폐하의 조정을 혼탁하고 어지럽게 할 뿐입니다. 그보다 더

---

67) 진회(秦檜) : 남송(南宋) 고종(高宗) 때의 재상(宰相)으로 자(字)는 회지(會之)이다. 악비(岳飛)를 무고(誣告)하여 죽이고 주전파(主戰派)를 탄압하여 금(金)나라와 굴욕적인 화약(和約)을 체결하였으므로, 후세에 대표적인 간신(奸臣)으로 꼽혔다.

68) 집정대신과 대간(臺諫) 같은 인물 : 진회(秦檜)가 만년에 재상으로 있을 때 임용했던 인물로, '위사(魏師), 손시거(遜施鉅), 정중웅(鄭仲熊), 장하(章夏), 무급(巫級) 등과 같은 부류'를 가리키는 것으로 보거나(『차의』), '왕발(汪渤), 장하(章夏), 동덕원(董德元) 등은 같은 부류'로 보기도 한다.(『차보』)

69) 신극(宸極) : 천자(天子)의 지위(地位), 거처(居處).

70) 위복(威福) : 천자가 가진 위력(威力)과 그가 내리는 복덕(福德). 위력으로써 복종시키고, 은혜를 베풀어 심복(心服)하게 한다는 의미이다.

심한 자들은 10여 년 정도가 지나면 실패하고 발각이 되어 쫓겨납니다. 그러나 뒤에 줄을 서서 다음에 보임되기를 기다리는 자들 또한 이런 무리에 지나지 않습니다.

그들이 대간이 되고 시종이 되는 과정에서부터 그 선출이 이미 이와 같고, 그 뒤에 또 그보다 더 용렬한 자를 택하여 등용하니, 폐하께서 항상 천하의 현재(賢才)를 얻어 일을 맡기지 못하는 것도 이상한 일이 아닙니다. 그러나 막 등용하는71) 처음에는 또한 '다만 나의 사사로움에 해되는 바가 없기를 바란다'라고 할 뿐이었지만, 어찌 천하의 공변됨을 해치는 것이 마침내 여기까지 이를 줄 알았겠습니까? 폐하께서 시험삼아 이 마음을 돌이켜 그것을 구하신다면, 아마도 깨닫게 될 것입니다.

대개 기뻐할 사람을 구하지 말고 두려워할 사람을 구하며, 그가 나의 뜻에 맞추어 줄 것을 구하지 말고 나의 덕을 보도할 것을 구하며, 그가 자임하는 것이 무겁지 않음을 걱정하지 말고 항상 내가 그에게 맡기는 것이 무겁지 않을까 염려하고, 주위의 사사롭고 가까운 사람들을 위한 임시방편적인 계책을 꾀하지 말고 종묘사직과 백성을 위한 만세의 무궁한 계책을 꾀하십시오. 폐하께서 진실로 이와 같이 현재(賢才)를 취하며, 이와 같이 직무를 맡기고서도, 여전히 '그 적절한 사람을 얻지 못했다'고 한다면 저는 곧 믿지 못하겠습니다. 이것이 현재 시급한 일 가운데 두 번째입니다.

기강을 진작시키고 풍속을 변화시키는 주장에 대해서는 신이 앞서 말씀드린 '정치를 바로 세우려고 애쓰지만, 선정이 끝내 세워지지 않는다'고 한 것에서 또한 이미 그 단서를 제기하였습니다. 대개 폐하께서 마음으로 걱정하고 애쓰면서 정치가 제대로 이루어지기를 바라는 것이 지극하시니, 어찌 강유(綱維)72)가 진작되고 풍속이 아름답게 되기를 바라지 않겠습니까? 단지

---

71) 등용하는 : 대신을 두고 하는 말이다.(『차의』)

72) 강유(綱維) : 나라의 법도, 벼리. '강'은 군신(君臣), 부자(父子), 부부(夫婦)의 삼강(三綱)을, '유'는 예(禮)·의(義)·염(廉)·치(恥)의 사유(四維)를 가리킨다.

한 생각이 일어나는 사이에 사사로움이 가리는 바를 제거하지 못하여, 그 때문에 조정에는 충실한 이와 간사한 이가 뒤섞여 진출하고 형벌과 포상이 불분명하며, 사대부 사이에는 지향하는 바가 비루하고 더러워져 염치가 무너져 없어지는데도, 오히려 이것을 사리(事理)로 볼 때 당연하다고 여길 뿐, 힘써 떨치고 개혁할 생각을 하지 않습니다. 대개 안을 밝힌 후에야 밖을 가지런하게 할 수 있고, 자기에게 잘못이 없는 다음에야 남을 비판할 수 있는 것입니다.

지금 궁궐 안에 접근이 금지된 은밀한 곳에서는 천하의 공정하지 못한 방법과 바르지 못한 사람이 오히려 그 사이에 굴을 파고 반석처럼 흔들림 없이 자리 잡고 있어서, 폐하께서 눈으로 보고 귀로 듣는 것이 공정하지 않고 부정하지 않은 일 아닌 것이 없습니다. 따라서 그것이 훈습시키고 녹여내어 폐하로 하여금 선을 좋아하는 마음을 드러내지 못하게 하고 악을 싫어하는 뜻이 깊어지지 못하게 하니, 그 해됨을 이루 다 말할 수가 없습니다. 그들이 간사한 짓을 하고 법을 어겨도, 폐하께서는 또 사적인 애호를 도려내서 조정의 의논에 맡겨 해당 법으로 논하게 하지를 못하십니다. 때문에 기강이 무너지지 않을 수 없는데도, 밖으로 처리하는 것은 또한 이를 따르고 그 사정을 깊이 살펴 일률적으로 처단하려고 하지 않습니다.[73]

또한 예를 들어 지난번 방백[74]과 연수(連帥)[75] 가운데 뇌물을 받아 불법을 저지른 자가 있다고 들었습니다.[76] 그런데 심문이 다 끝나기도 전에, 군(郡)을

---

73) 사정을 깊이~하지 않습니다 : "사정을 강구하여 묻고 일체의 법을 사용한다는 말이다.(謂究問其事情而用一切之法也)"(『차의』)

74) 방백 : 한 지역의 제후(諸侯)의 장(長)을 방백이라 했으나, 후대에는 지방 장관을 범칭하여 이와 같이 불렀다.

75) 연수(連帥) : 『예기(禮記)』「왕제(王制)」에 "십국이 연이 되는데, 연에는 우두머리가 있다.(十國以爲連, 連有帥)"라고 하였다. 이에 따르면 고대에 십국(十國) 제후(諸侯)의 장(長)을 가리킨다. 후대에는 일반적으로 지방의 고급 장관을 지칭했다. 당나라 때는 흔히 관찰사(觀察使)·안찰사(按察使)를, 송대에는 전운사(轉運使)·도지휘사(都指揮使) 등 각 로(路)의 주요 장관을 가리켰다.

76) 방백과 연수(連帥)~있다고 들었습니다 : 『차의』와 『절보』·『익증』·『관보』 사이의

맡기는 명령을 내렸다가, 대간에서 이를 문제삼자 마침내 그에게 사록(祠祿)[77]
을 주고는 (좌천시킨 것이 아니라) 본인 스스로 사록을 신청한 것으로 처리하였
습니다.[理爲自陳][78] (망명한 사람을) 숨겨주고 화폐를 위조했던 자의 경우에

해석이 각기 다르다.『차의』는 이 대목을 "이 문단은 주희가 이전에 탄핵했던 당중우
(唐仲友)의 일을 스스로 논한 것이다. 그 일은 공정한 마음과 곧은 도리에 따라
처리한 것이어서 꺼리지 않은 것이다.(此段先生自論前劾唐仲友事. 蓋其公心直道,
不以爲嫌也)"(「차의」)라고 하여 당중우(唐仲友)와 관련한 일로 파악하는 반면,『절보』
는 "제형은 군을 담당하는 관직이 아니다. 또 당중우의 일이 터지기 전에 강서제형에
먼저 이배되었다.(提刑非郡. 且仲友事未發, 而先移拜江西提刑也)"(『절보』)라고 보았
다. 또한『익증』과『관보』에는 "『주자연보』에 따르면 당중우를 강서제형으로 이배한
것은 선생이 그를 논핵하기 전으로, 여기에서의 이야기와는 맞지 않으니, 의문이
든다.(『年譜』唐仲友移拜江西提刑, 在先生論劾之前, 而此不合, 可疑)"(『익증』), "이것
은 아마도 가리키는 것이 따로 있는 것 같다. 제형은 곧 감사이니, '군을 담당하는
직책을 주었다'고 할 수 없다. 또 살피건대, 당중우가 대주(台州)에 있을 때 논핵을
당했으므로 방백(方伯)·연수(連帥)라고 말할 수 없다. 이 글 속의 '방백(方伯)'부터
'피역욕(被亦欲)'에 이르기까지의 여덟 단락은『차의』의 해석을 다시 생각해야 한다.
(此恐是別有所指. 提刑卽監司, 不可以'與郡言.' 又按, 仲友以台州被劾, 亦不可以方伯
連帥言. 此板內自'方伯'至'被亦欲'八段,『箚疑』皆當更詳)"(『관보』)라고 하여 의문을
제기하고 있다.

77) 사록(祠祿) : 사관(祠官)이 받는 녹봉을 말한다. 사관은 고대에는 제사와 사묘를
　　관장하는 관리였으며, 송대에는 궁관(宮官)·관관(觀官)이라 했다. 송나라 제도는
　　대신을 파직하면 도교(道敎)의 궁관을 관리하도록 하여 우례(優禮)함을 보였다. 직사
　　(職事)를 맡기지 않고 다만 녹봉만을 주니 이를 사록이라 한다.
78) 본인 스스로~처리하였습니다[理爲自陳] : 이에 대한 해석은『차의』에서『익증』,
　　『표보』로 갈수록 내용 이해가 더욱 정밀해짐을 알 수 있다.『차의』는 "'이(理)'는
　　'청리(聽理 : 송사를 듣고 심리함)'이다. '자진(自陳)'은 억울한 상황을 스스로 진술하
　　는 것이다. '이(理)'는 다른 판본에는 '비(俾)'라고 되어 있으나, 어떤 것이 옳은지
　　알 수 없다.(理, 聽理也. 自陳, 自陳其冤狀也. 理他本作俾, 未知孰是)"라고 하였다.
　　『익증』에서는 "'비(俾)'는 본래 '이(理)'로 쓴다. '소리(疏理 : 의리를 천명함)'의 뜻이
　　다. '자진(自陳)'은 스스로 진정(陳情)하는 것을 말한다. 송나라 제도에 사록(祠祿)을
　　스스로 구하는 것을 '이작자진(理作自陳)'이라고 하고, 지은 죄가 있어 조정에서
　　책임을 물어 강직(降職)하는 경우에는 '불리작자진(不理作自陳)'이라고 했다.(俾本作
　　理, 疏理之意. 自陳謂自陳請也. 宋制自乞祠祿者謂之理作自陳, 其有罪而自朝廷責降者
　　謂之不理作自陳)"라고 풀이하였다.『표보』는 다음과 같이 정리하고 있다. "'이(理)'를
　　새로운 판본에서는 '비(俾)'로 썼으나 잘못이니 '이(理)'자로 해야 한다. 송나라 때
　　사록(祠祿)은 본인의 요청에 따라 임명하면 예우한다는 의미가 되고, 본인이 요청하지
　　않았는데도 조정에서 특별히 임명한 경우에는 출강(黜降)의 경우와 같다. 이에 관한

도 체포하여 옥에 가두지 않았으니,[79] 명목은 관직을 강등한 것이지만[80] 실상은 그 일을 흐지부지 종결한 것입니다.

　이 일은 비록 재상이 고향 사람을 비호하여 폐하를 기만한 것이지만,[81] 그러나 신이 생각건대 폐하께서 그가 속이는 것을 완전히 깨닫지 못한 것은 아닐 것입니다. 제 생각으로는 분명코 '사람의 마음은 각각 사사로운 바가 있는 것이니, 내가 이미 나의 사사로움을 이루고자 하니 저도 또한 그의 사사로움을 이루고자 하였을 것이리라'[82]라고 생각하였을 것입니다. 임금과

내용이 『송사(宋史)』 「직관지(職官志)」에 보인다. '이위자진(理爲自陳)'이라고 한 것은 비록 조정에서 특별히 임명한 것이지만 '출강(黜降)'의 사례에 따른 것이 아니라 자진(自陳)한 사례에 따라 시행되었다는 뜻이다. '이작자진(理作自陳)', '불리작자진(不理作自陳)'이란 표현은 송대의 글에 많이 보인다. 이작자진(理作自陳)의 경우는 앞에 이야기한 것이고, '불리작자진(不理作自陳)'의 경우는 '출강(黜降)'이 본래의 예이다. 대개 파관과 사록에 대해 이러한 두 경우의 명색이 있는 것은 누르고 올리는 차이를 위해서다. '이위(理爲)' 두 글자는 송대 이문(吏文)에서 화두로 쓰였는데, 「직관지(職官志)」에서 '이위선한(理爲選限)' '이위자임(理爲資任)' 등과 같이 쓰였다. 대개 '심리(審理)'와 구별하고자 하는 의미를 담고 있다.(理新板作俾非是, 當作理. 宋時祠祿, 因其陳乞而與之, 則爲優禮之意, 非自陳而朝廷特差者, 如黜降之例. 其說見『宋史』「職官志」. 理爲自陳者, 雖自朝廷特差, 而不用黜降之例, 作自陳例施行也. 理作自陳, 不理作自陳, 多見於宋時文字. 理作自陳者卽右說, 而不理作自陳者, 黜降本例也. 蓋於罷官與祠之中, 有此兩樣名色, 爲扶抑之差也. 理爲二字, 宋時吏文話頭, 「職官志」有'理爲選限', '理爲資任'等語, 蓋審理區別之意)"

79) 숨겨주고~가두지 않았으니 : 이 구절은 『차의』의 해석이다. "당중우는 망명한 사람 장휘(蔣輝)를 숨겨주고 관회(官會)를 위조하였다. 선생이 사로잡아 죄를 다스렸는데 선생이 제거 직을 떠나자 조정에서는 그를 다시 체포하여 감옥에 수감하지 않았다(仲友藏匿亡命之人, 蔣輝僞造官會, 先生捕捉究治. 先生旣去提刑, 朝廷不復逮捕付獄也)"

80) 명목은~것이지만 : 이 구절은 『차의』의 해석이다. "왕회(王淮)가 처음 당중우를 제형으로 보냈다가 다시 사록으로 옮기니 이것은 강관이다.(初移仲友提刑 復移祠祿, 是降官也)"

81) 비록 재상이~기만한 것이지만 : 재상은 왕회(王淮)를 가리키고, 비호하는 인물은 당중우(唐仲友)이다. 왕회와 당중우는 모두 무주(婺州) 금화[金華 : 지금은 절강성(浙江省)에 속한다.] 사람이자 인척이었다. 주희가 「무신봉사」 이전에 모두 6차례나 글을 올려 당중우가 저지른 각종 불법행위를 탄핵했는데, 왕회가 이때마다 당중우를 비호했다. "재상이 향당을 비호했다"는 의미가 이것이다.

82) 사람의 마음은~하였을 것이리라 :『차의』에서는 이 구절의 피(彼)를 왕회(王淮)로

신하 사이에 서로 정이 들고 익숙해지면 곧 그 형세 상 약간은 허용할 수밖에 없게 됩니다. 또 '비록 혹 이와 같을 지라도 일에 큰 피해를 끼치는 지경에는 이르지 않을 것이라' 여기시고 그것이 기강을 무너뜨리게 되는 것을 알지 못하시니, 만약 중외에서 그것을 듣는다면 사람마다 속으로 비난하고 거리에선 잘못되었다고 이야기하여[83] 모두 조정을 경멸하는 마음을 가질 것이며, 간사하고 부패한 관리들은 모두 고무되어 서로를 축하하며 다시는 폐하의 법령을 두려워하지 않을 것이니, 이 또한 작은 일이 아닙니다.

또한 공신을 종묘에 배향하는 일로 조정의 신하들이 쟁론하였는데[84] 그 안에 사악함과 올바름, 굽음과 곧음이 분명히 있었는데도, 양쪽 다 물어보지도 않고 함께 내쳤습니다. 감사가 사심을 품고 군수를 무함하였는데, 불문곡직하고 둘 다 파면하였습니다. 감사가 술에 취해 군수를 능멸하였는데도 또 불문곡직하고 둘 다 사록(司祿)으로 강등시켰습니다. 재상이 자신의 파당을 세우고 사사로움을 도모하여 직무를 저버렸는데도 곧 자신을 보전할 수 있도록 세심하게 더해주어 떠나게 했습니다.[85] 대간은 사사로운 은혜를 입어 수수방관한 채 말을 꺼내지 않아도, 폐하 또한 물어보지 않았습니다. 그는 처음에는 낮은 관직에 있다가 대간으로 발탁되어, 삼사년 동안에 해바라기처럼 임금의 뜻만 받들 뿐 한 가지 일도 밝혀 주장하지 못했는데도 해마다 자리를 옮겨 승진을 다하는 데까지 이르렀습니다.

보았다.

83) 속으로 비난하고~이야기하여[腹非巷議] : 『사기(史記)』「시황기(始皇紀)」의 "들어 오면 속으로 비난하고 나가면 거리에서 잘못되었다고 이야기한다.(入則心非, 出則巷議)"에서 왔다.

84) 공신을~쟁론하였는데 : "이해 4월, 고종을 태묘에 부묘하였다. 학사 홍매(洪邁)가 '배향(配享) 신하로는 문신에 여이호(呂頥浩), 조정(趙鼎), 무신에 한세충(韓世忠), 장준(張俊)이 들어가야 한다'고 하였고, 소감(小監) 양만리(楊萬里)만이 '장준(張浚)을 넣지 않는 것을 잘못'이라고 하였다. 두 사람은 이 일로 외직으로 좌천되었다.(是歲四月祔高宗於太廟. 學士洪邁言'配享宜用文臣呂頥浩趙鼎, 武臣韓世忠張俊.' 少監楊萬里獨謂'張浚不與爲非.' 二人因此, 補外)"(『차의』)

85) 재상이~떠나게 했습니다. : 「차보」에 따르면 왕회(王淮)를 파직한 일을 말한다.

어느 날 한두 명의 무신의 죄악을 논하면, 즉시 배척하여 군수로 삼지만 그에게 직명을 부여하지 않습니다.[86] 신임하는 신하가 가까이는 수도의 동쪽을 맡고 멀리는 서촉을 관장하는데, 유언비어에 한 번 휘말리면 폐하의 뜻을 받들어 상세히 조사하고 분석하되, 모든 수단을 동원합니다.[87] 조사하고 분석한 것이 보고되어, 들은 내용이 사실이 아닌 것으로 밝혀져도 그것을 말한 자[88]는 아무 일 없이 한마디 꾸지람도 듣지 않습니다. 산릉을 감독하는 여러 관리들[89]은 벽궐(辟闕)[90]을 팔며 관리와 백성을 번잡스럽게 괴롭히는데,

---

86) 어느 날~부여하지 않습니다 : "송나라 때 외관(外官)이 된 자는 반드시 조정의 직명을 가지고 있었다. 예를 들어 선생이 임인년 8월 직휘헌각(直徽獻閣)으로 강서제형(西江 提刑)에 임명되었는데, 12월에 직명은 받았지만 새로운 직임은 힘써 사양하였다. 직명은 직휘헌각이고, 새로운 직임은 강서제형이다.(宋時爲外官者, 必帶朝廷職名. 如先生壬寅八月以直徽獻閣除江西提刑, 十二月受職名, 力辭新任. 職名卽直徽獻閣也. 新任卽西江提刑也)"(『차의』)

87) 폐하의 뜻을~동원합니다 : 원문은 "體究具析, 無所不至"이다. 『차의』에 따르면, "체구(體究)는 상의 뜻을 받들어 그 일을 파헤치는 것이다. 구석(具析)은 자세한 내용을 분변하고 조사하는 것이다.(體究, 謂體上之意而究覈其事也. 具析, 謂辨析其曲折也)" 이에 대해 『표보』는 "『주자어류』에 『유서(遺書)』의 '체도(體道)'의 의미에 대해 묻자 주희는 '체는 체량(體量)·체구(體究)의 체(體)와 같다. 자신의 몸으로 도리를 체득하는 것이다.'라고 하였다. 이에 의거하면 체구의 뜻은 『차의』에서 말한 것과는 같지 않다.(語類, 問遺書體道之說. 曰, '體猶體量·體究之體. 以自家身已去體那道.' 據此, 體究之意, 非如箚疑所云也)"라고 하여 도리를 체득하는 것으로 본다.

88) 그것을 말한 자 : 유언비어를 조작한 자를 말한다.(『차의』)

89) 산릉을 감독하는 여러 관리들 : 현재의 산릉도감당상과 같다.(『차의』) 송나라 제도에는 산릉을 감독하는 관리로 5사(摠護使·禮儀使·鹵簿使·儀仗使·稿道頓遞使)가 있고 또 안행(按行) 정·부사(正·副使)가 있다.(『표보』)

90) 벽궐(辟闕) : 제왕이 살고 있는 궁전의 부속 건축물인데, 관작을 비유한다. 이와 별도로, 다음의 다양한 해석을 참고할 수 있다. 『차의』는 "'벽궐(辟闕)'은 관아의 우두머리가 결원(缺員)을 채우는 것을 말한다. 뇌물을 받고 충원하므로 '육매(鬻賣)'라고 한 것이다.(辟闕謂自辟而充其闕也. 受賂而充之, 故曰鬻賣)"라고 하였다. 「잡지」는 "혹자가 말하길 『좌전(左傳)』에서 '벽(辟)'으로 묘의 벽궐(辟闕)을 만든다'라고 하였는데, 대개 오늘날 묘상각(墓上閣)과 같은 것으로 산릉(山陵)에 사용한다. 산릉 조성 작업이 이미 끝난 뒤, 산릉을 감독하는 여러 관리들이 그 재료를 팔아 자신의 이익을 취했다.(或云『左傳』'以辟爲墓辟闕.' 盖猶今之墓上閣而用於山陵者也. 山陵旣罷之後, 山陵諸使鬻賣其材以自利也)"라고 하였다. 「관보」는 "『송사(宋史)』의 장태경전(張太

어사가 이를 지적하더라도 또한 쫓아내지 않으며 어떤 경우는 도리어 승진시키기까지 합니다. 어사가 기내의 조사관(漕司官)에 대해 문제삼게 되면, 그를 명목상 경(卿)의 반열로 승진시키나 실제로는 간언하는 권한을 박탈하여 말을 하지 못하게 합니다.[91] 그 지적받은 조사관은 비록 죄지은 정도에 따라 쫓겨나고 삭직되지만 얼마 안 돼서 다시 등용됩니다.

【신은 엎드려 살피건대, 근자에 측근들과 관련된 사안에 대해서는 상과 벌을 원칙에 따라 시행하여 조금도 가차없이 하시지만,[92] 그 나머지 모든 사안에 관하여서는 가능하면 포용하기에 힘써 시비곡직에 대해 어느 쪽도 따지지 않음을 주장하셨다고 합니다. 폐하께서는 이와 같이 일을 처리해야만 균평해질 수 있다고 여기시는 것처럼 들립니다. 이는 진실로 요순 성인과 같은 마음 씀씀이라 하겠습니다. 그러나 신은 이에 대해 의구심이 있습니다. 그 근본에 대해서는 신이 이미 앞에서 망령되이 논했기에,[93] 다만 평(平 : 공평함) 한 글자만을 들어서 말씀드리면, 신은『주역』「상전(象傳)」의 "칭물평시(稱物平施 : 사물의 많고 적음을 헤아려 공평하게 베풀어줌)"[94]란 말에서 느낀

經傳)에 '외로의 벽궐을 거두어 이부(吏部)에 귀속시킴으로써 사사로이 청탁하는 일[私謁]을 막고 고한(孤寒)한 자를 통하게 하도록 요청했다.'고 되어 있다. 이를 보건대, 벽궐은 자벽(自辟)이 가능한 관직[自辟窠]이다.(『宋史』「張太經傳』'請收外路辟闕, 歸吏部, 以杜私謁而通孤寒.' 觀此則辟闕者, 自辟之窠也)"라고 하였다.

91) 그를 명목상~못하게 합니다 :『차의』에 근거한 해석이다.

92) 근자에 측근들과~가차 없고 : 원문은 "主張近習一事, 賞信罰必, 無所假借"이다. 이 구절에 대한 해석도 다양하다.『차의』는 "'主張近習一事'는 황제가 측근들과 관련된 사안을 스스로 주관하면서 조정의 신하들이 측근들의 일을 논한 것이 사실이면 상을 주고, 말한 내용이 사실이 아니면 말한 자를 처벌하되 가차없이 한다는 뜻(主張近習一事, 謂上惟以近習一事自主張, 其於廷臣論近習之事, 得其實則賞, 言者所言無實則必罰之, 無所假借也)"으로 보고,『절보』는 "일설에, 상벌을 측근들에게 맡겨야 한다고 하니, 다시 자세히 살펴야 한다.(一說, 賞罰當屬近習, 更詳之)"고 설명하였다.『익증』에서는 "'주장'은 또한 편벽되이 보호한다는 뜻이니, 근습에게 붙는 자에게는 상을 내리고 근습의 뜻을 거스리는 자에게는 벌을 내린다.(主張亦云做主偏護之意, 附近習者賞信·忤近習者罰必)"(『익증』)고 보았다. 번역에서는『익증』의 의견을 따랐다.

93) 그 근본에~망령되이 논했기에 : "윗 문단의 '臣之輒以陛下之心爲天下之大本' 이하를 가리킨다."(『차의』)

것이 있습니다. 옛날에 공평하게 하고자 할 경우에는 반드시 그 사물의 많고 적음과 높고 낮음을 헤아려서, 많고 적게 또 두텁고 얇게 베풀었으니 그런 연후에야 공평함을 얻습니다. 만약 시비곡직을 살피지 않고 동일하게 대한다면, 곧 착한 사람은 항상 뜻을 펼치지 못하고, 악한 사람이 오히려 요행히 화를 면할 것입니다. 이것을 균평하게 하는 것으로 삼는다면, 그것이 바로 전혀 공평하지 못함이 되는 원인입니다. 그러므로 비록 요순의 정치라 할지라도 이미 원개(元凱)[95]를 기용한 뒤에 반드시 공공(共工)과 환두(驩兜)를 쫓아냈습니다.[96] 이 또한 『역』의 「상전」에서 이른 ‘악을 물리치고 선을 고양하며, 하늘의 아름다운 명에 따른다’[97]라는 말입니다. 대개 착한 것은 천리의 본연이고, 악한 것은 인욕의 삿되고 망령된 것입니다. 이 때문에 하늘의 도는 선한 사람에게 복을 주고 악한 사람에게 화를 내리고, 또 다시 상 주고 벌 내리는 권한을 사목(司牧)[98]에게 맡겨, 그로 하여금 화를 주고 복을 내림이 미치지 못하는 것을 보조하도록 했던 것입니다. 그러니 군주된 자로서 어찌 그 권한을 신중히 잡고 하늘의 뜻을 받들 수 있도록 힘쓰지 않겠습니까? 엎드려 바라건대 폐하께서는 깊이 유념하십시오.】

조정의 신하들[從班][99] 가운데는 현능한 자와 그렇지 않은 자가 더욱 많이 뒤섞여 있어, 한해 내내 입을 다물고 성덕을 돕는 말 한마디 하지 않는 자도 있습니다. 도리어 떼거리로 쫓아다니며 서로 당을 지어 저들끼리 빈자리를 채웁니다.[100] 그 가운데 걸임금처럼 흉폭하고 교활한 자들은[桀

---

94) 칭물평시(稱物平施) : 『주역』 ‘겸괘(謙卦)’ 「상전(象傳)」에 나오는 말이다.
95) 원개(元凱) : 팔원(八元)과 팔개(八凱)로, 현인(賢人) 재자(才子)의 의미. 오제(五帝)가 다스리던 시기에 살았던 고신씨(高辛氏)의 8명의 재자(才子)와 고양씨(高陽氏)의 8인의 재자를 가리킨다.
96) 공공(共工)~쫓아냈습니다. : 『서경(書經)』 「요전(舜典)」에 나오는 구절이다. 원문은 다음과 같다. “流共工于幽洲, 放驩兜于崇山.”
97) 악을 물리치고~아름다운 명에 따른다 : 『역(易)』 대유괘(大有卦)에 나오는 구절이다.
98) 사목(司牧) : 목민(牧民)의 임무를 주관하는 자, 곧 군주를 말한다.
99) 조정의 신하들[從班] : 조신(朝臣)들은 반열에 따라 자리가 정해지기 때문에 종반(從班)이라 한다.
100) 서로 당을~빈자리를 채웁니다 : 원문은 “排連償補”이다. 『차의』에 “‘배연(排連)’은

點][101] 감히 유언비어를 날조하여 앞서 신이 말씀드린 것처럼 무람한 의논을 세우지만, 재상은 그 흉계를 두려워하며 도리어 공의를 굴복시키고 그들을 쫓으며, 대간들도 또한 감히 폐하께 그 사실을 보고하여 그들을 죄줄 것을 청하지 못합니다.

【신은 옛날 성왕들은 '철인을 널리 구하여 그로 하여금 그 후사(後嗣)을 보좌하게 했다'[102]고 들었습니다. 그러한 즉 오늘날이 바로 현능한 자들을 널리 구하여 그 자리에 배치할 때입니다. 그런데 이 사람들은 평소 행동이 근실하지 못하고 자신에게 해가 될까 두려워하여, 이에 남 몰래 참소하여 음해하고 공공연히 함부로 협박하여 간사한 꾀를 이루고 나라를 위한 계책은 도모하지 않습니다. 바라건대, 폐하께서 은밀히 선문(宣問)[103]을 내리옵소서.】

폐하께서 이 기강이 어떠한 것이라고 보십니까? 돌이켜 자기 자신에게서 그 원인을 찾고 시급히 기강을 진작시키지 않을 수 있겠습니까? 기강이 위에서 진작되지 않기 때문에 풍속이 아래에서 퇴폐해져 대개 근심거리가 된 지 오래되었습니다만, 그 중에서도 절중(浙中)[104]이 더욱 심합니다. 대부분

서로 가까이하고 연합한다는 뜻이다. '찬(儹)'은 쫓아서 이루어준다는 뜻이다. '찬보(儹補)'는 빠진 것을 따라서 보충해 준다는 말과 같다.(相比相連之意. 儹追遂之意. 儹補猶言隨闕隨補也)"라고 하였다. 『절보』에서도 '끌고 도와주어 관직에 보충한다'는 뜻으로 보았다.

101) 걸임금처럼~교활한 자들[桀點] : 원문 "桀點"에 관하여 『차의』는 "흉폭하다는 뜻"으로 보고, 「익증」에서는 "『문선(文選)』의 주에, '흉포하기가 걸과 힐혜와 같다(凶暴若桀也點慧也)'라고 하였고, 『절보』에는 「화식전(貨殖傳)」 '강로걸힐(羌虜桀點)'의 주(註)에 '흉포하기가 걸과 같다(凶暴若桀也)'"라고 하였다.

102) 철인을~보좌하게 했다 : 『서경(書經)』 「이훈(伊訓)」의 글이다.

103) 선문(宣問) : 황제나 황후 등이 신하에게 질문을 하여 알아보는 것을 말한다. '선(宣)'은 황제의 명령 등의 앞에 쓰이는 일종의 존칭어이다. 여기에서는 다른 신하에게 이 사람들의 됨됨이를 알아보라는 의미이다.

104) 절중(浙中) : 임안(臨安)을 가리키니, 남송이 도읍한 곳이다.(『차의』)

부드럽고 우아한 태도와 아부하는 말에 젖어 있어, 시비를 분간하지 않고 곡직을 살피지 않는 것을 좋은 계책이라 생각합니다. 아래에서 위를 섬길 때, 조금이라도 위의 뜻을 거스르지 않으려 하고, 위에서 아래를 부릴 때도 또한 기분을 상하게 하지 않으려 합니다. 오직 사사로운 뜻이 걸려 있는 곳에서는 온갖 방법으로 계책을 도모하여 원하는 것을 반드시 얻은 이후에야 그만둡니다. 심지어는 뇌물로 바치는 금은보화를 포해(脯醢 : 장류 등 기본 음식)로 삼고, 뇌물로 주는 계권(契券 : 문서)을 시문(詩文)으로 삼습니다.105) 재상이 뇌물로 매수할 만하면 재상에게 먹이고 황제의 측근이 뇌물로 매수할 만하면 측근과 사통하여 오직 얻기만을 구할 뿐 다시 염치라고는 없습니다. 아버지가 그 자식을 가르치고 형이 그 동생을 힘쓰게 함에 한결같이 이 술책을 쓸 뿐, 충의와 명절(名節)이 귀한 것인 줄을 전혀 알지 못합니다.

그 같은 습속이 이미 형성된 후에는 비록 현인군자라 할지라도 또한 그러한 주장에 익숙해짐을 면치 못합니다. 어쩌다가 강의 정직하며 도리를 지켜 따르는 선비가 배출되면, 곧 떼를 지어 기롱하고 배척하여 도학인(道學人)이라 지목하고, 거기에 교격(矯激)하다는 죄를 덧붙여 위로는 황제의 총명한 판단을 흐리게 하고 아래로는 풍속을 나쁘게 만듭니다. 대개 위로 조정에서 아래로는 민간의 마을에 이르기까지 이십 몇 년간 '도학' 이 두 글자로 천하의 현인

---

105) 심지어는 뇌물로~시문(詩文)으로 삼습니다 :『차의』에서는 이 구절을 "금은보화를 아침저녁으로 늘 먹는 포해(脯醢)처럼 사람들에게 먹이고, 뇌물로 바치는 계권을 늘 사용하는 시문(詩文)과 같이 사람들에게 바치면서도 부끄러워하지 않음을 말한 것이다.(謂以金珠啗人, 如朝夕常食之脯醢然, 以賄賂之契卷質若於人, 如常用之詩文而 不以爲恥也)"라고 보았다. 이에 대해『익증』은 뇌물을 바치는 풍조를 들어 이 구절을 의미를 풀었다. "송 태조가 미행(微行)하여 조보(趙普)의 집에 갔다가 전류(錢鏐)가 그에게 바친 해물 10병(瓶)을 주련 아래에 둔 것을 보고 열어보게 하니 모두 과자금(瓜 子金)이었다. 당송 이래로 재상을 만나보기를 원하는 자는 시문(詩文)을 폐백으로 삼았다. 해물은 대개 포(脯)·해(醢)와 같은 것들이다. 계권(契券)은 뇌물로 바치는 물품의 명단을 작성하여 폐백으로 삼은 것이다.(宋太祖微行至趙普第, 見錢鏐所饋海 物十瓶列於簾下, 命啓之, 瓜子金也. 唐宋以來求見宰相者, 以詩文爲贄. 海物, 蓋脯醢之 類 契券, 蓋以賄賂種色作券, 以爲贄者也)"

군자를 가두어 두었고[禁錮], 거기에다가 숭녕(崇寧, 1102~1106) 선화(宣和, 1119~1125)년간에는 이른바 원우(元祐, 1086~1094) 시기의 학술을 지닌 이들[106]을 배척하고 모욕하여 어디에도 그 몸 둘 곳이 없게 만든 연후에야 그만 두었습니다. 아, 이 어찌 정치가 잘되는 시대의 일이라고 차마 입에 담아 다시 이야기 하겠습니까?

또 더욱 심한 경우는 많은 사람에 의해 명백히 말해지는 것입니다만, 폐하께서 오늘날 천하는 다행하게도 변고가 없으니, 비록 죽음으로 절의를 지키려는 선비가 있다하더라도 또 어디에 쓰겠는가라고 하셨다고 합니다. 이 말이 한 번 퍼지자 식자들이 크게 우려했습니다만 신은 필시 폐하의 말이 아님을 알고 있습니다. 대저 죽음으로 절의를 지키려는 선비는 평상시 일이 없는 때에는 실지 쓰일 데가 없는 것 같습니다. 그러나 옛날의 군주가 이러한 사람을 구하는데 힘쓴 까닭이 있습니다. 대개 이러한 사람은 환란을 당해서는 삶과 죽음에 구애받지 않으므로 평온한 때에는 작록을 가볍게 여기며, 환란이 닥치면 충절을 다하므로 평온한 때에는 시비를 따지지 않고 함부로 사람을 쫓지 않습니다.

평상시 별 일이 없는 때에 이러한 사람을 얻어 등용한다면 위로는 군주의 마음이 바르게 되고 아래로는 풍속이 아름다워져, 간사함이 싹트는 것을 미리 꺾고 재앙의 근본을 근저에서 없앨 수 있습니다. 그러면 정말 죽음으로 절의를 지켜야 하는 사태가 자연히 발생하지 않을 것이니, 뒷날 변고가 나타날 줄을 반드시 알고 미리 이 같은 사람을 길러서 대비해야 한다고 말하는 것이 아닙니다.

오직 그 평상시 스스로 안녕한 상태가 영원할 줄 믿어서 이 같은 인재는 쓸데가 없다고 생각하여, 오로지 도리도 모르고 학식도 없으며 작록을 중시하고 명의를 가볍게 여기는 사람만 취하여 이들은 교격(矯激)함에 힘쓰지 않는다

---

106) 원우(元祐, 1086~1094) 시기의 학술을 지닌 이들 : 원우는 철종의 연호. 정이천의 학문을 익힌 사람들을 이와 같이 지칭하며 공격했다.

고 여기고는 높이고 총애합니다. 이 때문에 기강이 날로 무너지고 풍속은 날로 나빠집니다. 심상치 않은 재앙이 눈에 보이지 않는 가운데 잠복해 있다가 하루아침에 생각이 미치지 못하는 곳에서 터진다면 평소 쓰이던 사람들은 손에 손을 잡고 항복하여 한 사람도 환란을 같이 하지 않을 것입니다. 그런 연후에 전날 버리고 돌보지 않던 사람이 비로소 다시 불행하게도 그 충의의 절개를 드러낼 것입니다. 천보(天寶)의 난[107]을 통해 보면, 장수와 재상 권귀와 척신 등 가까이서 보필하는 신하들은 모두 적에게 항복하였고, 군사를 일으켜 적을 토벌하고 끝내 목숨을 잃고 가족도 몰살당했으나 후회하지 않은, 장순,[108] 허원,[109] 고경[110] 등과 같은 무리는 먼 지방 작은 고을에 살아, 군주가 그 얼굴도 몰랐던 사람들이었습니다.

만약 명황(明皇)[111]이 장순과 같은 인물을 일찍 얻어 등용했다면 어찌 환란이 싹트기 전에 막지 못했겠으며, 또 장순 등도 현종에게 일찍이 발탁되었다면 또 정말 죽음으로 절의를 지키는 의거를 일으키는 지경에 이르렀겠습니까? 은감(殷鑑)이 멀지 않으니 하나라에 있었습니다.[112] 이것이 식자들이

---

107) 천보(天寶)의 난 : 안사(安史)의 반란. 당 현종 천보(天寶) 연간(742~756)에 평려(平盧)・범양(范陽)・하동(河東) 삼진(三鎭)의 절도사 안녹산과 그 부장 사사명(史思明)이 일으킨 반란.

108) 장순 : 張巡, 709~757. 당나라 정주(鄭州) 남양(南陽 : 지금은 河南에 속한다) 사람. 안사(安史)의 난이 일어났을 때, 군대를 일으켜 반군(叛軍)에 저항했으며, 757년에 휴양(睢陽)에서 태수 허원(許遠)과 공동 작전을 펼쳐 식량도 없고 원병도 없는 상황 속에서 수개월 동안 반군에 저항했다.

109) 허원(許遠) : 당나라 항주(杭州) 염관(鹽官 : 지금은 浙江 海寧 西南) 사람. 안녹산(安祿山)의 반란이 일어나자 휴양(睢陽)의 태수로 임명되었으며, 757년에 장순(張巡)과 함께 휴양(睢陽)을 지켰다. 성이 함락된 후 낙양으로 끌려갔다가 죽음을 당했다.

110) 고경 : 杲卿, 692~756. 당나라 경조(京兆) 만년(萬年 : 지금 陝西 西岸) 사람. 가상산태수(假常山太守)로 재임 중, 755년 평원태수(平原太守) 안진경과 연합하여 군대를 일으켜 안녹산의 후로를 차단하려고 했다. 756년에 사사명(史思明)에 의해 상산이 함락되자 포로로 잡혀 낙양으로 끌려갔다가 죽음을 당했다.

111) 명황(明皇) : 당 현종(685~762)을 달리 부르는 말. 712~756년까지 재위. 시호가 지도대성대명효황제(至道大聖大明孝皇帝)였으므로 명황(明皇)이라 부른다.

112) 은감(殷鑑)이~있었습니다 : 은(殷)나라의 역사가 주는 감계(鑑戒). 은나라 국민은

혹자의 말을 깊이 우려하는 까닭입니다. 폐하의 성학(聖學)이 고명하여 지식과 사려가 깊고 원대하므로 결코 이런 논의를 하지 않았다는 사실을 신은 알고 있습니다. 그러나 소인들이 번번이 폐하의 말씀에 의탁하여 그 간사함을 가리니, 그 폐단은 천하의 충신(忠臣)과 의사(義士)의 기상을 완전히 꺾어 버리기에 충분합니다. (이에 저는) 항상 가슴이 아프고 머리가 지끈거리니 감히 식자들의 우려가 지나친 근심이라고 생각할 수 없습니다. 폐하께서는 이러한 풍속을 어떻게 보십니까? 자신에게 돌이켜서 급히 이를 변혁해야 하지 않겠습니까? 이것이 오늘날 시급히 힘쓸 일의 셋째와 넷째 사안입니다.

백성의 힘을 아끼며 기르고 군정을 개혁하는 문제에 이르면, 백성의 힘이 넉넉하지 못한 것은 (폐하께서) 사사로운 마음을 극복하지 못하여 재상과 대간이 그 직책을 제대로 수행하지 못했기 때문에 생겼습니다. 군정이 제대로 개혁되지 않은 것은 (폐하께서) 사사로운 마음을 극복하지 못하여 측근의 신하들이 장수의 일을 도모하기 때문에 생겼습니다.[113] 이 여러 이야기는 신이 이미 앞에서 모두 다 샅샅이 말씀드렸습니다. 이제 백성의 힘이 넉넉하지 못한 점에 나아가 미루어서 말씀드리겠습니다.

신은 우윤문(虞允文)[114]이 재상이 되어서 한 일을 들었습니다. 그는 호부[版曹]에서 해마다 거두는 항목[窠名] 가운데 수취할 수 있는 것[指擬]은 모두 거두어,[115] 연말 잡세 명목의 수량으로 이름 붙여 내탕고에 보내고, 유명무실

전대(前代)의 하(夏)나라가 멸망한 것을 거울삼아야 한다는 말에서 유래한 것으로, 전대의 실패를 보아 오늘날의 귀감·경계로 삼는다는 뜻이다. 『시경(詩經)』「대아(大雅)」에 "殷鑑不遠, 在夏后之世"라 하였다.

113) 군정이 제대로~때문에 생겼습니다 : 앞에 나온 '군주의 측근에게 뇌물을 바쳐 승진을 도모함' 등에 해당하는 것이다. 지방의 장수들은 뇌물을 황제의 측근에 바쳐 승진을 꾀하고 측근들은 장수에 대한 인사권을 남용하여 이익을 도모한다는 내용이다.

114) 우윤문(虞允文) : 1169년(建道 5, 효종 7)에 재상이 되고, 1174년(淳熙 1, 효종 11)에 세상을 떠났다.

115) 해마다 거두는~모두 수취하여 : 해마다 거두는 항목[窠名]과 수취할 수 있는 것[指擬]에 대한 『차의』와 『익증』의 해석은 차이가 있다. 『차의』에서는 '정당하게 부세하는 과명(賦稅正當之窠名)'과 '그 수를 지적하여 반드시 수납하는 것(指摘其數而必可收納

한 것, 여러 해에 걸쳐 체납된 것, 장부에 포흠(逋欠 : 결손)된 것으로 기록되어 있는 것[掛欠], 재촉하여 처리할 수 없는 것 등은 정리하여 호조로 돌렸습니다.

우윤문(虞允文)의 논리는 "내탕고에 재물을 모아 두는 것은 뒷날 군사를 일으킬 때의 불시의 수요에 대비하기 위한 것이고, 판조의 현재 경상비는 이미 올해의 세수를 채우고 있습니다"라고 합니다. 그 말이 참으로 달콤하고 아름답게 들립니다. 그러나 이 일 이래로 20여 년 동안 내탕고의 세입이 얼마나 쌓였는지 모르겠습니다만, 이를 황제께서 사사로운 자금으로 삼고 사인(私人)에게 맡겨 관리하니, 재상은 공물 진상의 규정에 따라 그 출입을 균등히 조절하지 못하고, 판조는 장부기록에 맞추어 있고 없음을 살피지 못합니다. 그리하여 나날이 덜어내고 다달이 잘라내어 사사로운 연회의 비용으로 쓰는 것이 얼마나 되는지 모릅니다. 그러니 어찌 태조 황제의 말처럼,116) 그 돈으로 오랑캐의 머리를 바꾸어 올 수 있었다는 이야기를 들을 수 있겠습니까?

다만 판조의 경비 부족이 날로 심해지고 징세 감독은 날로 엄준해져 결국에는 조종 이래로 전해져 온 파분(破分)117)이라는 좋은 법을 폐지하고 반드시

者'으로 보는 반면, 『익증』은 '부세의 원액(賦稅原額)'과 '경상경비에서 귀숙된 것(經用之有歸宿者也)'으로 본다.

116) 태조 황제의 말처럼 : 『차의』에 의하면 다음과 같은 사실이 있었다. 966년(태조 7, 建德 4)에 형호(荊湖) 서촉(西蜀)을 평정하고 그 금백(金帛)을 모아 따로 내고(內庫)로 삼아 모아 두고는 봉장고(封椿庫)라 하였다. 한해의 쓰고 남은 경비는 모두 여기에 모았다. 태조는 근신들에게 이르길, "석진(石晉)이 유연(幽燕)을 할양하여 거란에 뇌물로 바치고는 그곳을 경계로 삼은 사실을 매우 안타깝게 여긴다. 이 창고에 35만이 쌓이면 쌓인 재물을 풀어 용감한 군사를 모집, 그들을 공격하여 탈취할 것이다."라고 했다. 970년(태조 11, 開寶 3)에 거란이 정주(定州)를 침입하니 태조가 좌우에 이르길, "오랑캐가 자주 변경을 침범한다. 내가 20필의 비단으로 1명의 호인(胡人)의 머리를 사들이면, 그들의 정병(精兵)은 불과 10만밖에 되지 않으므로, 내가 2백만 필의 비단만 사용하면 오랑캐를 섬멸할 수 있을 것이다."라고 하였다.

117) 파분(破分) : 『차의』와 『절보』의 해석이 조금 다르다. 『차의』는 "정해진 부세액 가운데 80, 90%만 거두는 것(謂破十分之數, 而只收九分或八分也)"으로 보지만, 『절보』는 "아직 거두지 못한 10, 20%를 버리고 다 거두지는 않는 것(破分似謂未收一二分, 破棄之, 不盡收也)"으로 이해했다.

100% 채우도록 하게 했습니다. 부족하다고 여기면 또 감사와 군수를 비교하여 전최(殿最)하는 법118)을 만들어 유인하고 협박하여 그들이 정교를 베푸는 잘잘못에 대해서는 더 다시 일체 묻지 않고, 한결 같이 백성을 벗겨내어 위로 바치는데 능한 자를 현명하다고 여깁니다. 이에 중외에서 그 풍조를 이어 경쟁적으로 가혹하고도 급박한 정치를 펼칩니다. 감사는 주군의 수령에게 엄한 명령을 내리고 군수는 속읍에 엄한 명령을 내리는데, 민사에는 특별히 마음을 기울이지 않으며 오직 재부(財賦)를 재촉하고 감독하기에 힘쓸 뿐입니다. 이것이 민력이 매우 어려워진 근본 원인으로, 정해진 조세 외에 화매(和賣), 절백(折帛), 과죄(科罪), 월장(月樁)과 같은 명목에도 없는 부세에 대해서는 아직 논하지도 않은 것입니다.

【신은 살피건대, 조종의 옛 법에 주현에서 거두어들이는 관물 가운데 90% 이상이 되면 '파분(破分)'이라 하였습니다. (파분인 상태가 되면) 모든 담당자들은 곧바로 (부세에 대한) 재촉을 중지하고 판조도 그대로 두고 문제삼지 않았습니다. 이와 같이 하여 주현에서는 그 나머지를 얻어 관용에 보조하며, 빈민이 연체한 아주 적은 세금은 그 납부 기한이 연장되었고 면제되기를 기다렸습니다. 은덕이 조정에서 내려와 그 혜택이 민간에 미치니 군주와 백성 양쪽이 만족하고 공사(公私)가 모두 편하니 이는 참으로 없앨 수 없는 좋은 법인 것입니다. 지난날 노회(魯懷)가 일을 좌우하면서119) 이 법을 없애고 주현의 옛 체납분을 모두 적발하여 이를 '은루'라고 하고는 모두 거두도록 하였습니다. 이에 민간의 세금은 한푼도 남김없이 모두 그 정해진 액을 채워야 했습니다. 노회는 이 때문에 출세하여 마침내 재상이 되었습니다만 백성들은 그 피해를 받아 억울하고 아픈 마음이 날로 심해졌습니다. 재물을 얻고 민심을 잃는 것도 불가하거늘, 오늘날 정치는 번쇄하고 세금은 무거워

---

118) 전최(殿最) : 경외관원(京外官員)의 근무 상태를 여러 면에서 조사해 성적을 매기는 고과(考課), 또는 그렇게 하던 기준이다. 전(殿)은 근무평정 고과에서 최하등의 등급을 말하고 최(最)는 최상등을 말하는데, 주로 합칭해 고과 평정의 뜻으로 사용되었다.

119) 노회(魯懷)가 일을 좌우하면서 : 노회는 1172년(효종 10, 建道 8) 참지정사(參知政事)가 되고, 이듬해 우승상(右丞相)이 되었다.

백성은 견디다 못해 흩어져 도망하니, 이른바 재물이라는 것을 얻을 도리가 없어지는 것입니다. 만약 빨리 바로잡지 않는다면 반드시 심각한 폐해를 가져 올 것입니다. 신은 『대학』의 마지막 장에 "소인에게 나라를 맡기면 재앙과 폐해가 같이 온다. 비록 선한 사람이 있다 할지라도 어찌할 수 없다."는 이야기를 볼 적마다, 그 말이 참으로 통절하니 절로 가슴이 서늘해집니다. 폐하께서 유의하시고 빨리 덕음을 내리셔서 천하를 다행스럽게 하시기를 바랍니다.】

그 다음의 문제는, 폐하가 등용한 재상은 중외(中外)의 능력 있는 관리를 가리지 못하고 오직 사사로운 정리가 두텁거나 그렇지 못한 것에 따르고, 등용한 대간은 공정하게 규탄하고 탄핵하지 못하고 오직 자신의 애증에만 따른다는 것입니다. 이 때문에 감사와 군수는 대부분 적절한 사람을 얻지 못하고, 현능한 자는 더러 직책을 공정하게 수행하지만 대간의 뜻을 거슬렀기 때문에 배척당하고 쫓겨납니다. 감사(監司)가 지나치게 많아[120] 사무의 권한

---

120) 감사(監司)가 지나치게 많아 : 이 구절에 대한 주석의 내용은 다양하다. 『절보』는 "제로(諸路)에는 각기 감사 4인을 두니, 조사(漕司)·창사(倉司)·제형(提刑)·안무사(安撫使)이다.(諸路各有監司四人, 漕司, 倉司, 提刑及安撫使也)"라고 하였다. 이에 대해 『익증』은 "전운사(轉運使)·안무사(按撫使)·제형(提刑) 등의 관원 및 제거(提擧)·총제(摠制)·초토(招討)의 제사(諸使)들도 모두 감사이다. 송나라에서 감사를 많이 설치한 것은 희풍(熙豊) 연간에 신법(新法)을 시행하면서 시작되었다."라고 하였다. 『표보』에서는 "송나라 제도에 국초에는 제로(諸路)에 다만 전운사 한 사람만 두었는데, 변방(邊防)·도적(盜賊)·형송(刑訟)·금곡(金穀)·안렴(按廉) 등의 업무 등 전운사가 관장하지 않는 것이 없었다. 감사라는 명목은 여기서 나왔다. 진종(眞宗) 때 처음으로 제점형옥(提點刑獄) 한 사람을 두고 형옥에 관한 일을 전담하게 하여 전운사의 권한을 나누었다. 고종과 효종 연간에 또 무신(武臣) 제형(提刑) 한 사람을 두어 도적의 일을 전관(專管)하게 했다. 희녕(熙寧) 이후 또 제거(提擧)를 두어 상평(常平)·차염(茶鹽)의 일을 전관하게 했다. 함평(咸平) 이래 변방에서 군병이 일어난 곳에는 안무사(按撫使)를 두어 군사적인 일을 전관하게 했다. 건염 이후에는 로(路)마다 모두 조사(漕司)라 불리는 전운사(轉運使), 헌사(憲司)라 불리는 제점(提點), 창사(倉司)라 불리는 제거(提擧), 수부(帥府)로 불리는 안무(按撫)를 설치했는데, 모두 감사라고 일컬었다."라고 하였다. 「차보」에서는 "송나라 때 제로(諸路)의 감사로 안무사(按撫使)-수부(帥府), 전운사(轉運使)-조사(漕司), 제형사(提刑司)-헌사(憲司), 제거사(提擧司)-창사(倉司), 제점사(提點司)-천사(泉司)가 있었다. 『주자어류』에서 '제로(諸路)의

이 하나로 귀일되지 않고 선발승진의 규정이 엄밀함에도 현령을 제대로 뽑지 못하는 것 또한 그 법에 결점이 있는 부분입니다 그러나 그 근본[121]이 바르게 되면 이러한 것들은 처리하기에 어렵지 않습니다. 그 근본이 바르게 되지 않으면 비록 이러한 일들을 바로잡더라도,[122] 그 이로움은 보지도 못하고 도리어 해를 입게 될 것입니다.

또 시험적으로 군정이 개혁되지 않은 점을 가지고 이야기하자면, 신은 듣기로, 오늘날 여러 장수들이 승진하고자 할 때는 먼저 사졸에게 가혹하게 세금을 거두어 사재를 불린 다음에 이것을 가지고 스스로 폐하의 사인들과 관계를 맺어 그 이름이 폐하가 아끼는 장군의 귀에 들어가도록 청탁한다고 합니다. 폐하가 아끼는 장군은 그 이름을 알게 되면 곧 군중에 그 이름을 보내 십오(什伍) 단위의 조직에서부터 그 위로 단계적으로 그가 쓸 만한 사람이라는 것을 보증하게 하여 그의 재질과 무예는 장수의 일을 감당할 만하다고 칭찬하게 한 뒤 상주문을 갖추어 폐하께 보고한다고 합니다.

폐하께서는 군문에서 단계적으로 그를 우선적으로 추천한 사실과 문서가 구비된 것만 보고 공정한 추천이며 제대로 사람을 얻었구나 하고 진정으로 생각하십니다. (그러니) 그가 당 말기의 채수(債帥)[123]처럼 (자리 값을) 흥정하여 돈을 보내준 사실을 어찌 알 수가 있겠습니까? 이 일은 귀 달린 사람은 다 들었으며 입 있는 사람들은 모두 말합니다. 그러나 그 문호가 비밀스럽고 그 궤적이 은밀하므로 그들이 서로 소통한 실상을 엿볼 길이 없습니다.

수신(帥臣)은 옛 주목(州牧)의 목백(牧伯)의 임무를 담당하는 관직을 5, 6으로 나눈 것이니, 그래서 용관(冗官)이 되었다'고 했다. 송나라에서 감사를 많이 설치한 것은 희풍 연간에 신법을 시행하면서부터였다.”라고 보았다.

121) 그 근본 : “근본은 윗 문단에서 말한, 군주가 사심을 극복하지 못하고 재상·대간이 그 직책을 수행하지 못하는 것을 말한다.(本卽上文所云, 私心之未克而宰相·臺諫失其職者)”(『절보』)

122) 이러한 일들을 바로잡더라도 : “'감사가 지나치게 많음'·'선발승진의 엄밀한 규정' 두 조목을 말한다.”(『절보』)

123) 채수(債帥) : 빚을 내어 뇌물로 쓰고 장수가 된 다음 그것을 갚기 위해 토색질을 하는 장수를 말한다.

이 때문에 누군가가 이 일을 말한다 하더라도 폐하는 끝까지 믿지 않습니다.

대저 장군은 삼군의 사명(司命)인데도 그들을 뽑아 직책을 맡기는 방법이 이와 같이 어긋났으니, 저 지혜와 용맹과 재략을 갖춘 사람이 그 누가 환관, 궁첩(宮妾)에게 마음을 누르고 머리를 숙이기를 좋아하겠습니까? 폐하가 얻어 장수로 삼는 사람들은 모두 용렬한 졸장부들이니 전략을 세우고 군사를 조율하는 것이 어떻게 하는 것인지 전혀 모르며 오직 군졸에게 가렴하는 것을 앞세우고, 인맥을 쌓는 것만 도모할 것입니다. 폐하는 그러한 상황을 모른 채 오히려 그들이 군정을 잘 다스리고 사졸을 격려하여 국가의 형세를 강하게 해 주기를 바랍니다. 어찌 잘못이 아니겠습니까?

그러나 장수를 적임자로 얻지 못하면 사졸만이 그 피해를 입는 것은 아닙니다. 그들이 미치는 해를 끝까지 추적하면 또 그것이 백성에게까지 미치는 것이 있습니다. 대개 제대로 장수를 얻으면 척적(尺籍)이 엄하게 되어 저축이 여유 있으며,[124] 둔전이 잘 경영되고 조운의 부담이 줄어듭니다.[125] 지금은 장수된 자의 모습이 이와 같으니 그가 기꺼이 군을 알차게 하고 저축을 풍부하게 하리라고 물론 기대할 수 없습니다.

둔전(屯田)의 문제에 이르면, 저들 자기 욕심 채우는 자들이 특히 원하지 않는 까닭에[126] 조정은 그것[屯田]을 위해 둔전사자(屯田使者)를 설치하여 맡아 다스리게 하지 않을 수 없었습니다. 그러나 병둔(兵屯)[127]의 노동력은 그 장수가 모병하여 파견한데 의뢰하고 있기 때문에 또 조정에서는 장수가

---

124) 척적(尺籍)이~여유 있으며 : 척적(尺籍)이란 병적(兵籍)을 엄히 살피는 것을 말하는데, 이와 같이 하면 쓸데없이 식량을 축내는 무리들이 사라지게 되므로 저축에 여유가 생기는 것이다.(『차의』)

125) 둔전이~줄어듭니다 : 둔전법이 확립되면 군에서 식량을 자족하게 되므로, 나라에서 군대로 조운하는 양이 줄어드는 것을 말한 것이다.(『차의』)

126) 둔전(屯田)의~까닭에 : 둔전법이 이루어지게 되면 장수는 조정에서 식량을 내려 주지 않아 자영할 자원이 없게 된다. 그래서 둔전을 원하지 않는다는 뜻이다.(『차의』)

127) 병둔(兵屯) : 당시에는 두 형태의 둔이 있었다. 백성을 모집하여 경작하게 하는 것을 민둔(民屯), 병사를 모집하여 경작하는 것을 병둔(兵屯)이라 했다.(『차의』)

그 둔전(屯田)의 일에 관여하도록 하지 않을 수 없습니다. 하지만 듣건대 그 장수가 군인들을 장악하고 있으면서 경작을 원하는 자를 모집하여 가도록 하지 않고 경작을 할 수 없는 자들을 강제로 가게 한다고 합니다. 그리하여 이들은 둔전(屯田)에 도착하면 거들먹거리며 말도 듣지 않고 경작을 하지 않으며 도리어 민전(民田)에 해가 됩니다. 사자(使者)는 문리(文吏)이기 때문에 그 역량에 이들을 통제할 수 없는 것이 있습니다. 그러므로 폐하께서 이를 간절히 하고 싶어하더라도 오랫동안 이룰 수 없었던 것입니다.

둔전(屯田)이 제대로 경영되지 못하고 식량을 조운하는데 번거롭게 돈을 낭비하여, 여러 주(州)에서 세미(稅米)128)를 혹 빠짐없이 거두어 보내도 주(州)의 병사의 양식을 댈 수 없게 됩니다. 이에 가모(加耗)와 곡면(斛面)의 폐해129)가 어지럽게 일어나 백성들을 더욱 빈곤하게 만듭니다. 또 무릇 화매(和買), 절백전(折帛錢), 과죄(科罪), 월장전(月樁錢) 등과 같은 부류는 왕왕 군대에 양식을 공급한다는 이유로 없애지 못합니다. 만약 둔전(屯田)이 확립되어 여러 로(路)에서 거두어들이는 것이 줄어들면 이런 등속의 일은 거의 모두 금할 수 있을 것입니다. 지금은 곧 그렇지 않으니 이는 장수를 임명하는 일이 적절하지 못하여서 해가 백성에게까지 미치는 것입니다.

무릇 이들 몇 가지 폐단은 뿌리와 줄기가 깊고 단단하며 가지와 곁가지가 넓게 펼쳐져 있어서 하루아침에 없앨 수 없을 듯합니다. 그러나 그 근본을 궁구하는 일은 역시 폐하(陛下)께서 자신을 반성하는데 있을 뿐입니다. 폐하의 마음에 진실로 부정한 것이 없다면 반드시 폐하의 내탕고(內帑庫)를 빼내서 호부로 귀속시킬 수 있을 것입니다. 호부의 재정이 심하게 부족하지 않게

---

128) 세미(稅米) : 원문의 "苗米"를 이같이 풀었다. 『차의』에서는 '화묘(禾苗)의 재실(災實)에 따라 세금으로 거두는 쌀(以禾苗之災實, 而收稅之米也)'이라 했고, 『표보』에서는 '송대에 묘액(苗額)·정묘(正苗) 등의 용어가 있었던 것으로 보아 묘(苗)는 세(稅)를 뜻한다(宋時有苗額正苗之語, 蓋謂稅爲苗)'고 보았다.

129) 가모(加耗)와 곡면(斛面) : '가모(加耗)'는 모손(耗損)에 대비하여 더 거두는 것이고, '곡면(斛面)'은 용기의 면을 높게 재어 남기는 것을 말한다.(『차의』)

되면 반드시 파분의 법을 복원하고 전최의 법을 폐지하여 지방에 여유를 줄 수 있을 것입니다. 폐하의 마음이 진실로 바르지 않음이 없다면 반드시 재상을 잘 택해서 지방 수령을 뽑고 대간을 잘 택해서 탄핵하고 천거하는 것을 공평하게 할 수 있을 것입니다. 폐하의 마음이 바르지 않음이 없다면 반드시 환관과 군부의 장수가 사통하는 것을 엄격히 금지하고 장군을 뽑는 일을 재상에게 맡길 수 있을 것입니다. 제대로 된 재상을 얻는다면 그는 반드시 폐하를 위해 장수를 잘 택하여 군사들의 사기를 진작시키고, 군대를 알차게 할 것이며, 둔전을 넓혀서 배로 군량을 운반하는 비용을 줄일 수 있을 것입니다.

위로 조정으로부터 아래로는 주현에 이르기까지, 백성을 다스리고 군대를 맡은 관리들을 모두 능력 있는 적임자로 얻은 연후에 재상에게 분명히 조칙을 내려 감사의 인원을 줄이되 그 선발을 정밀하게 하고 그 책임을 무겁게 하는 일을 의논하도록 하십시오. 또 전조(銓曹 : 인사를 맡은 부서)에 조칙을 내려 다스리기 쉽고 어려움[劇易]130)에 따라 현(縣)의 등급에 차등을 두고,131) 늘 꼼꼼히 천하의 관리들을 탐문 조사하여 현을 잘 다스리는 관리는 천거가 있건 없건, 자격이 충분하든 않든 구애받지 말고 그들의 이름을 등재해두었다가, 차례대로 가장 다스리기 어려운 현을 맡게 합니다. 그리하여 이들이 과연 훌륭한 업적을 쌓으면 우대하여 승진시키고, 자신의 임무를 감당할 수 없으면 쫓아내 물러나게 하십시오. 무릇 주현의 규정에 없는 불법적인 공납과 제멋대로 징수하여 교묘하게 착복하는 정사(政事) 가운데 너무 심하여 제거해야 할 것이 점차적으로 제거된다면 백성의 살림[民力]이 넉넉해질 것이옵니다.

---

130) 다스리기 쉽고 어려움[劇易] : '극(劇)'은 다스리기 어려움을, '이(易)'는 다스리기 쉬움을 말한다.(『차의』)

131) 현(縣)의 등급에 차등을 두고 : 송나라 제도에 천하의 현 가운데 4천호가 넘는 것은 망(望), 3천호 이상은 긴(緊), 2천호 이상은 상(上), 1천호 이상은 중(中), 1천호가 안 되면 하(下)라고 하였다.(『익증』)

둔전의 이로움에 대해 말씀드린다면, 제 의견으로는 마땅히 대장(大將)으로 하여금 군사(軍士)를 모집하게 하고 사자(使者)로 하여금 유민(游民)을 불러들인 후 각자 둔전을 만들게 하여 서로 간섭하지 않도록 해야 합니다. (그렇게 하신다면) 그 급수(給授 : 교부하는 일), 과독(課督 : 고과하는 일), 상벌, 정령 등을 각각 본사의 관리에 따라서 스스로 처리할 수 있을 것입니다. 군중에는 장교가 있어 관리하게 시킬 수 있으니 굳이 관리를 둘 필요가 없습니다. 사자(使者)는 그 최고 책임자의 명령을 따르게 하는데, 관속 3~5명과 심부름꾼 10~20여 명을 두어 업무를 수행할 수 있도록 해야 합니다.

또 휘하 관리 가운데 병농(兵農)의 일을 훤히 알고 아울러 군민(軍民)의 사정에 밝은 자 한 사람을 뽑아 둔전사(屯田使)로 삼아서 양사(兩司)[132]의 정사를 총괄하여 다스리게 하며, 그 주청(奏請)하는 것을 소통시키고, 군대의 식량공급을 재촉하게 해야 합니다.[133] 또 그로 하여금 절기에 따라 둔전의 상황을 직접 살펴 그들의 근면하고 게으른 실상을 파악하여 형벌과 상을 내리게 해야 합니다. 이와 같이 한다면 양 둔전은 서로 경쟁적으로 그 맡은 일에 힘써서, 농사일(田事)은 제대로 되고 군량미를 조운으로 운반하는 일은 비용이 줄어들게 될 것입니다. 그렇게 되면 여러 로(路)에서 명목에 없는 불법적으로 거두는 공납과 제멋대로 징수하여 교묘하게 착복하는 정사 가운데 예전에 어쩔 수 없어서 다 제거할 수 없었던 것들을 이제는 모두 금지시킬 수 있을 것이니, 백성의 경제력은 아마도 더욱 여유롭게 될 것입니다. 이것이 오늘날 시급히 힘써야 될 일의 다섯 째 사안과 여섯 째 사안입니다.

【둔전(屯田)과 관련한 신의 계책은 이 또한 장래에 제대로 된 장수를 얻은 후에야 시행할 수 있을 것입니다. 만약 장수의 자질이 단지 오늘날과

---

132) 양사(兩司) : 『절보』와 『익증』의 해석이 다르다. 『절보』에서는 군중(軍中)과 사자(使者)로, 『익증』에서는 병둔(兵屯)과 민둔(民屯)이라고 보았다.

133) 군대의 식량공급을 재촉하게 해야 : 원문은 "趣其應副"이다. 『차의』에서는 "취(趣)는 음이 촉(促)이다. '응부(應副)'는 군대에 식량을 공급하는 것을 의미한다"고 풀었다.

같다면, 도리어 조사(漕司)가 이미 이룬 성과[134]를 헛되이 파괴하게 될 뿐이고 장수와 병둔(兵屯)의 실제에 보탬이 되지 않을까 염려됩니다. 또 간청하건대, 지시를 내려 이번 수재를 수습한 뒤에 유랑민을 널리 불러들여 아울러 민둔(民屯)을 설치하는 시책을 행하고 효과가 있을 때까지 기다리십시오. 이어 조운을 담당하는 신하에게 명령을 내려 미처 다 밝혀지지 않은 문제점들을 다시 탐문 조사하여 조목별로 갖추어 보고하게 하고, 그 뒤에 사안에 따라 헤아리고 때에 맞추어 조치하시면 이미 이룬 단서가 흔들려 가벼이 무너지는 일은 거의 없을 것입니다. 폐하께서 살펴봐 주시기를 엎드려 바랍니다.】

무릇 이 여섯 가지 일은 모두 늦추어서는 안 되지만 그 근본은 폐하의 한 마음에 달려 있습니다. 폐하의 한 마음이 바르면 여섯 가지 일이 바로잡히지 않음이 없을 것입니다. 그러나 일단 인심의 사사로운 욕구가 그 사이에 끼어들면, 정신과 몸을 고달프고 힘들게 소모하면서 저 여섯 가지 일을 바로잡고자 할지라도, 또 헛되이 법령만을 갖추게 되어 천하의 일은 더욱 다스릴 수 없는 지경에 이르게 될 것입니다. 그러므로 이른바 천하의 큰 근본이라는 것은 또한 급히 해야 할 일 가운데 가장 급하여 더욱 조금이라도 늦추어서는 안 되는 것이오니, 폐하께서는 깊이 유념하셔서 그것을 빨리 도모하시기 바랍니다. 만약 큰 근본이 참으로 바르게 되고 급히 해야 할 일이 참으로 잘 처리되었는데도, 정치의 효과가 나아지지 아니하고, 국가의 세력이 강해지지 않으며, 중원이 회복되지 않고, 원수인 오랑캐가 제거되지 않는다면 신은 참형에 나아가 폐하께 사죄하기를 청할 것입니다. 비록 폐하께서 용서하려고 하시더라도 신은 또한 감히 받들지 않을 것입니다.

그러나 또 가만히 듣건대, 오늘날 사대부의 주장이 신과 같지 않은 것이 하나가 아닙니다. 그 실질을 궁구해 보면 모두가 이른바 사이비입니다. 대개 구습을 그대로 따라 일을 만들지 않고 지내는 것을 즐기는 자들은 말하기를 "폐하의 연세가 점점 높아지는데, 천하에는 또 다행스럽게도 아무 일이 없다.

---

134) 조사(漕司)가 이미 이룬 성과 : 앞서 전운사가 이룬 공을 말한다.(『익증』)

연세가 점점 높아지면 혈기가 쇠하지 않을 수 없고, 천하에 아무 일이 없는데 다시 용렬한 자들 때문에 소란스럽게 되는 것은 마땅하지 않다”고 합니다. 분발하여 힘써서 큰일을 하고자 하는 자들은 또 말하기를 “조종의 쌓인 숙원은 털어내지 않을 수 없고, 중원의 옛 땅은 회복하지 않을 수 없다. 이것을 임무를 삼는다면 황제의 마음은 누가 권하지 않아도 저절로 굳세어지지만, 이것을 버려두고 도모하지 않는다면 비록 채찍질하고 격려하여 큰일을 하고자 도모할지라도 표준으로 삼아 지향해야 할 것이 없어서 마침내는 또 시들해지는 상황으로 돌아갈 따름이다”라고 합니다.

무릇 이 두 가지 주장도 모두 일리가 있습니다. 그러나 신이 전부 잘못되었다고 생각하는 것은 대개 구습을 그대로 따르기를 좋아하는 사람들은 성인의 혈기가 쇠하는 때가 있음은 알지만 성인의 지기(志氣)는 쇠하는 때가 없음을 알지 못하며, 천하에 일이 있을 적에는 임시변통으로 편안해질 수 없다는 것은 알지만 천하에 아무 일이 없을 적에 더욱 조금도 태만해서는 안 된다는 것은 알지 못하기 때문입니다. 더구나 오늘날 천하는 또한 아무 일도 없는 것이 아닙니다!

잠시 위(衛)나라 무공(武公)을 들어 말씀드려 보겠습니다. 그는 나이 95세에도 오히려 나라에 훈계함으로써 바르게 간하기를 구하였고, 삼가고 경계하는 시를 지어서 스스로 주의하였으며, 사람을 시켜서 아침저녁으로 그것을 외우게 하여 자기의 옆에서 떠나지 않도록 하였습니다.[135] 이것은 그의 나이가 어찌 매우 많지 않은 때문이었겠습니까? 그의 경계하고 삼가고 두려워하는 마음이 어찌 이 때문에 조금이라도 쇠하였겠습니까? 하물며 폐하께서는 무공의 나이와 견주어볼 때 그 삼분의 이에도 미치지 못하며, 책임이 막중하고 지위가 높은 것은 또한 무공보다 천 배 만 배나 됩니다. 신은 비록 못났지만

---

135) 그는 나이 95세에도~않도록 하였습니다 : “무공이 나라에 경계하기를 ‘공경 이하로부터 사장(師長)에 이르기까지 실로 조정에 있는 자는 나를 늙었다고 생각하여 놔두지 말고, 반드시 조정에서 공경하고 삼가며 아침저녁으로 교대해서 나를 일깨우라.’고 하였다.”(『차의』)

또 어찌 감히 폐하를 무공보다 못하다고 미리 자리매김해 두고 폐하께서는 그렇게 하지 못할 것이라고 말하겠습니까?

또 천하의 일에 힘겹고 일이 많은 것은 근심할 만한 것이 못 됩니다. 편안하게 지내는 것에 빠져 위태로움을 야기함이 두려워할 만한 것입니다. 설령 공이 이루어지고 다스림이 안정되어 해야할 일이 전혀 없더라도, 오히려 아침저녁으로 삼가고 두려워해야 하며, 편안하게 거처할 때도 위태로움을 생각하여 조금이라도 게을러서는 안 됩니다. 하물며 지금 천하에는 비록 눈앞의 위급한 일은 아직 없는 듯하나, 백성은 가난하고 재정은 고갈되었으며, 병사들은 나태하고 장교들은 교만하며, 밖으로는 강하고 포악한 오랑캐가 있고, 안으로는 근심하고 원망하는 군인과 백성이 있습니다. 그밖에 말하기 어려운 재난이 눈과 귀가 미치지 않는 곳과 생각이 닿지 않는 곳에 숨어 있는 것들이 가까이로는 집과 방안 사이에 있고, 멀리는 수천 리 밖에 있으니 어찌 다 헤아릴 수 있겠습니까?

【당조(堂阼)와 침전[突奧] 사이에 있다는 것[堂奧之說]에 대해서는 앞에서 이미 말씀드렸습니다.136) 이 구절에서 다시 폐하께서 조금이라도 유념하시기

---

136) 당조(堂阼)와 침전[突奧]~말씀 드렸습니다 : 이것이 구체적으로 무엇을 가리키는가에 대해서는 의견이 다양하다. 먼저 『차의』에서는 신축년 연화전에 올린 두 번째 주차에서 "군주는 당조(當阼)와 침전[突奧]에서도 그 마음을 바르게 하고 그 뜻을 성실히 한다."고 말한 것을 가리킨다고 보았다. 그러나 「잡지(雜識)」에서는 이와는 다른 견해를 제시한다. 즉 "만약 (이 구절이) 신축년 연화전에 올린 주차를 가리킨다면 반드시 '앞에서 이미 진술하였을 뿐이다'고만 말해야 한다. 지금 '앞에서 이미 진술하였다'고 한 구절을 가지고 보면, 이 봉사(封事) 가운데서 거론한 '천하대본(天下大本)' 한 대문 내의 이른바 '修齊之無效, 近習之用事云云'을 가리키는 것 같다."『표보』에서도 이 『차의』의 견해를 비판한다. 즉 "신축년 주차는 이 봉사보다 8년 전에 올린 것인데 어떻게 앞뒤를 잘라버리고 두 글자만 인용해서 '앞에서 진술하였다'고 말하였겠는가? 또 이 구절은 앞 문장의 '말하기 어려운 근심'을 이어서 말하고 있는데, '마음을 바르게 하고 뜻을 성실하게 한다'는 말과 무슨 관계가 있겠는가? 봉사 가운데 주에서 근습의 폐해를 논하면서 '소인(小人)이 중요한 병권을 장악하게 하여 혹 가까이 궁궐 안에 있기도 하고 혹 천리 밖 강호(江湖)에 있기도 한데 조정 안팎으로

를 요청하는 것입니다.】

그 앞을 헤아려보아도 아직 볼 만한 효과가 없고, 뒤를 돌아보아도 또 고수할 만한 법도가 없습니다.

【신이 나름대로 살펴보건대 보통사람들이 지극히 소소한 한 가지 일을 남에게 부탁하고자 할 때도 반드시 먼저 지침을 만들어서 그로 하여금 최선을 다하게 한 뒤에, 부탁 받은 사람이 좇아 따를 바가 있어서 자신이 부탁한 뜻을 잃지 않게 합니다. 하물며 천하를 다스리는 이가 천하의 지극히 큰일을 남에게 부탁하면서 최선을 다하여 지킬 수 있는 지침을 먼저 만들어서 그에게 주지 않겠습니까? 그러나 신은 이 일에 대해서는 감히 다 말씀드리지 못하겠습니다만, 밝으신 황제께서 조금만 숙고해주신다면, 바로 이때가 실로 덕업을 일신하고 기강을 재정비하는 데 놓칠 수 없는 기회입니다. 신의 망령되며 참람경솔한 죄는 만 번 죽어 마땅하겠습니다만, 삼가 폐하께서 헤아려 용서해 주시기를 바랍니다.】

또 어찌 갑자기 아무 일이 없다고 여겨 마침내 놀며 즐기는 태도로써 그에 대처하겠습니까?

분발하여 힘쓰기를 생각하는 자는 또한 중원을 회복하는 것을 잊어서는 안 되고 쇠퇴해 가는 것을 오래 지속시켜서는 안 된다는 것만 알 뿐, 세상에 보기 드문 큰 공적은 세워지기 쉽지만 지극히 은미한 본심은 보존하기 어려우며, 중원의 오랑캐는 쫓아내기 쉽지만 자기 한 사람의 사사로운 뜻은 제거하기 어렵다는 것을 알지 못합니다. 진실로 어려운 것을 먼저 할 수 있다면 쉬운

한 사람도 그들의 간악함을 명백하게 아뢰는 사람이 없으니, 이는 국가 경영에 있어 온당치 못할까 심히 우려됩니다.(以小人握重兵, 或在周廬肘腋之間, 或在江湖千里之外, 而中外無一人敢白其姦, 此於國計, 深恐未便)'라고 말한 것이 있다. 여기서 말한 '당조(堂阼)와 침전[突奧] 사이' '천리의 밖'이 바로 이 일[堂阼와 突奧 사이에 있다는 것]을 가리킨다. '앞에서 이미 진술하였다'고 한 것은 이 봉사 가운데의 윗 문장을 의미한다."

것은 장차 말하지 않아도 저절로 처리될 것이지만, 어려운 것을 먼저 하지 않고 한갓 쉬운 것에서 요행을 바란다면 비록 아침저녁으로 그것을 말하여 입에 달고 있더라도 이 또한 한갓 빈말을 하여 한 순간의 뜻을 유쾌하게 하는 것일 따름입니다. 더구나 이 일[137]의 잘못은 이미 융흥(隆興, 1163~1164)의 초기에 있었으니, 서로 화합하지 못하고 갑자기 군대를 철수하고 강화함으로써[138] 드디어 편안히 지내는 해독이 점점 더 무성하게 자라나고, 땔나무에 앉아서 쓸개를 맛보며 복수하려는 뜻은 날마다 멀어지고 날마다 잊혀지게 되었습니다. 이 때문에 몇 년 이래로 기강은 해이해지고 허물과 재앙의 싹이 생겨서 사소한 동남쪽의 일도 오히려 걱정을 이기지 못하는 것이 있게 되었는데, 어떻게 중원 회복을 도모할 수 있겠습니까? 그러므로 신은 감히 전례에 따라 영합하고 구차하게 큰소리쳐서 폐하를 기만하지 못하겠습니다. 바라는 것은 오직 폐하께서 먼저 동남쪽이 아직 다스려지지 않은 것을 근심하셔서 마음을 바르게 하여 자기의 사사로움을 극복함으로써 조정을 바르게 하고 정사를 처리하시는 것입니다. 그러면 아마도 착실한 공효를 점차 거둘 수 있어서, 따로 근심과 해가 생겨나 원대한 계획을 방해하는 데에 이르지는 않을 것입니다. 대개 이른바 『주역』을 잘 다루는 사람은 『주역』을 말하지 않고,[139] 진실로 중원을 회복하는 데에 뜻이 있는 자는 칼을 어루만지고 손바닥을 치는[140] 일에 있지 않다는 것입니다.

---

137) 이 일 : '이 일'이란 (옛 영토를) 회복하는 일을 말한다.(『차의』)

138) 갑자기~강화함으로써 : 1163년(융흥 1년) 여름 4월에 장준(張浚)이 이현충(李顯忠)과 소굉연(邵宏淵) 등을 파견하여 길을 나누어서 금(金)나라를 공격하게 하였으나 부리(符離)에서 궤멸하자 재상인 탕사퇴(湯思退)는 힘껏 화의를 주장했다. 장준과 우윤문(虞允文), 호전(胡銓)이 애써 쟁론했으나 듣지 않고 마침내 양회(兩淮)의 수비를 거두고 종정소경(宗正小卿)인 위기(魏杞)를 파견하여 금에 가서 강화를 의논하게 하였다. 이른바 '융흥의 초기에 화합하지 못하여 갑자기 군병을 철수했다'고 한 것은 이것을 말한다.(『표보』)

139) 『주역』을 잘~말하지 않고 : 삼국시대 관로(管輅)의 말이다.(『차의』)

140) 칼을~치는 : 동한(東漢)의 장궁(臧宮)·마무(馬武)가 칼을 어루만지고 손바닥을 쳤는데, 이오(伊吾)의 북쪽으로 치달리고자 하는 뜻이었다.(『익증』)

논자 가운데에는 또 간혹 폐하께서 노불(老佛)의 학문에 조예가 깊으셔서 마음을 인식하고 본성을 깨닫는 오묘함을 터득하셨고, 옛 성왕의 도에 대해서는 대개 기약하지 않아도 저절로 부합하는 것이 있으며, 이 때문에 세상 유자들의 범상한 말과 죽은 법에 대해서는 달가워하지 않고, 당대 세상의 업무에 대해서는 차라리 관중(管仲)과 상앙(商鞅) 등의 모든 공리설을 취할 만한 것으로 여기신다고 생각합니다. 따라서 지금 바로 그 싫증나고 비루 천박한 이야기를 앞에서 말씀드리면, 또한 그 말이 많을수록 더욱 부합하지 않게 될 것이라고 말합니다. 신은 이 또한 사이비 논의로서 황제의 덕이 날마다 새로운 데로 나아가게 하는 것이 아니라고 생각합니다.

저 노자와 부처의 학설은 본래 성현의 학문과 유사한 것이 있습니다. 그러나 그 실상은 다릅니다. 이쪽은 본성과 천명을 진실한 것으로 여기지만 저들은 본성과 천명을 공허한 것으로 여깁니다. 이쪽은 그것을 진실한 것으로 생각하기 때문에, 이른바 고요하여 움직이지 않는다고 할 때에도 온갖 이치가 그 가운데 찬연히 분명하여 백성이 지켜야 할 떳떳한 도리와 사물의 법칙이 하나라도 갖추어지지 않음이 없으며, 이른바 느껴서 마침내 천하의 일에 통한다고 할 때에는 곧 반드시 그 일에 순응하고 반드시 그 법을 따라서 한 가지 일이라도 혹 어긋남이 없습니다.[141] 그러나 저들은 그것을 공(空)으로 생각하여서 한갓 적멸이 즐거움이라는 것만 알고 그것이 실리의 근원임은 알지 못하며, 한갓 사물에 응하여 형상을 볼 줄만[應物見形][142] 알고 그것에

---

141) 고요하여~어긋남이 없습니다 : 『주역』「계사전」에서 나왔다.(『익증』) ; 『역대전』의 말이다. 정이천(程伊川)이 말하였다. "중(中)이라는 것은 '고요하여 움직이지 않음'을 말한 것이며, 화(和)라는 것은 '느껴서 마침내 통하는 것'을 말한 것이다."(『차보』)

142) 사물에 응하여 형상을 볼 줄만[應物見形] : 이 구절에 대한 해석은 다양하다. 『차의』에서는 "'사물에 응하여 형상을 안다'는 뜻이다"고 했다. 『절보』에서는 "이것은 불교에서 말하는 '물긷고 나무를 하는데 신통하고 묘한 작용이 있다'는 설과 같다"고 했다. 그러나 『차의』와 『절보』의 해석은 적합하지 않은 점이 있다. 『차의』의 경우 우선 "응물현형(應物見形)"은 본래 『금광명경(金光明經)』의 "응물현형(應物現形)"에서 유래한 것이다. 원문은 "佛眞法身, 猶如虛空, 應物現形, 如水中月"이다. 그렇다면 번역은 "(저 불교도들은) 단지 (부처님이) 근기에 따라 나타난다는 것만 알지 그것의 참됨과

참과 거짓의 구별이 있음은 알지 못합니다.

이 때문에 우리의 학문을 따라 수양하면 본체와 작용은 근원이 동일하고, 드러난 것과 은미한 것은 틈이 없어서[143] 마음을 다스리고 몸을 닦고 집안을 가지런히 하고 나라를 다스리는 일이 하나라도 이치가 아닌 것이 없습니다. 그러나 저들의 학설을 따른다면 그 근본과 말단이 나뉘고 안과 밖이 단절되어서, 비록 이른바 넓고 맑으며 신령하고 통달하며, 텅 비고 고요하고 밝고 묘한 것이 있다고 하더라도 인륜을 어지럽히고 천리를 파괴하는 죄와 운용을 전도시킨 잘못으로부터 구제할 수 없습니다. 그러므로 예로부터 저들의 학문을 하는 자는 처음에는 기뻐할 만한 것이 있는 듯하지만, 끝을 살펴보면 편벽되고 지나치며 삿되고 회피하는 견해가 마음에 일어나서 정사에 해를 끼치지[144] 않은 경우가 드뭅니다.

이 때문에 정호(程顥)는 항상 그것을 배척하여 말하기를 "스스로는 신묘함을 다하여 변화를 안다고 하지만 사물에 통하여 사업을 성취하기에는 충분하지 못하고, 말은 두루 미치지 않음이 없지만 실제로는 인륜과 천리에서 벗어나며, 깊이 궁구하여 은미한 데까지 이르지만 그것으로 요순의 도에 들어갈 수는 없다. 세상의 학자들은 얕고 좁아서 천박하고 완고하게 막힌 사람이 아니면 반드시 여기에 빠져듭니다. 이는 바른 길에 우거진 잡초요, 성인의 길로 들어가는 문을 가려 막은 것으로, 물리쳐 제거한 뒤에야 함께

거짓의 구별이 있다는 것을 알지 못하옵니다"가 되어야 한다.『절보』의 경우는 "彼以爲空, 則徒知寂滅爲樂, 而不知其爲實理之原, 徒知應物見形, 而不知其有眞妄之別也"에서 "彼以爲空, 則徒知寂滅爲樂, 而不知其爲實理之原"는 불교는 "所謂寂然不動者, 萬理粲然於其中, 而民彛物則, 無一之不具"에 대해 제대로 모른다는 것을 비판하는 부분이고, "徒知應物見形, 而不知其有眞妄之別也"는 "所謂感而遂通天下之故, 則必順其事, 必循其法, 而無一事之或差"를 제대로 모른다는 비판이다. 즉 주희는 '응물현형(應物見形)'을 불교식 "감이수통(感而遂通)"이라고 여기는 것이다. 그렇다면『절보』와 같이 해석하면 문장혈맥이 통하지 않는다는 것을 알 수 있다. 여기에서 '見'은 '현'으로 읽어야 한다.

143) 본체와~틈이 없어서 : 정이천의『역전』서문의 말이다.(『익증』)
144) 처음에는~해를 끼치지 :『맹자』「공손추상(公孫丑上)」에 나온다.

도에 들어갈 수 있다"[145]고 하였습니다. 아, 이것은 참으로 이치가 닿은 말이라고 하겠습니다. 애석하게도 그것이 아직 폐하께 알려질 수 없었던 까닭에 폐하께서는 석씨(釋氏)의 무리[146]가 터무니없이 속이는 말을 잘못 들어서 성인의 도에 참으로 부합하는 것이 있다고 생각하시게 되었으며, 심지어는 마음을 다스리고 몸을 다스리고 사람을 다스리는 것을 세 가지 방법으로 나누고는 유자의 학문을 가장 낮은 것으로 여기시는 데까지 이르게 되었습니다.[147] 그리하여 신은 폐하를 위하여 (이단에 젖은) 이 마음이 정사에 해가 될까 염려하였으며, (이단의) 이 설이 지금에 이르도록 널리 퍼진 것을 안타깝게 생각하였습니다. 만약 신의 말이 옳다고 여기지 않으신다면, 성상의 자질이 높지 않은 것이 아니고 (이단의 학을) 익힌 것이 오래되지 않았다고 할 수 없는데, 마음을 바르게 하고 몸을 닦아서 천하에까지 미치게 하는 그 효과가 과연 어디에 있습니까? 그러니 어찌 그리 된 까닭을 생각해서 빨리 돌이키지 않을 수 있겠습니까?

【신이 듣건대 인종 때에 정호(程顥)란 이가 있었는데 그의 아우 정이(程頤)와 함께 주돈이(周敦頤)에게서 학문을 배워 참으로 공맹 이래로 전해지지 않던 실마리를 얻었습니다. 같은 시대에 또 소옹(邵雍)과 장재(張載)가 있었는데, 서로 더불어 널리 글을 배우고 예로 요약하여 마침내 어둡던 성인의 도를 다시 밝아지게 했으니, 그 공이 매우 큽니다. 속유의 천박한 학문으로는 이미 그 심오한 뜻을 엿보기에 부족하며, 간사하고 비루한 이들은 또 머물 때는 반드시 성실하고 경건해야 하고, 움직일 때는 예과 의로움으로 말미암아야 한다는 말이 자신들이 하는 일에 해가 된다고 생각하였습니다. 그 때문에 함께 원망하고 미워하면서, 도학(道學)이라 지목하여 더욱 비방하고 헐뜯었습

---

145) 스스로는~있다 : 『이정전서(二程全書)』 「명도행장(明道行狀)」에 보인다.

146) 석씨(釋氏)의 무리 : 원문의 "髡徒"를 이렇게 풀었다. 『차의』에서 "곤(髡)은 머리를 깎은 것으로 불교도를 의미한다."고 했다.

147) 마음을~되었습니다 : 마음을 다스리는 것은 불교에, 몸을 다스리는 것은 도교에, 사람을 다스리는 것은 유교에 소속시켜서 삼교(三敎)의 방법으로 삼았다.(『익증』)

니다. 이에 대해서 신은 이미 앞에서 대략 논하였습니다. 대저 세속의 무지한 이들은 이미 도학을 아름답지 않다고 여기는데, 이는 반드시 온 세상 사람들이 모두 도가 없고 모두 배우지 않아서 다 자기가 하는 바와 같이 한 뒤에 자신의 뜻에 맞기를 바라는 것입니다. 도리에 어긋난 학설이 제멋대로 행하여지고, 인심은 한쪽으로 치우쳐서 꺼리는 바가 없음이 이 지경에 이르렀으니, 이것은 바로 민마보(閔馬父)가 깊이 우려했던 것입니다.[148] 이제 주돈이 등이 지은 글이 장서각[冊府][149]에 꽤 소장되어 있으니 폐하께서 한번 취하여 보신다면 폐하의 학문이 고명하시므로 반드시 속으로 계합하여 일을 행함에 그 효과가 나타나는 것이 있을 것입니다. 만약 그 때 드디어 한 마디 말씀을 내려주셔서 그것을 세상에 널리 드러낸다면 마음을 바르게 하는 효과를 절로 얻을 뿐만 아니라, 다른 사람의 마음을 바르게 하는 것도 여기에 달려있을 것입니다. 삼가 폐하께서는 깊이 유념하시기 바랍니다.】

저 관중과 상앙의 공리(功利) 학설과 같은 것은 또 변변치 않은 것입니다. 폐하께서 그것을 취하신 까닭은 이미 유자의 도를 범상한 말이요 죽은 법이라고 배척하시고, 날마다 앞에 이르는 천하의 일에 저 불학(佛學)으로써는

---

148) 민마보(閔馬父)가 깊이 우려했던 것입니다 : 『좌전』 소공(昭公) 18년 조에 나온다. 좌전 소공 18년 가을에 조평공(曹平公)을 장사지냈다. 거기에 간 사람이 주나라 원백(原伯)인 노(魯)를 만나 그와 이야기를 나누었는데, 그는 학문을 좋아하지 않았다. 돌아와서 민자마(閔子馬)에게 말하자, 민자마가 말했다. "주나라는 어지러워질 것이다. 반드시 학문을 경시하는 설이 많아지게 될 것이고, 뒤에는 주나라 대부에게까지 영향을 미칠 것이다. 대부는 자신들의 지위를 잃어버릴까 염려하여 미혹되어서는 또 '학문이 없어도 된다. 학문이 없어도 해가 되지 않는다'고 말할 것이다. 이에, 아랫사람은 윗사람을 능멸하고, 윗사람은 아랫사람을 쇠약하게 할 것인데 어지럽지 않을 수 있겠는가? 대저 학문은 (덕을) 기르는 것이다. 배우지 아니하면 장차 쇠락하게 된다. 원씨(原氏)는 망하게 될 것이다."(『차의』)

149) 장서각[冊府] : 『목천자전(穆天子傳)』에 나오니, 곧 '군옥산(群玉山)은 평평하고 험난하지 않아 사방의 산이 곧고 평탄하다. 이른바 선왕의 책부(冊府)이다. 초목이 적고 짐승이 없다.' 송나라 경덕(景德) 2년(1005) 진종이 학사인 왕흠약(王欽若)과 양억(楊億) 등에게 명하여 역대 군신의 사적을 정비하게 했다. 8년에 걸쳐 1000권의 목록, 10권의 음의(音義), 10권의 조칙을 만들고, 『책부원귀(冊府元龜)』라 이름하였다.(『익증』)

충분히 대응할 수 없었기 때문에 저들의 말[150]에 흥미를 느끼셔서 나라를 부유하게 하고 병력을 강하게 하는 데 혹 금방 나타나는 효과가 있기를 바라셨기 때문입니다. 그러나 몸소 그 설을 행하신 지 지금까지 몇 년이십니까? 그런데도 나라는 날로 더욱 가난해지고 병력은 날로 더욱 약해져서 이른바 금방 나타나는 효과라는 것을 아직도 보지 못하였습니다. 반면 성현이 전하는 바 재물을 늘리는 방법·재산을 운용하는 도리·문왕과 무왕의 노여움·도덕의 위엄은 참으로 크게 부강하게 하는 방법인데도 도리어 그것을 말하는 사람이 아직 없으니, 어찌 잘못된 것이 아니겠습니까!

이제 의논하는 이들은 한갓 노자와 불교의 고상함과 관중과 상앙의 편리함만을 보고, 성현이 전하는 바 선을 밝히고 몸을 정성스럽게 하며, 집안을 가지런히 하고 나라를 다스리고 천하를 평안하게 하는 것은 애초에 신기하고 기뻐할 만한 학설이 없어서 마침내 범상한 말이요 죽은 법이라 배울 것이 없다고 생각합니다. 저들이 어찌 범상한 말 가운데 저절로 오묘한 이치가 있고, 죽은 법 가운데 저절로 활용하는 방법이 있어서 참으로 노불과 관중 및 상앙의 비루함이 그 만분의 일이라도 닮을 수 있는 것이 아님을 알겠습니까? 바라건대 폐하께서는 신의 말을 살펴셔서 네 가지 설[151]과의 차이점을 궁구하여 밝게 변별하신다면 신이 말씀드린 것이 신이 지어낸 말이 아니라 옛 성현의 말이며, 성현이 지어낸 말이 아니라 바로 하늘의 바른 도리와 땅의 의로움의 자연적인 이치임을 아시게 될 것입니다. 비록 요·순·우·탕왕·문왕·무왕·주공·공자와 같은 성인이나 안자·증자·자사·맹자와 같은 현인으로도 어길 수 없는 바가 있으니, 신의 말과 저 논자들의 설에 대해 취사선택을 하신다면 하루 안에 결정될 것입니다.

신은 여기에서 또 느끼는 바 있어 절로 슬퍼집니다. 대개 신이 폐하를

---

150) 저들의 말 : 관중과 상앙의 설이다.
151) 네 가지 설 : '인습에 따르기를 좋아하는 설', '분발하여 힘쓸 것을 생각하는 설', '노불(老佛)의 설', '관중과 상앙의 설'이다.(『차의』)

섬길 수 있게 된 지 올해로 27년이 되었습니다. 그 사이에 폐하를 알현할 수 있었던 것은 세 차례에 불과합니다. 처음 융흥의 초에 알현하여 참으로 폐하의 측근에서 일보는 신하들에 대해 말씀드린 적이 있습니다. 신축년에 재차 알현하여 또 일찍이 그것을 논하였습니다. 올해 세 번째 알현하여 그 말씀드린 바가 또 이것에 불과합니다. 신은 시골의 초야에 묻혀 사는 사람인데 어찌 그들에게 쌓인 원한과 깊은 분노[152]가 있다고 참으로 그것을 공격함으로써 사적인 쾌감을 느끼려고 하겠습니까? 여러 차례 올린 말씀이 받아들여지지 않았어도 감히 후회하지 않았던 까닭은 구구한 뜻이지만 오직 국가를 위한 계책을 모색하고 감히 스스로 자신을 위하여 계책을 세우지 않았기 때문이니, 저의 어리석음을 또한 알 수 있습니다. 그러나 요사이에 들어 세월은 더욱 유수와 같이 지나가서 한번 가면 다시 돌아오지 않습니다. 신의 창백한 안색과 흰 머리털이 이미 노년에 접어들었을 뿐만 아니라[153] 적이 폐하의 얼굴을 우러러보니 또한 예전과 같지 않음을 느끼게 됩니다.

　신은 도량이 좁고 막혀서 참으로 충성스러운 말과 기묘한 꾀로써 특별히 폐하의 기대에 미칠 수 없었지만, 폐하의 날로 새로워지는 성덕으로도 또한 신으로 하여금 미심쩍은 마음이 개운하게 풀려서 그 오래된 근심을 잊게 하지는 못하였습니다. 신이 이에 어찌 깊이 감개하여 거듭 스스로 슬퍼하지 않을 수 있겠습니까? 몸은 누추한 집[衡茅][154]에 엎드려 있으나 마음은 조정으로 치달리니[155] 적이 임금을 사랑하고 나라를 걱정하는 순수한 마음을 이기지 못해 감히 만 번 죽을 것을 무릅쓰고 속마음을 다 털어놓음으로써, 야인(野人)이 미나리를 먹고 햇볕을 등에 쬐고 그것을 맛이 좋고 상쾌하다고

---

152) 쌓인 원한과 깊은 분노 : 『사기』 「악의열전(樂毅列傳)」에 나온다. 악의(樂毅)가 연혜왕 (燕惠王)에게 보고한 글 가운데 나오는 말이다.(『익증』)

153) 이미 노년에~뿐만 아니라 : 당시 주희의 나이는 59세였다.(『익증』)

154) 누추한 집[衡茅] : '형모(衡茅)'의 '형'은 형문(衡門 : 지붕 없는 대문. 두 개의 기둥에 한 개의 횡목을 가로질러 만든 대문으로 은자가 주거하는 곳을 가리킨다)으로 『시경』 「진풍(陳風)」에 나온다. '모'는 초가집이다.(『절보』)

155) 마음은 조정으로 치달린다 : 『장자』 「양왕(讓王)」에 나온다.(『익증』)

여겨서 윗사람에게 바쳤던 것을 본받고,[156) 아울러 스스로 사퇴하기를 청합니다.

【신의 보잘 것 없는 사사로운 계획을 위엄어린 황제에게 결례가 됨을 무릅쓰고 여기에 덧붙여 진술합니다. 신은 품부 받은 본성이 고지식하고 융통성이 없어서 시세를 따라 적당히 임기응변하지를 못합니다. 그러므로 어려서부터 벼슬길에 나가는 것을 결코 견뎌낼 수 없을 것이라고 스스로 생각해왔습니다. 그 때문에 내내 사록(祠祿)만 헛되이 받아먹으며 전후 아홉 번 임용[157)되었으니, 어찌 신명을 바치는 도의가 있음을 알지 못해서 그리하였겠습니까? 그렇다고 또한 담담하게 세상을 구제하고자 하는 마음이 없어 차라리 물러나 그런대로 화를 피하고자 하였던 것도 아닙니다.[158) 중간에 잠깐 불러주셨으나, 결국 스스로 낭패를 초래하여[自速顚隮][159) 7년 동안 몸을 둘 곳이 없었습니다. 이번에 관직에 나아가자 또 의견을 시끄럽게 만들었습니다.[160) 다행히 폐하의 밝으심에 힘입어 시종 온전함을 보존할

---

156) 야인(野人)이~본받고 : 『열자』에 나온다. 송(宋)나라의 농부가 볕을 쬐면서 "햇볕의 따사로움을 지어다가 우리 임금에게 바치겠다"고 말하자, 그의 아내가 "옛날에 미나리 줄기와 쑥을 맛이 좋다고 여긴 사람이 지방의 우두머리에게 바쳤는데, 지방의 우두머리가 그것을 맛보고는 입이 아리고 배가 아프다고 하자, 모두들 그를 비웃었습니다."라고 말하였다. ○계강(嵇康)이 산도(山濤)에게 보낸 편지글에서 말했다. "등에 햇볕을 쬐는 것을 상쾌하게 여기고, 미나리를 맛이 좋다고 여긴 촌사람이 그것을 지존에게 바쳤는데, 비록 사랑하는 뜻은 있을지라도 또한 거친 것이다."(『차의』)

157) 아홉 번 임용 : 무인년 2월 감남악묘(監南岳廟)에 파견되었고, 임오년 5월에 다시 청하여 팔월에 사(祠)관을 얻었고, 을유년 4월 다시 사관을 얻었고, 계사년 5월 태주(台州) 숭도관(崇道觀)을 주관하였고, 병신년 6월 무이(武夷) 충우관(冲佑觀)을 주관하였고, 계묘년 정월 다시 숭도관(崇道觀)에 파견되었고, 을사년 4월 화주(華州) 운대관(雲臺觀)을 주관하였고, 정미년 3월 남경(南京) 홍경궁(鴻慶宮)을 주관하였고, 이해 8월 서경(西京) 숭복궁(崇福宮)을 주관하였다.(「차보」)

158) 화를~아닙니다. : 주희는 근습(近習)에 대해 이야기할 때마다 반드시 '중상(中傷)의 재앙이 있을 것이다'고 했기 때문에 이렇게 말했다.(『차의』)

159) 스스로 낭패를 초래하여[自速顚隮] : 당중우(唐仲友)와 다투어 왕회(王淮)의 뜻을 거슬렀기 때문이었다.(『차의』) ○원문의 '速'은 '소(召)'의 뜻이다. 『서경』 「미자(微子)」에서 '我乃顚隮'라고 했다.(『익증』)

160) 이번에 한번 관직에~만들었습니다 : 임율(林栗)의 일이다.(『차의』)

수 있었고, 녹봉을 더 주셔서 굶주림과 추위를 면할 수 있게 되었으며, 관직의
지위를 승진시켜서 자식에게까지 덕택이 미칠 수 있게 되었으니, 이 모두는
이미 신이 평생토록 기대했던 바를 넘어서는 것이옵니다. 천지와 같은 은혜는
두터울 뿐만이 아닙니다. 이번의 상소문은 단지 폐하께서 마음을 비우시고
자신을 굽혀 저의 미친 말을 받아들이신 것에 감격했기 때문에 평일의 나라를
걱정하는 마음을 다하였고 예전의 충성스럽고자 했던 뜻을 다 바친 것입니다.
바라는 것은 위로는 폐하의 밝으심에 도움이 되고, 아래로는 배운 것을
저버리지 않는 것일 따름이지, 감히 처음 품었던 마음을 바꿔서 다시 나서서
일을 해보려는 바람이 있는 것은 아닙니다. 만약 폐하의 사랑을 입어 자세하게
살펴보시고, 그 본말에 따라서 순서대로 시행하셔서, 가령 신의 말이 우뚝하게
실제로 실현되어진 효과가 있게 되면, 제가 제 마음과 달리 어려움을 무릅쓰고
관직에 있는 것이 아니어도, 폐하의 신에 대한 영예로운 대우는 이미 여러
신하들의 뒤에 있지 않게 될 것입니다. 만약 그것이 사리에 어긋나고 망령되어
시행할 수 없다면 몸을 한산한 지위에 두는 것이 곧 분수에 마땅할 것입니다.[投
閑置散, 乃分之宜]161) 비록 폐하께서 은총을 내리시고자 하시더라도 (그 은총
은 신에게) 그것은 부끄러움과 송구스러움만 보탤 것이기에 결코 신이 감당할
바가 아닙니다. 적이 폐하께서 그 논한 바의 간절함을 보시고 명령을 받들어
감당하라고 잘못 이르시게 될까 두렵습니다. 그러므로 다시 자세하게 상주하
오니 폐하께서 살펴주시기를 엎드려 바라나이다.】

바라건대 폐하께서 가엾게 여기셔서 죄를 사하여 주시고 그 옳은 것을
택하여 주신다면 어리석은 신하의 다행일 뿐만 아니라 실로 종묘사직과
백성들의 다행이기도 할 것입니다.

【신이 논한 것은 비록 한때의 폐단에 대한 것이지만 그 규획은 실제로
모두 정치의 요체이므로 길이 후세에 이르기까지 전하게 할 만 합니다.
대개 앞의 성인과 뒤의 성인이 그 시대는 비록 다를지라도 그 도는 같지

---

161) 몸을 한산한~마땅할 것입니다[投閑置散, 乃分之宜] : 한유(韓愈)의 「진학해(進學解)」
　　에 나오는 말이다.(『익증』)

않은 적이 없습니다. 이것이 신의 말이 한갓 오늘날에 대해서만 바라는 바가 있는 것이 아니라 장차 훗날에도 바라는 바가 있는 까닭입니다. 소원하고 미천한지라 감히 말씀을 다 드리지 못하였습니다. 엎드려 바라건대 자비로우신 폐하께서 신의 어리석은 충정을 어여쁘게 여기셔서 만 번 죽어 마땅한 죄를 사하여 주시고, 혹 황태자가 참여하여 정책을 결정할 때 특별히 보여주신다면 천만 다행이겠습니다.】

신 주희는 참으로 황송스럽고 두려워하며 죽음을 무릅쓴 채 재배하고 삼가 말씀을 올립니다.

_ 정호훈 · 한정길

주자봉사 권 2

기유년(1189)에 올리려던 봉사

해 제   기유의상봉사(己酉擬上封事)는 광종 즉위년(淳熙 16, 1189) 즉 주희 나이 60세에 쓰여진 글이다. 당시 그는 비각수찬관(秘閣修撰官)이었고 하남(河南)의 숭복관(崇福觀)을 주관하고 있었으며, 그 해의 끝 무렵에 장주지사(漳州知事)에 임명되었다. 기유년(己酉年)은 『대학장구』와 『중용장구』의 서문이 쓰여진 때이고, 주희의 주요저술이 완성된 시기이다. 이 기유의상봉사는 무신봉사와 더불어 주희의 사상이 현실정치에 대한 사고방식, 시세에 대한 방책으로 반영된 것으로 이해된다. ‘의(擬)’는 지어놓고 올리지 못한 것을 의미한다.[1]

당시 남송 정국은 극도로 불안하였다. 광종(光宗)은 효종의 아들로 효종의 양위로 즉위하였는데, 황후(皇后) 이씨(李氏)가 정치를 간섭하였다. 황후 이씨의 성격은 사납고 투기가 많았으므로 광종은 이를 싫어하였다. 그러나 광종은 병을 앓아 항상 조정에 나오지 못하고 정사는 황후에 의하여 결정되었다. 그녀와 좌우의 근신들은 광종 부자 사이의 정감을 이간시켰다. 효종이 광종을 폐위시킬 의사가 있다고 말했고 광종은 이를 믿고 결례(缺禮)를 하여 신하들의 불만을 샀다. 소희(紹熙) 5년(1194) 효종이 세상을 떠나자 광종은 궁에 나오지 않은 채 예(禮)를 행하여

---

1) 「행장」에 따르면 무신년에 효종은 이미 천자의 지위를 선양하려는 뜻을 지니고 있었다. 주희는 이 소를 미리 작성하고 이듬해 기유년에 그것을 상주하고자 하였다. 그러므로 이 해에 묶어 놓았다.(『차의』) ‘순희(淳熙)’ ‘무신’ ‘효종’ 운운하였지만 거기서 말하는 폐하는 새로운 황제를 가리켜 말한 것이다. 연보에 따르면 이때 주희는 막 숭전전 설서(說書)가 되었는데, 때마침 정치를 맡아서 행하는 사람들 가운데 도학을 요사스러운 기풍으로 지목하는 이가 있었다. 그러므로 새로운 명령을 애써 사양하였고 봉사도 결국 상주하지 않았다. 봉사 가운데 제10조를 빠뜨리고도 그것에 대해 아무 설명이 없는 것은 상주하려고 하였으나 문장을 완성하지 못했기 때문이다.(『익증』)

내외가 흉흉하였다. 고종후인 헌성태후(憲聖太后) 오씨(吳氏)와 협의한 조여우(趙汝愚)와 한탁주(韓侂胄)는 광종의 아들인 가왕(嘉王) 확(擴)을 옹립하였다. 결국 광종은 태상황(太上皇)이 되고 가왕이 즉위하니 곧 영종(寧宗, 1194~1224)이다.

기유의상봉사(己酉擬上封事)는 광종의 즉위한 해에 광종이 황제로서 해야만 할 일을 조목조목 10가지로 나누어 설명하고 있는데, 열 번째 항목이 빠져, 9항목의 봉사만이 전한다. 그 내용은 (1) 학문하여 마음을 바르게 하고 (2) 몸을 닦아 집안을 가지런히 하며 (3) 편벽한 자를 멀리하고 충직한 인물을 가까이 하고 (4) 사은(私恩)을 누르고 공도(公道)를 높이며 (5) 의리를 밝혀 미신(迷信)을 끊으며 (6) 사부를 잘 뽑아 황태자를 보좌하고 (7) 인물 선임을 잘 하여 정치를 바르게 행하며 (8) 기강을 진작시켜 풍속을 바로잡고. (9) 비용을 절감하여 나라의 기초를 견고히 하라는 내용이다.

구위(具位)[2] 신 주희는 감히 머리를 조아려 인사를 드리고 말씀을 올립니다. 황제 폐하께서는 총명하고 지혜로운 자질로, 효성스럽고 우애하며 온화하고 공경스러운 덕을 지니셨고, 관대하고 인자하며 널리 사랑하시는 도량을 지니셨고, 신묘한 무력(武力)으로 해치지 않고도 복종시키는[3] 위엄을 지니고 계십니다. 태자로서 덕을 닦으신 지 20년,[4] 갑작스레 자애로운 황제의 명을 받아 몸소 대보(大寶)[5]를 이으시니, 용이 날고[6] 호랑이가 변하여[7] 천자의 자리에 오르심이 천명에 부합하였습니다. 무릇 천지간에 조금이라도 혈기가 있는 것들은 목을 빼들고 발꿈치를 들며[8] 덕을 바라보고 풍교를 듣지 않는

---

2) 구위(具位) : 주소(奏疏) 등 글로 보고하는 문서의 서두에 관직명을 써야 하는데, 그것을 생략하고 '구위(具位)'라고 쓴다. '자리나 겨우 채운다'는 겸양의 표현이다.

3) 신묘한~복종시키는 : 관련 구절은 『주역』「계사전」에 나온다.

4) 20년 : 건도(乾道) 7년(1171) 광종(光宗)이 태자로 옹립된 때로부터 지금에 이르기까지 무릇 20년이다.(『익증』)

5) 대보(大寶) : '대보'는 천자의 지위를 말한다. 『주역』「계사전」의 "성인의 큰 보배를 '지위'라고 한다"에서 나왔다.

6) 용이 날고 : 『주역』 건괘 구오(九五)의 "나는 용이 하늘에 있다"에서 따온 것이다.(『절보』)

7) 호랑이가 변하여 : 『주역』 혁괘(革卦) 구오(九五)의 "대인이 호랑이로 변한다"에서 따온 것이다.(『절보』)

8) 목을 빼들고 발꿈치를 들며 : 사마상여(司馬相如)의 「유파촉격(喩巴蜀檄)」에 "목을 빼들고 발꿈치를 들며, 우러러 모두 풍교를 바라보고 정도(正道)를 사모하였다."라고

것이 없습니다. 신이 마침 이때를 만나 먼저 황제의 부르심을 입고 게다가 황공하게도 황제를 직접 뵐 기회를 주시어 해와 달의 빛을 가까이할 수 있게 되었습니다. 감동스럽고 다행함이 깊사오니 어찌 한 말씀 올려 만의 하나 맞을지도 모를 어리석은 저의 충성을 바치지 않을 수 있겠습니까?

대개 신이 듣건대, 옛 성현들은 이치를 궁구하고 본성을 다하여 도를 갖추고 덕을 온전히 하였기 때문에 그 시행하는 것이 의리에 맞지 않은 것이 없었으나, 그럼에도 스스로 만족해하는 마음을 조금도 갖지 않았다고 합니다. 이것은 그 분들이 평상시에 본성을 잘 보존하고 마음을 잘 살펴서, 분한 생각을 경계하고 욕심을 막으며 선으로 나아가고 허물을 고치는 노력이 참으로 잠시도 끊어짐이 없는 상태에 이르렀기 때문입니다. 자신이 행하는 바에 커다란 변화가 생기면, 또한 반드시 그로 인하여 자신의 마음을 크게 경동(警動)시킬 수 있습니다. 따라서 처음을 삼가 조심하면서도 자신을 새롭게 하기를 거듭하는 것입니다.

이윤이 태갑에게 고하여 말하기를, "지금 왕께서 그 덕을 이으시려 하신다면 즉위 초에 달려 있지 않음이 없습니다"9)라고 하였고, 또 말하기를 "지금 계승하는 왕께서 새로 천명을 받으셨으니 오직 그 덕을 새롭게 해야 합니다"10) 라고 하였습니다. 소공(召公)이 성왕(成王)에게 경계하여 말하기를 "자식을 낳음에 낳은 초기에 스스로 밝은 명을 주지 않음이 없는 것과 같으니, 이제 하늘이 밝음을 명할 것인지, 길흉을 명할 것인지, 역년(歷年 : 장구한 역사)을 명할 것인지, 이것을 아는 것은 지금 우리가 처음 정치하는 것에 달려 있습니다. 따라서 왕께서는 덕을 빨리 공경하소서"11)라고 하였습니다. 대개 이런 내용으로 자신의 임금에게 소망한 것이니 그 뜻이 역시 매우 절실합니다.

이제 폐하께서 태자의 자리에서 천자의 지위에 이르시고, 따르기도 하고

하였다.(『익증』)

9) 지금 왕께서~없습니다 :『서경』「이훈(伊訓)」에 나온다.

10) 지금 계승하는~해야 합니다 :『서경』「함유일덕(咸有一德)」에 나온다.

11) 자식을 낳음에~빨리 공경하소서 :『서경』「소고(召誥)」에 나온다.

감독하기도 하던 태자의 일[12]에서 듣고 결단하는 천자의 일을 전담하시게 되었으니, 그 몸에 달라진 것에 무엇이 이보다 크겠습니까? 그러므로 무릇 그 마음을 경동시켜 처음을 삼가고 스스로 새롭게 하는 것에 대해서는, 생각건대 이미 다하지 않는 바가 없으실 것입니다. 그럼에도 어리석은 신에게는 남모르게 두려워하는 것이 있으니, (마음을) 경동하여 스스로를 새롭게 하는 항목 중에 만에 하나라도 빠뜨린 것이 생기면 허물과 재앙의 싹이 장차 은미하고 아득한 데에서 발생하여 방비하지 못한 곳으로 뻗어나갈까 정말 염려되기 때문입니다.

이 때문에 모자라고 천박함을 문득 잊고, 망령되이 평소 염려하면서 과도하게 생각하였던 것들을 깊이 폐하를 위하여 헤아려보았습니다. 학문을 익혀서 마음을 바르게 하는 것, 몸을 닦아서 집안을 잘 다스리는 것, 아첨꾼을 멀리하고 충직한 이를 가까이 두는 것, 사사로운 은혜를 억제하고 공변된 도를 높이 세우는 것, 의리를 밝혀서 귀신에 의탁하는 간사함[神姦][13]을 없애는 것, 태사(太師)와 태부(太傅)를 택하여 천자의 후사를 보필하는 것, 관리를 선발하고 임용하는 것을 엄정하게 하여 체통을 밝히는 것, 기강을 떨쳐서 풍속을 쇄신하는 것, 재정을 아껴서 국가의 근본을 견고하게 하는 것, 정사를 잘 정비하여 오랑캐를 물리치는 것 등 무릇 이 열 가지는[14] 모두 폐하께서 (마음을) 경동하여 스스로를 새롭게 하는 데에 하나라도 빠뜨려서는 안 되는 것입니다. 신은 임금을 사랑하고 나라를 걱정하는 마음을 이기지 못하여

---

12) 따르기도 하고~태자의 일 : 군주가 움직일 때 태자가 수행하는 것을 '무군(撫軍)', 수행하지 않고 조정에 머물러 천자 대신 국정을 감독하는 것을 '감국(監國)'이라고 한다. 관련 내용은 『국어(國語)』「진어(晉語)」와 『춘추좌씨전(春秋左氏傳)』 '민공(閔公) 2년'에 보인다.

13) 귀신에 의탁하는 간사함[神姦] : 당시에 귀신을 숭배하는 일이 있었기 때문에 말한 것이다.(『차의』)

14) 열 가지 : 이에 근거하면 아래의 문장에서 그 열 번째, 이른바 '정사를 닦아서 오랑캐를 물리친다'는 한 조목이 있어야 하는데 지금은 그것이 없으니, 무슨 이유인지 알지 못하겠다.(『차의』) 제10조는 아직 글을 완성하지 못한 듯하다.(『차보』)

문득 감히 그 일에 대하여 설명을 가해서 죽음을 무릅쓰고 올립니다. 삼가 그 일을 다음과 같이 조목별로 말씀드립니다.

그 첫 번째는 이른바 학문을 강마하여 마음을 바르게 하는 것입니다. 신이 들건대, 천하의 일은 그 근본이 한 사람에게 있으며, 한 사람의 몸은 그 주인이 한 사람의 마음에 있다고 합니다. 그러므로 임금의 마음이 바르다면 천하의 일에 바르지 않음이 없고, 임금의 마음이 사악하면 천하의 일에 사악하지 않은 것이 없습니다. 마치 표(表)15)가 곧으면 그 그림자도 바르고, 근원이 흐리면 지류가 더러워지는 것과 같아 그 이치가 반드시 그러합니다. 이 때문에 그 덕을 천하에 밝히고자 한 옛날의 현명한 왕들은 한결같이 마음을 바로 하는 것을 근본으로 삼지 않은 자가 없었습니다. 그러나 본심의 선함은 그 본체가 지극히 미미한 반면에 이로움과 욕망의 공격은 헤아릴 수 없을 만큼 많습니다.

시험삼아 살펴보건대, 하루 사이에도 성색취미(聲色臭味 : 음악, 여색, 향, 좋은 음식)는 제멋대로 달리니, 건축치장을 화려히 하고 재화·이익을 증식하는 일들이 면전에 이리저리 몰려와 날마다 새롭고 달마다 성하니, 그 사이 마음의 본체가 맑아 선의 단서가 드러날 때는 전혀 없거나 겨우 있을 뿐입니다. 만일 학문을 닦는 노력으로 그 마음을 열어 밝혀서 시비와 사(邪)·정(正)의 소재에 대해 헷갈림이 없게 하고, 또 그 이치가 나에게 주어져 있어 잠시라도 떼어놓아서는 안 된다고 철저히 믿지를 않는다면, 또한 어떻게 이 마음의 바름을 얻어 이익을 바라는 사사로움을 이겨내면서 사물의 끝없는 변화에 대응하겠습니까?

그러나 이른바 학문을 강마하는 것도 사(邪 : 바르지 않은 것)와 정(正 : 바른 것)의 구별이 있습니다. 성현의 말씀을 음미하면서 의리의 마땅함을 구하고

---

15) 표(表) : 고대 천문기기를 구성하는 일부분이다. 나무를 세워 그 그림자의 길이를 재는 도구인데 그 나무를 표(表)라 한다. 『여씨춘추(呂氏春秋)』에 "猶表之與影, 若呼之與響"이란 말이 보인다.

고금의 변화를 자세히 분석하여 득실의 계기를 징험해내고는 반드시 그것을 자신에게 돌이켜 살펴서 그 알맹이를 실천하는 것이 올바른 공부입니다. 두루 읽고 외우면서 잡다한 박식을 가지고 서로 잘났다고 하고 옛글을 멋대로 쪼개다가 문장을 장식하면서 그 화려함을 가지고 서로 낫다고 여기면서 자신에게 돌이켜봐도 알맹이가 없고 일에 시행해도 적용할 만한 것이 없는 것은 바르지 않은 공부입니다.

학문의 강마를 바르게 하였는데도 마음에 바르지 않음이 있는 경우는 거의 없습니다. 공부를 바르게 하지 않았는데도 마음이 바른 경우 또한 거의 없습니다. 그러므로 학문을 강마하는 것이 비록 마음을 바르게 하는 요체가 되지만, 학문의 강마를 바르게 하느냐 바르지 않게 하느냐의 차이는 행실의 잘되고 못됨에 직결되기 때문에 잘 살피지 않을 수 없음이 또한 그와 같습니다. 『주역』에 이르기를 "그 근본을 바로잡으면 만사가 잘 다스려진다. 차이는 털끝만큼이나 어긋나기는 천리나 된다"[16]고 하였습니다. 바라건대 성스럽고 밝으신 폐하께서 유념하신다면, 천하 사람들에게 커다란 다행일 것입니다.

그 두 번째는 이른바 '자신을 수양하여 집안을 잘 다스린다'는 것입니다. 신이 듣건대, "천하의 근본은 나라에 있고, 나라의 근본은 집안에 있다"[17]고 합니다. 그러므로 임금의 집안이 잘 다스려지면 천하가 잘 다스려지지 않음이 없고, 임금의 가정이 잘 다스려지지 않으면서 그 천하가 다스려진 경우는 아직 없었습니다. 그러므로 삼대(三代)의 흥성하던 시기 정사를 잘 다스렸던 현명한 임금들은 집안을 다스리는 것에 정치의 근본을 두지 않은 분이 없었습니다. 대개 '남자는 밖에서 제자리를 잡고 여자는 안에서 제자리를 잡아'[18]

---

16) 그 근본을~천리나 된다 : 이 말은 현행본 『주역(周易)』에는 들어 있지 않고, 『후한서(後漢書)』 「범승전(范升傳)」에 인용되어 있다.

17) 천하의 근본은~집안에 있다 : 관련 구절은 『맹자』 「이루(離婁) 상」에 나온다.

18) 남자는 밖에서~제자리를 잡아 : 관련 구절은 『주역(周易)』 가인괘(家人卦)에 나온다. 해당 부분의 원문은 다음과 같다. 「象」曰, 家人, 女正位乎內, 男正位乎外, 男女正,

부부의 구별이 엄격한 것이 곧 집안을 잘 다스리는 것이요, 정처가 위에서 남편과 일체가 되고, 첩이 아래에서 받들어 적(嫡)·서(庶)의 분별이 정립된 것이 집안을 잘 다스리는 것이요, 덕있는 이를 채용하며 질탕한 음악과 여색을 경계하고 엄격하고 공경함을 가까이 하며 기예를 멀리하는 것이 집안을 잘 다스리는 것이요, '집안의 말을 밖으로 내보내지 않고 밖의 말을 집안으로 들여오지 않으며'[19] 뇌물이 통하지 않고 청탁을 행하지 않는 것이 곧 집안을 잘 다스리는 것입니다.

그러나 집안에서는 은정(恩情)이 항상 의리를 가립니다. 이런 까닭에 영웅의 자질을 가지고도 주색으로 곤란해지고 애정에 빠져 이겨내지 못하는 자가 있습니다. 만약 마음을 바르게 하고 몸을 닦아 예와 의리에 따라 행동함으로써 나의 덕에 감복하고 내 위엄을 두려워하게 하지 않는다면, 또한 무엇으로 궁내(宮內)를 바로잡아 청탁을 막고 친인척을 검속하여 화란의 싹을 막겠습니까?『서경(書經)』에 이르기를, "암탉이 울면 집안이 망한다"[20] 하였고,『전(傳)』에 이르기를, "복이 일어남도 가정에서 근본하지 않는 것이 없고, 도가 쇠함도 문지방 안에서 시작되지 않는 것이 없다"[21] 하였습니다. 바라건대 성스럽고 밝으신 폐하께서 여기에 유념하신다면, 천하 사람들에게 매우 다행일 것입니다.

그 세 번째는 이른바 아첨꾼을 멀리하고 충직한 이를 가까이 두는 것입니다. 신이 들으니, "쑥이 삼밭에서 자라면 붙들어 주지 않아도 곧게 자라고, 흰모래

　　天地之大義也. 家人有嚴君焉, 父母之謂也. 父父, 子子, 兄兄, 弟弟, 夫夫, 婦婦, 而家道正, 正家而天下定矣."

19) 집안의~들여오지 않으며 : 관련 구절은『예기(禮記)』「내칙(內則)」에 나온다. 해당 부분의 원문은 다음과 같다. "男不言內, 女不言外, 非祭非喪, 不相授器. 其相授, 則女受以篋. 其無篋則皆坐, 奠之而后取之. 外內不共井, 不共湢浴, 不通寢席, 不通乞假. 男女不通衣裳, 內言不出, 外言不入."

20) 암탉이 울면 집안이 망한다 :『서경(書經)』「목서(牧誓)」에 나온다. 해당 부분의 원문은 다음과 같다. "王曰, '古人有言曰, 牝雞無晨, 牝雞之晨, 惟家之索.'"

21) 복이 일어남은~않는 것이 없다 :『한서(漢書)』「광형전(匡衡傳)」에 나오는 구절이다.

가 진창에 있으면 물들이지 않아도 검어진다"[22] 했습니다. 그러므로 가의(賈誼)의 말에 "늘상 바른 사람과 생활하면 바르게 되지 않을 수 없으니 제나라 땅에서 생장하면 제나라 말을 못할 수 없는 것과 같으며, 늘상 바르지 않은 사람과 생활하면 바르지 않음이 없을 수 없으니 초나라 땅에서 생장하면 초나라 말을 하지 않을 수 없는 것과 같다"[23] 했습니다.

이런 까닭에 옛 성현 중에 자신을 닦아서 남을 다스리고자 했던 분은 반드시 아첨꾼을 멀리하고 충직한 이를 가까이 하셨습니다. 군자와 소인은 숯과 얼음이 서로를 용납할 수 없고 향초[薫]와 누린내풀[蕕]이 향기를 서로 함께 하지 못하는 것[24]과 같습니다. 그러니 소인이 진출하면 군자는 반드시 물러나고 군자가 가까이에 있으면 소인은 반드시 멀어집니다. (군자와 소인을) 모두 받아들여 양성하면서 서로 지장을 주지 않을 수 있었던 적은 아직 없습니다.

(군주가) 능히 이를 살펴서 취하고 버림을 결정한다면 견문에 이익이 되고 훈도에 도움되어 사악하고 편벽됨을 막는 일에 조심하고 의리를 익히는 것에 편안히 하는 것이 저절로 그만둘 수 없게 될 것이니, 그 조처하고 상벌을 행하여 밖으로 시행하는 것들에 공정하지 못해서 발생하는 잘못은 반드시 없을 것입니다.

만일 하나라도 살피지 못한다면, (소인배들이) 청탁을 함부로 행하고 (천자의) 위세와 권력을 훔쳐 농단하면서 나의 정사(政事)에 해악을 끼칠 뿐 아니라, 그 아첨하는 것이 풍조가 되어 다른 사람들도 저도 모르게 동화되게 할 것입니다. 그렇게 되면 그것이 나의 본심과 바른 성품을 해침이 또한 이루

---

22) 쑥이~검어진다 : 『순자(荀子)』「권학(勸學)」에 나온다. 해당 부분의 원문은 다음과 같다. "木莖非能長也, 所立者然也. 蓬生麻中, 不扶而直, 白沙在涅, 與之俱黑."

23) 늘상 바른~것과 같다 : 『한서(漢書)』「가의전(賈誼傳)」에 나오는 구절이다.

24) 향초[薫]와~못하는 것 : 원문의 훈(薫)은 향기 나는 풀이고 유(蕕)는 악취 나는 풀이다. 향기 나는 풀과 악취가 나는 풀을 10년 동안 함께 두면 오히려 악취만 남게 된다고 한다. 『춘추좌씨전(春秋左氏傳)』'희공(僖公) 4년' 참조.

다 말할 수 없을 것입니다. 그러나 이 무리들도 종류가 각양이니, 대개 본래
하류(下流)에서 나와 예의는 모르면서 글은 조금 통한 부류가 있는가 하면,
겉으로는 유자(儒者)의 의관을 입고 행세하면서 되지도 않게 과거에까지
급제하기는 하였으나 실제로는 그에 걸맞는 품행이 전혀 결여된 사람도
있습니다. 이들은 모두 국가의 큰 도적이오, 군주의 요물[蠱][25)이니, 만약
마음을 바르게 하고 몸을 닦아서 그들의 실상을 마치 악취의 역겨움처럼
분명하게 알 수 있지 않다면, 또한 어떻게 그들을 멀리하고 충직한 선비를
오게 하여 덕업의 성취를 바랄 수 있겠습니까?

　제갈량(諸葛亮)은 "현신(賢臣)을 가까이하고 소인배를 멀리한 것이 전한(前
漢)이 흥기하여 발전한 까닭이며, 소인배를 가까이하고 현신을 멀리한 것이
후한(後漢)이 쇠퇴한 까닭입니다. 선제(유비)께서 생존해 계실 적에, 저와
이 일을 논하실 때마다 환제(桓帝)[26) · 영제(靈帝) 시기의 일에 대해 탄식하고
애통해하지 않은 적이 없으셨습니다"[27)라고 했습니다. 그리고 본조[宋]의
대유(大儒) 정이(程頤)가 원우(元祐) 연간에 조정에 늘 진언하기를, "군주가
만일 하루 중에 현명한 사대부를 가까이하는 시간이 많고 환관 · 궁첩을
가까이하는 시간이 적으면 기질을 함양하고 덕성을 훈도(薰陶)할 수 있다"[28)
라고 했습니다. 이 모두 절실하고 지극한 말입니다. 그런데도 후주(後主 : 유선)
는 제갈량의 말을 쓸 수가 없었던 까닭에 마침내 황호(黃皓) · 진지(陳祗)[29)

---

25) 요물[蠱] : "물여우는 모래를 머금고 사람의 그림자를 쏘면 사람이 죽는다."(『차의』)
　　"국가의 큰 요물로서 동방삭(東方朔)이 동언(董偃)을 논박하는 말이다.『좌전(左傳)』
　　에 혹(蠱)은 단호(短狐)라고 주(注)하였다. 다른 이름으로 사공(射工)이라고 하는데
　　물 가운데 산다."(『익증』)
26) 환제(桓帝) :『차의』에 의하면, '송(宋) 흠종(欽宗)의 휘(諱)는 환(桓)이었는데, 환(桓)을
　　위(威)로 고쳤다.'고 한다.
27) 현신(賢臣)을 가까이하고~적이 없으셨습니다 : 제갈량(諸葛亮)의 「출사표(出師表)」
　　에 나오는 글이다.
28) 군주가~훈도(薰陶)할 수 있다 :『이정전서(二程全書)』「논경연제일차자(論經筵第一
　　箚子)」에 나오는 말이다.
29) 황호(黃皓) · 진지(陳祗) :『차의』에 의하면, 후주(後主) 연희(延禧) 8년 상서령(尙書令)

때문에 그 나라를 망쳤고, 원우대신(元祐大臣)30) 또한 정이(程頤)의 말을 아뢰어 쓸 수 없었던 까닭에 소성(紹聖)·원부(元符) 시기의 불행31)은 오늘날 생각해 보아도 매우 가슴 아픕니다. 전대의 일들은 멀리 있지 않습니다. 바라건대 성스럽고 밝으신 폐하께서 유념하신다면 천하 사람들에게 커다란 행운일 것입니다.

그 네 번째는 이른바 사사로운 은혜를 억제하고 공변된 도를 높이 세우는 것입니다. 신이 듣건대, "하늘은 사사로이 만물을 덮지 않고, 땅은 사사로이 만물을 실지 않으며, 해와 달은 사사로이 만물을 비추지 않는다"32)고 합니다. 그러므로 왕이 된 자가 '세 가지 사사로움이 없는 것[三無私]'을 받들어서 천하를 위해 힘써 일한다면 모두에게 다가가 널리 사랑하며 막힌 곳이 없이 크게 공정하여 천하 사람들이 마음으로 기뻐하여 진실로 복종하지 않는 이가 없게 되는 것입니다. 혹시 그 사이에 다시 신(新)·구(舊)로 친(親)·소(疎)를 삼는다면 그 편파적인 마음과 좁은 도량이 진실로 이미 다른 이를 불안하게

동윤(董允)이 죽었다. 환관 황호(黃皓)로서 중상시(中常侍)로 삼았다. 황호는 편벽되고 아첨을 잘하여 황제의 총애를 받았다. 비위(費褘)는 진지(陳祗)로서 동윤을 대신해서 시중(侍中)으로 삼았다. 진지는 재주가 많고 지모와 술수를 갖추었다. 황호와 더불어 서로 일체가 되어 위세와 권력을 가지고 놀아 끝내 나라를 무너뜨리고 말았다. 진지는 황제의 총애를 받으면서 황제는 동윤을 미루어 원망함이 날로 심해졌고 진지는 아첨하여 황제에 영합하고부터 황호와 조금씩 틈이 벌어졌기 때문이다.

30) 원우대신(元祐大臣) : 『차의』에 의하면, 사마광(司馬光)·문언박(文彦博)·여공저(呂公著)·여대방(呂大防)·범순인(范純仁)·유지(劉摯) 등을 말한다.

31) 소성(紹聖)·원부(元符) 시기의 불행 : 소성(紹聖), 원부(元符)는 모두 철종(哲宗)의 연호(年號)이다. 장돈(章惇)·채경(蔡京) 등은 원우제현(元祐諸賢)에게 원한을 품고 극력 공격하여, 사마광(司馬光)·여공저(呂公著) 등의 관직을 추탈(追奪 : 생전의 관작을 사후에 삭탈함)하였고 여대방(呂大防)·유지(劉摯)·범조우(范祖禹)·범순인(范純仁)·유안세(劉安世) 등은 유배보냈으며, 이천(伊川)은 부주(涪州)에 편관(죄명을 이마에 자자(刺字)하고 먼 지방에 귀양보낸 일)하였으며, 한유(韓維) 등 33인은 관직을 강등하였다.(『차의』)

32) 하늘의 공을~여기면서 : 『예기(禮記)』「공자한거(孔子閒居)」에 나오는 말이다. 해당 부분의 원문은 다음과 같다. "子夏曰, '敢問何謂三無私?' 孔子曰, '天無私覆, 地無私載, 日月無私照. 奉斯三者以勞天下, 此之謂三無私.'"

만들어 복종하지 않을 마음을 갖게 하고 그 호오(好惡)와 취사(取捨) 또한
의리에 맞을 수 없게 됩니다. 그것이 심해지면 지략을 막아서 나라를 망하게
하며 덕을 방해하여 정사를 어지럽히는 데 이르게 되니 그 폐해를 이루
다 말할 수 없습니다. 대개 좌우의 시종들에게 법규에 따르기 않고 관직과
상을 주며, 궁궐과 조정의 관속에게 전례에 따라 표창하고 진급시켜 주고
있지만, 그 전례가 합당한지 따져보지도 않고 심지어는 그런 전례가 있었는지
아니면 없었는지도 상관하지 않습니다. 이것은 진실로 예전 사례 중 잘못된
것으로서 반드시 바로잡지 않으면 안 됩니다.

　하물며 지금 또 일찍부터 간사한 마음을 품고 미리 스스로 아부하여 결탁하
는 자가 또 장차 하늘의 공을 훔쳐 자기의 힘이라고 여기면서[33] (그것이)
위로 임금의 덕에 누가 됨을 살피지 않으며, 어질고 능한 이를 질투하고
아랫사람을 조종하고 윗사람을 가리면서 (그것이) 임금의 정사에 해가 됨을
근심하지 않습니다. 만약 사사로운 정을 깊이 억눌러서 아프게 물리치지
않는다면, 어떻게 공적인 도를 밝혀서 대중의 마음을 복종하게 하고 해묵은
폐단을 제거하여 후환을 방비할 수 있겠습니까? 당(唐) 태종(太宗)이 방상수(龐
相壽)[34]를 꾸짖어 "내가 옛날 제후가 되어선 한 지방의 주인이었고, 지금
천자가 되어선 사해의 주인이 된 것이다. 사해의 주인이 되어서 편파적으로
한 고을에 은택을 주는 것은 옳지 않다. 만약 너에게 다시 중요한 지위를
맡게 하면, 반드시 선을 행하는 사람들이 모두 참여하지 않게 만들 것이다"라고
한 것은 바로 이런 이유 때문입니다. 더구나 국가를 다스리는 자는 응당
긴 안목이 있어야 합니다. 한 고조는 정공을 죽였고 우리 태조가 왕보(王溥)를
박대하였는데,[35] 이것은 깊은 헤아림과 웅대한 결단력으로 이루어진 것이니

---

33) 하늘의 공을~여기면서 : 『좌전(左傳)』 '희공(僖公) 24년'에 나오는 말이다.

34) 방상수(龐相壽) : 『차의』에 "당사(唐史)에 상수(相壽)는 뇌물 때문에 죄를 입었는데,
　　황제는 그가 권부의 옛 사람이라는 이유로 복직시켰다. 위징(魏徵)이 말하기를 권부
　　(拳府)의 좌우(左右)에는 사람이 매우 많은데, 사람마다 모두 사은(私恩)을 의지한다면
　　선을 행하는 자는 황제의 기쁨에 따르기만 할 것이다"라고 하였다.

모두 후세 임금의 법으로 삼을 만할 것이옵니다. 임금께서 유의해 주신다면, 천하 사람들에게 커다란 행운일 것입니다.

그 다섯 번째는 이른바 의리를 밝혀서 귀신에 의탁하는 간사함[神姦]을 없애는 것[36]입니다. 제가 듣건대, "하늘에는 밝은 도가 있어 그 구분이 뚜렷하다"[37] 하고, "선을 행하는 자에게는 온갖 상서로움을 내려주고 불선을 행하는 자에게는 온갖 재앙을 내려준다"[38]고 합니다. 그러므로 사람의 화복은 모두 스스로 취하는 것이니, 선을 행하지 않았는데도 아첨과 기도 때문에 복을 얻은 자는 있지 않고, 악을 행하지 않았는데도 바름을 지켰다고 해서 화를 얻은 자는 있지 않습니다.

하물며 제왕은 살아서 실로 하늘의 명을 받아서 교묘(郊廟)·사직(社稷)·신인(神人)[39]의 주인이 되는 것이니, 만약 덕을 닦아 정사를 행하여 백성을 안정시키고 구제한다면, 재해를 제거하는데 어찌 기도가 필요하겠으며, 복록을 불러오는데 어찌 기도가 필요하겠습니까? 만약 이와 반대로 하면, 하늘에 죄를 얻어, 사람은 원망하고 신은 노여워하리니, 비록 악귀를 물리치고 진인(眞人)을 오게 하고자 한들,[40] 또한 도움되는 바가 없을 것입니다. 또 하물며

---

35) 왕보(王溥)를 박대하였는데 : 『차의』에 의하면, 왕보(王溥)는 주(周)나라 구신(舊臣)으로 태조(太祖)가 선양을 받을 때 제일 먼저 귀부함으로 태조가 박하게 했다고 한다.

36) 귀신에 의탁하는 간사함[神姦]을 없애는 것 : 『차의』에 의하면 당시 여자들은 귀신을 숭상하는 일이 있었기 때문에 운운한 것이라고 한다.

37) 하늘에는~뚜렷하다 : 『서경(書經)』「태서(泰誓) 하」에 나오는 말이다. 해당 부분의 원문은 다음과 같다. "王曰, 嗚呼, 我西土君子, 天有顯道, 厥類惟彰. 今商王受, 狎侮五常, 自絶于天, 結怨于民."

38) 선을 행하는~재앙을 내려준다 : 『서경(書經)』「이훈(伊訓)」에 나오는 말이다. 해당 부분의 원문은 다음과 같다. "惟上帝不常, 作善, 降之百祥, 作不善, 降之百殃."

39) 신인(神人) : 신인(神人)은 신(神)과 사람을 말한다. 『좌전(左傳)』에 "爲晉正卿, 以主諸侯, 而儕於隷人, 朝不謀夕, 棄神人矣."라고 하였고, 이에 대해 두예(杜豫)는 다음과 같이 주석하고 있다. "民爲神主, 不恤民, 故神人皆去." 곧 신(神)은 민(民)에 의존하고 민(民)은 제왕(帝王)에 의지하니 제왕은 결국 신인(神人)의 주인이 된다.

40) 악귀를 물리치고~하고자 한들 : 관련 내용은 『사기(史記)』 권6, 「본기(本紀)·진시황본기(秦始皇本紀) 35년」에 나오는 말이다. 해당 부분의 원문은 다음과 같이 되어

선왕이 예를 제정함에 천자로부터 평범한 사람에 이르기까지 근본에 보답하고 조상에 제사지내는 것이 하나하나 일정한 법칙이 있게 하였고, 희생·제기·시간·날짜에는 모두 일정한 법도가 있게 하셨습니다. '이승엔 예악이 있고 저승엔 귀신이 있는 것'[41]이 한 이치로 관통하여 애초부터 간격이 없는 것이니, 만약 예에서 언급하지 않는 것이라면 귀신은 흠향하지 않은 것입니다. 이 때문에 '자신이 제사하지 않아야 할 귀신에 대해 제사지내는 것'[42]은 음사(淫祀)입니다. '음사에는 복이 없다'[43]는 것에 대해서는 경전에서 분명한 근거가 있으니, 의도적으로 이렇게 말하여 금지시키는 것이 아니라 그 이치가 스스로 그러하여 바뀔 수 없는 것입니다.

(의식이) 명료하지 않은 상태에서 어렴풋이 무엇인가가 보이는 것 같은 것은 다름이 아니라 이 마음에 중심이 없고 부질없이 근심과 의심이 있는 것인데, 무당과 요망한 사람이 이 틈을 타고 들어와서 간사하게 속여 의혹시키는 술책을 올리게 됩니다. 그 술책이 행해지고 나면 화가 또한 장차 이르지 않는 곳이 없게 됩니다. 옛날과 지금 이것 때문에 그냥 환란과 멸망에 이른 자를 어찌 다 셀 수 있겠습니까! 거울 삼을 것은 또한 멀리 있는 것이 아닙니다.[44] 만약 정성을 다해 학문하여 성명(性命)의 이치를 밝혀서 이 마음에 환하게 의혹되는 바가 없어 마땅히 있어야 할 것은 있게 하고 마땅히 없어야 할 것은 없게 하는 경지에 이르지 않는다면, 무엇에 근거하여 예법을 지켜 요망함의 근원을 제거하겠습니까? 선왕이 정사를 할 적에 좌도[45]를 근거로

있다. "盧生說始皇曰, "臣等求芝奇藥仙者常不遇, 類物有害之者. 方中, 人主時爲微行以辟惡鬼, 惡鬼辟, 眞人至. 人主所居 而人臣知之, 則害於神."
41) 이승엔 예악이~있는 것 : 『예기(禮記)』「악기(樂記)」에 나온다. 해당부분의 원문은 다음과 같다. "大禮與天地同節. 和故百物不失. 節故祀天祭地. 明則有禮樂, 幽則有鬼神."
42) 자신이 제사하지~제사지내는 것 : 이 말은 『논어(論語)』「위정(爲政)」에 나온다.
43) 음사에는 복이 없다 : 『예기(禮記)』「곡례(曲禮) 하」에 나오는 말이다.
44) 거울 삼을 것 : 『차의』에 의하면 송 휘종(徽宗) 때의 임영소(林靈素)의 일을 가리키는 것 같다고 하였다.

정사를 어지럽히고 귀신을 빌려 대중을 현혹시키는 자를 모두 반드시 죽이고 들어주지 않았으니[46] 그 사려가 깊습니다. 그러나 『전한서(前漢書)』에 "천지의 성(性)에 밝은 자는 귀신과 괴이한 일로 의혹시킬 수 없고, 만물의 실정에 밝은 자는 같은 종류가 아닌 것으로써 속일 수 없다"[47]라 하였으니 그 망령됨이란 아마도 또한 살피기에 심히 어려운 것이 아닐 것입니다. 폐하께서 유의하시면 천하가 매우 다행일 것입니다.

그 여섯 번째는 이른바 태사(太師)와 태부(太傅)를 택하여 천자의 후사를 보필하는 것입니다. 제가 듣건대, 가의(賈誼)가 「보부전(保傅傳)」을 지었는데 거기서 말하기를, "천하의 운명은 태자와 밀접한 관련이 있고, 태자가 잘 되는 것은 교육을 일찍부터 시행하고 측근을 제대로 뽑는 데 달려있다. 가르치는 일이 제대로 되고 측근이 바르면 태자가 바르게 되고, 태자가 바르게 되면 천하가 안정된다"[48]라고 하였습니다. 이것은 천하의 지극한 말로 만세토록 바꿀 수 없는 정론입니다.

가르치는 방법은 반드시 효인(孝仁)과 예의(禮義)로 근본을 삼고, 그 전체 조목은 용모와 말투의 미세함, 의복과 기용의 자세함에 이르기까지 상세하고 자세하게 빠짐없이 법도가 있어야 합니다. 하나라도 과실이 있으면, 사관은 책에 적고 요리사는 음식을 거두고, 또 반드시 선을 진언하는 깃발[49]과

---

45) 좌도(左道) : 사도(邪道) 즉 무고(巫蠱)나 속금(俗禁) 따위를 말한다.

46) 정사를 어지럽히고~들어주지 않았으니 : 『예기(禮記)』「왕제(王制)」에 나오는 말이다. 해당 부분은 다음과 같이 되어 있다. "析言破律, 亂名改作, 執左道以亂政, 殺. 作淫聲異服奇技奇器以疑衆, 殺. 行僞而堅, 言僞而辯, 學非而博, 順非而澤, 以疑衆, 殺. 假於鬼神時日, 卜筮以疑衆, 殺. 此四誅者不以聽." 여기에서 '청(聽)'은 '청옥송(聽獄訟)' 즉 재판을 말한다.

47) 천지의 성(性)에~없다 : 인용문은 『전한서(前漢書)』 권25, 「교사지(郊祀志)」 곡영(谷永)이 신괴(神怪)를 논하여 올린 소에 나온다.

48) 천하의 운명은~천하가 안정된다 : 인용문은 『한서(漢書)』 권48, 열전(列傳) 권18, 「가의전(賈誼傳)」에 나온다.

49) 선을 진언하는 깃발[進善之旌] : 요(堯)임금 때 기(旗)를 네거리에 세우고 진언(進言)하고자 하는 사람들을 그 밑에 서게 한 고사(故事)에서 나온 말이다.

비방하는 나무50)와 감히 간언하는 북51)을 두어 고(瞽 : 악사)는 시로써 풍간(諷諫)하고, 태사는 기록하고, 악공은 잠간(箴諫)을 외우고, 사(士)는 백성의 말을 전달하여52) 반드시 교화가 마음과 함께 이루어져 행동거지가 도에 부합함이 천성을 따르는 것과 같이 되고도 감히 게으르지 않도록 해야 합니다.

그 좌우의 사람들을 선발하는 법은, 존귀하기로는 삼공(三公)이 있고 가까이하기로는 삼소(三少)가 있으니, 도가 있는 사람이 있으면 (삼공을) 충당하게 하고 도움을 줄 만한 사람이 있으면 (삼소를) 담당하게 합니다.[有道有充, 有弼有承]53) 위에 있는 삼공은 반드시 주공·태공·소공·사일(史佚)과 같은 무리54)를 얻어야 그 임무를 감당할 수 있고, 아래에 있는 삼소도 반드시

---

50) 비방하는 나무[誹謗之木] : 나무를 다리 위에 세워놓고 백성에게 정치의 과실(過失)을 적게 하여 반성한 고사(故事)를 가리킨다.

51) 감히 간언하는 북[敢諫之鼓] : 순(舜)임금이 간언(諫言)하고자 하는 자에게 두드려서 자기에게 알리게 한 북이다.

52) 고(瞽)는~말을 전달하여 : 관련 내용은『좌전(左傳)』'양공(襄公) 11年'에 다음과 같이 나온다. "史爲書, 瞽爲詩, 工誦箴諫, 大夫規誨, 士傳言, 庶人謗, 商旅于市, 百工獻藝. 故夏書曰, '遒人以木鐸徇於路, 官師相規, 工執藝事以諫.' 正月孟春, 於是乎有之, 諫失常也. 天之愛民甚矣, 豈其使一人肆於民上, 以從其淫, 而棄天地之性? 必不然矣."

53) 존귀하기로는~담당하게 합니다[有道有充, 有弼有承] : 삼공(三公 : 太保·太傅·太師)과 삼소(三少 : 少保·少傅·少師)에 대한 옛 기록들(『대대례기(大戴禮記)』등)을 살펴보면 다음과 같다. 삼공(三公)의 업무는 태자와 함께 '좌이논도(坐而論道)' 하는 것이며, 삼소는 삼공을 돕는 것을 기본 업무로 하면서 평상시 태자와 함께 지낸다. 그러나 도를 아는 사람과 태자를 올바로 보좌할 만한 사람은 항상 있는 것이 아니므로 그러한 사람이 없으면 그 자리는 비워놓고 그러한 사람이 있으면 충원한다. "도가 있는 사람이 있으면 (삼공을) 충당하게 하고 도움을 줄만한 사람이 있으면 (삼소를) 담당하게 합니다."는 아마도 이런 의미일 것이다.

54) 위에 있는~같은 무리 : 가의(賈誼)의『신서(新書)』「명당지위(明堂之位)」에 나온다. "인을 돈독히 하며 학문을 좋아하고 많이 듣고 말하기를 삼간다. 천자(天子)가 의심하여 물으면 응하여 궁하지 않게 하는 것을 도(道)라고 한다. 도(道)라는 것은 천자를 도로써 인도하는 것이다. 항상 주공(周公) 앞에 선다. 정성스럽게 서고 과감히 결단하며 선을 돕고 의를 돕는 것을 보(輔)라고 한다. 보(輔)라는 것은 천자를 정의롭게 보좌하는 것이다. 항상 태공(太公) 옆에서 선다. 결백하고 청렴하며 자르고 정직하며 허물을 바로잡고 사악함을 간언하는 것을 불(拂)이라고 한다. 불(拂)은 천자의 잘못을 불식시킨다는 것이다. 항상 소공(召公)의 오른쪽에 있다. 널리 듣고 힘써 기억하며

효성스럽고 공손하며 들은 것이 많아 도술이 있는 자를 얻어야 합니다. 불행하게 한 명이라도 사특한 사람이 그 사이에 들어있으면 반드시 쫓아버려야 합니다.

이로써 태자가 아침저녁으로 함께 거처하고 출입할 적에 좌우와 전후가 모두 올바른 사람이어서 한 가지 악행도 본 적이 없었습니다. 이것이 삼대의 임금이 오랫동안 도를 가지고 있어 수백 년이 흘러도 천하를 잃지 않았던 이유입니다. 가의(賈誼) 당시에 이미 이 법을 온전하게 시행하지 못함을 문제시하였으나, 그러나 효소(孝昭) 황제의 조칙[55]을 살펴보면 그때까지도 가의가 말한 것을 외우고 익혀 선왕의 뜻을 잊지 않고 있었음을 알 수 있습니다. 시대가 내려와 근세에 이르러서는 제왕이 자식을 가르치는 법이 더욱 소략해졌습니다. 대개 가르치는 것은 서찰을 기록하고 외우는 기술에 불과하고 일찍이 인효(仁孝)와 예의(禮義)의 익힘을 열어주지 않았고 용모와 말투와 의복과 기용에 이르러선 비록 사치가 극에 달하여도 일찍이 재제하지 않았습니다. 관리들은 인원을 채웠으나 보부(保傅)[56]의 엄격함이 없으며, 강독하여 예를 갖추나 잠규하는 데 도움이 없습니다. 아침저녁으로 함께 출입하고 거처하여 격의 없이 친밀한 사람들은 환관·근신·청소부·심부름꾼과 같은 무리일 따름입니다.

무릇 제왕(帝王)의 세계(世系)로서 전승하는 왕통을 이어받을 때에는 위로는 종묘와 사직의 중함이 있고, 아래로는 사해의 뭇 백성의 삶이 있으며, 앞에는

신속하게 주고 잘 대우하는 것을 승(承)이라고 한다. 승(承)은 천자의 유지를 잇는다는 것이다. 항상 사일(史佚)의 뒤에 선다. 그러므로 성왕(成王)이 가운데에 서서 정치를 듣고 4명의 성인이 주변에 있어 생각에 실패할 계책이 없고 행동에 지나침이 없다." (『차의』)

55) 효소(孝昭) 황제의 조칙 : 『차의』에 의하면, 시원(始元) 5년(漢 昭帝, B.C.82) 6월 조칙에서 말하기를 "짐은 미미한 존재로서 종묘(宗廟)를 보호하자니 두렵고 떨려 아침 일찍 일어나 옛 제왕의 일을 닦는다"고 하였는데, 이는 보부전(保傅傳)과 통한다고 하였다.

56) 보부(保傅) : 고대 태자를 교육시키는 스승들을 말한다. 즉 고대 태자 교육의 엄격함이 없어졌다는 내용이다.

선조께서 나라를 창건하느라 겪었던 역경들이 있고, 뒤로는 자손이 길이 보전되어야 하는 계책이 있는 것이옵니다. 그런데도 도와서 길러주는 체제가 소략하기가 이와 같으니, 이는 집에 밝은 달과 같은 구슬과 밤에 빛나는 벽옥이 있으나 길가의 도적이 잘 드나드는 길목에 두는 것과 같습니다. 어찌 위태롭지 않겠습니까? 『시경(詩經)』에 말하기를, "풍수(豊水)에도 기초(芑草)가 자랐거늘 무왕께서 어찌 일하지 않으시리오? 자손들에게 계책을 남기시어 아들로 하여금 편안히 공경하게 해 주시네"[57]라 하였습니다. 임금께서 유의하시면 천하가 매우 다행일 것입니다.

  그 일곱 번째는 이른바 관리를 선발하고 임용하는 것을 엄정하게 하여 체통을 밝히는 것입니다. 신이 들건대 군주는 재상을 선임하는 것을 자신의 직분으로 삼고, 재상은 군주를 바른 길로 보좌하는 것을 임무로 삼는다고 합니다. 그러므로 군주와 재상 두 사람이 모두 자신의 직분을 완수한 뒤에야 국가의 체통이 바로 서며 조정의 권위가 세워지고 천하의 정치가 한 곳으로부터 나오게 됨으로써 권력이 분산되는 폐단이 사라질 것입니다. 그런데 군주가 재상을 선임할 때 자신에게 편한 자만을 구하고 자신을 바르게 하는 사람을 구하지 않으며, 좋아할 만한 자만을 취하고 두려워해야 할 사람은 취하지 않는다면 군주는 자신의 직분을 제대로 하지 않는 것입니다. 재상이 군주를 바르게 할 때, 해야 하는 것을 말씀드리고 옳지 못한 것은 없애는 것을 일삼지 않고 영합하는 것을 추구하고 뜻을 받드는 것만을 능사로 여기며, 세상을 경영하고 사람과 사회를 다스리는 것에 마음을 두지 않고 자기 몸을 편히 하고 군주의 총애를 얻는 것을 술수로 삼는다면 재상은 자신의 직분을 놓치는 것입니다. 군주와 재상이 서로 자신의 직분을 잃으면 나라의 체통이 바로 서지 못하고 기강이 세워지지 않습니다. 그러면 군주 가까이 있는 자들이 모두 권위를 훔치고 농락하여 관직과 옥사(獄事)를 돈으로 팔아 정치의

---

57) 풍수(豊水)에도~공경하게 해 주시네 : 『시경(詩經)』「대아(大雅)·문왕유성(文王有聲)」의 글이다.

체통은 나날이 혼란하게 되고 국세(國勢)는 날로 약화될 것입니다. 그리되면 비록 매우 위태로운 화가 고요한 가운데 숨어있다 해도 위에서는 만족하고 아래는 희희낙락하여 근심해야 할 것을 알지 못할 것입니다. 그러니 그 원인을 살펴 반성해서 이미 등용한 사람은 다시 추려내고 장차 쓸 사람은 신중하게 생각하지 않을 수 있겠습니까?

군주가 자신이 바르게 서는 것을 도울 수 있고 경외할 만한 인물을 선임한다면 반드시 자중(自重)하는 선비를 얻게 되어 내가 등용하는 것이 엄중해지지 않을 수 없습니다. 등용하는 것이 이미 엄중해지면, 그 등용된 이는 해야 할 계책을 올리고 잘못된 것은 교체시키는 뜻을 다하여, 세상을 경영하고 만물을 다스리는 마음을 행할 수 있을 것입니다. 그리고 또 천하의 정직하고 성실하며 직언할 수 있는 선비를 공정하게 선발하여 대간(臺諫)이나 급사(給舍)로 삼고 그 의논에 참여하게 하여, 내 마음과 이목이 항상 현명한 사대부에게 머물도록 하고 뭇 소인에게 있지 않게 하며, 선악에 따라 관위(官位)를 올리고 내리는 권한이 언제나 조정에 있고 사문(私門)에서 나오지 않도록 합니다. 이와 같이 했는데도 군주의 권위가 서지 않고 국세가 강해지지 않으며, 나라의 법도가 세워지지 않고 형정(刑政)이 맑지 못하며, 민력(民力)이 여유롭지 않고 군정(軍政)이 정비되지 않는다면, 그것을 신은 믿지 못하겠습니다.

『서경』에서는 "덕을 이룬 왕은 재상을 경외한다"고 했고 『한서』에서는 "사사로운 신하는 불충한다"고 했습니다. 또 당나라 태종은 총명하고 뛰어나서 몸소 장군과 재상의 능력을 겸하였다고 일컬어졌음에도 불구하고 천하의 일은 반드시 재상으로 하여금 깊이 숙고하여 무리 없다고 판단하도록 한 후에 시행하였습니다. 이것은 이치의 형세상 당연한 것으로 바뀔 수 없는 것이 있음을 말하는 것입니다. 생각건대 성스러운 폐하께서 유념해 주신다면 천하를 위해 매우 다행스럽겠습니다.

여덟 번째는 이른바 기강을 떨쳐서 풍속을 쇄신하는 것입니다. 신이 듣건대 넓은 세상에 백성들은 대단히 많은데 그들은 모두 저마다 의견이 있어 각자의 생각대로 행하고자 한다고 합니다. 그러나 잘 다스리는 자가 곧 그들을 모두 수용하면서도 가지런히 조정하여 그들이 모두 이치에 따르도록 하고 내 마음이 바라는 바와 달리 함이 없도록 할 수 있는 것은 먼저 기강을 세워 위에서 질서를 잡고, 다음에 풍속으로써 아래에서 지도하기 때문입니다. 무엇을 기강이라 하겠습니까? 현명한지 아닌지를 구별하여 상하의 직분을 정하고 잘한 일인가 잘못한 일인가를 잘 살펴서 공정하게 상벌을 시행하는 것입니다. 무엇을 풍속이라 하겠습니까? 모든 사람들에게 선은 지향해야 할 것으로서 반드시 행해야 한다는 것을 알게 하며, 불선은 부끄러워할 일로서 반드시 버려야 할 것임을 알도록 하는 것입니다.

그런데 기강이 진작되는 이유는 재집(宰執)[58]이 국정을 주관하는데 감히 누수현상이 발생하지 않도록 하고 대간은 돕고 살피는데 사사로움이 없으며, 군주 또한 크게 공정하고 지극히 바른 마음으로 위에서 공손하게 하여 천하를 살피고 임하기 때문입니다. 그러므로 현명한 사람이 반드시 윗자리에 있고 불초한 이가 반드시 아래에 있게 되며, 공이 있는 사람은 반드시 상을 받고 죄를 진 사람은 반드시 형벌을 받게 되어 모든 일의 체계에 흠결이 없게 됩니다. 기강이 진작되고 나면 천하의 사람들은 저절로 각자 긍지를 가지고 분발하면서 또 서로 권하여 악을 제거하고 선을 행하고자 노력할 것입니다. (그런 상태가 되면) 아마도 인사고과나 상벌이란 이해가 일신에 더해지기를 기다리지 않고도 예의와 염치를 아는 풍속으로 크게 변화될 것입니다.

생각건대 지극히 공정한 도가 위에서 행해지지 않으면 재집과 대간에 적격자가 등용되지 못하여 벼슬을 주거나 물리치고 상벌을 행하는 것이 대부분 사사로운 뜻에서 나오게 되고, 천하의 풍속도 마침내 명예롭고 절개

---

58) 재집(宰執) : 당송 시기 국가의 재상 및 재상과 함께 국권을 조종하는 일군의 사람들을 '재집(宰執)'이라 한다. 송대는 동평장사(同平章事)로 재상(宰相)을 삼고 그 이외 참지정사(參知政事)·좌우승(左右丞)·추밀사(樞密史) 등을 집정관(執政官)이라 불렀다. 그리고 이 둘을 통칭하여 '재집(宰執)'이라 불렀다. 결국 국권을 총괄하는 요직을 지칭한다.

있는 행실의 귀함을 알지 못하고 오직 아첨하고 지조 없이 줄을 대기 위해 다투어 경쟁하는 것에만 힘을 쓰는 지경에 이르게 됩니다. 그 사이에서 조금이라도 단정한 말을 하거나 바른 모습을 지닌 이가 있으면 여러 사람이 비방하고 배척하여 반드시 이 세상에서 용납되지 못하도록 한 뒤에야 그만둡니다. 이와 같은 형세는 마치 기울어지는 집이 장대하고 화려해서 겉으로는 변화가 있음을 미처 깨닫지 못하지만 재목(材木)의 속은 이미 모두 좀먹고 썩어서 더 이상 버티고 서 있을 수 없는 것과 같습니다.

만일 전하가 스스로 결단을 내리시어 그 마음을 깨끗이 하고 크게 경계를 시켜 대소의 신하들이 각각 자신의 직분을 다하게 하고 그들의 출척(黜陟)을 분명하게 하며 형벌과 상을 원칙대로 행하지 않으신다면 어떻게 이미 기울어진 기강을 진작시키며 이미 무너진 풍속을 쇄신할 수 있겠습니까? 『관자』는 "예·의·염·치를 사유(四維)라고 한다. 사유가 잘 실현되지 못하면 나라는 곧 멸망한다"고 말했습니다. 가의는 일찍이 한나라 문제(文帝)를 위해 관자의 이 말을 들려주면서 다음과 같이 말했습니다. "관자가 어리석은 사람이라 하는 것은 가능한 일이지만, 관자가 정치의 방법을 잘 몰랐다고 한다면 어찌 한심한 일이 아니겠습니까!" 이 두 사람의 말은 분명하고 매우 절실하니 빈말이 아닙니다. 성스러운 폐하께서 유념해 주신다면 천하를 위해 매우 다행이겠습니다.

아홉 번째는 재물을 절약하여 국가의 근본을 견고하게 하는 것입니다. 신이 듣건대 성인[先聖]이 나라를 다스리는 것에 대하여 말씀하신 중에 '절용(節用)'과 '애인(愛人)'의 설이 있습니다.[59] 국가의 재물은 모두 백성으로부터

---

59) 성인[先聖]이 나라를~'절용(節用)'과 '애인(愛人)'의 설이 있습니다. : 이 부분은 『논어(論語)』 「학이(學而)」의 "子曰, 道千乘之國, 敬事而信, 節用而愛人, 使民以時."를 원용한 것이다. 그리고 아랫 문단 "국가의 재물은~이치입니다.(蓋國家財用皆出於民, 如有不 節而用度有闕, 則橫賦暴斂, 必將有及於民者. 雖有愛人之心, 而民不被其擇矣. 是以將 愛人者必先節用)"도 『논어』 「학이」편 위 부분의 정자(程子)의 주석 "侈用則傷財, 傷財, 必至於害民, 故愛民必先於節用"에 근거한 말이다. 그렇다면 위 원문의 "선성(先 聖)"은 공자(孔子)를 지칭할 것이다. '도천승지국(道千乘之國)'은 '치국(治國)'의 의미

나오는 것이므로 만일 절약하지 않다가 사용하는 데에 부족함이 생기게 되면 세금을 마구 부과하고 지나치게 거두어들이게 되어 반드시 백성에게 피해가 이르게 될 것입니다. 그렇게 되면 비록 사람을 사랑하는 마음이 있다 해도 백성들은 그 혜택을 입지 못하게 됩니다. 그러므로 사람을 사랑하고자 하면 반드시 우선 절용(節用)해야 한다는 것은 바뀔 수 없는 이치입니다.

이 나라는 오대의 폐해를 이어 받았기 때문에 왕조의 창업 초에는 하루하루 공급하기에도 여유가 없어서 크게 국가의 제도[經制]를 정하는 데에는 이르지 못하였습니다. 이런 이유로 백성에게서 취하는 세금도 전 시대에 비해 이미 과중하였는데, 거기에다가 희녕(熙寧)·원풍(元豊) 연간 (왕안석에 의해 시행된) 변법으로 세액이 또 다시 상당히 증가하였습니다. 그러나 건염(建炎) 이래로 국토는 줄어들고 전쟁은 많아져서 상황에 따라 임시로 부과한 조세 조목이 또 희녕과 원풍 연간에 비해 몇 배가 되었습니다. 과중한 조세부담이 오래되어 백성들의 경제력은 이미 소진되었습니다. 그런데 요즈음 각지의 상공(上供)60)은 대부분 내탕고(즉 국고)로 들어갑니다. 이 때문에 호부의 경비가 부족하게 되어 결국 조종 파분(破分)의 법61)을 폐지하고 세액 전부를 다 거두어들이고 있습니다.

(세금 납부에 대한) 기한은 촉박하고 조목을 따지는 것이 엄하며 감사나 주현의 관리들은 더욱 재촉합니다. 오직 자신의 책임을 스스로 모면하는 것에 힘을 쓰는데 어느 겨를에 백성의 실정을 살필 수 있겠습니까! 그리하여 채찍질하고 호령하여 사람이 차마 들을 수 없는 사태가 벌어지는 지경에 이르렀습니다. 그런데도 주현에서는 주현을 운영할 재정수입 대부분이 상공

이다.

60) 상공(上供) : 송대 각 지방[路]에서 중앙정부로 올리는 정규적인 세금을 '상공(上供)'이라 부른다.

61) 파분지법(破分之法) : '전체를 다 거두지 않고 80~90%만을 거두는 것이다.'(『차의』) '파분이란 이분을 거두지 않는다는 말과 같으니, 일분이나 이분을 파기하고 다 거두지 않는 것이다.'(『절보』)

(上供)으로 징발되면, 또 다시 교묘하게 명목을 만들어서 그것을 근거로 각박하게 수취합니다. 이것이 백성의 경제력이 대단히 궁색하게 된 원인입니다. 이와 같은 지경에까지 이르게 된 이유를 따져 보면, 비록 대부분이 군사물자를 조달하는 데에 쓰였다고는 하지만 안으로는 경사(京師)에서 밖으로는 군읍(郡邑)에 이르기까지, 위로 대궐에서부터 아래로 하급관리에 이르기까지 명분 없이 낭비되는 경비 중에 또 줄일 만한 것이 어찌 없겠습니까!

　제가 생각건대, 내탕고의 수입을 판조(版曹)62)에 돌려보내고 파분의 법을 각 지역에서 다시 시행하면서 그런 뒤에 나라 안의 모든 필요없는 경비 중 없애도 될 것을 모조리 폐지한다면 어찌 다소 구제되는 바가 없겠습니까? 또 장수를 잘 선택하여 군적을 자세히 조사하고, 낭비되는 식량을 가려내며, 둔전을 넓히도록 하면서 때에 맞게 마땅한 조치를 하여 크게 분별하도록 한다면 군대에 공급되는 불필요한 많은 비용이 절감될 수 있을 것입니다. 백성의 경제력에 여유를 주는 것은 이 이후에야 비로소 의논할 수 있는 것입니다. 이것은 일의 체제가 매우 크고 강목은 번쇄하여 대부분 짧은 말로 다할 수 없으며, 지금은 또 폐하께 상세하게 이야기할 여유도 없습니다. 오직 밝으신 폐하께서 그 근본이라 할 수 있는 앞에서 말씀드린 여덟 가지 항목에 유념하신 뒤 이 아홉 번째 항목을 도모해 주옵소서. 그렇게 해 주신다면 천하를 위해 매우 다행스럽겠습니다.

_ 도현철・안은수

---

62) 판조(版曹) : 송대에는 호부(戶部)를 판조라고도 불렀다.

갑인년(1194)에 올리려던 봉사

해제   1194년(소희 5) 주희 65세 때의 글이다. 『주자대전』 권12에 실려 있다. 주희는 광종 즉위 초인 1190년에 조산랑(송나라 21번째 관직명으로 정7품에 해당)으로 승진되고 봉사직을 제수 받았으며 장주(漳州)의 지사에 임명되었다. 잠시 동안이었지만 그는 장주에서 경계법을 실시하는 등 현실정치가로서 적극적으로 활동하였다. 1191년에는 장남이 사망하는 일을 당하여 다시 현직에서 물러나 봉사직에 머물 것을 청원하였다. 그러나 비각수찬에 임명되고 남경홍경궁을 주관하는 사록관에 임명되었다. 1193년에는 담주지사로 임명받고 호남로의 안무사가 되었으나 곧 사퇴한다.[1]
이 글은 4년간 재위에 있었던 광종 말년에 올린 봉사인데 여기서 주희는 시종 효종에 대한 효를 다할 것을 광종에게 촉구하고 있다. 주희는 효가 국가 기강의 근간이라고 역설한다. 왜냐하면 부자(父子)의 도는 이해(利害)를 초월해 있는 천성(天性) 곧 천리(天理)여서 이것이 제대로 지켜지지 않으면 다른 국사(國事)의 경영도 제대로 이루어질 수 없기 때문이다. 제왕에게 충심어린 간언을 서슴지 않았던 주희의 면모를 확인할 수 있는 글이다.

5월 26일 조산랑비각수찬 권발담주군지사 겸관내권농영전사 주관호남로안무사 마보군 도총관[2] 차자(借紫)[3] 신 주희는 삼가 죽음을 무릅쓰고 백배하며

---

1) 황간(黃榦)의 『주자행장』 참조.
2) 60대의 주희는 두 차례 지방관을 역임했다. 우선, 61세 때인 소희 원년(1190) 4월 24일에서 다음해 3월까지 장주지사를 지냈다. 그 마지막 달인 3월에는 장남 숙의 죽음을 핑계로 사직을 간청하고 비각수찬이라는 직명과 사록관[主管南京鴻慶宮]을 허락받고 장주를 떠났다. 다음으로 소희 4년(1193) 12월 담주지사(潭州知事) 형호남로

황제폐하께 소(疏)를 올립니다.

신이 근래에 듣자니 폐하께서 궁에 들리시는 일[4]에 대해 간하는 의견이 많았는데 그 의견이 받아들여지지 않고, 여러 번 지휘를 내려서 논의가 가라앉았다고 합니다. 직접 보고 들은 사람들이 당혹하고 의아해 하며 전해 듣는 사람들도 놀라고 이상하게 여깁니다. 신과 같이 보잘것없이 멀리 떨어져 재야에 묻혀 지내는 자로서는 조정의 작은 의논조차 듣지 못하는 터라, 애초에 감히 함부로 의견을 내어 성총을 더럽히는 일을 하지 못하였습니다만, 이제 변방을 지키는 임무를 담당하는 은혜를 입고 조용히 생각해 보니 이것은 위로 국체(國體)와 관련되는 것입니다.

만약 조정이 바르고 기강이 확립되고 임금의 덕이 잘 닦여지고 사람들의 마음이 기뻐하는 상황이라면 나라를 지키는 신하가 비록 매우 재주가 없더라도 오히려 천자의 위엄에 기대면서 힘껏 스스로를 채찍질하여 맡은 바 임무를 해낼 수 있을 것입니다. 그러나 만일 근본이 요동하고 심복들이 썩어서 대세가 기울어져 다시 어찌 해볼 도리가 없는 지경이 되면 안팎의 신하들이 특출한 재주와 훌륭한 전략을 갖고 있다 해도 시행할 수가 없을 것입니다. 하물며 저와 같이 어리석은 자가 비록 몸을 바쳐 나라에 보답하고자 하더라도 그 힘을 어디에 쓰겠습니까? 이런 까닭에 그냥 있을 수 없어 부득이 폐하를 위해 말씀드립니다.

그러나 신이 읽은 것은 『효경』, 『논어』, 『맹자』와 육경 등에 불과하고 배운 바는 요・순・주공・공자의 도뿐이요, 아는 것은 하・은・주 삼대와

안무사(荊湖南路安撫使 : 호남성 군사사령관)로 임명되었다 고사한 일이 있었는데, 이민족이 호남을 침공하는 비상사태에 직면하여 부임하였다. 이 직임은 주희 65세 때인 소희 5년(1194) 5월 5일에서 8월 중순까지의 짧은 기간인 동시에 마지막 외임이기도 하였다.

3) 차자(借紫) : 당송대 관복 규정은 3품 이상만 자색(紫色)을 입도록 하였는데 3품에 이르지 못하였음에도 특별히 자색을 입도록 허락한 경우를 '차자(借紫)'라고 한다.

4) 폐하께서 궁에 들리시는 일 : 효종이 태상왕인 수황(壽皇)에게 문안인사 드리러 가다가 그만둔 일.

양한 이후 치란득실의 연고에 불과합니다. 강론하여 밝힌 것은 인의예악과 천리인욕의 분별일 뿐이요, 준수하는 것은 국가의 법에 지나지 않습니다. 그 귀결처를 살펴보면 신하된 자 충성하고 자식된 자 효도하게 하려는 것 아님이 없을 뿐입니다. 지금 이것을 가지고 말하자니 조정에 있는 신하들이 (이미) 자세하게 말한 터여서 폐하께서도 익숙한 것입니다. 이것을 빼고 말하자니 예로부터 어떤 나라도 이것을 도외시하고 좋은 정치를 이룰 수 있었던 경우가 없었습니다. 신도 이제 옛 사람들의 말을 널리 인용하면서 의례적으로 소를 올려 용감하게 옳은 말을 한다는 명성이나 낚아채고 허물은 폐하에게 돌리는 짓을 감히 못하겠습니다. 단지 부자 관계는 천성이라는 설을 가지고 폐하를 위해 눈물을 흘리며 말씀드리고자 합니다.

신이 듣기에 사람이 몸을 갖게 된 것은 어머니에게 형체를 받고 아버지에게 생명의 시작을 받았기 때문입니다. 비록 성질이 포악한 사람이라도 자식을 보면 불쌍히 여기고, 강보에 싸인 아기까지도 부모를 보면 방긋거리는데, 과연 무엇 때문에 그러하겠습니까? 애초에 그렇게 하고자 하는 의식이 없이 그런 것이니, 이것은 부모와 자식간에 흐르는 도는 천성으로서[5] 끊을 수 없는 것이기 때문입니다. 그럼에도 부자 사이에 간혹 그 도리를 다 못하는 경우가 있습니다만 이것이 어찌 아버지가 되어서 천성적으로 자애로운 마음이 부족하기 때문일 것이며, 어찌 자식이 되어서 천성적으로 효심이 부족하기 때문이겠습니까?

사람의 마음은 본래 밝으며, 천리가 그 바탕에 갖추어져 있습니다. 단지 물욕 때문에 어두워지고 이해(利害) 때문에 가려져서 작게는 은혜를 상하게 하고 의를 해쳐도 개명(開明)시킬 수 없고 크게는 천성을 멸하고 윤리를 어지럽힘에도 구제할 수 없게 됩니다. 가령 어떤 사람은 술을 좋아하고 어떤 사람은 재물을 좋아하고 어떤 사람은 음악과 색을 좋아하고 어떤 사람은

---

5) 부모와~천성 :『효경(孝經)』「성치(聖治)」에 "父子之道, 天性也, 君臣之義也."라는 말이 나온다.

편히 지내는 것을 좋아하는데, 이와 같은 것들이 다 물욕입니다. 청명한 바탕[心]을 물욕이 어둡게 하면, 부모는 자애로움을 잊기도 하고 자식은 효행을 잊기도 합니다. 그렇게 된 후에 이간질을 하는 사람이 비슷한 것을 가지고 진짜 그렇다고 하고 사소한 것을 가지고 엄청난 일인 것처럼 말하면서, 그 부모에게 이간질하면 자식에게 행하는 일 중에 약간의 잘못이 없을 수 없게 되고, 또 자식에게 이간질하면 그 부모에게 하는 행위가 점점 상도에서 벗어나게 됩니다. 그런 뒤에 이해와 결탁된 말을 교묘하게 지어서 위협하니, 대개 '이와 같이 하면 반드시 이익을 얻고, 이와 같이 안 하면 틀림없이 해를 당합니다'라고 말하는 것입니다.

이해(利害)가 이미 그 마음을 가리고 있으면, 이 마음은 날로 의심을 더하게 되어, 오늘도 의심하고 내일도 의심하면서 의심이 끊이질 않습니다. 자식이 어떤 행위를 하더라도 부모에게 죄를 얻고, 부모가 어떤 말을 하더라도 자식에게 원망을 사게 되어 부자 사이의 정은 무너지고 화란이 일어나게 됩니다. 그러나 여가가 있을 때 혹 한밤중이거나 혹 책을 보는 중이거나 아니면 고요히 앉아 있을 때[靜坐] 물욕의 사사로운 마음을 버리고 이해(利害)로 가려진 마음을 모두 털어낸 뒤에 이 마음의 본래 상태를 가만히 들여다보면 부자 사이에 본래 자애롭지 못하거나 효성스럽지 않을 일이 없을 것입니다.

신이 가만히 살펴보건대 폐하께서는 타고난 바탕이 어질고 효성스러워 처음에 정치가 청명하셨으니, 인재를 나아가고 물러가게 할 적마다 공론에 부합되도록 하셨으며 한마디 한마디가 선하여 천하 사람들이 다 칭송하였습니다. 그런데 어찌 유독 천성(天性)으로 맺어진 지친(至親 : 부모)에 대해서만 오히려 박하게 하십니까? 더구나 물자를 갖추어 지친을 봉양하는 일에 특별히 빠뜨린 것이 없고, 정사에서도 크게 개혁해야 할 잘못이 없으면서도, 지친에게 문안드리는 일은 본래 하기 어려운 일이 아닌데 머뭇거리며 지체하다가 때를 넘기는 것은 또한 무슨 까닭입니까? 일은 작은 데에서 일어나고 사람 사이의 정은 소원한 데에서 막히는 게 아니겠습니까? 처음 간극이 싹트려고 할 적에 여러 신하들이 조기에 수습하지 못하고, 밖으로 그 양상이 이미 드러난 뒤에도 또 지친을 섬기는 폐하의 본심을 살피지 못하여 폐하의 부자 사이를 화목하게 돌리지 못하면서, 왕왕 서툴고 고지식한 말로 도가 지나치게 언설을 끌어다 붙이니 비록 마음은 폐하께 충성하고 있지만 폐하를 감동시켜 깨닫게 하기에는 부족하여 한갓 폐하의 격노만 산 것이 아니겠습니까?

그러므로 근자에 막 궁에 들리시려 하다가도 도로 그만두신 것을 보면, 폐하께서 "내가 만승의 나라에 주인이 되었는데 한 가지도 내 마음대로 할 수 없는가?"라고 하시지 않았다고 할 수 없습니다. 그러므로 독단(獨斷)의 권한6)을 굽히지 않으시려 한 것은 뭇 신하들의 논의에 핍박되었기 때문일 뿐입니다. 그러나 폐하 부자의 관계가 이런 지경에까지 이른 근본 이유를 신은 개인적으로 폐하의 즉위 초에 간사한 무리들이 잘못된 말을 지어내어 폐하 부자를 이간하였기 때문이라고 생각합니다.

예를 들면 한 차례 연회의 실수에 대하여 수황(壽皇)7)께서는 폐하께서 혹시라도 정사를 게을리 할까 염려하셨던 것이고, 한 차례 언동의 허물에 대한 것도 수황께서 폐하에게 혹 고질이 될까 우려하신 것이었습니다. 이들은 모두 폐하를 사랑하시는 마음이 지극하시기 때문에 더러 말로 드러내면서도 내심 혐의를 살 말이라고 생각하지 않으셨던 것입니다. 그 뜻은 오직 폐하가 선을 행하고 잘못을 바로잡으며 마음을 바르게 하고 자신을 수양하여, 천지를 받들고 그럼으로써 조종을 계승하여 송나라가 영구히 편안하기를 바라셨던 것일 뿐입니다. 어찌 조금이라도 성내고 원망하는 마음이 있어서 마치 고수(瞽瞍)가 순임금에게 했던 것처럼 우물에 돌을 채우고 창고를 불태우고자 하는

---

6) 독단((獨斷))의 권한 : 독단(獨斷)은 독자적으로 결정한다는 의미로서 황제의 권력을 의미한다. 『관자(管子)』「명법해(明法解)」에 "明主者, 兼聽獨斷. 多其門戶, 群臣之道."라는 말이 있다. '독단의 권한'은 최종적으로 판단하는 황권을 말한다.

7) 수황(壽皇) : 송나라 효종(孝宗)이 왕위를 광종(光宗)에게 물려주자, 광종은 효종을 높여 '지존수황성제(至尊壽皇聖帝)'라는 칭호를 올렸다. '수황(壽皇)'은 '지존수황성제'의 약칭이니 효종을 지칭한다.

생각[8])이 있었겠습니까?

그런데 간사한 무리들이 그것을 이용하여 위태로운 말을 날조하고 정탐을 출입시켜 폐하께서 거짓된 정보를 듣도록 하였습니다. 이는 폐하 자신이 항상 의심하고 두려운 마음을 품도록 하였을 뿐만 아니라 폐하의 궁(宮)에서도 중화궁을 매우 꺼려 감히 가까이 하지 못하도록 했습니다. 그리하여 나날이 멀어지고 달이 갈수록 소원해져서 그 간극이 더욱 커졌습니다. 천하의 사람들은 단지 수황께서 천하를 자애로움으로 덮어주셨고 폐하에 대해서는 더욱 돈독했다고 알고 있는데, 폐하께서 수황을 섬기는 것에 대해서는 반대로 효성스럽다는 소문은 나 있지 않고 예를 잃었다는 소문만 있습니다. 또 그것이 군소(群小)의 간사한 무리 때문임을 알지 못하고 바로 폐하의 잘못이라 생각합니다. 길거리에서 서로 이야기하는데 둘이 마주보고 이야기하거나 여럿이 무리를 지어 말하는 것이 신하로서 차마 들을 수 없는 지경에 이르렀습니다.

신이 염려스러운 것은 단지 이것만이 아닙니다. 어느 날 상제께서 진노하시고 백성들 간에 유언비어가 나돌아 민간에서 참람하게 반란을 일으키면 오랑캐가 밖에서 얕보고 죄를 묻는 군사를 일으키게 될텐데, 이런 때를 당하여 육군(六軍)의 실정이 폐하를 친애하고 따르게 할 수 있겠습니까? 또 백성의 마음으로 하여금 (폐하를 중심으로) 굳게 단결하여 풀어지지 않도록 할 수 있겠습니까? 그 때 가서 거짓을 지어내는 사특한 자들을 저민 고기처럼 만들어 없앤다 해도 국가가 망하는 것을 구할 수 있겠습니까? 신과 같이 어리석은 자가 비록 수천 명이 있어서 모두 몸이 가루가 되고 일족이 피범벅이 되어 폐하를 위해 죽고자 한들 사직의 존망에 도움되는 바가 있겠습니까? 또 듣기에 수황께서 요사이 약간의 질환을 앓다가 다시 회복되셨다 합니다. (수황의 질환이) 비록 꼭 이 일(부자간의 불화) 때문은 아니겠지만 천하 후세가

---

8) 고수가~불태우고자 하는 생각 : 관련 내용은 『맹자』 「만장(萬章) 상」에 나온다. 원문은 다음과 같다. "萬章曰, 父母使舜完廩, 損階, 瞽瞍焚廩. 使浚井, 出, 從而揜之."

어찌 "가슴이 답답하여 이 지경(병이 드는 지경)에 이르렀다"고 말하지 않겠습니까?

일은 작은 데에서 잘못이 생기기 시작하여 드디어 후회해도 소용없는 데에까지 이르게 되는 법입니다. 신하로서 차마 말하기 어렵지만 임금을 섬기는 데에 충성을 다하는 내용이라면 또한 감히 숨겨서는 안 됩니다. 이전에 한나라 문제가 회남왕을 귀양 보낼 때 생각을 조금 그르쳤다가 '척포두속(尺布斗粟)'이란 노래로 평생토록 괴로워했습니다.9) 형이 되어 동생을 용납할 수 없었으니, 비록 현명한 임금이었어도 그 잘못을 스스로 용서할 수 없었던 것입니다. 하물며 천하를 다스리는 천자가 되어 그 아버지를 용납하지 못하면 어떻겠습니까?

지금 계획해야 할 것은 우선 대신을 중화궁에 보내어 사죄하시는 것입니다. 그 다음에 영명한 조서를 내려 조정에서 지난 날 의심이 없을 수 없었던 것은 간사한 무리가 거짓을 지어내어 의심하게 하고 혼란되게 하였기 때문이라 밝힌 뒤, 이 간사한 무리를 제거함으로써 천하에 사죄하십시오. 아울러 나머지 나쁜 무리를 내쳐 애초의 청명한 정치를 회복하시고, 그 날로 당장 중화궁에 들러 문안을 드리고 음식을 올리면서 부자 사이의 즐거움을 다하도록 하십시오. 이와 같이 한다면 천하가 모두 노래하고 춤을 출 것이고 사방의 오랑캐들은 존경하며 우러러 볼 것이며 사서(史書)에 기록되어 아름다운 이야기가 될 것입니다. 위태로움을 돌려 편안하게 되는 것은 다만 폐하께서 하시는 바에 달려 있습니다.

지금 폐하를 사랑하는 마음이 간절한 사람은 중궁과 가저(嘉邸)10)이고,

---

9) 척포두속(尺布斗粟) : 관련 내용은 『사기(史記)』 「회남형산열전(淮南衡山列傳)」에 나온다. 문제(文帝)가 아우인 회남왕(淮南王) 유장(劉長)이 반란을 일으키자 촉군(蜀郡) 엄도현(嚴道縣)으로 유배를 보냈다. 동생은 유배 가는 도중에 굶어 죽었다. 이때 민간에서 "한 척의 베만 있어도 옷을 지어 입을 수 있고, 한 말의 곡식만 있어도 방아를 찧을 수 있을 터인데, 형제 두 사람 사이에도 서로 쓰질 않는다네.(一尺布相可縫, 一斗粟相可舂. 兄弟二人, 不能相用)"라는 노래가 떠돌았다고 한다. 이후 형제 사이의 불화를 뜻하는 말로 사용되었다.

폐하에 대한 충성이 지극한 자는 두세 명의 대신일 뿐입니다. 원하옵건대 신이 써서 올린 글을 그들과 함께 상의해 보신다면 신이 군부(君父)에게 정성을 다하여 그 말이 누추하더라도 내용은 종묘사직을 위한 지당한 계책임을 반드시 알 수 있을 것입니다. 멀리 떨어진 군을 맡아 직접 뵙고 말씀드릴 길이 없지만 충의(忠義)에서 나온 생각에 울컥하여 스스로 그만둘 수가 없습니다. 이 때문에 죽음을 무릅쓰고 소를 올려 눈물을 줄줄 흘리며 통곡하면서 지나친 말씀을 올렸습니다. 오직 폐하께서 이처럼 미쳐서 앞뒤를 가리지 못하는 저를 용서하실 수 있을 뿐, 군주의 권위를 범하였기에 죽음에 떨어지는 두려움을 이기지 못하겠습니다. 신 주희는 죽음을 무릅쓰고 백배합니다.

_ 안은수

---

10) 가저(嘉邸) : 가왕(嘉王)을 말한다.(『차의』)

주자봉사 권 3

계미년(1163) 수공전(垂拱殿)에서 올린 주차 1

해 제 1163년(융흥 원년) 효종의 즉위년에 올린 글이며, 『주자대전』 권13에
실려 있다. 수공(垂拱)은 궁전의 이름이다. 이 해 3월에 부름을 받고
10월 6일에 수공전에서 황제를 만났다. 주희는 막 즉위한 황제에게 치세(治世)의
근본에 대해 설명하고 있다. 유가의 입장에서 볼 때 치세의 바른 도리는 『대학』의
도에 응축되어 있는데 그 핵심은 수신(修身)이며, 이 수신으로부터 출발해야만
치국평천하(治國平天下)의 마땅한 도리에 도달할 수 있다는 것이다. 곧 주희는
효종에게 지금까지의 잘못된 학문적 관심을 일소하고 유학의 기본 덕목에 충실한
군왕이 될 것을 권고하였다.

신이 듣건대, "대학(大學)의 도는 천자로부터 서민에 이르기까지 하나같이
모두 수신(修身)을 근본으로 삼고",[1] 집안이 가지런히 되는 이치와 국가가
다스려지는 이치, 그리고 천하가 평치(平治)되는 이치가 모두 이 수신으로부터
나오지 않은 바가 없습니다. 그러나 몸은 그냥 닦여질 수 없습니다. 그 근본
방법을 깊이 살펴보면, 곧 사물의 이치를 연구하여서[格物] 앎을 극진히
하는 것[致知]에 달려있습니다. 격물(格物)은 이치를 궁구하는 것을 말합니다.
대개 어떠한 사물이 있으면 반드시 그 리(理)가 있기 때문입니다. 그러나
리는 형태가 없어 알기 어렵지만 사물은 자취가 있어 쉽게 볼 수 있습니다.
그러므로 이 사물을 따라서 탐구하여 그 리가 나의 심목(心目) 사이에 명료히

---

1) 대학(大學)의 도는~근본으로 삼고 : 『대학(大學)』「경(經) 1장」에 나오는 말이다.

파악되고 터럭만큼의 어긋남도 없게 되면, 일에 응할 때에도 저절로 터럭만큼
의 잘못됨도 없게 됩니다. 그러므로 뜻이 진실해지고 마음이 바르게 되어
몸이 닦일 뿐 아니라, 집을 가지런히 하고 나라를 잘 다스리고 천하를 평치(平治)
하는 것에 이르러서도 또한 그것을 들어서 행할 뿐입니다[擧而措之].2) 이것을
일러 '대학(大學 : 대인의 학문)의 도'라 합니다. 비록 고대의 위대한 성인(聖人)
이 천성으로 타고나서 저절로 알았다고 해도, 이 대학의 도를 익히지 않은
분이 없었습니다.

요임금과 순임금이 서로 전해준 이른바 "오직 정밀히 살피고 하나같이
집중하여 진실로 그 중도를 견지하라!"는 말이 바로 이것입니다.3) 그로부터
여러 성인이 이것을 서로 전하여 천하를 다스려왔습니다. 공자에 이르러서는
그런 지위를 얻지 못하여 글로 써서4) 후세에 천하국가를 다스릴 사람들에게
보이셨습니다. 그 문인과 제자들이 또 서로 함께 전수한 것을 서술하여
더 분명하게 설명해놓았으니, 또한 상세하다고 할 수 있습니다. 그러나 진나라

---

2) 그것을 들어서 시행할 뿐입니다[擧而措之] : "격물치지(格物致知)한 것을 들어서
행하는 것이다"(『차의』) "『대학(大學)』의 '壹是皆以修身爲本'의 주(註)에서 '제가이하
(齊家以下)는 이것으로 그것을 행한다(擧此以措之)'라고 하였는데, 대개 수신(修身)으
로서 근본을 삼는다는 것이다. 여기서는 격물치지(格物致知)로써 근본을 삼는다는
말이다."(『익증』) 『대학(大學)』의 주에서 '제가이하(齊家以下)는 이것을 들어서 행한
다'라고 한 말을 가지고 살펴보면, 여기 주차에서 말하는 '거이조지(擧而措之)'라는
말은 대개 위의 수신(修身)을 이어서 말한 것이다. 그러나 (주차에서) 수신(修身)의
근본을 깊이 탐구해 보면 그것은 격물치지하는 데 달려있다고 하였고, 『차의』에서
'격물치지한 것을 들어서 행하는 것(擧其格致者而行之)'으로 말하였으니 약간의
곡절이 있는 듯하다.(『잡지』)
3) 바로 이것입니다 : '이것'은 '대학(大學)의 도(道)'를 가리킨다. 이 글에서 '격물치지(格
物致知)'는 '오직 정밀히 살핌[惟情]'이고 '성의와 정심'은 '한결같이 집중함[惟一]'이
며, '일에 응하여 조금의 잘못됨도 없다는 것'은 '진실로 그 중도를 견지함[允執厥中]'이
라고 했다. 이것은 「임오응조봉사(壬午應詔封事)」의 설명과는 다르다. 「임오응조봉
사」에서는 '격물치지'는 '정일(精一)'에 속한다 하고 '성의와 정심'은 '집중(執中)'에
속한다고 하였다. 아마도 이 주차(奏箚)의 견해를 정론(定論)으로 삼아야 할 것이다.
(『차의』)
4) 글로 써서 : 『대학』을 말한다.(『절보』)

와 한나라 이후로는 이런 학문이 더 이상 강론되지 않았고 유학자들은 문장을 쓰고 외우는 것을 공부로 여기니 사업은 날로 천박한 데로 빠지게 되었습니다. 또한 성인의 뜻이 여기에 그치지 않을 것이라 여기는 이가 있으면, 방향을 바꾸어 도가나 불교에서 그 뜻을 구하는 것에 불과하여 세간과 출세간을 다른 것으로 보고 본말을 다르게 귀결시킴으로써[5] 도술(道術)은 은폐되고 어두워졌습니다. 아무런 각성 없이 천여 년이 흐르면서 비록 밝은 임금과 어진 신하가 간혹 서로 만난 적이 있지만 결국 삼대의 융성함을 회복시키지는 못하였으니 이것을 몰랐기 때문입니다.[6]

삼가 생각건대 황제폐하께서는 성덕(聖德)이 순수하고 아름다워 애초 태자 시절부터 황제에 오르기까지 그 인효(仁孝)와 공검(恭儉)의 덕을 천하가 다 신뢰하였고 화려하거나 사치스런 생각이 하나도 그 마음에 들어 있지 않으셨습니다. 이는 그 몸이 닦였다고 말할 수 있습니다. 그러나 황제가 되시어 천하에 임하신 지 이제 일 년인데 평치(平治)의 효과가 보인다는 여론이 없으니 신으로서는 의문입니다. 생각건대 이전에 황제께 강의했던 신하는 형식[程式]에 한정되어 있기에,[7] 폐하께 아뢰는 것이 문장을 쓰고 암송하는 학습에 지나지 않았고, 폐하가 이것보다 더 나은 것을 찾는 것도 노자나 석씨의 글에서 취하는 것에 불과하였습니다. 그렇기 때문에 비록 천성으로 앎을 타고난 자질과 세상에서 높이 뛰어난 행실을 지니셨지만, 사물을 따라서 리를 살피지 않았기에 천하의 일 가운데 잘 살피지 못한 바가 많으며, 리에 근거하여 사물에 응하지 않았기에 천하의 일 가운데 밝히지 못한 경우가 많습니다. 그렇기 때문에 일을 처리할 때에 걸핏하면 의심이 일어나고, 듣고 판단할 적에 가리거나 속임을 당하는 것을 벗어나기 어려우셨습니다. 결국

---

5) 본말을 다르게 귀결시킴으로써 : "바로 「무신봉사(戊申封事)」에서 '본말(本末)이 어지럽고 내용은 밖으로 연결되지 않는다'라고 이야기한 것과 같은 말이다."(『절보』)

6) 이것을 몰랐기 때문입니다 : 여기서 '이것'은 대학의 도를 가리킨다.(『차의』)

7) 형식[程式]에 한정되어 있기에 : 황세자에게 정식(程式)만을 강의(講義)한 것을 일컫는다.(『차의』)

평치의 효과가 드러나지 않은 이유는 '대학의 도'를 강론하지 않고 천박한 것과 허무한 것에 대해[8] 마음을 쏟은 잘못에 근거합니다.

어리석은 신이 외람되게 말씀드리는 죄를 저질렀으니 그 죄는 만 번 죽어 마땅합니다. 그러나 바라건대 폐하께서 한가히 쉬실 때에 이러한 도(道)를 잘 아는 진짜 유자[眞儒]를 널리 구하여 강론하여 밝히시고, 경전에서 상고하시며, 역사에서 그것을 징험하고 마음으로부터 이해하여 세상의 무궁한 변화에 대응하도록 하십시오. 그렇게 한다면 오늘날의 일 가운데 마땅히 해야 할 것은 반드시 행하실 것이고 마땅히 하지 말아야 할 것은 당연히 중지하실 것입니다. 신하의 충성스러움과 간사함이나 계략의 득실에 대해서는 촛불에 비추어 보고 수판으로 헤아리기[9]를 기다리지 않아도 그 가부가 명백히 드러날 것입니다. 이와 같이 한다면 뜻은 진실되어질 수밖에 없고 마음은 바르게 되어질 수밖에 없으니, 몸을 닦고 집안을 가지런히 다스리고 천하를 평치(平治)하는 데 있어서도 어찌 두 가지 다른 원리가 있겠습니까?

신이 스승에게서 들은 것은 이와 같은데 일반 사람들이 보기에는 아마도 사정에 어둡고 진부하여 실제 적용하는 것에 절실하지 않다고 생각할 수 있을 것입니다. 그러나 신은 개인적으로 그 근본을 바르게 하면 모든 일이 다스려지며, 처음 시작할 때의 사소한 차이가 결과에 가서는 심대한 차이로 커지기 때문에 천하의 일 가운데 이보다 화급한 것은 없다고 생각합니다.

엎드려 바라건대, 폐하께서 하늘의 태양과 같은 밝은 마음으로 살피는

---

8) 천박한 것과 허무한 것에 대해 : 원문은 "溺心於淺近虛無"이다. '천근(淺近)'은 '사장기송지습(詞章記誦之習)'을 지칭하고 '허무(虛無)'는 '석로지학(釋老之學)'을 말한 것이다. 본 주차는 『대학』과 매우 밀접한 관계를 가지고 있어서 주희의 해설과 서로 표리가 된다고 말할 수 있다. 주희는 「대학장구서(大學章句序)」에서 이 두 학문에 대해 다음과 같이 말하고 있다. "自是以來, 俗儒記誦詞章之習, 其功倍於『小學』而無用. 異端虛無寂滅之敎, 其高過於『大學』而無實."

9) 촛불에~헤아리기 : 초를 켜서 밝히고 헤아려서 계산한다는 말이다. 창려(昌黎 : 한유)가 석처사(石處士)에게 보낸 글의 서(序)에 "고금(古今)의 일의 당부(當否)를 변별(辨別)할 때에 사람이 주(主)이고 일이 종(從)임을 논한 후에 일의 성패를 따진다면 마치 촛불을 밝히고 수를 헤아려서 거북 점(占)을 치는 것과 같을 것"이라 했다.(『차의』)

것을 널리 확대하여 마음을 열어 바른 의견들을 받아들여 주신다면 단지 미천한 신만의 행운이 아니라 실로 천하 만세를 위해 다행스러운 일일 것입니다. 폐하의 판단을 기다리겠습니다.[10)

_ 이봉규

---

10) 폐하의 판단을 기다리겠습니다 : 원문은 "取進止"이다. 이것은 상소문이나 주차 등의 말미에 사용되는 상투어이다. 그 의미는 군왕의 판단을 기다려 가부를 결정하겠다는 의미로서 자기의 주장이 반드시 옳은 것이 아니라 그 판단을 윗사람에 위임한다는 겸손의 표현이다. 결국 자기의 주장은 이와 같고 그것을 이미 모두 기술하였으니 그에 대한 가부는 위 사람의 판단을 기다린다는 말이다.

수공전(垂拱殿)에서 올린 주차 2

해 제 1163년에 올린 주차 중의 두 번째이다. 첫 번째 주차에서 군왕이 지녀야 할 기본자세인 수신에 대해 설명하였고, 여기서는 당시 정치적 현안이었던 금과의 대외관계에 대한 자신의 입장을 밝혔다. 주희는 당시 존재하던 금과의 관계에 대한 세 입장-주전, 화의, 수비-에 대해 해설하면서 주전론의 정당성을 주장하는 한편 화의론의 부당함을 설명하였다. 그는 금과의 관계는 삼강과 오상을 지키는 유가의 정신과 '원수와 같은 하늘 아래 살 수 없다'는 태도로 접근해야 한다고 하여 주전론의 근거를 분명히 제시하였다. 그러므로 대외정책은 당장의 실리를 따지기기보다 국가의 미래를 걸고 대의를 선택해야한다는 관점에서 결정되어야 할 사안임을 역설하였다.

신이 살펴보건대 오늘날 나라가 취할 계책을 논하는 것에 대개 세 가지가 있는데 그것은 전쟁을 할 것인가[主戰], 방어에 충실할 것인가[守備], 화의를 맺을 것인가[和議]일 뿐입니다.[1] 그런데 천하의 일은 이익이 있으면 반드시 해가 있고, 얻음이 있다면 반드시 잃음이 따르므로 주전(主戰), 수비(守備), 화의(和議)의 세 계책 중에도 또 각각 양단(兩端)이 있습니다. 전쟁은 진실로 나아가 취할 수 있는 형세가 있지만 거기에는 또한 가볍게 움직여서 잃을 수 있는 점도 있습니다. 수비는 본래 스스로 다스릴 수 있는 방법이지만

---

1) 신이 살펴보건대~뿐입니다 : 이때 장준(張浚)은 용병(用兵)에 뜻이 있었고, 사호(史浩)는 수비(守備)를 우선하자고 말하였으며, 탕사퇴(湯思退)는 화의(和議)해야 함을 역설했다.(『익증』)

오래 보전하기에는 어려움이 있습니다. 화의의 계책은 가장 낮은 수준의 방법입니다. 그러나 그 계책이 주장하는 바는 자신을 굽혀 민을 보호[愛民]하며 국력을 축적하면서 틈을 엿보고 적들이 의심하고 군사가 느슨해지도록 할 것이니 잘못된 계책이 아니라는 것입니다.[2] 부끄러운 사건[多事][3]이 일어난 다음에는 위의 세 가지 설[주전, 수비, 화의]의 여섯 가지 단서가[4] 은연중에 서로 옳고 그름을 공격하고, 서로 가부(可否)를 빼앗았습니다. 그리하여 한마디씩 하는 자들은 각자가 자기의 사사로운 의견을 꾸며대고 듣는 자들은 그 홀림을 이기지 못합니다. 그러므로 현명한 폐하라 해도 대개 그 사이에서 결단코 뜻이 현혹되지 않을 수가 없을 것입니다.

신이 그렇게 된 까닭을 생각해 보니 의리의 근본을 절충(折衷)[5]하지 않은 채 이해(利害)의 말류로만 내달린 데에 그 원인이 있습니다. 그러므로 신은 일찍이 망령되게 생각해 보았는데 군주[人主]의 학문은 마땅히 이치를 밝히는 것으로 우선을 삼아야 합니다. 이치가 밝아지면 모든 마땅히 행할 바는 반드시 행하고 마땅히 하지 않아야 할 것은 반드시 그치는 것이 천리(天理)를 따르지 않음이 없게 되고 자기의 사사로운 생각을 반드시 고집하려는 뜻도 있지 않습니다. 신은 다시금 그 실제[實][6]를 지적하여 밝히기를 간청합니다.

신이 들은 바에 의하면, 하늘은 높이 있고 땅은 낮은데 있으며 사람은

---

2) 그 계책이 주장하는 바는~것입니다 : 탕사퇴(湯思退)는 매번 국경을 지키고 백성을 휴식시킬 것을 주장했다. 축(蓄)은 양(養)과 같다. 『진어(晋語)』에 "12년간 힘을 기르면 멀리 갈 수 있다"는 말이 있다.(『익증』)

3) 부끄러운 사건[多事] : 휘종(徽宗)과 흠종(欽宗)이 볼모로 잡혀 북행(北行)했던 일로 차마 말할 수 없는 까닭에 '다사(多事)'라 썼다.(『차의』)

4) 세 가지 설[주전, 수비, 화의]의 여섯 가지 단서 : 세 가지 설[三說]은 주전(主戰), 수비(守備), 화의(和議)이다. 여섯 가지 단서[六端]는 세 가지 설에 각각 득실(得失)의 양단(兩端)이 있는 것을 말한다.(『차의』)

5) 절충(折衷) : '충(衷)'은 거성(去聲)이다. '절(折)'은 '단(斷)'이다. '충(衷)'은 '당(當)'이다. 『주자어류』에서 "절충(折衷)은 돌려 접어서 그 가운데를 취하는 것"이라 하였다.(『익증』)

6) 실제[實] : 실제[實]는 치욕스러운 원수를 가리켜서 말한 것이다.(『차의』)

그 가운데에 자리하는데 천도(天道)는 음양(陰陽)을 벗어나지 않고, 지도(地道)는 강유(剛柔)를 넘어서지 않습니다. 그러므로 인(仁)과 의(義)를 버려두고는 인도(人道)가 설 근거가 없습니다. 그런데 인은 부자(父子)관계에서 보다 큰 것이 없고, 의는 군신(君臣)간 보다 클 수가 없으니 이것이 소위 삼강(三綱)의 요점이요, 오상(五常)의 근본입니다. 인륜(人倫)은 지극한 천리로서 천지간에서 피할 곳이 없는 것입니다[無所逃於天地之間].7) '임금과 아비의 원수와는 같은 하늘을 이고 서지 않는다'고 한 것이 바로 하늘이 덮고 땅이 싣는 바와 같은 것입니다. 이것은 군신과 부자의 성품을 가진 자가 심한 통증을 느끼어 스스로 어쩔 수 없는 같은 마음[同情]이 생겨나는 것이지 오로지 한 개인의 사사로움에서 나오는 것이 아닙니다.

삼가 생각건대 북쪽 오랑캐는 우리나라의 입장에서 보면 종묘를 능멸한 원한 깊은 원수이니, 비통하게 말하여 신하된 자로서 차마 들을 수 없는 바가 있으므로 그들과 더불어 같은 하늘을 이고 살 수 없음이 분명합니다. 태상황제[欽宗]께서는 이 원수를 갚지 못한 것을 염두에 두시고 비록 천자의 자리를 누리셨지만 즐겁게 여기지 않으셨으며, 어느 날 갑자기 폐하께 천자의 자리를 물려주신 것은 폐하의 총명함과 지혜와 용맹함으로써 반드시 이 뜻[원수를 갚는 것]을 이룰 수 있다고 생각하셨기 때문입니다. 그러므로 지금 마땅히 해야 할 것은, 전쟁(戰)이 아니면 원수를 갚을 수 없고 수비를 하지 않으면 이길 수 없습니다. 이는 모두 천리의 스스로 그러함에 따른 것이지, 인욕의 사사로운 분노에 의한 것이 아닙니다.

폐하께서도 이미 반드시 그렇게 하는 데 뜻을 두셨습니다. 그런데 그 사이에 누가 번번이 삿된 의논을 복창하여 폐하를 현혹시킴으로써 조정의 신하에게 문서를 들려 오랑캐의 장수에게 보내서 강화(講和)의 계책8)을 세우

---

7) 천지간에서 피할 곳이 없는 것입니다[無所逃於天地之間] : '천지간에서 피할 곳이 없는 것입니다[無所逃於天地之間]'는 『장자(莊子)』에 나오는 말이다.(『차의』) 주희는 『충가집(忠嘉集)』의 발문(跋文)에서 장자(莊子)의 이 말을 배척하여 삿된 설이라 하였는데, 이 글은 『주자대전』 권82에 실려 있다.(『익증』)

는 데까지 이르게 했는지 모르겠습니다.

신은 폐하께서 마땅히 하지 말아야 할 것을 반드시 그만두지 못해 이번 일에 중대한 실수를 한 것이 유감스럽습니다. 또 잘 모르겠지만 폐하는 의논하는 자의 말을 그만두게 할 수 없어서 할 수 없이 이러한 삿된 일을 하셨습니까, 아니면 진정으로 화의를 성사시키고자 하는 생각으로 이러한 삿된 일을 하셨습니까.

할 수 없이 이 일을 하게 된 것이라고 한다면, 처음에 할 때부터 반드시 그 끝을 고려해야 합니다[必慮其終].9) 내가 그것을 청하면 상대는 반드시

---

8) 강화(講和)의 계책 : "계미년(1163) 봄 정월, 장준을 추밀사에 임명하여 강회(江淮) 군마의 총대장이 되도록 하고 건강(建康)에 관아를 설치하게 하였다. 장준의 아들 장식은 상주하는 기회에 다음과 같이 말하였다. '폐하께서는 위로는 조종의 원수로부터 받은 치욕을 생각하시고, 아래로는 중원의 도탄을 근심하십니다. 이 마음의 발현은 곧 천리가 보존되어 있다는 것이니, 원컨대 현명한 사람을 가까이 두고 스스로 돕도록 하는 것을 잠시도 그치지 않게 한다면, 곧 오늘의 공(功)은 이루어질 수 있을 것입니다.' 황제는 예전과 달리 중원(中原) 회복에 주의를 집중하고 있었다. 여름 4월, 장준이 황제가 건강에 임행하는 날에 가서 뵙고 중원지심(中原之心)을 움직였고, 또한 '금인(金人)들은 가을이 되면 반드시 변경의 걱정거리가 될 것이니, 마땅히 그들이 도발하기 전에 공격해야 합니다'라고 말하였다. 황제는 그 말을 듣고 곧 출사(出師)를 의논하였다. 장준은 곧 이현충과 소굉연을 보내어 길을 나누어 금을 공격했다. 5월 이현충과 소굉연은 금을 대패(大敗)시켜 영벽, 홍현, 숙주를 회복했다. (그러나) 이미 군대는 다시 분열되고 있었다. 6월 황제는 곧 강화를 택하여 탕사퇴를 불러 예천관사(醴泉觀使)를 삼았다. 신차응이 '신(臣)과 탕사퇴는 이치상 동렬에 서기 어렵습니다'라고 하였으나, 황제는 '탕사퇴가 임용할만 하다고 했다'고 하였다. (중략) 황제는 그것을 장준에게 주었다. 장준은 '금은 강하면 오고 약하면 그만둘 것입니다. 강화를 하느냐 마느냐에 달려 있지 않습니다'라고 하였다. 탕사퇴는 진회당이라서, 강화를 하기 위해 서둘렀다. 진강백, 주규, 홍준 등은 모두 상소를 올려 '적의 뜻이 강화를 하고자 하는 것이라면 곧 우리의 군사와 백성들은 휴식을 취할 수 있으니, 자치의 계획을 세워 중원의 변화를 기다려 도모한다면 이는 조금도 실수가 없는 계획이 될 것입니다'라고 하였다. 공부시랑 장천이 유독 '허락해서는 안 된다'고 하였다. 황제는 곧 노중현을 파견하여 금나라 장수에게 답서를 보냈다." (『차의』)

9) 반드시 그 끝을 고려해야 합니다[必慮其終] : 처음에는 비록 일시적으로 청하고 진정으로 강화를 하려는 것이 아니었겠지만, 끝에 가서는 상대방이 반드시 강화를 허락하여 마땅히 성립될 것이라는 말이다. 이는 처음에는 할 수 없이 했지만 끝에

그에 따라 대응할 것이니, 구차하게 해서는 안 됩니다. 또한 구차하게 이 일을 해서 무엇을 구하고자 하겠습니까? 일에 도움이 되지 않으며 다만 이치에 해가 될 뿐이니, 신은 폐하가 그렇게 하지 않으실 줄로 알겠습니다.

진정으로 화의를 성사시키려고 생각하신다면, (講和에 대해) 의논하는 자들의 이른바 '자기를 굽혀 백성을 보호하고, 힘을 축적하여 틈을 살피며, 적을 혼란케 하여 군대를 느슨하게 할 것이니, 잘못된 계책이 되지 않을 것이다'라고 하는 말에 대해서 신이 논의해 보고자 합니다.

무릇 사람이 천지 사이에 아득하게 서 있어 지극히 미미하지만 천지와 더불어 병립하여 삼재(三才)가 될 수 있는 것은, 인의(仁義)의 본성을 가지고 있으며 음양의 기와 강유(剛柔)의 체(體)가 만물과 동일한 근원에서 같이 나와 사이가 없기 때문입니다.[10] 옛 성인이 천지에 참여하여 화육(化育)을 도운 것이[11] 어찌 다른 것이 있겠습니까? 역시 이러한 이치를 따르고 그것을 거스르지 않았을 따름입니다. 지금 원한을 풀고 강화를 맺는 것은 자신을 굽히는 것이 아니라 곧 이치를 거스르는 일입니다. 자기를 굽힐 수는 있지만, 이치를 거스를 수 있겠습니까?

이치를 거슬러서 초래하게 될 화는 장차 삼강이 몰락하고 구법(九法)[12]이 무너지도록 하여, 아들은 아버지가 있음을 알지 못하고 신하는 임금이 있음을 알지 못하며, 인심(人心)은 바르지 않고 이치를 어기고[僻違][13] 천지는 꽉

가서는 응하지 않으면 안 된다는 것이다.(『익증』)

10) 무릇 사람이 사이가~없기 때문입니다 :「태극도설」에서 이 세 가지를 인용하였는데 주희가 그것에 대해서 논하기를 "삼재(三才)의 구별이 있지만 기실은 하나의 태극이다."라 하였다. 이것이 하나의 근원[一原]이 곧 태극이라는 말이다.(『차의』)

11) 천지에 참여하여 화육(化育)을 도운 것이 :『중용』에 나온다.(『익증』)

12) 구법(九法) : 주나라 때 시행된 대사마가 나라를 다스리는 데 준수해야 할 아홉 가지 법칙으로, 다음과 같다. 제기봉국(制畿封國), 설의변위(設儀辨位), 진현흥공(進賢興功), 건목입감(建牧立監), 제군힐금(制軍詰禁), 시공분직(施貢分職), 간계향민(簡稽鄕民), 균수평칙(均守平則), 비소사대(比小四大).

13) 바르지 않고 이치를 어기고[僻違] : 벽(僻)은 바르지 않은 것이고, 위(違)는 이치에 위배되는 것이다.(『차의』)

막히며[天地閉塞],14) 오랑캐는 더욱 성하고 금수는 더욱 번성하게 될 것입니다. 이는 곧 남북의 백성을 들어서 버리는 격이니, 어찌 백성을 사랑한다고 할 수 있겠습니까? 또 그 임금과 아버지를 사랑하라고 말하지 않고 남북의 백성을 두루 사랑하라고 하는데, 이는 경중(輕重)의 차례와 완급(緩急)의 순서에 있어서도 어그러진다고 할 수 있습니다.

공부자(孔夫子)께서는 정치를 행할 때 정명을 우선을 삼아야 한다고 하셨으니, 대개 명분이 바르지 않으면 말이 순조롭지 못하고 일은 성사되지 않아서 백성들은 손발을 둘 데가 없게 됩니다. 지금 복수의 명분을 버리고 강화로써 틈을 살피고 적의 군대가 느슨해지기를 바라는 계책을 세우고자 한다면, 아마도 상하의 마음이 분리되게 하고 조정의 안팎을 와해시켜 완급(緩急)의 사이에 적에 대응할 수 없도록 할 것입니다. 그리고 우리의 군신 상하가 밤낮으로 정무에 힘써 자치(自治)의 정치를 닦는 것 또한 장차 옛 습관을 고치지 않고 따르고 태만해지도록 하여 다시는 떨쳐 일어나지 못하게 할 것입니다.

이는 바로 오랑캐로 하여금 훗날 기회를 엿볼 수 있도록 하고 틈을 보이는 실수를 하지 않도록 할 것이므로, 저는 우리가 걱정할 만한 일이 기뻐할 것보다 더 심하지 않을까 우려됩니다. 그리고 서약[信誓]의 중요함과 명분의 바름으로 인해 저들은 우리가 그들에게 곡진하게 돌아가는 결과[歸曲]를15) 얻을 수 있게 될 것이니, 아마 양국의 병사가 서로 싸우기도 전에 우리의 사기는 이미 흩어져버릴 것입니다. 또한 선화(宣和, 徽宗 1119~1125)와 정강(靖康, 欽宗 1126)년간으로부터 실시된 강화의 효과 역시 대강 볼 수 있으니,

---

14) 천지는 꽉 막히며[天地閉塞] : 이 표현은 「월령(月令)」에 나온다.(『익증』)

15) 우리가 그들에게 곡진하게 돌아가는 결과[歸曲]를 : "지금 강화를 맺고 나중에 전쟁을 하려고 한다면 저들은 장차 '이전에 이미 함께 했던 신서(信誓)와 명분(名分)의 소정(素定)을 지금 와서 배반하고 버릴 수 있는가?'라고 할 것이니, 이것이 바로 그들에게 곡진하게 돌아가는 결과[歸曲]라는 말이다."(『차의』) ; "신서(信誓)는 강화를 말하고, 명분(名分)은 고종 당시에 칭신(稱臣)한 것에 연유하여 말한 것이다."(『절보』)

오랑캐의 진정과 거짓이나 우리의 득실은 특별히 밝히지 않아도 알 수 있습니다.

그리고 소인은 다음과 같은 말을 즐겨 합니다. "대개 오직 군자라야 의리(義理) 상 반드시 마땅히 해야 할 일과 의리 상 반드시 믿을 수 있는 것을 알기 때문에 이해(利害)와 득실(得失)이 그 마음에 끼어들지 않고, 그 학문은 또 사물의 변화에 충분히 응할 수 있다. 이 때문에 기질이 용맹하고 지모(智謀)가 밝아서 두려워하고 꺼리는 것이 없으며, 불운하여 뜻을 얻지 못하면 사생(死生)으로써 그에 응한다." 그러나 소인의 마음은 일체 이와는 반대되니, 그들이 오로지 강화(講和)에 대한 말만 하는 것은 특히 그 사사로움 때문일 따름입니다. 그래서 나라의 일을 도모하는 자가 지나가다가 그의 말을 들으면 어찌 그릇되게 이끌리지 않겠습니까?

이제 사신이 돌아오면 대의(大義)가 결정될 것인데,[16] 이 또한 과실을 바로잡고 패배를 설욕할 때입니다. 신은 원컨대 폐하께서 잠시 이익과 해[利害]가 번갈아 찾아온다는 설을 버려두고 궁리(窮理)를 우선으로 삼고, 인의(仁義)의 도와 삼강의 근본에 조금이라도 뜻을 두어 몸소 체험하고 확충함으로써 인극(人極)을 세우십시오. 그리고 일을 맡은 신하에게 간곡히 고하여 강화에 대한 의논을 빨리 물리치도록 하고, 무능한 사람은 내치고 유능한 사람을 등용하기를 크게 밝히십시오. 그렇게 함으로써 원수를 갚아 치욕을 씻으려는 근본 뜻이 아직 조금도 쇠하지 않았다는 것을 천하 사람들에게 보여 주십시오.

비록 오랑캐의 뜻이 유순한 것처럼 보이고 구하는 것이 없는 것 같더라도 이는 곧 마음 속 깊이 감추고 있는 것이니 더욱 의심하고 두려워할만 합니다.

---

16) 사신이 돌아오면 대의(大義)가 결정될 것인데 : "당시에 탕사퇴가 왕지망과 용대연을 금국통문사부(金國通問使副)로 충원할 것을 황제께 아뢰었다. 이에 바로 진량한이 그것의 불가함을 말하자 결국 호현을 금국통신소심의관(金國通信所審議官)으로 삼았다. 장준 또한 힘써 반대하였다. 황제는 이에 친히 조서를 써서 왕지망 등 일행에게 예물을 가지고 국경에서 명령을 기다리도록 했다. 진강백 등은 목숨을 구걸하여 대간(臺諫)들과 모여서 금과 강화를 맺는 일의 득실을 논하자고 하였는데, 황제는 이를 따랐다. 아마도 이 일을 가리키는 것 같다."(『차의』)

그러므로 마땅히 의(義)에 따라 거절하여 그 모략을 물리치도록 하십시오. 그런 다음에 강(江)과 회(淮)의 군사를 모아[表裏江淮] ‘전쟁’과 ‘수비’의 계책을 하나로 합쳐서, 수비를 견고히 하면서 전쟁을 하며 전쟁에서 이김으로써 수비할 수 있게 한다면, 기습(奇襲)과 정공(正攻)이 상생하여 마치 둥근 원에 끝이 없는 것과 같이 될 것입니다. 오랫동안 버텨 반드시 중원을 회복하고 반드시 오랑캐를 멸하는 것으로써 훗날을 기약할 따름입니다.

비록 그 성패(成敗)와 운수의 좋고 나쁨[利鈍]은 미리 내다볼 수 없습니다만 우리 군신과 부자간에 유감스러운 점이 없다면, 그것은 굴욕을 당하여 구차하게 살아남는 것보다는 훨씬 더 나을 것입니다. 신은 폐하께서 이것으로써 마음을 먹고 이것으로써 뜻을 세우기를 바라오니, 그렇게 된다면 인의(仁義)의 도가 위에서 밝아지고 충효의 풍속이 아래에서 이루어질 것입니다. 인도(人道)를 이미 얻고 천지의 조화로운 기운이 저절로 기쁘게 화합하여 사이가 없으며[訴合無間][17] 오랑캐와 금수 또한 오랫동안 그들의 해독을 끼칠 수 없다면, 무슨 일인들 이루어지지 않겠으며, 무슨 공훈인들 세워지지 않겠습니까?

신이 초야의 미천한 자로서, 일의 마땅함을 알지 못하고 오로지 배운 바를 가지고 망령되이 대계(大計)를 논하였으니, 오직 폐하께서 취하거나 버릴 것을 택하십시오.

_ 이봉규

---

17) 기쁘게 화합하여 사이가 없으며[訴合無間] :『예기』「악기」에 "천지가 기쁘게 합하는 것은 음양이 서로를 얻는 것이다.[天地訴合, 陰陽相得]"라 하였다. 그 주에서는 "'흔'은 기쁘다는 의미의 '희'로 읽어야 하니 찔 '증'자와 같다.[訴讀爲熹猶蒸也]"고 했고, 소(疏)에서는 "천지가 즐겁게 감동하여 음양 이기가 잘 움직이도록 하는 것을 말한다.[樂感動天地使二氣蒸動也]"고 하였다.(『절보』)

수공전(垂拱殿)에서 올린 주차 3

해 제 이 글은 1163년(효종 1) 11월 6일 효종과 수공전(垂拱殿)에서 면담한 자리에서 올린 세 차자 중 세 번째 글이다. 이 해 8월 대혜종고(大慧宗杲)가 사망하였는데, 불교계뿐 아니라 왕을 위시하여 조정의 관료들 사이에 그를 추모하는 글들이 지어졌다. 주희는 불교에 경도된 당시 수도 임안(臨安)의 분위기를 경험하면서 세 차자를 올렸는데, 첫 번째 글에서는 격물치지(格物致知)를 중심으로 성학(聖學)을 논하면서 조정 관료들이 사장(詞章)과 노불(老佛)에 탐닉하는 것을 비판하였다. 두 번째 글에서는 인륜 개념을 통해 복수를 정당화하고 화의론을 반대하였다. 그리고 이 세 번째 글에서는 내수(內修)를 위해 언로의 확대와 언로를 가로막는 측근들의 제거를 주장하였다. 효종은 주희의 글을 읽고 냉담한 반응을 보였다.[1]

신(臣)이 듣건대, 익(益)은 순(舜)임금에게 다음과 같이 경계시키며 말하였습니다. "염려할 일이 없을 때 경계하여 법도를 잃지 말고, 편안함에 빠지지 말고 즐거움에 지나치지 말며, 현자에게 맡길 때 의심하지 말고 사악한 이를 제거할 때 주저하지 마십시오." 그리고 끝에서 다음과 같이 말하였습니다. "마음을 태만히 하지 않고 일을 등한히 하지 않으면, 사방의 오랑캐들도 조회하러 올 것입니다."[2] 주(周)의 문왕(文王)과 무왕(武王) 또한 「천보(天保)」 이상으로 중국을 다스리고, 「채미(采薇)」 이하로 오랑캐를 다스렸는데, 근심하

---

1) 『주자대전(朱子大全)』 권24, 「여위원리(與魏元履)」 1 ; 속경남(束景南), 『주자대전(朱子大傳)』, 복건교육출판사(福建教育出版社), 1992, 198~200쪽 참조.

2) 이상 내용은 『상서(尙書)』 「대우모(大禹謨)」에서 인용한 것이다.

고 힘써 노력하는 것으로 시작하여 편안하고 즐거워하는 데로 귀착하였습니다.3) 그 뒤 중도에 쇠퇴하자 「소아(小雅)」의 풍속이 모두 없어지고, 사방의 오랑캐들이 번갈아 침입하여, 중국이 쇠약해지고 영토가 줄어들었습니다.4) 선왕(宣王)이 나라를 이어받아 노심초사하며 자신의 행실을 닦고[側身修行]5) 현자를 등용하고 유능한 사람에게 일을 시키며, 안으로 정사를 정비하고 밖으로 오랑캐를 물리치니 주나라의 도가 찬연히 부흥하였습니다. 신이 일찍이 이것을 살펴보고 나서 옛날의 앞선 성왕(聖王)들이 오랑캐를 제어하는 방법은 그 근본이 위세와 힘셈에 있지 않고 덕업(德業)에 있으며, 그 일이 변경에 있지 않고 조정에 있으며, 그 수단이 군사와 식량에 있지 않고 기강에 있음을 확연하게 알게 되었습니다.

삼가 생각하건대, 폐하께서 어려운 운수를 몸소 겪으면서도 중흥의 업적을 이룰 방도를 도모하시니, 이미 해야 할 것과 그만두어야 할 바(머물러야 할 바)의 큰 단서를 알고 계신 것입니다. 그러나 오랑캐가 세력을 믿고 업신여기며 마음속으로 예측할 수 없는 흉계를 품고 있는 상황으로, 조정 안팎의 의논은 모두 "나라의 위세가 아직 진작되지 않았고, 변방의 방비도 아직 갖추어지지 않았으며, 곡식창고가 아직 채워지지 않았고, 군사도 아직 조련되지 않았으니, 갑자기 급한 상황이 발생하면, 어떻게 대처하겠는가!"라고 합니다. 그러나 신이 생각하기에, 오늘날의 걱정거리가 그런 것이 아니고, 걱정할 일이 그런 것보다 더 큰 데 있는데도, 의논하는 이들이 아직 언급하지 않으니 안타깝습니다.

신이 살펴보건대, 오늘날 간쟁하는 길은 여전히 막혀 있고, 아첨하는 측근들

---

3) 주(周)의~귀착하였습니다 : 이 구절은 『시경(詩經)』, 「소아(小雅)·어려(魚麗)」의 소서(小序)에서 따온 것이다.

4) 「소아(小雅)」의~줄어들었습니다 : 『시경(詩經)』, 「소아(小雅)·유월(六月)」의 소서(小序)에서 따온 것이다.

5) 자신의 행실을 닦고[側身修行] : 『시경』 「대아(大雅)·운한(雲漢)」의 소서(小序)에 보인다. '측신(側身)'은 몸을 바로하지 못하고 기울인다는 의미로 근심에 싸여 노심초사하는 태도를 가리킨다.

의 세력이 날로 커져가고, 상은 쉽게 주면서 징벌은 행하지 않고, 백성들의 힘은 이미 고갈되었는데 국가 재정은 절제하지 않습니다. 이 네 가지로 볼 때, 군주의 덕업이 닦여 있다고 할 수 없고, 조정이 바로잡혔다고 할 수 없고, 국가의 기강이 확립되었다고 할 수 없으니, 옛날의 앞선 성왕들이 근본을 강화하고 적을 막고, 오랑캐를 제압하는 도리가 하나도 갖추어졌다고 할 수 없습니다. 이것이 신이 깊이 우려하는 바입니다. 모르겠습니다만, 논자들 가운데 폐하께 이러한 사실을 말씀드린 적이 있는지요? 신은 폐하께서 『시경』과 『서경』의 말을 재삼 반복해 살펴, 행한 바의 득실을 비추어 따져보고, 덕업을 닦고 조정을 바로 세우고 기강을 확립하는 방안을 강구하기를 바랍니다.

반드시 마음을 열어 간쟁을 받아들이고, 사악하고 아첨하는 이들을 멀리 물리치고, 요행을 추구하는 길을 막고, 나라의 근본을 튼실하게 하는 것 등 네 가지를 급선무로 삼아, 근본을 다스리고 지엽적인 것에 힘쓰지 않으며, 실질적인 것을 다스리고 허명을 추구하지 않는다면, 인심이 흔쾌히 따를 것이요 오랑캐가 두려워할 줄 알 것입니다. 그러면 형세는 자연히 강해지고 중원을 회복하는 일도 기대할 수 있을 것입니다. 신은 소원하고 미천한 처지라 폐하의 위세에 두려워, 감히 알고 있는 바를 모두 말씀드리면서 폐하께 자세히 의논드리지 못하고, 이상과 같이 대강만 말씀드리는 바입니다. 삼가 폐하께서 살펴보고 재량해주시기 바랍니다. 살펴보아 주십시오.

_ 이봉규

신축년(1181) 연화전(延和殿)에서 올린 주차 1

해 제 이 차자는 신축년(辛丑年, 1181) 11월 27일 연화전(延和殿)에서 효종을 면담하면서 올린 7개의 차자 중 첫 번째 글이다. 이 해 8월 제거양절동로상평다염공사(提舉兩浙東路常平茶鹽公事 : 보통 浙東提舉로 줄여서 말함)로 절동지역의 기근 구제를 위해 동분서주하면서 인민의 피폐된 상황과 관리로서의 무력함을 몸소 경험하였다. 주희가 올린 7개의 차자 가운데 첫 번째와 두 번째 글은 군주의 마음을 바로잡는 것에 주안점을 두었고, 세 번째에서 다섯 번째까지의 글은 절동지역의 기근 구제 사업에 관해 논하고, 여섯 번째와 일곱 번째의 글은 주희가 남강군지사(知南康軍)를 맡은 이후(1179)의 일에 관해 논하였다.

신이 생각건대, 황제폐하께서 제위에 오른 이래, 밤낮으로 하늘을 두려워하고 백성을 보살펴 진실한 공경과 관대한 인애가 하늘과 백성에 미쳤으니, 하늘이 받아들이고 백성과 만물이 크게 편안해야 마땅할 것입니다. 그러나 20년 동안 수해와 가뭄 그리고 도적 등으로 편안한 해가 거의 없었습니다. 근자에는 하늘의 상(象)[垂象][1]이 제자리를 벗어나 식자들은 두려워합니다. 기근이 해를 이어 계속되고 백성들 가운데 유리되어 굶어 죽는 이들이 많습니다. 폐하께서 걱정하고 탄식하면서 현인을 등용시키고 간사한 무리들을 물리치며, 조정의 관료들에게 명령하여 창고를 열어 곡식을 방출하는 등

---

1) 수상(垂象) : 『주역(周易)』 「계사상(繫辭上)」에 "하늘이 상을 내려 길흉을 보이니, 성인이 그것을 본받는다(天垂象, 見吉凶, 聖人象之)"라고 하였다.

하늘의 뜻을 받들어 인심을 위로하고 기쁘게 하려는 노력이 미치지 않는 바가 없습니다. 그러니 또한 재이의 참화로부터 다소 회복하여 화평한 상태가 되어야 마땅할 듯합니다.

그러나 근래 겨울의 기온이 너무 따뜻하고 천둥과 번개가 내리치니 내년을 어떻게 꾸려갈지도 오히려 걱정스럽습니다. 신은 진실로 우매하여 그렇게 된 이유를 이해할 수 없어, 한번은 조용히 전대의 일[2]을 살피면서 그 이유를 깊이 찾아보았습니다. 생각건대, 덕을 숭상함이 하늘에 아직 미치지 못해서인가? 업적의 광대함이 땅에 아직 미치지 못해서인가? 정사의 기본 사안이 시행되지 못하고, 세부 사안들이 연계해서 처리되지 않아서인가? 형벌을 시행할 때, 소원한 사람이 부당하게 처리되고 가까운 사이에 있는 사람이 요행으로 처벌을 면해서인가? 군자 가운데 아직 등용되지 못한 이가 있고 소인배가 아직 제거되지 못해서인가? 대신이 자신의 직책을 제대로 수행하지 못하여 미천한 자가 그 권력을 차지해서인가? 정직하고 진실한 말을 별로 들어주지 않아 아첨하는 자가 많아서인가? 덕과 의리를 숭상하는 기풍이 드러나지 못하고 더럽고 천박한 자들이 날뛰어서인가? 뇌물이 위에서 널리 퍼져 은택이 아래로 다 미치지 못해서인가? 남에게 책임지우는 것은 매우 각박하게 하면서, 자신에 대한 반성은 철저하게 하지 않아서인가? 반드시 이들 몇 가지가 발생한 뒤에야 재이를 초래할 수 있습니다. 지금 폐하께서는 명철하고 성덕을 지니셨는데, 어찌 이런 것들이 있겠습니까? 그러나 하늘이 기뻐하지 않고, 국가의 근본이 흔들리고 있으며, 폐하의 헤아림이 비록 깊다 해도 가뭄의 기운은 아직 끝나지 않고 있으니, 이것은 반드시 그 이유가 있을 것입니다.

신이 자신을 헤아리지 않은 채 만 번 죽을 각오를 하고 감히 엎드려 바랍니다. 폐하께서 정사를 듣는 여가에, 마음을 비우고 생각을 진정시킨 다음, 앞에서

---

2) 전대의 일 : "앞의 일이란 효종 때 지난 달의 일이다. 전대의 일이라고도 한다.(前事, 孝宗前月之事也. 一云前代之事也)"(『차의』)

말씀드린 몇 가지 조목을 가지고 자신을 돌이켜보고 사실을 통해 검증해보면서 깊이 성찰해보십시오. 그러면, 조용히 침잠하는 가운데 어떤 은미한 것도 간파하지 못함이 없을 것이고, 이들 조목에 대한 득실(得失) 가운데 어떤 것이 자신에게 있고 또 어떤 것이 자신에게 없는지, 어떤 것을 고수하고 어떤 것을 고쳐야 하는지, 그 모든 실정이 샅샅이 드러나지 않음이 없을 것입니다. 그래도 미흡하다고 생각되면, 바라건대 진심으로 덕음(德音)3)을 내어 조정의 안팎에 알리고 허물을 들어 반성하면서 자신을 쇄신하기 위해 도모하십시오. 그리고 안으로 관료와 백공(百工), 밖으로 백성들에 이르기까지 임금의 마음을 열어 일깨워주고 잘못된 정치를 지적하여 진술하는 이가 있다면, 친소귀천을 따지지 말고 모두 자신의 견해를 임금께 밝힐 수 있게 하십시오.

  그런 뒤에 가까운 관료 가운데 사리에 밝게 통하고 정직한 사람 한 둘을 뽑아서 각자 자신이 알고 있는 사람 중 학식이 있고 용감하게 진언할 수 있는 선비 몇 사람씩 추천케 하고, 그들에게 임금에게 이르는 통로를 지키게 하십시오. 그리고 사방에서 올라오는 말이 있으면, 모두 그들이 검토하게 하여, 충성을 다하며 사실을 은폐하지 않은 말들이 날마다 임금께 보고되게 하십시오. 그러면, 하늘과 사람 사이에 하늘의 경고[災異]가 발생한 이유가 임금께 명확히 모두 진달될 것입니다. 그런 뒤에 전체와 세부 모두 파악하여 황제의 직권으로 처결하고 우선순위를 정하여 차례대로[科品]4) 시행하십시오. 그러다가 하루 사이에 구름이 걷히고 안개가 개어 요순시대처럼 확연히 맑아지면, 상제와 귀신은 진노를 거둘 것이요, 모든 백성들은 선정의 혜택을 받지 못함이 없을 것입니다. 외롭고 소원한 처지의 신이 은혜를 받음이 너무 깊어 보답코자 해도 할 길이 없는데, 임금의 뜻에 저촉함이 이에 이르렀습니다. 그저 폐하께서 위세를 누그러뜨리시고 신의 말을 한번 살펴봐 주시기

---

3) 덕음(德音) : 윤음(綸音)이라고도 하며, 임금이 조정과 백성에게 내리는 말을 가리킨다.
4) 차례대로[科品] : 원문의 "科品"은 "차례대로와 같다.(猶等第)"(『익증』)

바라겠습니다. 신은 두려워 떨림을 감당하지 못하며 죄가 이르기를 기다립니다.

첩황(貼黃)

신이 멀리는 전대의 역사에서 살피고 가까이는 우리 송대(宋代)에서 살피면서 임금이 재이로 간언을 구한 것에 대하여 관련 사실을 갖추어 실었습니다. 만일 지성으로 실천하고 실로 그 주장들을 채용해서 이전의 폐단을 혁파한다면,[5] 하늘(의 경고)에 응대하는 실제적 조치에서 도움되는 바가 적지 않을 것입니다. 현재 별들의 위치는 이미 이동을 한 상태[星文退舍]이기는 해도,[6] 굶주린 백성들은 지금도 떠돌고 있고, 동뢰(冬雷 : 겨울 우레)[7]가 발생하니 내년에 재앙이 있을까 걱정됩니다. 삼가 바라건대 임금께서 결단하시어 시급히 시행하십시오.

신은 품성이 성기고 보잘것없는 데다 글자의 획 또한 정치하지 못합니다. 늙고 병들어 눈마저 침침해서 글을 쓰기가 더욱 어렵습니다. 오늘 진언하는 내용은 누설시킬 수 없어 직접 쓰지 않을 수 없었습니다. 삼가하지 못한 죄, 재량하여 용서해주시기를 엎드려 바랍니다.

_ 이봉규

---

5) 이전의 폐단을 혁파한다면 : "앞에 나오는 '덕을 숭상함이' 이하 '자신에 대한 반성은 철저하지 않아서인가?'에서 말하는 여러 일을 말한다"(『익증』)

6) 별들의 위치는 이미 이동을 한 상태[星文退舍] : 성문(星文)은 천문 즉 별자리를 말한다. 퇴사(退舍)는 별자리가 이동하였다는 의미로서 일반적으로 제왕이 덕을 닦아 재앙을 의미하던 별들이 자리를 움직여 재앙이 소멸되었음을 말한다.

7) 동뢰(冬雷) : 고대 중국에서 동뢰는 재앙의 전조라고 생각하였다.(冬雷則災)

연화전(延和殿)에서 올린 주차 2

신이 듣건대 군주가 천하의 일을 조절하는 것은 일심(一心)에 근본을 두게 되는데, 마음을 주관하는 것에는 천리(天理)와 인욕(人欲)의 차이가 있습니다. 두 가지는 한번 갈라지자마자 공(公)과 사(私), 악과 정의가 판연하게 대립된다고 하였습니다. 대개 천리는 이 마음의 본연(本然)으로 그것을 따르면 그 마음이 공평하고 또한 바릅니다. 인욕은 이 마음의 질병으로 그것을 따르면 그 마음은 치우치고 사악해집니다. 공평하고 바르면 편안하고 날이 갈수록 좋아지지만, 치우치고 사악하면 힘만 들고 날이 갈수록 졸렬해집니다. 그 결과는 다스려지고 혼란하고 편안하고 위태로움에 이르러 서로 절대적 차이가 있지만, 그 단서는 겨우 생각 하나를 어떻게 하느냐에 달려 있을 뿐입니다. 순임금과 우임금이 서로 전하였던, 이른바 "인심(人心)은 위태롭고, 도심(道心)은 은미하다. 정밀하게 살피고 전일하게 집중하여 진실로 그 중도를 견지하라"는 것이 바로 그것입니다.

폐하께서 크게 일을 할 수 있는 자질로 사직을 이어받아, 걱정하고 힘써 노력하면서 다스려지길 희구하고, 공손하고 검약하면서 백성을 사랑해온 것이 이제 20년인데도, 근래 조정에 나와 서글피 탄식을 내시며 다스린 효과가 지지부진함을 걱정하는 데서 아직도 벗어나지 못하고 계신 것에 대하여 신은 이상히 여긴 적이 있습니다. 그래서 제 스스로 그 이유를 분석해보고서 견해를 갖게 되었습니다. 만 번 죽을 죄를 무릅쓰고 폐하를 위해 한두 가지 진언하고자 합니다.

천하를 다스리는 권한은 진실로 한 사람에게서 나와야 합니다만, 천하의 일들은 한 사람이 혼자 감당할 수 있는 것이 아닙니다. 따라서 임금은 조정에서나 침실에서나 자신의 마음을 바로잡고 자신의 의식을 진실하게 가지면서, 반드시 세상의 진중하고 성실하며 분명하고 공정한 현인을 세심히 찾아내어 재상으로 삼아야 합니다. 그리고 그에게 사대부들 가운데 총명하여 사리에 통달하였으며, 강직하고 진실하여 대담하게 진언하며, 충직하고 신실하여 청렴하게 절개를 지켜, 진취적으로 일을 할 수 있고 지조가 있는 인물들을 널리 발탁하여, 그들의 재능에 따라 관직에 충원하고, 그들이 서로 여러 직임을 닦아 위로는 임금의 덕치를 돕고 아래로는 나라의 근본을 튼실하게 하도록 시켜야 합니다. 그리고 임금 가까이에서 사적으로 마음대로 부리는 미천한 자들이 중간에서 이간질을 할 수 없게 해야 합니다. 일에 공로가 있으면 그 직책을 오래 맡겨야 하고, 일과 맞지 않으면 나은 사람을 찾아 교체해야 합니다. 왜냐하면 사람은 퇴출시킬 수 있지만, 그 직위는 함부로 채워서는 안 되고, 사람은 폐할 수 있지만 그 업무는 가볍게 빼앗아서는 안 되기 때문입니다. 이것은 당연하고 바꿀 수 없는 천리입니다. 임금께서 이 이치를 살펴 털끝만치라도 사의(私意)를 개입시키지 않는다면, 마음이 확연히 크게 공평해지고 의젓이 정중해져, 태연스럽게 그 자연스러운 것을 행하고[行其所無事],[1] 백관들이 직책에 따라 공을 세우는 것을 앉아서 받을 것입니다. 조금이라도 이것과 상반되게 하면, 인욕과 사의(私意)를 따르는 병에 걸려 편당을 지어 치우치고[偏黨反側][2] 사정에 어두운 채로 시기하고

---

1) 태연스럽게~행하고[行其所無事] :『맹자(孟子)』「이루(離婁)」에 보인다. "禹之行水
   治, 行其所無事也." 주희는 이에 대해 다음과 같이 설명한다. "禹之行水, 則因其自然之
   勢而導之, 未嘗以私智穿鑿而有所事."

2) 편당을 지어 치우치고[偏黨反側] :『서경』「홍범(洪範)」에 "無偏無黨, 王道蕩蕩, 無黨
   無偏, 王道平平, 無反無側, 王道正直"이라고 하였다.

혐의하면서 날마다 마음속으로 동요하게 됩니다. 그리고 간사한 거짓과 사악한 참언이 번잡하게 현혹시켜 또한 장차 이루 다 말할 수 없는 사태가 발생할 것입니다. 이것은 또한 이치 상 필연적인 것입니다.

삼가 생각건대, 폐하께서 즉위한 초기에는 영웅호걸들을 선발하여 정사를 맡겼습니다. 그러나 불행하게도 적합한 인재를 다 얻지 못한 탓에, 더러 어떤 이는 용렬하고 실속이 없어 맡긴 일을 감당하지 못하였고, 또 어떤 이는 편당을 지어 속이다가 스스로 죄를 초래하였습니다. 또한 폐하의 마음속에는 본래 과거에 권신들의 발호에서 연유한 (대신들에 대한) 의구심이 있기에 더 이상 현명하고 명철한 인재들을 널리 구하지 않고, 물렁해서 쉽게 다룰 수 있거나 뜻만 받들고 거슬리지 않는 위인들만 임의로 골라서 자리를 채웠습니다. 그러자 임금 가까이에서 편하게 마음대로 부리는 미천한 자들이 비로소 임금이 한가한 때를 모시면서 지시에 대비할 수 있게 되었고, 재상들의 권한은 날로 가벼워졌습니다. 얼마 지나 폐하께서 또 세력이 한쪽으로 치우쳐져서 (가까이에서 부리는 자들이) 무거워진 권세[重]를 이용하여 자신들을 엄폐할까 근심하였습니다. 그래서 때때로 조정 신하들의 (임금 가까이의 미천한 자들 즉 군주 측근에 대한) 논의를 들으시면서, 그 논의가 비록 매우 도에 지나치게 지적하더라도 역정내시는 바가 없었습니다. 생각건대, 그 이유는 이 측근들(임금 가까이의 미천한 자들)의 잘못을 은밀히 살펴 제압함으로써 그들이 두려움을 가지고 함부로 악행을 저지르지 못하게 하려는 의도일 것입니다. 폐하께서 힘을 쓰시는 것이 매우 수고스러울 정도입니다. 풀어주었다 조였다 하는 제어술이나 면밀히 방비하고 경계하며 대비하는 계책 또한 더할 나위 없이 교묘하다고 하겠습니다.

그러나 천하의 권세는 결국 편중되게 중시되는 바가 있음을 면치 못하였고, 정치적 효과도 모두 임금께서 바라는 대로 되지 못하였습니다. 왜냐하면, 천리에 따라 마음을 공평하게 갖고서 조정의 대체(大體)를 바로잡을 수 없었으니 이미 근본을 놓친 것입니다. 그런데 또 사대부의 공론(公論)을 두루 듣는 것으로 그들을 제어하는 방책을 삼으려 하셨지만 사대부가 임금을 만나는 기회는 간헐적이고, 가까이 부리는 측근들이 사적으로 임금을 만나는 것은 시도 때도 없었습니다. 사대부의 예에 따른 자세는 정중하여 친하기가 어렵고 그들의 논의 또한 쓰디써서 받아들이기 어려운 반면 비위를 맞추고 아첨하는 측근들의 작태는 마음의 지향을 갈아먹기 충분하고 서리(胥吏)들의 교활한 술수 또한 임금의 분별력을 미혹시키기에 충분합니다. 이처럼 낯설고 익숙한 것과 달고 쓴 것 사이에 이미 차이가 있으니, 폐하께서는 그들을 제어할 계책을 사용해보기도 전에 먼저 그들의 술수 속으로 떨어지고 마는 것입니다. 따라서 근래 폐하께서 은밀히 이들을 억제하려고 하나 이들 세력은 날로 무거워지고, 공론(公論)을 함께 채택하고자 하나 사대부의 세력은 날로 가벼워지는 것입니다. 세력이 무거운 자들은 무거운 세력을 이용하여 폐하의 권세를 훔치고, 세력은 미약하지만 간사한 자들은 또한 폐하가 중시하는 세력(즉 측근)의 힘을 빌리는 것으로 자리를 훔치고 총애를 확고하게 하는 계책을 삼습니다. 이렇게 내외로 서로 호응하여 번갈아 사익을 도모합니다. 온갖 간사한 짓을 다하여 악행이 쌓이다가 꼬리가 밟혀 드러나게 되면, 평소 세력이 약한 자는 견책을 면치 못합니다. 그들은 그래도 미꾸라지처럼 요리조리 피해 다녀 높은 품계와 녹봉을 잃지 않고 폐하가 하사하는 후한 예우까지 움켜쥐고 떠나갑니다. 평소에 세력이 무거운 자들의 경우, 폐하께서는 그 무리들이 서로 결탁하여 돕는 간악함에 대해 한 번도 조사한 적이 없어, 세월이 갈수록 점점 좀먹듯이 침식시킵니다. 그러면 폐하의 덕업이 날로 퇴락하고 조정의 기강이 무너지며, 사악하고 간사한 자들이 가득 차 부정부패가 공공연히 행해지며, 병사들이 원망하고 백성들은 탄식하는 가운데 도적들이 생겨나며, 재이가 자주 출현하고 기근이 연이어 발생합니다. 대개 잡다한 소인배들이야 서로 나와 누구나 제 욕심을 채울 수 있겠지만, 오직 폐하만은 아무 소득이 없게 되고, 나라만 그 폐해를 입게 될 것입니다. 따라서 지금 폐하의 노력은 천하의 사업을 성취하기에는 부족할뿐더러 도리어 망치는 것이며, 폐하의 교묘한 책략도 군소배들의 간흉을 감당하기에 부족하고 거꾸로 그들의 세력을 돕는 것입니다. (그래서) 저들이 천리를 가로막고 임금의 마음을 혼탁하게 하는 방법은 장차 더욱 확고하게 (폐하와 국가를) 옭아매어 마침내는 풀어헤칠 수 없는 지경에 이르게 될 것입니다. 대개 그 잘못은 대신을 의심하는 한 순간의 생각에서 싹텄지만, 그 폐해는 발전되어 이 지경에 이르는 것이니, 이른바 '털끝만한 차이가 천리나 되는 큰 어긋남을 낳는다'는 것입니다.

　신은 폐하가 이 점에 대하여 뜻하지 않게 미처 살피지 못하고 계시지 않나 염려되었습니다. 따라서 지난 해에 은혜롭게도 임금께서 내려주신 면담하는 자리에서 드린 말씀이나, 작년 조칙에 응해 올린 봉사(封事)에서 모두 이치를 밝히고 마음을 바로잡는 것으로 폐하에게 진달하였으니, 항상 품고 있던 깊은 충정이 실로 거기에 있었기 때문입니다. 그러나 배운 것이 천박하고 언사가 졸렬하여 임금의 생각을 일깨우기에 부족하였던 것이 지금에 이르도록 송구하였습니다. 다행히 다시 직무를 가지고 임금을 대면할 기회를 얻게 되어 감히 위와 같이 남은 충정을 다 말씀드리는 바입니다. 성심으로 바라건대, 폐하께서 깊이 천리를 통찰하고 마음을 공평히 가져 널리 뛰어난 인재를 구해서 정사를 정비하십시오. 그러면 가까이에서 편하게 부리는 미천한 자들이 개입할 틈이 애초에 없을 것입니다. 그래도 임금의 은총을 그릇되게 한다면, 통렬히 내쳐서 멀리 쫓아내 후일 가로막고 혼란시키고 고질화시키는 폐해를 영구적으로 제거하십시오. 그러면 천하의 일을 다시 도모할 수 있을 것이고, 폐하의 국가도 장차 소인배들로 인한 병폐에 시달리는 지경에 이르지 않을 것입니다. 신은 지극히 어리석고 비루하여 학문에 성취한 바가 없으나, 그저 미천한 자로서 임금을 아끼고 나라를 걱정하는 마음을 끊을 수 없어 주제넘게 논한 것이 여기에 이르렀으니, 슬프고 분한 마음이 가슴에 매입니다. 엎드려 바라건대, 폐하께서 죄를 용서하시고 충정을 받아들여, 깊이 종묘사직을 위한 훌륭한 계책을 세워 지체

없이 결연하게 실행한다면, 어리석은 신하의 기쁨일 뿐만 아니라 실로 천하의 기쁨입니다.

첩황(貼黃)

신이 작년에 올린 봉사는 아마 원본이 남아 있지 않을 것입니다. 이제 별도로 필사하여 책자로 만들고 포갑으로 거듭 봉하여 대궐에 올렸습니다. 임금께서 가져오도록 명하여 살펴보시기 바랍니다.

이 차자 역시 신이 직접 쓴 관계로 침침한 눈 때문에 글씨가 제멋대로입니다. 전의 차자에서 이미 첩황(貼黃)을 갖추어 진달하였으니, 함께 살펴보시기 바랍니다.

_ 이봉규

연화전(延和殿)에서 올린 주차 3

　신은 재주도 없는 엉성하고 거친 사람으로 멀리 시골에서 지내는 처지인데, 폐하께서 잘못 들으시고 관직을 맡기시더니,[1] (관직을 맡은 이후) 아무 실적이 없었는데도 다시 (임무를 맡으라는) 지시를 내리셨고[2] (그 후 다시) 잘못된 은혜가 이유 없이 내려와 또 직책까지 더하였습니다.[3] 그래서 사직 요청을 준비하고 있었는데 갑자기 8월 29일 직책을 바꾸어 임명하는 명령을 받았습니다.[4] 제 역량에 비추어보면 더욱 감당할 수 없는 것입니다. 본래 간절히 벗어나고자 하는 진실을 아뢰어 미천한 자신의 행로나 안전하게 하려 하였는데 이 와중에 이미 본 지역[5] 소속인 소흥부(紹興府), 구주(衢州), 무주(婺州) 등이 수재와 한재로 기근이 심하여 임금께서 매우 심려하신다고 들었습니다. 미적거리다가 일을 그르치게 하고 만다는 생각에 그 날로 임명장을 수령하고

---

1) 관직을 맡기시더니 : 주희는 1178년(戊戌, 49세) 8월 지남강군(知南康軍)에 임명되어 다음해 3월 임지에 도착한다.

2) 임무를 맡기시어 : 1181년(辛丑, 52세) 3월 제거강남서로상평다염공사대차(提擧江南西路常平茶鹽公事待次)에 임명된 것을 가리킨다.

3) 잘못된 은혜를~직책까지 더하였습니다 : 3월 제거강남서로상평다염(提擧江南西路常平茶鹽)에 임명된 뒤 7월 기민 구제 임무를 성실히 수행한 공로로 직비각(直秘閣)에 임명된 것을 가리킨다.

4) 직책을 바꾸어~받았습니다 : 8월 제거양절동로상평다염공사(提擧兩浙東路常平茶鹽公事)로 다시 임명된 것을 가리킨다.

5) 본 지역 : 절동(浙東)을 가리킨다.

현황을 상서성(尙書省)에 보고하여[具狀申省][6] 주대(奏對)를 요청하였습니다.[7] 10월 28일에 이르러 비로소 상서성의 회답을 얻어 어지(御旨)를 받아보니 저보고 빨리 보고하는 일을 마치고 임지로 서둘러 떠나가라는 것이었습니다. 신은 명령을 받고 두려워 지체없이 이 달 2일 짐을 꾸려 길에 올랐습니다. 11일 비로소 본 절동 구주지역에 들러서 본주의 재해 상황을 탐문할 수 있었는데, 상산(常山)·강산(江山)·개화(開化) 등 세 현이 가장 심하였고, 서안(西安)·용유(龍游) 등 현이 그 다음으로 심하였습니다. 무주(婺州)·소흥부(紹興府)는 그 전하는 바가 구주에 비할 바가 아니었습니다. 신은 두렵고 걱정스러움을 견디지 못하여 구주에서 배를 타고 신속하게 질러 왔습니다. 차례로 본 관아[本司][8]와 재해를 당한 주(州)와 현(縣)에서 이미 발생한 사건을 종합적으로 보고받은 뒤에야, 폐하께서 근래에 직접 붓을 들어 수신(帥臣)[9]을 독려하셨는데, 그 지시한 뜻이 깊고 절실하여 전해들은 자들이 감동하여 눈물을 흘렸고 그 때를 전후로 곡식을 방출하여 내려주신 것이 이미 20여만 석이라는 이야기를 들었습니다. 임금께서 딱하게 여겨 백성들을 구제하는

---

6) 현황을 상서성(尙書省)에 보고하여[具狀申省] : 문서를 상부에 보고하는 것을 신(申)이라고 한다. 상서성(尙書省)에서 사방의 장주(章奏)를 받는다. 지방관이 부임하면 대궐에 나아가 임금께 일을 보고하는데, 먼저 상서성에 보고서를 제출하여 임금이 보기를 요청한다.(『익증』)

7) 주대(奏對)를 요청하였습니다 : 송대에 지방관이 부임하는 경우 부임할 때 조정에 들러 임금께 일을 보고하는 것과 임기가 만료되기 전에 와서 보고하는 것이 있다. 이제 주희는 남강(南康)에서의 임기가 만료되어 일을 보고하는 명령이 있던 차에 새로 부임하는 것에 대하여 보고하는 의무가 있기 때문에 이와 같이 요청한 것이다. 『주자대전』 22권의 「제절동제거걸주사장(除浙東提擧乞奏事狀)」이 바로 그 보고서다.(『차의』)

8) 본 관아[本司] : 절동제거(浙東提擧)의 업무를 보는 관아로 소흥부(紹興府)에 있었다.

9) 수신(帥臣) : 송대(宋代)에 설치된 안무사(按撫司)의 장관(長官). 안무사는 처음에 각 로(路)에 재해와 군사 관련 업무를 위해 정부에서 특별히 파견한 안무사(按撫使)가 업무를 보던 관서로 안무사사(按撫使司)라고도 불렀다. 뒤에 각 로(路)의 군사와 치안을 관장하는 기구가 되었다. 장관을 안무사(按撫使)라고 하는데, 지주(知州)나 지부(知府)가 겸임하였다. 『中國古代職官大辭典』(河南人民, 1990), 498쪽, 按撫司 항목 참조.

사업을 급선무로 삼고, 군사와 국정을 위한 비축물에 대하여 조금도 아까워하지 않고 내준 것이 이런 규모에 이르렀으니 매우 큰 시혜입니다. 신이 외람되게 임무를 맡았으나 생각건대 제가 거칠고 졸렬한지라, 이 백성들을 도탄에서 구출하여 폐하의 노심초사 애쓰시는 뜻에 부응하지 못할까 심히 두렵습니다. 이제 마땅히 신청을 해야할 만한 소견이 있으니 항목을 두어 말씀드리겠습니다.

1. 재해를 구제하는 사업은 재해정도를 조사하는 것과 세금을 감면해주는 것이 우선적인 일입니다. 시행을 조기에 하게 되면 백성들은 믿고 의지할 곳이 있음을 알기 때문에 쉽게 도망하거나 옮기지 않습니다. 세금 감면을 조금 넉넉하게 하면 백성들 사이에는 쌀을 얻을 수 있어 쉽게 궁핍한 지경에 이르지 않습니다. 그러나 주(州)와 군(郡)에서는 대부분 재화만 아까워하고 백성을 아끼는 것은 염두에도 두지 않습니다. 따라서 차출된 조사관들도 주군(州郡)의 의도에 영합하여, 실상대로 조사하여 피해 정도[分數]10)를 정하지 않는데다, 조사의 결과를 장부[帳狀]에 기록하여 보고할 때에 이르러서도 주와 군에서는 다시 삭감하여 본래의 피해 정도[數分]에 따라 명확하게 감면해주려 하지 않습니다. 올벼를 심은 경작지의 경우 수확이 끝난 지 이미 오래되었는데, 실사가 뒤늦게 실시되어 조사할 근거가 없는 상황을 초래하기도 합니다. 이것은 주와 군에서 차출된 관리들이 조사를 지연시킨 죄인데도 조사하는 관리들은 해당 호(戶)가 법을 위반한 것이라고 하여 조사도 하지 않습니다. 게다가 조사해서 보고해도 주와 군에서 또한 감면해주지 않습니다. 그 중에서도 하호(下戶)의 감면량이 많지 않아 더욱 그 피해를 입었습니다. 직접 조사해본 결과, 본 로(路)의 주와 현에서도 이와 유사한 방식으로 처리한 곳이 있습니다.

---

10) 피해 정도[分數] : 당시 피해 정도를 조사하는 방법은 다음과 같다. 평년의 수확을 10분(分)으로 놓고 자연재해의 피해를 당한 뒤의 수확이 평년 수확보다 몇 분(分)이 부족한지를 살펴보아 피해 정도를 파악한다.

앞으로 정부의 감사관이 이곳 임지에 와서 널리 자세하게 조사하여 다시
실정대로 감면해 주도록 허락하여 주시기 바랍니다.

　　1. 삼가 근래 내린 지시를 보건대, 한해를 당한 주와 현의 상등호가 진조(賑
糶)[11]하도록 될 수 있는 한 권유하고 그 수량을 정해서 강제하지 말라고
하였습니다. 임금께서 물정을 훤히 깊게 파악하고 빈민층을 구휼하면서
부유한 백성도 안정시켜 양자가 모두 제 자리를 갖게 해주심을 삼가 알겠습니
다. 그러나 관원과 서리들이 그 지시를 받은 뒤로, 규정을 제멋대로 해석하여
제 살길만 꾀하는 자들이 간간이 생겨나 범범하게 처리하고 권유하는 것에는
별 뜻을 두지 않으며, 상호(上戶) 역시 (규정 조문에 강제성을 두지 않았다는)
이유를 들어 변호하면, 그들에게 진조(賑糶)를 권유하기 어렵지 않을까 염려됩
니다. 관청의 곡식은 많지 않아 계속 이을 수 없으니 그 피해 또한 말로
다할 수 없습니다. 바라건대, 주와 현에서 아직 권유하지 않은 자들에게는
임시로 작년에 약정한 수량을 액수로 삼으며 이미 권유된 자들에게는 우선
현재 약정한 수량을 기준으로 삼고 (그런 뒤에 다시) 다방면으로 살펴보고
조사를 더 열심히 시행해 평상시와 같이 빈 문서로 보고하지 못하게 하고,
마음을 다해 몸소 찾아다니면서 각 상호의 실정에 맞는 정확한 진조(賑糶)
수량을 파악하게 하십시오. (그 뒤) 그 실상이 (임시로 정해진) 수량에 미칠
수 없는 경우에는 다시 참작하여 줄여주고, 그 실상이 (임시로 정해진 수량보다)
더 많이 내놓을 수 있는 경우는 참작하여 증액하게 하여야 합니다. 쓸모없이
지리멸렬하여 부질없이 소란만 피우는 곳에 대해서는 해당 관아에서 파악하
는 대로 해당자의 이름을 일일이 기록하여 보고하게 하십시오. 그러면 약정하
는 액수가 반드시 공평해져서 액수를 정해서 강제하는 폐단이 없게 될 것입니

---

11) 진조(賑糶) : 부유한 민호가 쌀을 내놓으면 평상시 가격으로 사서 백성을 돕는 것이다.
　　비록 매매의 형태이기는 하지만 실제로 구휼하는 것에 사용하기 때문에 진조(賑糶)라
　　고 한 것이다.(『차의』)

다.

1. 모집에 응하여 쌀을 바친 것이 기준에 부합하여 추상(推賞)[12]해야 될 사람들 가운데, 많은 사람들이 관리의 방해나 뇌물 요구를 받아 지금까지 추상을 받지 못한 사람들이 있다고 들었습니다. 근래에 비록 법을 만들어 단속하도록 하였습니다만, 바라건대 다시 한번 호부(戶部)에 조칙을 내려 현재까지 보고된 미추상자의 명단을 먼저 올리게 하고, 미추상자들에게 즉시 추상을 시행하십시오. 각 로(路)와 주(州), 현(縣)에 공문을 보내 아직 신청하지 않은 경우가 있으면 1개월 안으로 모두 보고하게 하고, 만일 (관리가) 지시를 위반하여 억울하게 추상받지 못한 당사자가 장계로 그 사정을 호소함이 있거든 (위반 관리에 대한) 유배 조치를 무겁게 시행하십시오. 또한 상등호로서 지난해 쌀을 바쳐 진휼을 도운 경우는 금년에 저축한 양이 많지 않을 것으로 예상됩니다. 만일 반드시 이전의 규정에 맞추어서 추상을 받을 수 있게 하면, 규정에 맞게 쌀을 바쳐 진휼을 도울 수 있는 사람이 없을 것으로 염려됩니다. 바라건대, 순희(淳熙) 원년(1174) 3월 24일에 내린 조칙, 즉 호부(戶部)가 점검태주조치진제관(點檢台州措置賑濟官) 경연년(耿延年)이 건의하였던 바, 절동로(浙東路)의 진제(賑濟), 진적(賑糶)[13]을 호남(湖南)과 강서(江西)의 수량에 의거해 반으로 줄여 한다는 것을 검토하여 추상(推賞)의 지침을 정하였던 것(본래 4,000석이라야 승신랑(承信郎)으로 임명되지만 이제 2,000석으로 감액한다는 것 등을 가리킴)을 다시 살펴서 거듭 밝혀 공문으로 하달한다면, 응모자가 많아질 것이고 굶주린 백성들을 구제할 수 있을 것입니다. 이어 담당 관아에서 보명장(保明狀 : 증명서)의 양식을 수립하여 정하도록 신칙하고, 각 지역의 해당 관사(官司)에서 응모를 받아 추상하는 사장(詞狀)과 문첩(文

---

12) 추상(推賞) : 벼슬에 천거하고 상을 주는 것.

13) 진제(賑濟), 진적(賑糶) : 진제(賑濟), 진적(賑糶)은 모두 진휼에 사용된다는 점에서 같지만, 진제(賑濟)는 값을 따지지 않고 그냥 주는 것을, 진적(賑糶)은 값을 줄여서 판매하는 것을 의미하는 점에서 차이가 난다.(『표보』)

帖)에 대해서는 모두 당일로 송부하게 하십시오. 규식에 의거해서 보고한 것에 대해 성부(省部)에서 규식에 맞지 않다고 핑계대거나, 각 지역에서 고의로 법규와 일정을 어기는 경우엔, 관원은 가중처벌을 하고, 서리는 함께 유배형에 처한다면, 부유한 사람들은 흔쾌히 쌀을 팔 것이고, 가난한 사람들은 식량을 얻어 실로 양쪽 모두 편해질 것입니다.

1. 삼가 보건대, 금년 소흥부(紹興府)에서는 이미 정부로부터 하사한 미곡(米斛) 17만 석을 받았습니다. 지난번 본 소흥부에서 기록한 기민의 호구를 조사해 알아보니 11월부터 내년 3월까지 대략 80만 석은 되어야 충분할 것입니다. 그 사이에 물론 규정에 어긋나게 남발한 허수가 없지 않아 이제 본 소흥부에서 차례로 수정하여 감소시키면, 앞으로 얼마의 호구수로 지정하여 계산해야 할지 모르겠습니다만 우선 장부에 기록되어 있는 호구수를 근거로 계산해 보면 현재 보유하고 있는 미곡의 수와 구휼미를 사들일 수 있는 재정은 (필요한 양의) 4분의 1 정도를 채울 수 있을 뿐입니다.[14] 더구나 주부(州府)에서 군사용 비축양식이 부족한 상황이어서 정부에서 내려준 진휼미를 암암리에 군사용으로 차용하게 되면, 구할 수 있는 진휼미 숫자는 더욱 많지 않을 것입니다. 만일 주부에서 현재 보유한 쌀을 근거로 기민의 호구수를 정하여, 진적과 진제의 수량을 장부로 확정하게 되면, 진휼의 범위가 넓지 못해서 반드시 사람들을 떠돌고 굶어죽게 만들 것이며, 위로는 임금의 심려를 괴롭게 할 것입니다. 또한 신이 구주(衢州)를 경유해 오면서 보았는데, 본 구주의 한해가 비록 소흥부와 무주 등 두 주에 미치지 못한다고 하지만, 그곳의 수로가 얕고 험한데다 겨울철에는 더욱 심해서 돈과 쌀을 운반하기가 극도로 어렵습니다. 본 구주에서는 이미 관리를 차출하여 절서(浙西)로 보내서 쌀을 사오게 하였지만, 자금이 지극히 적어 사들인 쌀은 많지 않은 데다 수로와 육로의 운송비는 이미 계산할 수 없을 정도입니다. 신은 이제 임금께서

---

14) 4분의 1 정도 : 즉 80만 석의 1/4인 20만 석을 말한다.

풍저창(豐儲倉)15)의 쌀을 방출하여 삼십만 석을 소흥부에, 삼만 석을 구주에 공급해주시기를 바랍니다. 만일 현재 보유하고 있는 쌀이 없다면, 현재의 미곡가격으로 계산하여 내탕(內帑)에서 보유하고 있는 자금을 지출하게 하고, 쌀값이 아직 폭등하지 않은 틈을 타서 미리 쌀이 있는 주로 가, 사서 차례로 배에 실어 본 주로 돌아오도록 하십시오. 위 쌀과 자금 사안에 관해서는 본 사(司)16)에게 전권을 주어 이웃 주의 관리를 차출하고 출납케 하고 주부(州府)에서 관여하지 못하게 함으로써 규정에 어긋나게 차용하는 폐단이 없게 하기를 바랍니다. 이미 방출한 자금과 쌀에 대해서도 본 사가 본주의 통판(通判)17) 한 명을 선발하여 공동으로 주관하게 함으로써 별도로 지출하지 않게 하기를 바랍니다. 아울러 주와 부의 장관들에게 조치를 신속히 취해서 군량(軍糧)을 사들여 구휼미를 차용하는 폐단을 일으키지 않도록 조칙을 내려주시기 바랍니다. 무주(婺州)는 비록 쌀 5만 석을 지급받았지만, 진휼하기 에는 여전히 부족한 듯합니다. 신이 직접 본주에 도착해서 살펴보고 헤아린 다음 별도로 자세히 주차(奏箚)를 작성하여 위로 올리겠습니다.

첩황(貼黃)

---

15) 풍저창(豐儲倉) : 송 고종(高宗) 때 임안부(臨安府 : 현재 浙江 杭州), 건강부(建康府 : 현재 江蘇 南京), 진강부(鎭江府 : 현재 江蘇 지역), 그리고 사천(四川)에 나누어 설립한 창고로 몇 백만 곡(斛)씩 비축하여 수재와 한재에 대비케 하였다.(『中國歷史大辭典』 (宋史), 27쪽, 上海, 上海辭書, 1984)

16) 본 사(司) : 제거사(提擧司), 즉 주희 자신을 가리킨다.(『차의』)

17) 통판(通判) : 정사를 공동으로 처리한다는 의미로서 송대의 관명이다. 감주(監州)라고 도 불렸다. 주(州)와 부(府)의 관리들을 감찰하는 권한을 가졌다. 민정(民政), 재정(財 政), 호구(戶口), 부역(賦役), 사법(司法) 등에 관한 모든 문서가 주(州), 부(府) 장관의 서명과 함께 통판의 서명이 있어야만 효력을 발휘할 수 있었다. 평상시에는 지위가 주와 부의 장관 다음이지만, 전시에는 재정과 군량에 대한 전권을 가지고 주, 부 장관과 함께 경제전(經制錢), 총제전(總制錢) 등을 거두어 호부(戶部)에 납부하였다. (『中國歷史大辭典』(宋史), 上海辭書, 1984, 409쪽)

신은 폐하께서 근검절약하면서 중원을 회복하는 원대한 계획을 도모하시어 내장고(內藏庫)에 비축한 자금과 비단이 매우 많다고 들었습니다. 지금은 시운이 따르지 않아 아직 군사를 일으킬 수 없는 데다, 가까이 농민들의 기근과 황폐가 이 지경에 이르렀으니, 임금께서는 그 경중을 헤아려 특별히 차발(借撥)[18]해 주시기 삼가 바랍니다.

소흥부의 보고에 의하면 각 현에 방출한 쌀의 수량은 모두 21만 2천여 석입니다. 승현(嵊縣)에서 6만 8천여 석을 날마다 방출하여 진휼한 것을 제외하고, 나머지 현에서는 14만 3천여 석을 이틀마다 방출하여 진휼하였는데, 제 생각으로 기민이 하루에 겨우 반 되의 쌀을 얻는 것이어서 생존할 수 없을 것으로 염려됩니다. 이제 승현의 방식을 따라 매일 방출하여 구휼하고자 하면 다시 14만 3천여 석을 더 사용해야만 합니다. 또한 관리들의 기록과정에 누락이 없지 않다고 들었고, 또 유민들이 돌아와 본업을 회복할 시간을 고려하고, 아울러 언급된 수량 안에서 필요한 운송[摺運]만 해도 세 번 운송할 수량인데, 장차 쌀값이 날로 오르고, 오고 가는 운송비에 바람과 파도로 지체되는 것도 있게 되면 결손이 없을 수 없습니다. 또한 본 소흥부의 백성은 가난하여 (진조를) 권유해도 그 양이 많지 않을 것으로 우려됩니다. 그러니 15~16만 석을 더 비축해두고 증가될 경우를 대비해야 합니다. 따라서 전체 30만 석의 쌀을 요청하는 바입니다. 만일 하사를 받는다 해도, 이제 또한 수량대로 다 운송하지 못할 것입니다. 혹시 진휼에 다 사용하지 못할 경우에는 내장고에 반납하겠습니다. 삼가 살펴봐 주시기 바랍니다.

1. 각 군에서 흉년으로 인호(人戶)들이 날마다 터전을 떠나 유랑하고 있어, 모든 관물(官物)(을 바치라는 명령)에 대한 처리 독촉을 감당할 수 없습니다. 소흥부에서는 인호가 부담해야 할 하세(夏稅)에 대하여 이미 등급에 따라

---

18) 차발(借撥) : 아마도 그냥 방출하는 것이 아니라 다음에 다시 갚는 조건으로 방출한다
    는 의미로 생각된다.

견감해주고 재촉을 중단하라는 정부의 조치를 받았습니다. 오직 구주와 무주는 당초 보고를 잘못하여 인호들이 규례에 따른 혜택을 아직 받지 못하고 있어, 호부(戶部)와 조사(漕司)에서 주군(州郡)에 독촉하는 것이 평상시와 같습니다. 주군에서 내놓을 것이 없으면, 사세 상 반드시 현에서 취하게 되고, 현도 내놓을 것이 없으면, 인호 중에 반드시 그 폐해를 받는 사람들이 발생하여, 백성을 걱정하고 불쌍히 여기는 임금의 뜻을 심히 그르치게 됩니다. 그러나 호부와 조사에서 독촉하는 조세는 틀림없이 용처가 확정되어 지출해야 할 액수로 부득이한 바가 있을 것이니, 형세 상으로도 곧바로 독촉을 중단시키는 조처를 취하기가 용이치 않으리라고 생각됩니다. 바라건대, 조정에서는 각 주에서 보내는 돈과 비단 가운데 호부와 조사가 차지해야 할 수량을 모아 계산해보고, 또한 당장 공급해야 할 것들은 내장고에서 조발하십시오. 그리고 호부와 조사에 조칙을 내려 재해를 당한 주와 현에서 이전에 납품했어야 할 관물과 새로 납품해야 할 관물 가운데 채우지 못한 것들에 대해서는 당분간 독촉을 중단했다가 내년 양잠과 보리농사가 끝난 뒤에 이전에 납품했어야 할 관물들을 차례로 독촉하여 처리하되, 처리기간을 여유 있게 두어 내장고로 환수함에 결코 모자라거나 빠지지 않게 하십시오. 인호에 배정된 납품해야 할 관물에 대하여 주와 현이 독촉하지 못하게 조칙으로 명확히 밝혀주시기 바랍니다. 소흥부에서는 독촉을 중단하라는 지시를 이미 받아 행하였음에도 불구하고 주와 현에서 조치를 시행하는 것이 성실치 않고, 금년에 검방(檢放)한 것 이외에 잔여부분의 묘미(苗米 : 운수비용)에 대한 독촉이 매우 준엄한 듯합니다. 아울러 바라건대, 다시 한 번 엄중한 지시를 내려서 인호들이 납부할 수 있는 기한을 늘려주시기 바랍니다.

첩황(貼黃)

신이 계속해서 소흥부를 방문하여 알아본 결과 관물에 대한 독촉을 중단하

라는 지시를 받았음에도 불구하고, 봄과 여름 사이에 기한도 되기 전에
미리 독촉하는 관리가 많아서 아직도 백성들이 모두 임금의 은덕을 누리지
못하고 있습니다. 이제 직접 알아본 바 본 소흥부의 인호가 납부해야 하는
정염전(丁鹽錢),[19] 정신절백견(丁身折帛絹), 절백면(折帛綿), 본색견(本色絹), 본
색면(本色綿) 등 다섯 항목은 납부자의 경제력과 상관없이 한 사람당 900여전
입니다. 이를 내년 봄에 즉시 독촉하면, 기근에 시달린 뒤여서 납부하기가
정말로 어려울 것입니다. 바라건대, 폐하께서 내년에 납부해야 할 액수를
미리 감면해 주시면 관리들이 해악을 끼칠 수 없어 하호들이 실로 폐하의
은덕을 입어서 민심을 위로하고 안정시키는 한편 하늘의 화평한 기운이
감응할 수 있게 될 것입니다. 엎드려 폐하의 지시를 기다립니다.

　1. 금년에 한해(旱害)를 당한 지역이 광범위하여, 겨우 호남, 이광(二廣),[20]
그리고 양절서로(兩浙西路)의 두세 군 정도만 풍작입니다. 광남동로(廣南東路)
에서 해로로 양절동로(兩浙東路)에 이르기는 가깝습니다. 신이 어제 명령을
받자마자 방문하여 알아본 결과 그곳의 쌀값이 매우 낮았습니다. 그래서
즉시 방문(榜文)을 인쇄하여 복건(福建), 광동(廣東) 두 로(路) 연해지역 여기저
기로 사람을 보내서 미객(米客 : 쌀장사)들을 불러모았습니다. 세금징수관이
역승세(力勝稅)[21]와 잡물[22]세(雜物稅)를 함부로 걷지 못하게 단속하고, 배가

---

19) 정염전(丁鹽錢) : 송대(宋代) 양절(兩浙) 지역에서 관(官)에서 백성에게 소금 1두(斗)를
　　공급해주고 그 대가로 166문(文)을 납부하게 한 것. 황우(皇佑) 연간(1049~1053)에는
　　화폐 대신에 견(絹)으로 납부하게 하였다. 이것을 정견(丁絹)이라고 한다. 숭녕(崇寧)
　　2년(1103) 염초법(鹽鈔法)이 개정되면서 소금은 주지 않고 화폐 또는 견(絹)을 거두어
　　들이는 인두세(人頭稅)로 바뀌었다.

20) 이광(二廣) : 광남서로(廣南西路)와 광남동로(廣南東路)를 가리킨다.

21) 역승세(力勝稅) : 송대 상업세 중의 하나. 선적하고 있는 화물의 양을 계산하여 선주(船
　　主)와 배에 부과하였다.(『中國社會經濟史語彙』(正·續編), 408쪽 참조)

22) 잡물(雜物) : 『송회요집고(宋會要輯稿)』와 『문헌통고(文獻通考)』에 잡물(雜物)의 품목
　　으로 백규(白樛), 향(香), 동자(桐子), 마혜(麻鞋), 판와(版瓦), 도차(堵筅), 자기(瓷器),
　　초추(苕帚), 마전(麻黐), 남정(藍淀), 초천(草薦) 등을 들고 있다.(『中國社會經濟史語彙』

도착하는 날 시가에 따라 쌀을 팔게 하고 가격을 깎지 않으며, 팔지 못한 쌀이 있으면, 관에서 값대로 사들일 것을 허락하였습니다. 앞으로 매매를 하러 오는 사람들이 반드시 많을 것입니다. 신이 원 방문(榜文)에서 본 로(路) 주와 현의 세장(稅場 : 세금을 거두는 곳)에서 방해하거나, 세금을 거두거나, 역승세를 부과하는 등의 행위를 함부로 못하도록 단속하겠다고 한 것에 대하여 임금께서 엄정하게 시행하라는 훈령을 시달하고, 위반자는 관원과 이속 모두 현행법보다 한 등급 가중 처벌하도록 하시기를 다시 한 번 요청합니다. 그리고 내년 6월에 이르러 다시 예전 법대로 하시기 바랍니다. 진휼미 구입을 위한 자금에 대해서는 청컨대 본 로의 연해지역 주와 군(軍)에 명령을 내려 금년에 쌀을 내다 팔았던 대금 및 각종 명목으로 차용하였던 비용을 가지고 충당할 수 있도록 허락해 주십시오. 그렇게 하면 아마도 객상(客商 : 타지에서 온 米商들)에게 신용을 잃지 않아 차후로도 (필요할 때) 그들을 권유하여 불러들이는 것이 쉬울 것입니다. 혹시 이런 조치에 덧붙여서 조정에서 보상규정의 격식을 마련하여 사람들을 매매하도록 유도하고 각 로에 시달하여 권유하는 뜻을 보여주신다면, 먼저 빈 부신(付身)[23]명부 몇 십 본을 본 관아에 내려주시기 바랍니다. 위의 항목으로 쌀을 파는 사람이 있으면, 곧 기입하여 올리겠습니다. 왜냐하면, 객인들은 매매가 끝나면 곧장 원래의 거주지로 돌아가려고 하여 여기에 거주하는 상호(上戶)와는 다르기 때문입니다. 폐하께서 살펴봐 주시기를 삼가 바랍니다.

1. 구황의 정책은 조칙의 제1조항[令甲][24]과 근년 차례로 내린 지시에

(正・續編), 408쪽, 참조)

23) 부신(付身) : 일종의 신분 증서. 여기에서는 성명을 기록하지 않은 신분 증서를 말한다. 이들에게 이 신분 증서를 발급하여 자기의 고장으로 돌아가 포상을 받을 수 있게 하겠다는 의미이다.

24) 제1조항[令甲] : 『한서(漢書)』「선제기(宣帝紀)」에 (令甲의 의미에 대하여 주석에서) "명령에는 선후가 있기 때문에 영갑(令甲), 영을(令乙), 영병(令丙) 등을 두었다."라고 하였다.(『차의』) 곧 가장 먼저 시행해야 될 조항의 의미를 담고 있는데 여기서는

제시된 것이 이미 상세합니다만, 전적으로 관원과 서리가 준수하여 시행할 때에만 백성들이 실제적 혜택을 받을 수 있습니다. 더구나 금년엔 기근이 계속되어 관청이든 민간이든 모두 부족하고 고갈된 처지여서 평상시와는 사태의 양상이 판이합니다. 바라건대, 임금께서 특별히 지시를 내려 본 로의 수령이하 관원과 서리를 신칙하여 그들이 전심전력으로 수행하고 성의를 다해 확대하게 하십시오. 고의로 위반하고 게을리 하는 자에 대해서는 신에게 그 한두 명을 소로 탄핵케 하고, 다시 한번 처벌조치를 내려서 다른 관원과 서리들을 경계시키십시오. 늙고 병들었거나 일처리에 어둡고 아둔해서 지시를 감당하지 못하는 자들에 대해서도 또한 명단을 보고하게 해서 다른 부서로 이동시키십시오. 대신 본 로의 관원과 아전 가운데 인민을 아끼고 능력이 쓸만한 이들을 차출하는 데 있어 차출 제한 규정에 구애받지 않고 잠시 차출할 수 있는 권한을 특별히 허락해 주시옵소서.[옥사 담당 관원이나 포도관(捕盜官)의 경우 차출을 허락하지 않는 것 등을 가리킨다.[25]] 이어서 부필(富弼)과 조변(趙抃)의 사례에 따라 교체되고 아직 다른 직책으로 발령받지 못한 사람[得替], 발령받았지만 전임 관원이 아직 교체되지 않아 기다리고 있는 사람[待闕], 궁이나 묘를 지키는 봉사관(奉祀官), 상(喪) 중에 있는 관원 등을 차출하여 임시로 일을 보게 하십시오. 그리고 일을 마치고 돌아오면 명단을 보고하여 승진에 필요한 기한을 줄여준다던지 승진의 순서를 건너뛰게 해주는 등의 혜택을 공로를 참작하여 부여해 준다면, 관원과 아전들이 서로 하고자 하여 사람들이 실제적인 이익을 누릴 수 있을 것입니다.

_ 이봉규

제1조항이라고 번역하였다.

25) 옥사 담당~가리킨다 : 이것은 당시 차출 규정을 예로 든 것이다.

연화전(延和殿)에서 올린 주차 4

신이 근래 황정(荒政)을 강구하던 차에 다시 두 가지 건의사항을 품게 되었습니다. 비록 현재 재해를 입은 백성들을 구출하는 급무는 아니지만, 나중에 장기적으로 대책을 세우는 데에는 실로 유익함이 있기 때문에 말씀드리지 않을 수 없습니다. 이제 별도의 소로 갖추어 아래 사항들을 올리는 바입니다.

1. 신이 지난날 남강군(南康軍)을 맡고 있을 때 마침 한해(旱害)를 당하였는데, 검방(檢放)[1]과정에 하호(下戶)[2]들을 동요시킬까 매우 근심한 적이 있습니다.

---

1) 검방(檢放) : '검재방진(檢災放賑)'의 의미이다. '검(檢)'은 재난에 의한 피해 정도를 조사하는 것이고, '방(放)'은 쌀 등 구호물품을 지급하거나 조세를 감면해 주는 등을 말한다.

2) 하호(下戶) : 고대 중국 사회에서 호적(戶籍)에 등기(登記)할 적에 재산 정도에 따라 등급을 나누어 세금과 부역의 차등 부과에 대한 근거를 삼았다. 송대에는 그 주호(主 戶 : 지금의 戶主에 대략 해당함)의 재산정도에 따라 다서 등급[五等]을 나누었다. 일반적으로 그중 일등(一等)·이등(二等)·삼등(三等)을 향촌상호(鄉村上戶)라 부르고 사등(四等)·오등(五等)을 향촌하호(鄉村下戶)라 부르는데 이 중에서 삼등(三等)을 다시 향촌중호(鄉村中戶)라고도 부른다. 대략 상호(上戶)는 대지주(大地主), 중호(中 戶)는 부농(富農), 하호(下戶)는 빈농과 빈민쯤에 해당한다고 볼 수 있다. 일반적으로 자연재해에 대한 구호는 우선적으로 하호를 배려하는데 그것은 피해정도를 조사 작성[檢]하여 그에 의거하여 구호물품을 지급하거나 세금을 감면한다. 지급대상자들은 최대한의 혜택을 받기 위해 혹은 피해정도를 조작하거나 관과의 우호적인 관계를 유지하고자 하는 등등의 일을 한다. 이유 때문에 '검방(檢放)'이 있으면 민심이 술렁이

(그 때) 우연히 한 선비가 의견을 내어 묘미(苗米 : 전세)를 5두(斗) 이하로 내는 호(戶)에 대해서는 조사[檢]하지 말고 전액을 감면하자고 건의하여 즉시 시행하였더니, 사람들이 편하게 여겼습니다. 본 로(路)의 제거상평(提擧常平) 우무(尤袤)[3]가 그 법을 각 군에 시행하여 그 수혜지역이 매우 넓어졌습니다. 근래 신주(信州)를 지날 적에 들었는데, 옥산현(玉山縣)에서도 조사관이 이와 같이 조치하여 상층에 속하는 세 등급의 호(戶)에 대해서는 피해정도에 따라 차등을 두어 감면해주고 하층의 두 등급에 속하는 호에 대해서는 모두 전액 감면[4]해주고 나서 현에서 감면해준 액수를 총체적으로 계산해 보았더니 모두 50% 정도에 지나지 않았다고 합니다.[5] 길가에 사는 백성들에게 묻자, 공평하고 적절하다고 칭찬하지 않는 사람이 없었습니다. 이것은 가장 좋은 방법인데도 율령에는 성문화되어 있지 않습니다. 금년의 조사는 이미 끝나서 시행할 수 없습니다만, 바라건대 임금께서 자세히 참작하여 담당관에게 율령으로 성문화하도록 조치하시고, 지금부터는 수해나 한해(의 피해)정도가 대략 (정상 수확의) 30% 이상인 경우, (최하등호인) 5등호에 대해서는 조사 장부를 갖추는 것을 면제해주고 우선적으로 호(戶) 전체를 모두 면제해주십시오. 만일 피해정도가 50% 이상인 경우엔, 4등호까지 함께 이에 준해서 시행하십시오. 주와 현에서 파견된 관원들이 조사 시기를 놓쳐서 피해를 입은 전지에 벼가 없어 조사할 수 없게 만들었을 경우에 대해서도, 입법 조치하여 처벌하기를 바랍니다. (그리고 피해를 입었으나 조사할 근거가 없는 전지에 대해서는) 지형의 고저나 물줄기와의 거리를 조사하고 이웃 전지의 피해정도와 비교하여 그것을 근거로 감면하여 주십시오. 그렇게 해주시면 가난한

게 되는 것이다.

3) 우무(尤袤) : 『송사(宋史)』 우무 본전 참조.

4) 전액 감면[蠲免] : 세금을 면제시켜 줌을 말한다. 혹은 견(蠲)이라고만 쓰기도 한다.

5) 현에서 감면해준~않았다고 합니다 : "한 현 안에서 피해 정도에 따라 차등을 두어 감면해준 양과 모두 면제해준 양을 전부 합쳐서 (방출해야 할 양의) 50% 정도가 된 것이다.(通計一縣之隨分減放者, 及盡行蠲免之數, 共爲十分之五分也)"(『차의』)

백성들이 영속적으로 이롭고 편리하게 여길 것입니다.

1. 신이 살고 있는 건녕부(建寧府) 숭안현(崇安縣) 개요향(開耀鄉)에 사창(社倉) 한 곳이 있습니다. 건도(乾道) 4년(1168) 향민들이 먹고살기 어렵게 되자 본 부(府)에서 상평미(上平米) 600석을 공급해주고, 신과 본 향의 거주자[土居] 조봉랑(朝奉郎) 유여우(劉如愚)가 함께 진대(賑貸)를 주관하도록 위임하였습니다. 겨울에 이르러 원래의 쌀을 거두어들이고, 다음 해 여름 동안에 본 부에서는 다시 그전 제도에 의거해서 호(戶)에게 진대해 주고, 겨울에 도로 갚게 하였습니다. 신등은 부에 시행조치를 통지하고, 한 석(石)당 이자 2두(斗)씩을 받았는데, 이후로 해마다 이것에 준해 빌려주었다가 받는 것을 원칙으로 하면서 더러 조금 흉년이 들면, 이자의 절반을 탕감해주고, 크게 흉년이 들면 전액 탕감해주었습니다. 현재까지 14년째인데, 그 이자를 가지고 창고 3칸을 지어 저축을 하고, 원금 600석은 이미 본 부에 갚았습니다. 현재 관리하고 있는 3,100석은 여러 해 동안 인호가 낸 이자로서 이미 본 부에 조회를 보고하였습니다. 앞으로는 예전대로 빌려주고 거두어들이면서 이자는 더 이상 받지 않고 한 석당 모미(耗米)[6]조로 5승(升)씩을 받겠습니다. 신과 본 향에서 원래 거주하였던 관리[7] 그리고 사족 몇 사람이 공동으로 관리하는 관계로, 빌려주거나 거두어들일 때는 부에 보고하여 현의 관리 중 한 사람을 차출하여 출납을 감독하게 합니다. 그런 까닭에 한 향 사오십 리 안팎으로는 흉년을 만나도, 사람들이 끼니를 굶지 않습니다. 생각건대, 이 법은 확대해서 다른 곳에도 시행해 볼만합니다만, 해당 법령이 없어서 인정상 강제하기가 곤란합니다. 그래서 망령된 생각입니다만 다음과 같이 요청하고 싶습니다. 임금께서 의역(義役)[8]의 체례에 의거하여 각 로의 주와 군에 명령해서 민호들

---

6) 모미(耗米) : 쌀을 운반하거나 분배하고 거두어들이는 과정에서 소실되는 것을 충당하기 위한 쌀을 가리킨다.
7) 원래 거주하였던 관리 : 관리 중 그 지방 출신인 사람.
8) 의역(義役) : 송대에 시행되었던 역법(役法) 제도의 하나이다. 남송 시기 향촌 민호들이

에게 주지시키고, 이것에 따라 사창을 세우기를 희망하는 자가 나오면, 주와 현에서 상평미를 적절한 양만큼 지급하여 본 향 출신의 같은 민호와 출납을 주관하게 시키고, 한 석 당 이자 2두(斗)씩을 받게 하십시오. 그리고 본 향에 원래 거주자거나 임시거주[寄居]하는 관원과, 사족 중에서 의로운 일을 행함이 있는 자를 차출하여 본 현의 관리와 함께 출납을 공동으로 주관케 하십시오. 이자로 불린 쌀이 원금 쌀의 10배가 되면, 원금 쌀을 관에 반납케 하고, 그 후 이자는 한 석당 모미 3승씩만 받게 하십시오. 부호 가운데 쌀을 내어 원금을 조성하고 싶은 마음을 가진 자가 있으면, 또한 그 편의를 따르고, 이자가 원금의 10배에 이르면, 마찬가지로 원금을 부호에게 돌려주십시오. 지역의 풍속이 다른 경우가 있으면, 사정에 맞추어 규약을 수립하도록 허용하고, 관에 준수상황을 보고하게 하면, 실로 장기적인 이익이 될 것입니다. 사창 설치를 원치 않는 곳에 대해서는 관에서 강제하지 못하게 하면 또한 소요를 초래하지는 않을 것입니다. 이것은 오늘날의 상황에 비추어 볼 때, 비록 목전의 급박한 사태를 구제할 바는 안 되지만, 그러나 국가와 민간 모두 저축을 하여 장기적으로 미리 대비하는 대책이 됩니다. 현재 같은 흉년에 시행한다면, 따르고자 하는 자가 많을 것입니다. 건녕부 사창의 현행 조목을 삼가 한 통 기록하여 바칩니다. 바라건대 임금께서 자세히 살펴보시고 특별히 시행조치를 내려주십시오.

_ 이봉규

보정(保正), 보장(保長) 등의 무거운 역부담을 줄이기 위해 자체적으로 결속하여 공동 출자형식으로 역을 담당한 호(戶)를 도왔던 제도이다. 의역은 무주(婺州 : 현재의 절강성 金華縣), 처주(處州 : 현재의 절강성 麗水縣) 등 지역에서 시작되었다.

연화전(延和殿)에서 올린 주차 5

신이 보건대, 절동로(浙東路)의 화매견(和買絹)[1] 총액이 매우 많은데, 소흥부(紹興府) 혼자 그 절반을 감당하고 있습니다. 과거의 규례에 따르면, 물력(物力 : 재정능력)이 38관 5백 이상인 인호가 균등하게 납부하였습니다. 그러나 인호(人戶)들이 납부를 고통스럽게 여겨 거짓 호를 만들어 물력을 거기에 숨겨서 납부를 피하는 경우가 많습니다.[2] 이 때문에 현재 납부하는 인호가

---

1) 화매견(和買絹) : 군복에 필요한 직물 등 국가에서 필요로 하는 물품을 충분히 구비하기 위하여 봄에 쌀, 소금 등으로 민간에 미리 구입 자금을 대주고 가을에 직물 등 국가가 필요로 하는 물품으로 납부하게 하는 제도. 국가는 필요한 물품을 보통 시가 보다 싸게 구입하는 결과를 가져오기 때문에 백성들에게는 조세와 마찬가지의 부담을 주었다.

2) 인호(人戶)들이 납부를~경우가 많습니다 : 송대에는 재산정도에 따라 상호(上戶)와 하호(下戶)를 나누고 상호에게는 각종 의무를 부과하고 하호에게는 여러 가지 혜택 등을 주었다. 이중 화매견(和買絹)도 상호에게 부과된 의무 중 하나이다. 이런 상황이 되자 상호는 그 부담을 감당하지 못하고 여러 가지 편법을 사용하여 명목상 낮은 등급이 되어 의무를 회피하고 혜택을 받고자 하였다. 이런 것을 궤명협호(詭名挾戶) 혹은 궤명궤호(詭名詭戶)라 불렀다. 일반적으로 두 가지 방법을 사용하여 자기의 호적 등급을 낮추었다. 첫째, 원래 주호(主戶)의 재산정도에 따라 등급을 분류하는 것이다. 그러므로 주호를 여럿으로 나누어 호적에 올려 등급을 낮추는 방식이다. 예를 들면 어떤 재산가가 호적에 올릴 때 부(父)·모(母)·처(妻)·자(子)를 각기 주호로 올려 재산 정도의 등급을 낮춘다. 이와 같은 것을 궤명자호(詭名子戶) 혹은 자호(子戶)라 한다. 둘째, 자기의 재산을 공공기관이나 타인의 명의를 사용하거나 존재하지 않는 객호(客戶) 등을 사용하여 은닉하는 방식으로 재산정도를 낮추는 방식이다. 이것을 궤명협전(詭名挾佃)이라 한다. 위 내용은 이 중 궤명협전(詭名挾佃)

부담하는 것이 더욱 무거워졌습니다. 그 중에 또한 납부 규모의 전지(田地) 액수에 해당하지 않는데도 관에서 면제해주지 않는 경우도 또한 있는 등 그 폐단이 한두 가지가 아닙니다. 전후로 신료들이 건의하여 임금으로부터 시행하라는 조치를 받았으나, 한때 담당관리들이 임금의 성덕(盛德)이 담긴 의도를 받들지 못하고 여러 주장들에 이끌려 아직 정론을 세우지 못하고 있습니다. 신이 그것을 전해 듣기는 하였지만, 그 사이의 자세한 내용을 아직 몰라 보고를 드리지 못하였습니다. 그러나 들리기로는 한 군의 사람들 가운데 이것을 병통으로 여기지 않는 사람이 없다고 하니, 외람되게 직임을 맡은 바 감히 좌시하지 않을 것입니다. 바라건대, 임금께서 특별히 지시를 내려서 신이 관에 도착하면 본 로의 수신(帥臣), 감사(監司)와 함께 상의하여 내년 2월까지 정론을 만들어 글로 올려서 (폐하의) 결재를 받을 수 있도록 허락해주십시오. 내년 하료(夏料)부터 시작하여 이전의 폐단을 혁파한다면, 기근에 시달리는 나머지 백성들이 생업을 갖고 자자손손 임금의 훌륭한 은택을 입게 되어 그 다행스러움을 이루 다 말할 수 없을 것입니다. 폐하의 판단을 기다리겠습니다.

_ 이봉규

에 관한 것이다.

연화전(延和殿)에서 올린 주차 6

　신이 어제 성은을 입고 남강(南康)의 작은 망루에서 대죄하고 있습니다만, 스스로 생각건대 아는 바가 적고 용렬하여 만분의 일이라도 성은에 보답할 길이 없습니다. 임지에 도착하자마자 본 군(軍) 성자현(星子縣)의 조세가 편중되어 있어 백성들이 삶을 고달파 하기에 조목조목 보고드리고 탕감해줄 것을 요청하였는데,[1] 그 총액이 비단 1천 50여 필, 돈 2천 9백여 관에 지나지 않았습니다. 임금께서 요청을 받아들여 곧장 시행조치를 내리셨지만, 담당 관리들이 임금의 성덕이 담긴 뜻을 받들지 못하고, 다른 물품으로 대신 보충하도록 시켜야 한다고 의논하는 신하들의 주장을 끌어대어 그 요청을 거절하였습니다. 신이 금년 체직되기 전에 또 한번 조목을 갖추어 보고하여[2] 성은을 기대하였으나 지금까지 여러 달이 지났지만 아직 가부(즉 御旨)를 받지 못하였습니다. 담당 관리들은 여전히 예전의 주장을 고수할 것으로 생각됩니다만, 신 또한 요청을 그만둘 수 없는 바가 있습니다. 삼가 전에 보고하였던 조목 가운데 가장 명백한 두 가지 조목을 다시 한번 폐하를 위해 말씀드리겠습니다.

---

1) 본 군(軍) 성자현(星子縣)의~요청하였는데 : 『주자대전』 권16의 「걸견감성자현세전장(乞蠲減星子縣稅錢狀)」에 보인다.(『익증』)
2) 신이 금년 체직되기~보고하여 : 『주자대전』 권16의 「남강임만합주품사건장(南康任滿合奏稟事件狀)」에 보인다.(『익증』)

살펴보건대, 본 현이 관할하는 여산(廬山) 일대는 대부분 높은 산과 가파른 절벽에다 큰 돌과 무성한 숲이 많아 그 사이에 비록 약간의 전지가 있다고 해도, 그 형세가 메마르고 한랭한 곳이어서 소득이 많지 않습니다. 그러나 전지 담당 관원과 아전들이 조세 항목을 설정한 것이 너무 많아 납부하기가 어렵습니다. 그래서 소흥(紹興, 1131~1161) 연간에 수령 서단보(徐端輔)가 사원의 요청에 따라 140여 관을 삭감해주었습니다. 삭감한 것은 진실로 옳은 일입니다. 그러나 애초에 조정에 요청하지 않고 사적으로 삭감해준데다, 또한 세수가 감소될 것을 우려하여, 과거 경계에 대하여 모호하게 기록된 장부를 멋대로 끌어대서 하등호를 중등호로, 중등호를 상등호로 격상시켜 놓았는데, 그 중에는 하등호에서 상등호로 바로 격상된 경우도 있습니다. 그리고 장부를 살펴 전지를 측량하고는 제멋대로 조세를 부과하고, 전세 140여 관을 계산하여 여산 지역의 삭감해준 액수를 몰래 보충하였습니다. 중간에 조사(漕司)가 (성자현에) 나왔을 때 인호들이 형편을 호소하자, 조사가 방문(榜文)을 붙여 개정할 것을 약속하였습니다만, 본 군(軍)에서는 이행하지 않았습니다. 그 뒤 인호들이 호부(戶部)를 통해 호소하였지만, 또한 바로잡지 못하였습니다.

신이 생각건대, 나라에서는 백성을 자식처럼 사랑하여 힘써 걱정하고 애처롭게 여겨서 정상적인 부세 이외에는 조금이라도 많이 거두지 않습니다. 그런데 아래 말단 신하가 임의로 망령되게 설정하여, 140여 관의 조세를 까닭 없이 사람들에게 함부로 부과하니, 비록 산간지역에서 삭감해준 것이 대충 합당함을 얻은 것 같다고 해도, 전지에 증세한 것은 법도를 어그러뜨린 바가 심합니다. 그러므로 신은 전에 올린 주차에서 서단보가 산간지역의 조세를 감해준 것에 대하여 명확히 지시를 내려 탕감을 허락하고, 증액된 전세에 대해서는 개정하여 명목과 액수를 예전과 같게 해주실 것을 바랐던 것입니다. 그것은 사리상 명확하여 의심할 것이 없고, 탕감한 액수도 그리 많지 않습니다. 뜻밖에도 담당 관원이 대체를 살피지 않고 약간의 자금을 아까워하여 다른 물품으로 보충해야 한다는 논의로 가로막고자 하니, 이것은 신으로 하여금 서단보가 한 것을 행하고야 말도록 만드는 것입니다. 하나의 이로움을 일으키지 못하면서 먼저 하나의 해로움만 야기하는 것은, 신이 비록 지극히 아둔하다 해도 차마 하지 못합니다. 이제 비록 관직을 떠난 상태지만, 이 현의 피폐된 백성들을 잊을 수 없어 감히 엄중한 형벌을 무릅쓰고 다시 말씀드리는 바입니다. 바라건대 임금께서 백성들을 불쌍히 여기셔서 담당 관원에게 명확히 조칙을 내려 이 두 조항을 먼저 차례로 감면하고 개정해주십시오. 그 밖의 항목들에 대해서는 곧 시행하여 모두 탕감해주기를 신 역시 함부로 바라지 못하겠습니다. 본 로의 감사 한 사람에게 자세히 살펴보게 시키시고, 그의 보고를 받은 뒤에 별도로 조치를 내려주십시오.

순희(淳熙) 6년 10월 19일 의논에 참여한 신하들의 다른 물품으로 보충해야 한다는 주장에 이르러서도, 그 말이 인색하고 자잘하여 대체를 이해하지 못하고 있어서 장차 폐하의 사심을 이기고 백성을 사랑하며 간언을 받아들여 폐단을 혁파하려는 훌륭하신 뜻에 순응할 만한 것이 전혀 없습니다. 그런데 그것을 정식 주차로 올리어 주장을 드러내고 온 나라에 반포하는 것은 천하에 덕치의 뜻을 펼치고 어질다는 소문이 널리 퍼지게 하는 방법이 아닙니다. 바라건대, 임금께서 시행을 중지할 것을 하달하시고 지금부터 사방 어디서나 탕감을 요청하는 경우가 있으면 그 실상을 조사하여 일체 법과 의리에 따라 처리케 하십시오. 그러면 탕감을 요청하는 자들이 편법으로 구차하게 면하려 는 계책들을 쓸 수 없을 것이니, 어찌 미리 한계를 설정하여 임금의 은혜를 바라는 사방 백성들의 마음을 상하게 할 필요가 있겠습니까? 옛 사람도 말한 바가 있습니다. "백성이 풍족하면, 임금이 누구와 함께 부족하겠는가? 백성이 부족하면, 임금이 누구와 함께 풍족하겠는가"[3]라고 말입니다. 이것은 천지의 광대한 마음이자 성현의 친절한 가르침입니다. 신은 바라건대, 폐하께서 이 점에 깊이 유의하신다면, 저들 망령되고 천박한 말은 저절로 가라앉고

---

3) 백성이 풍족하면~풍족하겠는가 :『논어(論語)』「안연(顏淵)」에 보인다.

사라져 감히 폐하의 앞에서 진언하지 못할 것입니다. 신이 무례하게 망령된 말을 진언하여 본분을 넘어서는 죄를 지었으니, 두려움을 견디기 어렵습니다. 부디 살펴보시고 처결해주십시오.

_ 이봉규

연화전(延和殿)에서 올린 주차 7

신이 지난번 남강군을 맡고 있을 때, 문서로 갖추어 백록동서원(白鹿洞書院)을 사액해주실 것을 요청하고, 아울러 태상황제(휘종)의 글과 석경(石經)을 함께 판각하였던 판본의 구경주소(九經注疏)를 내려주실 것을 요청한 적이 있습니다만1) 지금까지 시행되지 않고 있습니다. 그러나 조정과 재야에 널리 알려져 사람들이 서로 기롱하고 비웃으면서 괴이한 사안으로 여기고 있습니다. 신이 진실로 두렵고 염려스러워 그 내용을 다 말씀드리지 않을 수 없습니다.

삼가 살펴보건대, 본 지역의 백록동서원은 사실 당(唐)나라 때 은사(隱士) 이발(李渤)이 머물렀던 곳입니다. 그 당시에 그를 따라 공부하였던 학생들이 많아 마침내 학교를 세웠습니다. 그 때문에 오대(五代) 시기에 이르러 이씨(李氏)2)가 관사(官師)3)를 설치하고, 토지를 주어 재정에 보태게 하자, 학생들이 매우 성황을 이루었습니다. 그 수는 송(宋)초까지만 해도 여전히 천여 명을 헤아렸습니다. 태평흥국(太平興國)4) 연간에 구경(九經)을 내려주고 동주(洞主 : 서원의 원장)를 관원으로 임명하라는 조칙을 내렸습니다. 그 사실은

---

1) 지난번 남강군을~요청한 적이 있습니다만 : 『주자대전』 권16의 「남강임만합주품사건장(南康任滿合奏稟事件狀)」에 보인다.(『익증』)

2) 이씨(李氏) : 남당(南唐)을 가리킨다.

3) 관사(官師) : 남당(南唐) 승원(昇元, 937~943) 연간에 국자구경(國子九經) 이선도(李善道)를 동주(洞主)로 삼았다고 한다.(『차의』)

4) 태평흥국(太平興國) : 송(宋) 태종(太宗) 때인 976~983년에 사용된 연호.

『회요(會要)』에 보입니다. 그러다가 함평(咸平)[5] 5년(1002) 서원을 중수하라는 칙령이 있었고, 이어서 공자와 그 제자상을 세웠는데, 그 사실은 진순유(陳舜兪)의 기문에 보입니다. 간찰이 갖추어 보존되어 있으니 살펴보실 수 있습니다.

이 백록동의 흥기는 그 시초로 거슬러 올라가 보면 보잘것없어 내세울 만한 것이 없지만, 태종과 진종이 관심을 기울여 표창하고 높였던 데에는 거룩한 뜻이 매우 깊고 매우 원대하였던바 말단 관리의 미천한 소견으로는 엿볼 수 없는 것이 반드시 있을 것입니다. 이제 방치해두고 흥기시키지 않아, 그 건물이 있어도 사액하지 않고, 학생들이 있어도 서적을 내려주지 않으면 세상 사람들에게 경시당해 조만간 붕괴될 것입니다. 이것이 바로 신이 몹시 두려워 편치 못한 이유입니다.

그러나 제가 생각건대, 담당 관리들이 신의 요청에 대하여 의문을 갖지 않을 수 없는 이유가 진실로 기롱하고 비웃는 자들의 말과 같지는 않을 것입니다. 아마도 그것은 주와 현에 이미 학교가 있으니 또 다시 비용을 들여 번거롭게 할 필요가 없다고 여기기 때문일 것입니다. 정말 그런 이유라면, 신은 질문할 것이 있습니다. 대저 선왕의 예악을 관장하는 곳과 이단의 미신에 대한 가르침이 있는 곳 사이에 어느 쪽이 옳은 것이고 어느 쪽이 그른 것입니까? 삼강오상의 가르침과 임금을 무시하고 아버지를 무시하는 주장 사이에 어느 쪽이 좋은 것이고 어느 쪽이 해로운 것입니까? 이제 노자와 불교의 사원이 세상에 가득 차서 큰 군에는 천 개를 넘어서고 작은 읍이라 해도 수십 개 이하는 아닙니다. 그런데도 국가적으로나 사적으로 늘려서 그 증가추세는 그치지 않습니다. 그러나 학교를 보면, 한 군과 한 현에 겨우 한 곳씩 설치된 정도이고 그나마 속현인 경우에는 없기조차 합니다. 그 성쇠와 많고 적음의 현격한 차이가 이 정도에 이르고 있으니, 옳고 그름과 이롭고 해로움 사이의 차이도 또한 이미 분명합니다. (그런데도) 이제 담당 관리는 저것(위에서 말한 나쁜 상황)을 바로잡는 일을 하지 못할 뿐 아니라

---

5) 함평(咸平) : 북송 진종(眞宗) 때인 998~1003년에 사용된 연호.

도리어 저의 요청에 대하여 이의를 제기하니, 신은 무슨 까닭인지 알 수
없습니다. 이제 다행히 직접 뵙고 말씀드릴 수 있는 기회를 주시니, 감히
다시 요청하는 바입니다. 삼가 바라건대, 임금께서 저의 이 장주를 (담당관에
게) 내려보내 특별히 그 요청을 따르게 하여서 선왕의 뜻을 계승하여 백성들의
마음을 계도하고, 또한 유학의 훌륭한 가르침을 크게 드러내어 점차로 사교를
억누르고 정교와 함께 하는 단초를 명확히 보이십시오. 그러면 실로 천하
만세의 복일 것입니다. 부디 살펴보고 판단하시기 바랍니다.

_ 이봉규

주자봉사 권
4

무신년(1188) 연화전(延和殿)에서 올린 주차 1[1]

해 제 주희가 송(宋) 효종(孝宗) 순희(淳熙) 15년 무신년(戊申年, 1188) 6월 7일 연화전(延和殿)에 들어 효종과 면대하며 올린 소는 모두 다섯 건이다. 전반적인 기조는 신축년(辛丑年)에 올린 연화주차(延和奏箚)와 비슷하지만, 강서제형(江西提刑)의 신분으로 상주한 것으로 형옥(刑獄)과 부세(賦稅)의 문제를 주로 지적하였다.

첫 번째 소는 소송사건의 처리에 관련된 것으로, 백성에게 도덕적 교육과 형벌을 병행할 것을 요구하였다. 주희가 말하는 '의형의살(義刑義殺)'은 한편으로 삼강오상(三綱五常)과 천리민이(天理民彝)를 백성에게 교육하고 또 다른 한편으로 형벌제도를 엄정하게 시행해야 함을 가리킨다. 형벌을 엄정하게 시행하기 위해서 그는 '경술의리(經術義理)'로서 사건을 판단해야 하며, "유신(儒臣)들에게 명하여 경적과 사적 및 고금 현철(賢哲)의 논의, 그리고 교화와 형벌의 의미를 널리 수집하여 그 정수와 요점이 될 말을 절취해 한 권의 책으로 만들 것"을 주장하였다. 그가 말하는 경술의리는 바로 삼강오상의 천리이다. 그는 법이 마땅히 삼강오상에 의해 판단되고 소송사건의 처리에 있어 등급존비가 반드시 먼저 정해진 뒤에 그 시비곡직을 판단할 수 있다고 여겼다. 이것은 송대의 부패한 무법적 법치상황을 겨냥해 제출한 인정보민(仁政保民)의 소송사건 처리법이었다. 순희 이래로 관료들은 줄곧 경형(輕刑)과 중형(重刑)의 문제를 놓고 끊임없이 논쟁해 왔는데 주희는 이경치옥(以經治獄)의 주장을 폈다. 이는 경형과 중형의 문제를 통일한 것이지만 효종은 주희의 말 가운데 중형으로

---

[1] 송(宋) 효종(孝宗) 순희(淳熙) 15년(1188) 주희 59세 때의 상주문. "1년 전인 정미년(1187) 7월 선생은 강서제형을 제수받고 10월에 부임하였는데, 이 해(1188) 정월 주사(奏事)의 일을 위촉받아 6월에 연화전에 들어 효종(孝宗)과 면대하였다.(前年丁未七月, 先生除江西提刑, 十月拜命, 是年正月, 促奏事之任, 六月入對延和殿)"(『차의』)

범죄를 다스린다는 말만 귀담아듣고 만족해하였다.

두 번째 소는 옥관(獄官)의 인선문제를 다루었다. 주와 현의 옥관의 자질이 그 주와 현의 소송사건 처리가 투명한지를 판가름하게 되는데, 가장 큰 화근은 바로 서리였다. 주희는 효종에게 관리인선자격을 개정하고, 주와 현의 현임 소송담당 관리들에 대해 전면적인 정돈과 물갈이를 할 것을 건의하고, 그들을 어떻게 취사선택할 것인지의 구체적인 방법을 제출하였다. 그의 이러한 소송 관련 사상은 범죄를 다스린다는 측면 외에 관리를 징치(懲治)하는 또 다른 측면을 강조한 것이다. 그러나 효종은 두 번째 소를 읽고 나서 아무런 대꾸도 하지 않았다.

세 번째 소는 각 로(路)의 제형사(提刑司)가 관장하는 경총제전 문제만을 논하였는데, 이는 주희가 소흥(紹興) 연간에 호부시랑(戶部侍郞) 종사민(鍾嗣民)과 함께 처음으로 경총제전을 논의한 이래로 사상과 인식에 새로운 비약이 있음을 보여준다. 남송의 도강(渡江) 초기에 동남지방의 1년 부세(賦稅) 세입(歲入)은 1,000만 민(緡)에도 못미쳤으나 주희가 상주하고 있는 순희(淳熙) 말년에 이르면 동남의 부세 세입은 6,530여만 민으로 증가되었고, 그중 경제전(經制錢) 660여만 민과 총제전(總制錢) 780여만 민을 포함하고 있다. 경총제전이라는 이 명분 없는 세금은 동남지방 전체 세입의 23%를 차지하였다. 적잖은 식견 있는 선비들이 이를 비난하긴 하였지만, 그들의 인식도 단지 미수납된 액수를 감면하는 데에 머물렀으니, 지방관원은 경총제전의 미납세액을 감면해주기를 구걸해서 잘 다스렸다는 명성을 취하기 원했고, 조정의 황제도 태연하게 경총제전의 미납세액을 면제한다는 조칙을 빌려 황은의 넓고 깊음을 드러내었다. 그러나 편안하게 살아남기만을 탐하는 주화투항파(主和投降派)는 더욱 재정경제의 곤란을 구실로 삼아 경총제전을 폐지해선 안 된다는 주장을 견지하였다. 주희는 미납세액을 감면하자는 종전의 온화한 주장과는 다르게 처음으로 경총제라는 이 비합법적이고 명분 없는 부세를 폐지할 것을 요구했다. 그는 분개하며 효종에게 경제전과 총제전의 가렴주구의 폐해를 백성들이 심각하게 받고 있음을 설명하고, 구체적인 두 가지 해결방법을 제시했다. 주희는 남송에서 처음으로 경총제전의 폐지를 주장한 사람으로서, 무이산(武夷山)에 거주한 6년 동안 남송 사회에 대한 인식의 변화를 반영한다. 세 번째 소를 다 읽고 난 효종은 더욱 묵묵부답이었다.

네 번째 소는 형벌 부과의 폐단을 논한 것으로, 세 번째 소에 대한 보충에 속한다. 주희는 형벌 부과가 실제로는 이미 백성에 대한 교묘한 수탈로 변질되었음을 지적한다. 주희는 비록 강서로(江西路)의 문제에 초점을 맞추고 있지만 전국적으로 보편화된 상황을 반영하고 있다. 조정에서 분명히 금지명령을 내렸지만 주와 현의 관원들은 지방의 재정계획 때문에 형벌 부과의 악습을 고치지 않았다. 단지 형벌 부과가 결국에는 부민(富民)의 이익에 해가 되고 중앙 조정과 지방 주현 간의 모순을 일으킬 뿐이기 때문에, 주희를 맞아 네 번째 소를 다 읽고 나서 침묵하고 있던 효종은 주위를 둘러보며 "들어보니, 많은 것이 부민을 모해하는 것이다."고 하였으나, 전체적으로 보아 주희의 형벌 부과의 오래된 폐단을 개혁하자는 의견에 대해 찬동을 표하였다.

다섯 번째 소는 '정심성의(正心誠意)'로서 효종에게 설명한 것이다. 주희의 이번 입도(入都)의 행보와 천언만어(千言萬語)는 오직 이 다섯 번째 소에 있다. 효종이 가장 두려워하고 적대시한 것도 이 다섯 번째 소이다. 주희 상주문의 창끝은 만인지상인 효종을 향하고 있었으며, 맹렬하게 황제 측근 환관 수녕행(豎侫幸)과 왕회(王淮) 두 집단의 세력을 비난하였다. 주희가 생각하기에 효종 27년간의 통치에 있어 내치와 외치가 모두 부실했던 원인은 황제의 마음이 바르지 않아 거인욕존천리(去人欲存天理)할 수 없었기 때문이다. 주희는 효종의 인욕이 제거되지 않아서 나랏일이 날로 엉망이 되게 한 '군주의 허물' 여섯 가지를 열거하였다.[2]

신이 듣건대, 옛날 순임금은 백성들이 서로 친목하지 않고, 인간관계들[五品]이 서로 순조롭지 못하자[3] 설(契)에게 사도(司徒 : 교육담당)라는 직책을 맡겨 인륜을 가르쳤으니 (그 내용은) 부자간에 친함이 있고 군신간에 도의가 있고 부부간에 구별이 있고 어른 아이 사이에 질서가 있고 벗들간에 믿음이 있는 것입니다. 또한 그 가르침에 따르지 않을까 염려하여 고요(皐陶)에게 사(士 : 옥사와 송사 담당)라는 직책을 맡겨 형벌을 분명하게 실행토록 함으로써 다섯 가지 가르침을 보조하여 형벌이 없게 되기를 바랐습니다.[4] 삼강오상(三綱五常)은 천리와 인간 본성[民彝]의 핵심이며 통치방법의 근본입니다. 그러므로 성인의 정치는 백성에게 교육을 실시하여 이것을 밝히고, 형벌을

---

2) 속경남(束景南), 『주자대전(朱子大傳)』, 복건교육출판사(福建敎育出版社), 635~638쪽 참조.

3) 순임금은~순조롭지 못하자 : 『서경』「순전(舜典)」에 나오는 말이다. 원문은 다음과 같다. "帝曰, 契, 百姓不親, 五品不遜, 汝作司徒, 敬敷五敎在寬."

4) 고요(皐陶)에게~되기를 바랐습니다 : 『서경』「대우모(大禹謨)」에 나오는 말이다. 원문은 다음과 같다. "帝曰, 皐陶, 惟玆臣庶, 罔或于予正, 汝作士, 明于五刑, 以弼五敎, 期于予治, 刑期于無刑."

사용하여 이것을 보조하는 것입니다. 비록 그 시행의 선후와 완급은 있을지라
도[5] 간곡하고도 절실한 뜻은 여기[6]에서 벗어난 적이 없습니다.

　그래서 하은주 3대 선왕의 통치제도[7]에서는 또한 '무릇 모든 형벌[五刑]의
송사를 처리함에 반드시 부자간의 친애에 바탕하고 군신간의 도의를 세워서
판단한다'고 하였으니, 아마도 반드시 이와 같이 해야만 '경중의 순서'를
논할 수 있고, '형량의 다과'를 가늠할 수 있으며, '총명을 다하고 충애(忠愛)를
지극히 할 수 있는 것[8]'도 비로소 어그러지지 않게 시행될 수 있을 것입니다.[9]
이것이야말로 선왕이 의(義)에 따라 형벌을 주고 사형을 가함에 있어[10] 비록
백성들의 신체를 상하게 하고 목숨을 해치기도 하지만, 한 사람에게 형벌을
가하여 천하의 모든 사람이 제멋대로 악을 저지르려는 생각을 감히 하지
못하는 것입니다. 이것이 바로 인륜을 곧고 바르게 보조하며[11] 늘 한결같은

---

5) 선후와 완급 : 『차의』에서는 먼저 해야 하고 서둘러야 할 일은 교육[敎]이고, 나중으로
　늦춰도 되는 일은 형벌[刑]이라고 하였다.

6) 여기 : 『차의』에서는 '여기'를 삼강오상으로 보았고, 『익증』에서는 교화와 형벌[敎刑]
　이라 하였다.

7) 선왕의 통치제도 : 『예기』 「왕제(王制)」를 지칭한다. 이하 여러 인용문은 모두 『예기』
　「왕제」에 보인다.

8) 총명을~할 수 있는 것 : 이 글도 『예기』 「왕제」에 보인다. 이 부분의 원문은 "悉其聰明,
　致其忠愛以盡之"라고 되어 있는데 정현은 '盡之'를 '盡其情(그 실정을 다하게 한다)'라
　고 보고 있으니, 형벌 대상자를 시비곡직을 올바로 조사하는 내용과 관련되어 있음을
　알 수 있고 위 원문에서도 "得其所施而不悖"로 연결되어 있음을 보아 주희도 같은
　방식으로 이해하고 있음을 볼 수 있다. 참고로 손희단(孫希旦)은 이 구절을 다음과
　같이 해설한다. "悉其聰明, 則所謂忠愛者, 不至於過厚而失之愚. 致其忠愛, 則所謂聰明
　者, 不至於過察而傷於刻." 결국 총명(聰明)과 충애(忠愛) 이 둘을 절충해가며 사건을
　심리해야 공정한 판단이 될 수 있다는 이야기이다.

9) 이 부분은 주희가 『예기』 「왕제」에 대구로 나열된 세 문장을 부분부분 절취하여
　부자나 군신 등의 인륜에 먼저 근본해야 그 외의 일들이 가능해질 수 있음을 강조한
　것이다.

10) 의(義)에 따라 형벌을 주고 사형을 가함 : 『서경』 「강고(康誥)」에 나온다. 원문은
　다음과 같다. "用其義刑義殺, 勿庸以次汝封."

11) 곧고 바르게 보조하며 : "형벌제도로 곧고 바르게 인륜을 돕는다는 뜻이다.(謂以刑而
　正直輔翼人倫也)"(『차의』)

성에 따르는 것입니다.[若其有常之性也]12)

후세에 형벌을 논하는 이들은 이러한 데로 나올 줄을 모르니, 신불해(申不害)와 상앙(商鞅)13)의 각박함에 빠져 있는 경우야 거론할 것도 없고, 비속한 유자들이 잠깐의 안일을 구하기 위해 펴는 논의[姑息之論]14)나 이단의 보응설(報應說)15) 그리고 용렬한 관리들이 형률 조항만 따지면서 자신의 배를 채울 계책을 쓰는 경우에도 또 한결같이 (뇌물을 수수하면서) 형벌을 가볍게 해주려고만 합니다. 그러나 형벌이 가벼워지면 질수록 백성들의 풍속을 두텁게 하기에는 오히려 더 부족하고, 도리어 왕왕 도리를 어기고 난을 지으려는 마음만 조장하여, 옥사(獄事)와 송사(訟事)를 더욱 번잡하게 합니다. 이는 선왕의 법을 강구하지 않은 탓입니다.

신이 삼가 돌아보건대, 근년 들어 아내가 남편을 죽이고 집안의 조카뻘 되는 이가 아저씨뻘 되는 이16)를 죽이고 소작인이 지주17)를 죽인 경우에도 유사(有司 : 형벌을 관장하는 관리)의 형벌처리가 결국에는 유배 보냈다 풀어주는 법조항을 따르고 있습니다. 사람을 죽인 자가 사형되지 않고, 사람을 상해한 자가 형벌을 받지 않는다면 비록 이제삼왕(二帝三王)18)이라도 이렇게

---

12) 늘 한결같은~따르는 것입니다[若其有常之性也] : 『서경』「탕고(湯誥)」의 "若有恒性"에서 왔다. 약(若)은 순(順)이다. 송조에서 피휘하여 '항'자를 '상'자로 고쳤다.(湯誥, '若有恒性', 若, 順也, 宋朝避諱, 故改恒爲常)(『차의』)

13) 신상(申商) : "신불해와 상앙이다.(申不害·商鞅)"(『익증』)

14) 고식(姑息) : "『예기』「단궁」에, 증자가 '소인이 남을 사랑하는 일은 잠깐의 안일을 구하기 위해서'라고 하였다.(「檀弓」, 曾子曰 : 小人之愛人, 以姑息)"(『익증』)

15) 보응설(報應說) : "사람을 죽인 자는 죽은 뒤에 반드시 형살의 보응을 받게 된다.(殺人者, 死後必受刑殺之報)"(『차의』)

16) 조카뻘 되는 이가 아저씨뻘 되는 이[族子族父] : "'족자(族子)'는 조카들 모두를 가리키며, '족부(族父)'는 모든 아저씨뻘 되는 이들을 가리킨다.(族子, 凡侄皆是. 族父, 凡叔皆是)"(『차의』)

17) 소작인이 지주[地客地主] : "'지객(地客)'은 다른 사람에게서 토지를 받은 사람이며, '지주'는 토지를 다른 사람에게 준 사람이다.(地客受人之田者也, 地主以田授人者也)"(『차의』)

18) 이제삼왕(二帝三王) : 이제는 요와 순을, 삼왕은 우, 탕, 문왕 등을 가리킨다.

하여서는 천하를 다스릴 수 없을 것입니다. 하물며 사안이 부자간의 친애와 군신간의 도의[19] 등 삼강(三綱)의 중대한 사안과 결부되어 있어 또한 일반인에 형벌을 부과하는 것에 견줄 바가 아닌 경우는 어떻겠습니까?

그러나 신이 감히 이런 사유 때문에 폐하께 법의 사용을 가혹하게 하고 사람 죽이기를 과감하게 하도록 권하는 것이 아닙니다. 다만 생각건대 인륜과 풍속의 근본에 관계된 이와 같은 종류의 사안들은 유사가 경전[20]과 의리를 근거로 판결하지 않고, 세속적 유자들의 비루한 논의와 이단의 비뚤어진 설과 비속한 관리들의 삿된 계책이 그 가운데 행해진다면 천리(天理)와 민이(民彝 : 백성의 도리)가 어찌 없어지는 데 이르지 않을 것이며, 순임금께서 말씀하신 '형벌 없는 세상'을 또한 언제나 기약할 수 있겠습니까?

그리하여 신은 엎드려 바라옵건대, 폐하께서 안팎의 사정관과 전옥관을 엄히 지도하시어 무릇 옥사와 송사가 있을 때, 반드시 먼저 존비(尊卑)와 상하(上下), 장유(長幼)와 친소(親疎)의 구분을 논한 뒤에 그 곡직(曲直)의 사연을 듣게 하여, 무릇 아랫사람이 윗사람을 범하거나 신분이 낮은 자가 신분 높은 자를 능멸했을 때에는 정직하더라도 편들지 말 것이며, 정직하지 못한 자라면 범인(凡人)의 처벌보다 죄를 가중시켜야 합니다. 그중에 불행히 살상을 저지른 경우에 비록 의심스럽고 가련히 여길 만한 구석이 있더라도, 죄를 논하는 의견을 올릴 때[21] 번번이 (형량을 완화시키는) 유사한 다른 법률의 사례를 이용하는 것을 허용하지 말아야 합니다.[22] 또한 유신(儒臣)들에게

---

19) 군신간의 도의 : "지주와 소작인의 관계를 이와 같이 말한 듯하다.(似以地主地客而言)"(『절보』)

20) 경전 : 경술은 결국 경학을 의미하니 경전을 판결의 근거로 삼아야 한다는 의미이다.

21) 죄를 논하는 의견[奏讞] : "'얼(讞)'자는 죄를 논의한다는 뜻이다.(讞, 議罪也)"(『차의』)

22) 번번이~말아야 합니다 : "이는 존비와 상하, 장유 사이에 처벌받는 자를 가리켜 말한 것이다. '의(擬)'자는 견주다는 뜻의 '비(比)'자와 같다. 죄를 논할 때 타당한 법률이 없으면 다른 법률에 견주어 가볍게 하기도 한다.(此指尊卑上下長幼間所坐而言. 擬, 猶比也. 論罪時, 若無正律, 則比擬於他律而或輕也)"(『차의』) "살상의 사정이 참작될 만하면 실로 다른 법에 견주어 가볍게 할 수 있으나, 윗사람을 범하거나 신분 높은 자를 능멸한 자의 경우는 비록 의심스럽고 불쌍히 여길 만한 구석이

명하여 경적과 사적 및 고금 현철(賢哲)의 논의 중에 교화와 형벌의 의미에 대해 언급한 것을 널리 수집하여 그 정수와 요점이 될 말을 절취해[刪][23] 한 권의 책으로 만들게 하십시오.

그리하여 옛것을 배워 관계에 입문하려는 선비[24]와 법을 집행하고 백성을 다스리는 모든 관리들을 교육하여 모두가 옛 성왕이 조칙이나 법전으로 가르침을 공포하고 형벌을 제정하여 법을 밝혔던 까닭의 큰 실마리를 개략적으로 알게 하여 감히 몰래 잠시 안일을 추구하거나 인과응보의 설[25]에 매이거나 법 조항만 따지는 계교를 쓰지 않게 한다면 아마 세상의 교화를 도와 이룰 수 있게 되어, 살리기를 좋아하고 죽이기를 싫어하며 형벌이 없게 되기를 바라는 폐하의 본뜻에 부합되게 될 것입니다. 살펴 헤아려주십시오.

_ 황병기

있더라도 이러한 사례를 적용해선 안 된다는 말이다.(謂凡殺傷情有可原, 固可擬之, 惟輕, 而至於犯上凌尊者, 雖有疑慮可憫, 不可用此例也)”(『절보』)

23) 말을 절취해[刪] : “‘산(刪)’자는 절취한다는 뜻이다.(刪, 節取之意)”(『차의』)

24) 옛것을~선비 : “『서경』「주관(周官)」에 ‘옛것을 배우고 관계에 들어가서 법제로서 일을 논의한다’고 하였다(『書』, ‘學古入官, 議事以制.’)”(『익증』)

25) 인과응보의 설 : “불교 서적에 인과의 설이 있는데, 인은 행위이고 과는 상응하는 결과이다. 모두 보응의 뜻이다.(佛書, 有因果之說, 因謂作爲, 果謂應驗也. 皆是報應之意)”(『차의』)

연화전(延和殿)에서 올린 주차 2

신이 듣건대 옥사는 백성의 목숨이 관련된 것이어서 군자가 마음을 다하는 곳입니다.[1] 오늘날 천하의 옥사는 사형이 결정된 경우 모두 현(縣)에서 주(州)에 올리고 주에서 (각 로의) 사자(使者 : 형옥관)[2]에게 올립니다. 그 가운데 의혹이 있는 경우엔 또 주에서 조정에 올리는데 조정에서 극시(棘寺)[3]에게로 하달되면 그가 논죄한 후에 법을 집행합니다. (그러니) 그 법금(法禁)을 집행하는 것이 주밀하고도 상세하다 할 만합니다. 그러나 헌대(憲臺 : 즉 제형사)[4]에서 상세히 재검토하는 것이나 극시가 죄를 논하는 것들은 주·현에서 완성된 사건경위를 그대로 전달받은 것에 불과하니,[5] 그 문안이 대충 갖추어지거나

---

1) 군자가~곳입니다 : "『예기』「왕제」에 형벌은 일단 정해지면 바꿀 수가 없으므로 군자는 마음을 다해야 한다고 하였다.(「王制」, 刑一成而不可變, 故君子盡心)"(『차보』)

2) 사자(使者) : "곧 각 로의 제점형옥관이다.(卽諸路提點刑獄官)"(『익증』)

3) 극시(棘寺) : "『예기』「왕제」에 사구가 가시나무 아래에서 송사를 들었기 때문에 옥사를 담당하는 주관리를 대극이라고 칭했다.(「王制」, 司寇聽之棘林之下, 故稱大理官曰大棘)"(『차의』)

4) 헌대(憲臺) : 『절보』에서는 제형(提刑)이라 하였고, 『차보』에서는 제형사(提刑司)라 하였다.

5) 완성된~불과하니 : 원문은 "受成於州縣之具獄"이다. 『차의』에서는 "'수성(受成)'은 자기 생각대로 판단하지 않고 다른 사람이 해놓은 것을 수용함을 이른다. '구옥(具獄)'은 갖추어진 옥사의 경위를 이른다.('受成', 謂不用己意, 而但受他人之所成也. '具獄', 謂所具獄辭也)"라고 했다. "『예기』「왕제」에, 사구는 완성된 옥사를 왕에게 고한다고 한다.(「王制」, 司寇以獄之成告于王)"(『차보』)

사건을 처리한 정상과 절차에 별다른 문제가 없으면[情節稍圓]6) 시비가
뒤바뀌고 생사가 왔다갔다하는 중요한 사안이라도 아마 살필 수가 없습니다.
그러므로 옥사의 근원을 깔끔하게 처리하고자 한다면 옥사를 관장하는 주·
현의 관리를 신중하게 가려뽑는 것[遴選]7)보다 더 나은 방법이 없습니다.

오늘날 현의 옥사는 현령에게 위임하는데 그 선임과정이 실로 자세하긴
하지만 반드시 적당한 인재를 얻는 것은 아니라서 그 폐단을 개혁하기가
쉽지 않습니다. 주의 옥사의 경우, 현재 전조(銓曹 : 吏曹)의 관리임용법에
의하면, (현재 담당하고 있는 관직의 임기가 완료된) 후보 관원[選人]8) 가운데
추천을 받고[舉主]9) 자격이 있는[關陞]10) 사람일 때 복잡하고 어려운 곳의
영록(令錄)으로 주의(注擬)11)할 수 있도록 되어 있으니,12) 그 고려가 이미

---

6) 사건을 처리한~문제가 없으면[情節稍圓] : "'정절(情節)'은 옥사를 단죄한 사건의
   경위를 이른다. '원(圓)'은 결함이 없음을 이른다.('情節'謂斷獄之情節也. '圓'謂無欠缺
   也)"(『차의』)

7) 가려뽑는 것[遴選] : "신중하게 가려 뽑음을 이른다.(謹選也)"(『차보』)

8) 후보 관원[選人] : 당대 이후 후보에 오르거나 임용을 기다리는 관원을 선인이라
   불렀다.

9) 추천을 받고[舉主] : 추천을 받는 것 혹은 추천을 받은 사람을 거주(舉主)라 하고
   추천을 하는 사람을 기거주(其舉主)라 한다.

10) 자격이 있는[關陞] : 어떤 벼슬에 대한 일정한 자격 요건이 갖추어져 있음을 관승(關陞)
    이라 한다. 관승(關升)이라고도 쓴다.

11) 주의(注擬) : 자격조건을 갖춘 임용 가능한 후보자들을 적어 올리는 것 또는 그
    후보자들이 적힌 명부를 의미한다. 당(唐)대에 관원을 선발할 때, 시험에 합격한
    자들을 먼저 상서성에 등록시켜 조사를 한 뒤 재능에 따라 관직을 배정하고, 그
    배정된 명단을 토대로 조정하여 관직을 부여하였는데, 송대에도 이 제도를 계승하였
    다.

12) 현재 전조~되어 있으니 : 원문은 "銓格凡選人任滿, 有舉主關陞者, 方注繁難令錄"이
    다. 영록(令錄)에 대한 해석이 주석마다 다르다.
    "'전격(銓格)'은 이조에서 관리를 임용하는 법이다. '임만(任滿)'은 임기만료자를 이른
    다. '거주관승'은 임기가 만료된 사람은 반드시 천거한 사람이 있어 서로 보증한
    뒤에야 관직을 얻어 승직할 수 있음을 이른다. '주(注)'는 망(望)을 갖춘다는 뜻이다.
    '번난(繁難)'은 번거로워 다스리기 힘든 곳이다. '영록(令錄)'은 치옥관을 가리킨다.('銓
    格', 謂銓曹官人之法也. '任滿', 謂瓜滿也. '舉主關陞', 謂瓜滿之人, 必有薦舉之主, 相與保明,
    然後方得關由而陞遷也. '注', 備望也. '繁難', 謂煩劇難治處也. '令錄', 治獄官也)"(『차의』)

"'영록(令錄)'은 현령 및 주의 사록참군 모두를 가리키므로, 치옥관만을 칭할 수 없다.('令錄'者, 諸縣令及諸州司錄參軍也, 不可專稱治獄官)

○ 또 생각건대 송나라 때 사(史), 집(集) 등의 문자에 모두 '영록'을 선인(選人 : 예비관원)이 처음 제수받는 관직으로 삼았다. 「직관지」에 따르면, 선인(選人)에는 일곱 품계가 있는데 그 다섯 번째가 현령녹사참군이요, 여섯 번째가 시함현령지록사라고 한 것이 이것이다. 그러나 건륭(乾隆, 960~963) 3년 현령을 지현(知縣)이라 하였으니 송대의 '영(令)'이란 것은 곧 지현이다. 태평흥국(976~984) 6년 주부장리(州府長吏)에게 명하여 판사(判司)와 부위(簿尉 : 주의 판관사록과 현의 주부위가 모두 選人이 처음 제수받는 관직임) 중에 청렴한 자를 선택하여 명단을 올리게 하고, 역마를 보내 불러서 대면하여 지현을 제수하였다. 천성(天聖, 1023~1032) 연간에 지주(知州)와 전운사(轉運使)에게 명하여 현임 판사(判司)와 부위(簿尉) 중 임기가 만료되고 부정축재와 범죄 없이 직무를 수행한 자 한 사람을 해마다 천거케 하였으니, 모두 영(令)을 지현과 통칭한 것이다. 이에 따르면 영(令)의 자격이 사록(司錄)에 견주어 한 계급 높아 보이니 의심스럽다.(又按, 宋時, 史集等文字, 皆以令錄爲選人初授之職. 職官志, 選人七階, 其五曰, 縣令錄事參軍, 其六曰, 試衙縣令知錄事, 是也. 然建隆三年, 以縣令爲知縣. 宋時, 所謂令者, 卽知縣也. 太平興國六年, 令州府長吏擇判同簿尉(州判官司錄, 縣主簿尉, 皆選人初授之職), 淸明廉幹者, 具以名聞, 驛召引對, 授以知縣. 天聖中, 令知州轉運使, 歲擧見任判司簿尉考滿, 無贓私罪堪爲令者一人, 皆以令與知縣, 通融稱之. 據此則令之資格, 視司錄之屬, 似較高一級可疑)

○ 또 살피건대 노천이 인종에게 올린 글에 현령은 관직이 비록 낮지만 맡고 있는 한 현의 책임은 경조관(京朝官)인 지현과 같을 뿐이라고 하였다. 주익공은 지현의 봉록을 논하면서, "지현과 현령 모두의 급료를 조정하여 제도에 맞게 해서 그들이 마땅히 얻어야 하는 것을 늘리고 마땅히 얻어서는 안 되는 것을 금하기를 바란다"고 하였다. 이로써 보면 송나라는 중엽 이래로 지현과 현령이 나누어져 있었으나 지현은 관직을 바꾸어 처음 제수되는 것이고, 영(令)은 선인이 되어 처음 제수되는 것이니 아마도 현의 규모로 차이를 둔 것이다.(又按, 老泉上仁宗書曰, 縣令, 官雖卑, 其所負一縣之責, 與京朝官知縣等耳. 周益公論知縣俸曰, "欲望將天下知縣·縣令供給斟酌近制, 增其所當得, 而禁其所不當得." 以此觀之, 則宋自中葉以來, 知縣·縣令, 又分而爲二, 知縣改官後始除, 而令則爲選人初授, 蓋以縣之大小爲差也)

○ 또 생각건대 영록(令錄)은 선인(選人)이 처음 제수받은 관직인데, 여기에서는 '임기가 만료되고 자격을 갖춘 자 가운데 영록에 주의(注擬)한다'고 하였다. 선인은 아직 영록에 주의(注擬)되기 전인데 어찌 임기가 찰 만한 직임이 있겠는가? 이는 의심스러운 듯하다. 그러나 「직관지」에 "선인이 세 번 직무를 맡아 일곱 번 인사고과를 하여 상주로 공적을 추천받으면 이에 승직할 수 있다."라고 하였다. 대개 송대 관제에 계관(품계에 따른 관직)과 직사관(직무에 따른 관직)의 제도가 있어, 일곱 품계 중에 이른바 영록이란 것은 품계이지 실직(實職)이 아니다. 모름지기 실제로 직무를 맡은 관직으로 주현의 속리 직무인 감당(監當)과 감검(監檢) 등의 부류가 된 뒤에 승직하여 실직(實職) 영록(令錄)이 될 수 있다.(又按, 令錄, 是選人初授之官,

주도면밀합니다. 그러나 사리(司理)[13]를 주의(注擬)할 때는 이 임용절차를 쓰지 않습니다. 근래의 제도로 볼 때 진납관(進納官)[14]과 노쇠하고 병약한 노인만 주의(注擬)에 들 수 없습니다. 이 이외에는 상규(常規)에 따라 승직하는 사람은 비록 어리석거나 질병이 있는 사람이라도 모두 주의(注擬)에 들 수 있습니다. 심지어 성부(省部)의 서리(胥吏) 같이 유외(流外 : 서리로서 관리가 된 자)로서 보충된 관리[15]들도 주의(注擬)에 들 수 있습니다.

저 '자격 조건을 갖추고 추천을 받은 사람'이라고 해서 반드시 모두 재능 있고 공정한 사람을 얻을 수는 없습니다만, 장점이라고 말할 만한 것이 전혀 없는 무능하고 병약한 사람들이나 저 서리(胥吏) 출신으로 관리가 된 사람들과 비교해 보면 차이가 있습니다. 일반적으로 사리에 어둡고 병약한

而此云'任滿闕陞, 方注令錄', 選人未注令錄之前, 有何可滿之任耶. 此似可疑, 而「職官志」云, "選人三任七考, 用奏薦功賞, 迺得陞改." 蓋宋時, 官制有階官·職事官之制, 七階中所謂令錄者, 是階官而非實職. 須實任職事官, 如州縣幕職監當監檢之屬, 然後方得陞遷爲實職令錄也"(『표보』)

"계관과 직사관의 구별은 송초의 제도이다. 원풍(1078~1085) 이후엔 계관이 없다. 생각건대 본문 '영록' 위에 '번난' 두 자가 있는데, 아마 선인(選人)이 처음 제수받을 때 한적한 작은 마을의 영록이 되는데 그 가운데 번거롭고 다스리기 어려운 곳은 반드시 임기가 만료되어 승직되기를 기다려야만 했을 것이다. 또 부위(簿尉)와 감세(監稅)는 모두 처음 제수받는 관직이다.(階官·職事官之別, 宋初制也. 元豐以後, 則無階官矣. 按, 本文令錄上有繁難二字, 抑選人初授得爲閒邑令錄, 而其繁難者, 則必待任滿關陞歟. 且簿尉, 監稅之屬, 皆初授官也)"(『첨(籤)』)

13) 사리(司理) : 사리(司理)는 주(州)의 옥관(獄官)이다. 송(宋) 태조(太祖) 때 각 주에 사리를 설치하여 옥송(獄訟)과 심리(審理)를 관장하게 하였다. 「직관지(職官志)」에 사리(司理)는 선인(選人)의 제7등급이라고 하였다. 주희의 뜻은 옥관이 중요하기 때문에 당시 천거 절차가 영록(令錄)에 대해서만 자세히 규정하고 사리(司理)에 대해서는 소홀하게 다루는 것이 부당하다고 여긴 것이다. 곧 사리에 대한 주의(注擬) 절차 역시 영록에 대한 것과 마찬가지로 자세히 규정해야 한다고 말한 것이다.

14) 진납관(進納官) : 진납은 재화를 바쳐 관직을 취득한 사람이다.(『차의』)

15) 유외(流外) : "송나라 제도에 유내와 유외가 있었는데, 관리임용의 경로를 구별한 것이다.(宋制, 有流內流外, 以別其調用之路也)"(『차의』) "사대부로 관리가 되는 것을 유내라 하고, 서리로 관리가 되는 것을 유외라 한다. 당나라 이래로 그러했고, 송나라 제도에만 그랬던 것은 아니다.(士人入官爲流內, 吏道入官爲流外, 自唐而然, 非特宋制也)"(『표보』)

사람들은 미미한 녹봉에 매달려 자기 사익만 채울 줄 알아, 옥사에 대해서는 아전들[吏]의 손에 놀아나서[蒙成][16] 맡은 바 업무를 전혀 살피지 않습니다. 그리고 서리로서 관리된 자는 옛 습관에 젖어 아전들과 한통속이 되어 뇌물을 받고 온갖 불법을 제멋대로 자행합니다.[走弄][17] 그러므로 주와 군의 크고 작은 옥사에서 공평함을 잃는 일이 많아, 원망과 탄식으로 화기(和氣)를 해치고 위로 성정에 누를 끼침이 이보다 심한 것이 없습니다.

어리석은 신은 바라옵건대 폐하께서 전조(銓曹 : 吏曹)에 분명하게 조칙을 내려 관리선임의 법을 개정하여 모든 주와 군의 옥관(獄官)[18]에 대해서는 현재 담당하고 있는 관직의 임기가 완료된 사람 중 자격 조건이 갖추어지고 추천을 받은 사람만을 주의(注擬)할 수 있도록 하십시오. 만일 그 자격에 상응하는 숫자가 부족할 때[19]는 그 다음[次]으로 임기만료자 가운데 전시(銓試)의 제2등 이상인 자[20]를 임용하십시오. 자격 조건의 규정에 따라 승직하는 사람 및 성부(省部)의 서리는 일체 주의(注擬)할 수 없도록 하십시오. 현재 재임하고 있는 자가 자격 조건을 갖추어 추천을 받은 사람이 아니라면 바로 주와 군의 수령과 통판[倅][21]에게 명하여 전형을 하도록 하여 (그 결과) 만일 사리에 어둡고 병약한 자라면 책임지고 상주하도록 하여 특별히 사록(祠

---

16) 놀아나서[蒙成] : 원문의 '蒙成'은 "남의 손안에서 놀아난다는 말과 같다.(猶言仰成也)"(『차의』)

17) 제멋대로[走弄] : "함부로 희롱함과 같은 말이다.(猶言擅弄也)"(『차의』)

18) 주와 군의 옥관[獄官] : 『절보』에서 영록(令錄)과 사리(司理)라고 하였다.

19) 그 자격에 상응하는 숫자가 부족할 때 : "임기만료자 중에 천거에 의해 승직하는 관원은 숫자가 적어 주의(注擬)에 채우기가 부족함을 이른다.(謂任滿有舉主關陞者, 少而不足於注擬也)"(『차의』)

20) 그 다음[次]으로~이상인 자 : "차(次)는 승직의 순서이다. 전시는 전조에서 그 등급을 시험보는 것을 이른다.(次, 謂關陞之次也. 銓試, 謂銓曹考試其等第也)"(『차의』)

21) 수령과 통판[倅] : "쉬(倅)는 버금의 뜻이다. 송 태조 때 모든 주와 군에 통판(通判)을 두어 쉬이(倅貳 : 부관이나 보좌관)와 군의 정무를 담당케 하였기 때문에 통판을 쉬(倅)라 하였다.(倅, 副也. 宋太祖時, 諸州郡置通判掌倅貳郡政, 故謂通判爲倅)"(『표보』)

祿)에 임명하십시오.22) 아직 관직에 이르지 못한 사람인 경우는 관직에 나아가는 날[候赴上日]23)을 기다려 역시 수령과 통판관[守倅]의 전형에 의거하여24) 직무를 허락해주십시오.

만약 수령과 통판관[守倅]이 (전형을 할 적에) 사사로운 사정에 이끌려 실제와 어긋나게 하면, 즉시 감사로 하여금 죄를 캐물어 파면시킬 것을 상주할 수 있도록 윤허하여야 합니다. 그래서[所有]25) 성부의 서리가 비록 이미 옥관(獄官)직에 임용되어 구관이 교체되면 부임하기 위해 대기하고 있는 상황26)이라 하더라도 모두 전부(銓部)로 가서27) 별도로 능력에 맞게 다른 직책을 제수받게 하십시오.28) 그렇게 하면 치옥관의 선임과정이 좀 더 투명해지고 각기 맡은 직무를 올바로 파악하여 폐하께서 형률을 신중하게 다루는 폐하의 뜻에 부합하게 될 것이옵니다. 살펴 헤아려주십시오.

첩황(貼黃)

신이 살펴보건대[契勘]29) 현의 옥사는 다만 이 지현(知縣) 한 사람이 죄인을

---

22) 사록(祠祿)에 임명하십시오 : "관직을 교체하여 한직에 둔다는 말이다.(謂遞其官而付閒職也)"(『차의』)

23) 관직에 나아가는 날[候赴上日] : "후(候)는 기다리는 것이고, 부상일(赴上日)은 출관하는 날이다.(候, 待也. 赴上日, 出官日也)"(『차의』)

24) 전형에 의거하여[放上] : "이미 전형을 거쳐 관직에 부임케 하였으므로 방상이라 이른다.(謂旣經銓量, 使之赴官, 故謂之放上)"(『차의』)

25) 그래서[所有] : "『이문예어』에 따르면 아랫글을 이끌어내기 위한 말이다.(吏文例語, 所以引起下文也)"(『절보』)

26) 구관이 교체되면~있는 상황 : "서리가 이미 옥관이 되면 장차 구관이 교체된 뒤 부임하기를 기다릴 것이다.(謂胥吏已爲獄官, 將待舊官替去而赴任者)"(『차의』)

27) 모두 전부(銓部)로 가서 : "서리로 하여금 전부에 부임케 함을 이른다.(謂使胥吏赴銓部也)"(『차의』)

28) 능력에 맞게~제수받게 하십시오 : "옥관을 교체하여 다른 직책에 부침을 이른다.(謂遞其獄官, 而付他職也)"(『차의』)

29) 살펴보건대[契勘] : "요즘 말로 서로 고찰한다는 말과 같다.(猶今言相考也)"(『차의』)

추국하는 것이라서, 하나라도 혹 제대로 된 사람을 얻지 못하면 죄인의 공술내용을 분석하여 바꾸거나,[30] 사건경위를 변조하여 어지럽히는 데 못하는 짓이 없습니다. 지금 이미 전조의 법률을 다 변화시킬 수 없다 하나 또한 약간의 변경은 불가피 하옵니다.

바라건대 폐하의 인자함으로 상세히 살피시어 분명하게 지시를 내려, 현승(縣丞)이 함께 추심토록 하고 현승이 없는 곳은 주부(主簿)를 활용하십시오.[31] 중죄인이 하옥되었을 때는 곧바로 이틀 안에 첫 공술기록[32]을 갖추어서 먼저 급히 본주(本州)와 제형사(制刑司)에게 보고하여 조회(照會)하게 하십시오.[33] 그렇게 하시면 아마도 오래된 폐단을 대략 고칠 수 있을 것이니 천하 사람들에게 크게 유익할 것이옵니다.

_ 황병기

---

30) 죄인의~바꾸거나 : 원문은 "折換款詞"이다. "절환(折換)은 분석하여 뒤바꾼다는 것이고, 관사(款詞)는 죄인의 원정(原情 : 공술내용 또는 하소연)이다.(折換, 謂分析而換易也. 款詞, 罪人原情也)"(『차의』)

31) 현승이~활용하십시오 : "송나라 제도에 큰 현에는 현승과 주부를 하나씩 두어 지현(知縣)을 보좌하고 현의 업무를 분담했으며, 작은 현에는 현승을 두지 않고 주부가 겸하게 했다.(宋制, 大縣置丞・主簿各一員, 佐知縣分治縣務, 小縣不置丞, 以主簿兼)"(『표보』)

32) 첫 공술기록 : "처음 관아에 들어와 공술한 기록, 즉 최초의 공술기록이다.(謂初入門所供之招, 卽最初供辭也)"(『차의』)

33) 급히~조회(照會)하게 하십시오 : "본주와 제형사에 급히 보고하여 관리토록 하는 것이다.(謂馳報於本州及提刑司, 使之照管也)"(『차의』)

연화전(延和殿)에서 올린 주차 3

신은 삼가 생각건대 각 로(路)의 제형사(提刑司)[1]가 담당하면서 주와 현의 경총제전(經總制錢)[2]을 각박하게 독촉하는 일은 전대에 없던 일로 조종(祖宗)

---

1) 제형사(提刑司) : 전명(全名)은 제점형옥관(提點刑獄官)으로서 제형(提刑) 등으로 약칭한다. 송대에 처음 설치한 관직으로 처음에는 사법에 관한 일만 담당하였는데 뒤에는 감찰과 경총제전도 관할하게 되었다.

2) 경제전(經制錢) : 송(宋) 선화(宣化, 1119~1125) 연간에 동남(東南) 7로(路)의 주세(酒稅), 상세(商稅), 점세(店稅) 등 7종목에 대하여 세율을 올려 부과한 것으로, 당시 군비 등 늘어난 재정 부족을 충당하기 위해 도입한 부가세 성격의 잡세(雜稅). "송원 『강목』에 따르면 휘종(재위 1101~1125) 선화(1119~1125) 4년 초에 경제전을 거두어들였고, 고종(재위 1127~1162) 소흥(1131~1162) 5년에도 총제사를 두어 (총제)전을 거두었으니, 이는 한 때의 일이 아니다. 그러나 주희의 말에는 두 경제전이 같은 시기에 만들어진 것 같은 인상이 있으니 의심스럽다. 또 앞에서 처음에 경제전을 거둔다고 한 곳에서는 "이에 앞서 진구(陳遘)에게 명하여 장강(長江)과 회수(淮水)지역을 운영하게 하였는데 재정이 부족해지자 주류 판매의 정황을 조사해볼 것을 발의하였다. 관공서의 재정 출납을 헤아려서 그 나머지 부분을 맞추어 수취하고 경제전이라 이름하였다."라고 하였다. 그러나 총제사를 두었다고 한 곳에서는 "정화 연간에 진형백이 섬서(陝西)의 전운사가 되어 경제전을 만들었는데 이때에 이르러서는 또 경제전의 액수가 증가되어 총제전으로 확대되었다."라고 하였다. 또『어류』에 따르면, "경제전은 진형백이 만든 것이다. 방랍(方臘)이 반란을 일으키자 동관(童貫)이 그를 토벌하였고 형백이 수군전운사가 되었다. 진형백이 군비의 부족을 염려하여 이러한 명목을 만들어서 주(州)와 현(縣)의 재용을 거두었다.……그 형제 중에 한 사람이 중단할 것을 권했으나 따르지 않았다. 그러자 그의 아들과 조카를 거느리고 가묘에 가서 곡을 하며 좋지 못한 사례를 만든 죄 때문에 조상들이 장차 제사를 받지 못할 것이다"라고 하였다. 생각건대 송원 『강목』의 후반부 내용은『어류』와 부합하지만 전반부 내용은 맞지 않으니 진구와 형백이 한 사람인지 잘 모르겠다.

의 번성기에도 없었습니다. 다만 선화(宣和, 1119~1125) 말년에 갑자기 군사를 일으키면서 임시로 시행하면서 생긴 일입니다. 당시 건의했던 신하는 자기의 공로로 삼으려 하였으나, 그 형이 소식을 듣고서 조상의 사당에서 곡을 하며 이런 좋지 못한 사례를 만든 화가 장차 자손에 미칠 것이라고 하였습니다. (그런데 송이) 강을 건너온 뒤에는 그 폐단을 알면서도 비용의 지출이 더욱 번잡해져서 끝내 없애지 못하고 오히려 증가시켰고,[3] 오늘에 이르러서는

게다가 『송사』를 살펴보면 방랍의 변란은 선화 2년의 일이고, 형백이 전운사가 되어 경제전을 만든 일은 정화 연간의 일이므로, 이것도 『어류』의 '방랍이 반란을 하였다'라고 한 것과 맞지 않으니 무슨 까닭인지 모르겠다.(宋元『綱目』, 徽宗宣和四年初, 收經制錢, 高宗紹興五年, 置總制司收錢, 此非一時之事, 而今先生所云, 有若兩制錢一時創立者然, 可疑. 又初收經制錢處云, "先是命陳遘經制江淮, 以財用不給, 創議比較酒務, 及度公家出納錢粮, 量取其贏號經制錢云云." 置總制司處云, "政和間, 陳亨伯爲陝西轉運使, 創經制錢, 至是, 又因經制之額增, 析爲總制錢云云." 又『語類』, "經制錢, 陳亨伯所創. 蓋因方臘反, 童貫討之, 亨伯爲隨軍轉運使. 患軍用不足, 創爲此名, 以收州縣之財.~其兄弟有名某者, 勸止之, 不從, 乃率其子姪, 哭於家廟, 以爲作俑之罪, 祖先將不祀矣云云." 按宋元『綱目』後一段, 與『語類』相合, 而前一段則不合. 未知陳遘與亨伯爲一人乎? 且以『宋史』考之, 方臘之亂, 在宣和二年, 而亨伯之爲轉運使, 創經制錢, 在政和間, 此又與『語類』所謂'因方臘反云云'者不合, 未知何故)"(『차의』)
"두 제전은 만들어진 것에 비록 선후가 있지만 총제전은 실제로는 경제전에 근본하였으므로 '다만 선화 말년에 생겼다'고 한 것은 경제전이 만들어진 해에 근거하여 대략적으로 말한 것이다. 의심할 필요가 없을 것 같다. 『송사』「충의전(忠義傳)」에 따르면, "진구는 자가 형백이다. 선화 2년 겨울 방랍이 난을 일으키자 조칙으로 진구에게 7로의 재정을 운영케 하여, 경제전을 제정하였다. 그후 총제사 옹언국이 그 방식을 모방하여 총제전이라 불렀다"라고 한다. 이에 따르면 진구와 형백은 다른 사람이 아니며 『강목』과 『어류』의 기사도 모두 합치한다. 다만 『강목』에 '정화 연간에 섬서의 전운사가 되었다'는 것은 사실과 다소 어긋난다.(兩制錢刱立, 雖有先後, 而總制實本於經制, 所謂'特起於宣和末年'者, 據經制創立之年, 以槩之也. 恐不必疑. 『宋史』「忠義傳」, "陳遘, 字亨伯, 宣和二年冬, 方臘亂, 詔以遘經制七路, 刱經制錢. 其後總制使翁彦國, 倣其式號總制錢." 據此則遘與亨伯非別人, 而『綱目』『語類』未嘗不合矣. 但『綱目』'政和間, 爲陝西轉運使', 與事實稍相左)"(『표보』)

3) 강을 건너온 뒤에는~증가시켰고 : 송원(宋元)『강목(綱目)』에 따르면, 고종(高宗)이 양주(揚州)에 있을 때 사방의 공물과 부세가 제때에 도착하지 못하자 여이호(呂頤浩) 등이 "진형백(陳亨伯 : 陳遘)이 경제전을 제정하여, 그 후 동남지역과 서울 동서지역 및 하북지역에서 시행하였는데 세입이 수백만 민에 이르렀다. 지금 변방이 아직 안정되지 않아 비용이 더욱 많아졌으니 각 록에서 다시 시행할 것을 청합니다"라고

대농(大農)의 통상적인 부세가 되어 유사(有司)가 감히 다시는 면제해주자는 건의를 하지 못하게 되었습니다. 그러나 처음에는 다만 필요한 비용의 다과(多寡)에 따른 실제 액수만을 계산하여 그에 따라 거두었으므로4) 일이 비록 근본을 잃긴 하였지만 그리 심한 폐해는 없었습니다. 그러다가 소흥(紹興, 1131~1162) 연간에 토지 경계법(經界法)5)을 추진하게 되어서는 격식을 어긴 계약문서가 민간에서 다 쏟아져나와[悉出投印] 모두 관인(官印)을 받았으므로, 1~2년 사이에 이 세금의 징수액이 평년의 배가 되었으나,6) 경계법을

하자 황제가 그에 따랐다. 또한 경제전의 액수가 증가하여 총제전으로 확대되었기 때문에 세수가 780여만 민이나 되었다.(『익증』)

4) 처음에는~거두었으므로 : 이때 거두어들인 세금은 두자전(頭子錢)이다. 주현의 백성에게서 직접 거두어들였다. 원문의 "出納"에 대해 『차의』와 『절보』의 이해는 상이하다. "출납은 비용을 말한다. 그에 따라서 취한다는 것은 비용의 액수에 따라 백성들에게서 거둔다는 말이다.(出納, 猶言費用也. 隨以取之, 謂隨其費用之數, 而取於民也)"(『차의』) "이곳의 이른바 출납은 창고의 출납을 가리키는 듯하다. 많고 적음은 계약서의 많고 적음이다.(此所謂出納, 似指倉庫出納, 而多寡, 則契券[卷]多寡也)"(『절보』)

5) 토지 경계법(經界法) : 남송의 토지 및 조세제도로서 경지의 소유상태를 획정하여 세금부과에 공정을 기한 제도. 경계라는 말은 토지의 경계를 뜻하는 것으로 토지의 경계를 획정하는 법을 가리킨다. 남송(南宋) 고종(高宗) 소흥 12년(1142) 이춘년(李椿年)이 토지의 겸병이 공정하게 행해지지 않아 탈세가 많으며 한편에서는 토지가 없어도 세금을 내야 하고 약자가 시달리고 국가의 수입이 감소되는 것을 보고 고종에게 건의하여 시행하였다. 현(縣)마다 도(都) 단위로 측량을 하고 소유주의 성명을 기재하였으며 토지의 지형도까지 만들어 탈세를 원천 봉쇄하였다. 42년에 평강(강소성 오현)부터 실시하여 이듬해 중엽에는 거의 전국적으로 시행되었다. 처음에는 효과가 있었으나 바로 폐해가 드러나 이종(理宗) 순우 12년(1252)에 폐지되었다.

6) 추진하게 되어서는~평년의 배가 되었으나 : "『어류』에 따르면, '소흥(1131~1162) 4년, 한영이 또 총제전을 제정하였는데, 경제전을 대략 본떠서 만들었다. 11년 경계법이 시행되자 민간에 관의 날인을 받은 토지문서가 많아져 조세 수입이 배로 늘었다. 조정에서 드디어 이 해를 기준으로 세액을 정하였다. 다음 해에 이르러 그 액수가 크게 줄어들자 주와 현에 명하여 보충하여 내도록 하였다. 이후 주와 현이 크게 곤란을 겪었다'라고 한다. 이제 이 차자와 『어류』의 기록은 하나의 일이지만 내용을 상세히 알 수 없다. 경계법은 진회(秦檜)가 시행한 것이다. '실출투인(悉出投印)'은 『어류』에 '인계(印契)'라는 말이 나오는데 '인계'는 오늘날 관인이 날인된 문기와 같다. '투인(投印)'은 문기를 가지고 관인을 날인하는 과정에 제출하였다는 것으로

완료한 시점에 이르러서는 다시 평년의 액수로 돌아가[7] 이전과 같은 잉여 액수가 없게 되었습니다.

그런데 한때 간사하게 아첨하며 가렴주구를 하는 사람이 있어 문득 '비교(比較)[8]'의 설을 만들어서 조정을 호도함으로써 경총제전의 세입을 모두 경계법

생각된다.(『語類』, "紹興四年, 韓㻛, 又創總制錢, 大暑倣經制爲之. 十一年, 經界法行, 民間印契多, 倍有所得, 朝廷遂以此年立額. 至次年, 則其數大虧, 乃令州縣添補解發. 自後州縣大困." 今此箚與『語類』所記, 自是一事, 而未能詳曉. 經界之法, 秦檜所行也. '悉出投印', 『語類』有'印契'字, 印契如今踏印文記也. '投印'疑以其文記投於踏印之中也)"(『차의』) "송나라 제도에 민간에서 토지나 주택을 전당 또는 매매하는 경우 관(貫 : 액수 단위) 당 40문의 세금을 납부하면 계권(계약서)에 관인을 찍어준다. 이른바 '인계'가 이것이다. 선화 연간에 경제전을 제정하여 매 관(貫) 당 20문씩을 더 거두었고, 소흥 연간엔 총제전을 제정하여 또 취득인에게 감합전(勘合錢 : 계약의 성사를 확인시켜주는 관인을 날인하는 것에 대한 비용) 10문을 징수하였는데, 문기에 날인해주는 법은 2달로 기한을 제한하여 기한을 어긴 자에 대해서는 배로 징수하고, 관인의 날인이 없는 계약문서는 통용되지 못하게 하였다. 그러나 민간에서 점유한 것을 숨겨 일일이 다 들추어낼 수 없었다. 진회가 경계법을 시행하면서 각 호구마다 침기부(砧基簿 : 토지 규모를 등재한 장부)를 만들어 모두 기록하게 하고, 소유 자산이라도 장부상에 기록되지 않은 것이면 모두 관에 몰수시켰다. 그러자 기한을 어긴 해묵은 계약문서들이 모두 다 쏟아져나와 관의 날인을 받았고, 그 해 경제전과 총제전의 징수액이 예년에 비하여 배가 되었다.(宋制, 民間典賣田宅者, 每貫納錢四十文, 印給契券. 所謂印契, 是也. 宣和之創經制, 每貫增收二十文, 紹興之創總制, 又徵得産人勘合錢十文, 印契之法限以兩月, 違限者倍徵, 無印白契不得行, 而民間隱占, 不能盡覈. 秦檜之行經界法, 令各戶造砧基簿悉錄, 所占田産而不上簿者沒官. 於是, 年久違限之契, 悉出投印, 而當年經總制所徵, 遂倍於常歲)"(『표보』) "소흥 12년, 좌사원외랑(左司員外郎) 이춘년(李椿年)이 경계가 바르지 못한 것의 10가지 해를 말하자, 진회가 이춘년의 주장이 시행될 만하다고 여기고, 이춘년을 양절운부(兩浙運副)로 임명하고, 그 조치를 일임하였다. 14년 경계법이 완전히 실시되자, 40현에서 견감해 줄 것을 요청하였다. 『주자대전』 권19에 실린 「장주경총제액전장(漳州經摠制額錢狀)」은 이 일을 논하고 있다. '위한(違限)'은 격식을 위반한 계약문서라고 말하는 것과 같다. 격식을 위반한 계약은 곧 『주자대전』 권19에서 말한 '백계(白契)'이니 관에 제출하여 날인을 받는 것을 가리킨다.(紹興十二年, 左司員外郎李椿年言經界不正十害, 秦檜以其說可行, 以椿年爲兩浙運副, 專委措置. 十四年, 經界畢行, 四十縣乞蠲減.「漳州經摠制額錢狀」論此事, 並見十九卷. '違限'猶言違格契約文券也. 違限契約, 卽十九卷所謂白契者, 謂投官而受印也)"(『차보』)

7) 평년의 액수로 돌아가 : 토지 경계법이 완료된 뒤에는 관인을 받는 자가 많지 않아 평년의 액수와 같아졌다.(『절보』)

이 시행되던 해로 기준액을 삼게 하였습니다. 그 후 더러 그것이 옳지 않음을 알아 조금 변경하기는 하였지만, 여전히 반드시 1년 수입에 대한 최다 세액9)에 아주 근접시키려고 했습니다. 한정없이 심한 경우[至其甚無藝者]10)는 재해가 발생한 해에 검방이 잠시 중단되어 묘미(苗米)에 대한 세액조차 거둬들인 것이 없는데도 유독 경총제전이라는 것만은 판조총소(版曹總所)에서 면제해 주기를 꺼려해서 상하 관청에서 서로 번갈아 와서 핍박하므로 하급관리들이 어찌할 바를 모르고 있습니다. 그 사세상 반드시 교묘히 구실을 만들어 백성에게서 수탈하여 그 죄를 면하고자 하는 지경에 이릅니다.

사찰(司察)관은 그 사실을 알지만, 그 세액을 채우는 것이 이롭다고 여겨 하급관리를 힐책하려고 하지 않습니다. 그런데도 여전히 필요한 세액에 미치지 못하면[及數]11) 끝내는 새해에 거둘 세금으로 지난해의 부족분을 메워 뒤의 것을 가져다 앞을 막을 뿐입니다. 세월이 오래될수록 떠안는 부채가 날로 쌓여 큰 군(郡)의 경우 결손액이 수십만 민(緡)에 이르고 작은 군도 1~2만 민이나 됩니다. 관리가 재촉하는 것이 갈수록 엄격해지지만 그 일의 근본 원인을 아는 사람은 없습니다. 신은 어리석어 주·현에서 벌어지는, 국물을 조려내듯이 가혹하게 쥐어짜는, 이러한 현상이 과연 언제쯤에나 좀 느슨해질 것이며, 우리 백성의 탄식과 원망이 과연 언제쯤에나 좀 사그라질지 잘 모르겠습니다.

폐하께선 후덕하고 인자하여 백성을 자식처럼 아끼니, 백성들의 아프고

---

8) 비교(比較) : ‘비교(比較)’라는 말은 소흥(紹興) 연간에 경계법이 만들어졌을 때의 징수된 세액을 기준으로 삼아 액수를 정하는 것을 말한다.

9) 최다 세액 : 경제전의 세액은 소흥 23년의 액수를 기준으로 삼았고 총제전의 액수는 소흥 28년의 액수를 기준으로 삼았다. 이것을 비교법이라고 한다. 경제전은 24,651관(貫)에 다다랐고 총제전은 56,607관이나 되었으니 이것이 최대액인 셈이다.(『차보』)

10) 한정없이 심한 경우[至其甚無藝者] :『국어』「진어(晉語)」의 ‘탐욕무예(貪欲無藝)’의 주(注)에서 예(藝)를 극(極)으로 풀이하였다.(『절보』)

11) 세액에 미치지 못하면[及數] : "1년 세액의 수량이 차고 넉넉함을 이른다.(謂盈足歲額之數也)"(『차의』) "교묘하게 명목을 만들어도 여전히 징수 액수를 채우지 못하는 것이다.(巧爲名色而猶未充額數)"(『절보』)

가려운 곳은 아무리 작은 것이라도 모르는 곳이 없으며, 아픈 곳을 눌러주고 가려운 곳을 긁어주며 위안하고 주물러 주는 일은 아무리 멀더라도 미치지 못할 곳이 없지만, 다만 우연히도 이 법의 폐단만은 아직 듣지 못하신 듯합니다. 그러므로 신은 문득 감히 무례를 무릅쓰고 상주하오니 엎드려 바라건대 성상의 인자함으로 부디 본말을 깊이 살피시고 특별히 유사(有司)에게 조칙을 내려 우선적으로 재해가 발생한 해에 검방이 중단되었던 경우의 묘미(苗米) 세액의 경우에 한해서 거두어들인 경총제전의 액수는 모두 (당시) 재해 정도에 따라 감면해 주시기 바랍니다. 그런 뒤에 별도로 대신들에게 조칙을 내려 재정을 절감하여 백성을 넉넉하게 하는 방법을 깊이 모색토록 하고, 경총제전 의 기준 세액을 정하는 것과 정하지 않는 것의 이점과 단점을 토론케 하여 시행하거나 폐지하시어, 천하 백성을 편안케 해주십시오. 신은 간절한 소망을 이기지 못하겠습니다. 삼가 헤아려주시기 바랍니다.

_ 황병기

연화전(延和殿)에서 올린 주차 4

　신이 살펴보건대, 강서로 여러 주에 예전에 있었던 과벌(科罰 : 가렴주구)의 폐단[1]은 대개 세입은 한정되어 있는데 지출은 일정하지 않은 데서 기인한 것이었습니다. 때문에 민으로부터 교묘하게 거두어들여 지출을 대비하지 않을 수 없었습니다. 백성들이 일이 있어 관아로 들어오면 옳고 그름을 묻지 않고 제멋대로 징수를 하여 끝이 없으니, 민간에서 폐해를 입는 것이 이루 말할 수 없습니다. 주현의 감사된 자가 융통성 없이 오로지 법으로만 기준을 삼고자 하면, 재정이 갑자기 비어도 주현에서는 복구할 수 없으니, 비록 좋은 관리라도 또한 면할 수 없습니다. 만일 일체를 마음대로 하여 (법을) 따지지 않는다면 법이 무너져 행해지지 않고, 백성들은 원망을 호소할 곳이 없어 탐학하는 관리가 이것을 틈타 일어나[更復並緣][2] 자기 사사로움을 채울 것이니, 그 해로움이 더욱 심할 것입니다. 이보다 앞서 조사(漕司)[3]가 상당히 많은 남는 돈을 덜어서 주현의 회계 결손을 보충하고 과벌을 금한 적이 있었는데, 그렇게 하니 먼 지역의 백성들도 그나마 안심하였습니다.

---

1) 과벌(科罰 : 가렴주구)의 폐단 : 『차의』에 "백성들이 일이 있어 관아로 들어오면 옳고 그름을 묻지 않고 제멋대로 징수한다.(卽下百姓有事入門, 不問曲直, 恣意誅求者 也)"라고 하였다.

2) 이것을 틈타 일어나[更復並緣] : 『차의』에 "병(並)의 음은 방인데 의지한다[依]는 뜻과 같다.(並音旁, 猶依也)"라고 하였다.

3) 조사(漕司) : 세금 징수와 운송을 맡은 관리.

그러나 그간에도 옛 행태를 답습하여 아직 완전히 고치지 못한 곳이 있다고 들었습니다. 폐하께서 특히 교지를 내리셔서 본로의 수신과 제사로 하여금 일의 마땅함을 널리 조사하여 함께 방법을 연구하여 조목조목 보고서를 올려 폐하의 재가를 받도록 하십시오. 그렇게 하신다면 관아의 비용도 부족함이 없고, 백성들에게 세금을 걷는 것도 원칙이 있게 되어 소의간식(宵衣旰食)하는 근심4)도 펴지고, 재앙의 기미도 점차 사라져, 모든 로(路)가 큰 다행일 것이옵니다. 살펴주십시오.

_ 정두영

---

4) 소의간식(宵衣旰食) 하는 근심 : 『당서(唐書)』「유분전(劉蕡傳)」에 "어진 사람을 임용하고 자신을 수양하며 일찍 일어나고 늦게 식사한다"라고 하였다. 소의간식은 '날이 새기 전에 일어나 옷을 입고 해가 진 뒤에 늦게 저녁을 먹는다'는 뜻으로 천자가 정사에 부지런함을 형용한다. 여기서는 세금의 부담 때문에 종일 노역에 종사해야만 하는 일반 백성의 어려운 사정을 말하고 있다.

연화전(延和殿)에서 올린 주차 5

신이 가만히 생각건대, 폐하께서는 큰일을 이루실 자질로서 큰일을 이루실 뜻을 분발하셨으니, 즉위한 처음에 강개하고 발분하며, 공손하고 검소한 마음으로 힘쓰셔서, 안으로 정사를 다스리고 밖으로 외적을 물리치기에 힘쓰며, 능묘를 깨끗이 하고[汎掃] 강토를 회복하는 것을 소임으로 삼아 이렇게 한 것이 지금에 이르기까지 27년이 되었습니다. 그러나 이럭저럭(하는 사이에) 해와 날만 보내서,[1] 마침내 우러러 임금의 뜻에 응하고 아래로 백성들의 바램을 위로해줄 만한 효과가 전혀 없습니다.

폐하께서는 또한 일찍이 깊은 밤에 생각하여 이렇게 된 까닭을 구해보셨는지 모르겠습니다. 일을 맡긴 자가 적임자가 아니라고 생각해 본다면, 폐하의 신명으로 어찌 맡긴 것이 모두 적임자가 아니라고 생각할 수 있겠습니까? 추진하는 방법이 올바른 방법이 아니라고 생각한다면, 폐하의 인성(仁聖)으로 어찌 추진하는 방법이 모두 올바른 방법이 아니라고 할 수 있겠습니까? 계획이 정해지지 않아서라고 생각한다면, 폐하의 계획은 일찍이 정해졌습니다. 뜻과 기상이 서지 않았다고 생각한다면, 폐하의 뜻과 기상은 일찍이 섰습니다. 그런데도 또 이와 같은 것은 무엇 때문입니까?

---

1) 이럭저럭~해와 날만 보내서 : 『절보』에는 "그 처음에는 무언가 하려고 하는 듯하였지만 지금은 옛것을 답습하며 이럭저럭 하면서 세월만 보낸다(其始若將有爲者, 今則因循荏苒, 日失歲亡也)"고 해석하였다.

신은 진실로 어리석고 천하나 가만히 폐하를 위해 의아하게 여겼습니다. 그래서 일찍이 이리저리 생각해 본 적이 있습니다만, 일이 없는 때 깊은 궁중에서 임금께서 마음을 비우고 밝게 외물에 대응하는 것에서 이른바 천리가 순수하지 못함이 있고, 이른바 인욕이 완전히 제거되지 못함이 있어서 그런 것은 아니겠습니까? 천리에 순수하지 못함이 있기 때문에 선(善)함이 항상 그 양을 충분히 채울 수 없으며, 인욕이 다 제거되지 못함이 있기 때문에 악을 없애는 것이 항상 그 뿌리까지 제거되지 못합니다. 선함이 그 양을 채우지 못하고, 악을 없애되 그 뿌리를 제거하지 못하기 때문에 비록 한번 생각하는 짧은 순간에도 공사(公私)와 사정(邪正), 시비(是非)와 득실(得失)의 기미는 서로 갈라져 나뉘어 서서 그 가운데서 서로 다투지 않는 적이 없습니다.

이런 이유 때문에 대신을 예우하는 것이 후하지 않은 것은 아니지만 쉽게 부리고 곁에서 아첨하는 사사로운 무리들이 오히려 심복으로 깊이 신뢰받게 되고, 자나깨나 호걸과 영재를 구하는 마음이 절실하지 않은 것은 아니나 도리어 우유부단하고 사악하며 쓸모없는 무리가 오래도록 조정의 권한을 도용(盜用)할 수 있게 되는 것입니다. 천하의 공명한 의논과 정직한 논의를 듣는 것을 즐거워하지 않는 것은 아니나 또한 때때로 받아들이지를 않게 되고, 천하의 참소하는 말과 해치는 행동을 미워하지 않는 것은 아니나 또한 오판을 면치 못합니다. 능묘의 복수를 하고 싶지 않은 것이 아니나 더러 두려워하며 구차히 안일을 도모하는 계책에서 면하지 못합니다. 백성들의 재력을 길러주고 싶지 않음이 아니나 혹 탄식하고 원망하는 소리를 듣는 것을 면하지 못합니다.

이와 같은 것이 한두 가지가 아니라 매우 많습니다. 그래서 등용한 사람이 모두 올바른 사람이 아닌 정도에는 이르지 않지만 또 모두 올바른 인재를 얻지는 못합니다. 추진하는 방법이 비록 모두 올바른 방법이 아님에는 이르지 않지만 또한 모두 올바른 방법에 합당하게는 못합니다. 계획이 다소 정해진

적이 있기는 하지만, 결국에는 정해지지 않은 데로 귀착됩니다. 뜻과 기상이
조금 확립된 적이 있지만, 결국 확립되지 않은 데로 돌아가고 맙니다. 부질없이
세월만 보내어 오늘의 지경에 이르렀으니, 단지 훌륭한 다스림을 이루는
데 부족할 뿐 아니라 도리어 난을 부르기에 충분합니다. 남을 도모하기에
부족할 뿐만 아니라 실로 자신을 지키기조차 부족합니다. 천하 사람들이
폐하를 안타깝게 여길 뿐 아니라 폐하의 마음도 또한 이것을 한으로 여기지
않을 수 없다는 것을 신은 압니다.

　요사이 하늘이 성심을 열어주어 날로 성덕을 새롭게 해서, 영민한 결단을
분발하고 강유(綱維)를 정돈하셨으니, 대개 천리를 순수하게 하고 인욕을
없애는 데 뜻이 있어서 그러셨을 것입니다. 그러나 신이 그 일을 보건대,
천리와 인욕이 서로 다투는 걱정[交戰之患]2)을 면하지 못하는 듯싶습니다.
대개 문자를 베껴서 누설하는 죄3)를 힐책하시니 측근의 아첨하는 무리가
두려워할 줄을 압니다. 그러나 가버린 자4)는 머지않아 다시 돌아오고, 남아
있는 자는 다시 나와 더욱 성하니, 폐하께서 이들을 친애하고 총애함이
쇠하지 않았음을 알 수 있습니다. 몇 년간 자리를 훔치고 권력을 도적질한
간신5)을 없애시니 간사하고 무능한 무리들이 두려워할 줄 압니다. 그러나
다음의 보임을 희망하는 자가 그들의 행적을 따라하며 요행을 구하고자
하여 (전임자를) 꾸짖지 않고, 언책을 담당한 자가 사사로움을 품어 입을
다물고 따지지 않으니 아직까지도 폐하께서 이들에게 맡기려는 뜻이 남아

---

　2) 천리와 인욕이 서로 다투는 걱정[交戰之患] : 앞에 나온 "비록 한번 생각하는 짧은
　　 순간에도 공사(公私)와 사정(邪正), 시비(是非)와 득실(得失)의 기미는 서로 갈라져
　　 나뉘어 서서 그 가운데서 서로 다투지 않는 적이 없습니다"의 '서로 다툼'을 지칭한다.
　　 즉 주희가 보기에 당시 군주의 상황은 인욕이 사라지고 천리가 유행하는 상태가
　　 아니라 아직도 천리와 인욕이 서로 갈등하는 형국이란 의미이다.
　3) 문자를 베껴서 누설하는 죄 : 즉 금궁의 근시(近侍)들이 금중의 비밀을 외부에 유포하
　　 거나 누설시키는 죄를 말한다.
　4) 가버린 자 : 『차보』와 『표보』 모두 감변(甘昪)을 가리키는 것으로 보았다.
　5) 권력을 도적질한 간신 : 『표보』에서는 왕회를 가리키는 것으로 보았다. 이 해 5월
　　 왕회가 재상에서 파면되었다.

있음을 알 수 있습니다. 간원(諫員)을 늘리고[6] 못된 무리를 멀리 쫓아내시니
두루 듣는 아름다움이 진실로 전날과 다른 바가 있습니다. 그러나 간쟁할만한
단서는 끝이 없으니 만일 계속 진언하면서 점점 더 치열해진다면, 폐하께서
과연 받아들여 쓰실지 알지 못하겠습니다. 무고하고 왜곡하는 것을 분변하고
외롭고 곧은 것을 위무하시니 촉유(燭幽 : 억울함을 벗겨주는 것)의 밝음이
진실로 전날과 다른 바가 있습니다. 그러나 무고하는 자들을 책하지 않으면
거듭 나오고 더욱 교묘해질 것이니 폐하께서 과연 멀리하고 끊으실지 알지
못하겠습니다.

오만한 오랑캐 사신[7]을 물리치고, (중원을 회복하려는) 장구한 계책[8]을
장려하시니 구차히 편안하려는 뜻을 응당 분발시킬만 합니다. 그러나 장군을
두는 권한이 환관에게서 나와, 군정이 무너지고 사졸이 원망하니 천하의
변란에 대응할 수 없을까 염려됩니다. 창고를 열어 구휼하고 세금을 줄여주며,
금령을 무겁게 하고 소란함을 다스리시니 피로한 백성들의 힘을 늦추어
줄 수 있을 듯합니다. 그러나 감사를 잘 선발하지 못하고, 수령이 탐학하여,
정치가 번거롭고 세금이 무거우며, 착한 백성[元元][9]이 본업을 잃으니 나라의

---

6) 간원(諫員)을 늘리고 : 『표보』에 따르면 이 해 1월에 다시 보궐습유관(補闕拾遺官)을
   설치한 것으로 되어 있다. 『차보』에서는 "이때 보궐습유를 두었다. 임금이 스스로
   설숙사를 좌보궐(左補闕)에 제수하였는데, 설숙사는 수상 왕회(王淮)가 자리를 떠나
   도록 탄핵하였다.(時置補闕拾遺. 上自除薛叔似左補闕, 叔似劾首相王淮去位)"라고 하
   였다.

7) 오만한 오랑캐 사신 : 『차의』에는 "오랑캐 사자의 오만한 것을 말한다.(謂虜使之傲慢
   者)"고 하였다. 『관보』에 "『송사』에 고종이 붕어하자 금나라에서 전언고(田彦皐)
   등을 파견하여 회경절(會慶節)을 축하하러 왔다. 들어와 알현하는 것을 못하게 하고
   서폐를 물리치는 조서를 내렸다. 11월 금나라에서 사절을 파견하여 축하하였다.
   이듬해 정월 조서를 내려 예물을 전각에 들여놓지 못하도록 했다. 해당 관아에서
   이 일을 지적한 듯하다.(『宋史』高宗崩, 金遣田彦皐等, 來賀會慶節. 詔免入見, 却其書
   幣. 十一月, 金遣使來賀, 明年正朝詔, 禮物無入殿付之, 有司似指此事)"는 설명이 있다.

8) 장구한 계책 : 『차의』에 "당시 여러 장수들이 회복을 모의한 것을 말한다.(謂當時諸將
   恢復之謀也)"고 하였다.

9) 착한 백성[元元] : 『익증』에 "『한서』 '원원지민(元元之民)'의 주에 착한 마음의 뜻이라
   고 하였다.(『漢書』'元元之民'注善意也)"라는 근거를 제시하였다.

근본(국민)을 굳건하게 하실 수 없을까 염려됩니다.

곧 이 몇 가지로 논하건대 이것이 이른바 천리가 조금 이긴 것 같지만, 이른바 인욕이 끝내 모두 제거되지 못하신 것입니다. 폐하의 신성(神聖)하고 어질고 총명하신 자질로 오래도록 정치를 하셨고 절실하게 다스려지기를 도모하였으니 한가롭게 높이 팔짱을 끼고 공이 이루어지고 정치가 안정되어 편안함을 누림이 의당 오래되어야 하는데도, 세월이 지날수록 사방을 둘러보면 망연자실해지고,10) 음양은 교전하여11) 승부가 결정나지 않으니, 장차 다시 언제 어느 때 성스러운 정치가 대략이나마 이루어지는 것을 볼 수 있을지 알지 못하겠습니다.

소문으로 듣건대 요사이 사대부 가운데 말씀 올리는 자가 많다고 합니다. 그러나 그 근본을 살피지 못하고 한갓 그 말단을 지적하며, 그 어려움을 먼저 대처하지 않고 짐짓 쉬운 데로 나아가며, 천하의 자질구레한 일은 세세하게 들추어내면서 폐하의 몸에 근본하지 않고 요리조리 이해관계로 얽혀 있는 말단의 일에만 매달리고 있습니다. 신은 그것이 훌륭한 정치를 창출하는 근본[出治之本]12)을 바로잡고 사물에 응하는 근원을 맑게 하여 폐하의 올바르고 원대한 계획을 도와서 천하의 일이 모두 폐하의 뜻대로 되도록 하는 데 부족할까 염려됩니다.

옛적에 순과 우, 공자와 안자 사이에서도 대개 일찍이 이러한 것을 염려하여13) 강론하였습니다. 순이 우에게 경계하여 말씀하시기를, "인심은 위태롭고

---

10) 사방을 둘러보면 망연자실해지고 : 『익증』에 "이백의 시에 '검을 뽑고 사방을 둘러보니 마음이 망연해진다.'고 하였다.(李白詩‘拔劍四顧心茫然’)"라고 전거를 제시하였다.

11) 음양은 교전하여 : 『차의』에 "음양은 현사(賢邪)이다."라고 하였고, 『익증』에서는 "『예기』「월령」에 보인다."고 하였다.

12) 훌륭한 정치를 창출하는 근본[出治之本] : 바른 마음이다.

13) 이러한 것을 염려하여 : 『차의』에서는 "'이러한 것'은 윗글의 '그 근본을 살피지 못하고' 이하를 가리킨다"고 하였고, 『절보』에서는 "'이러한 것'은 윗글의 '훌륭한 정치를 창출하는 근본을 바로잡고 사물에 응하는 근원을 맑게 하여'를 가리킨다"고 하였다. 『차보』는 "천리와 인욕을 가리켜 말한 듯하다"고 하였다.

도심은 은미하니 정밀하게 살피고, 한결같이 집중하여, 진실로 그 중도를 견지하라"14)라고 하고서, 기어코 잇따라 말씀하시기를, "근거가 없는 간언은 듣지 말고, 자문하지 않은 계책은 쓰지 말고, (공경하여) 네가 소유한 지위를 삼가서 (자신이) 바랄만한 것을 경건하게 닦아라. 사해가 곤궁하면 천록이 영영 끊어질 것이다"15)라고 하였습니다. 공자께서 안연에게 고하여 "자기의 사사로움을 이기고 예로 돌아감이 인(仁)이 되니, 하루라도 자기의 사사로움을 이기고 예로 돌아가면 천하가 인으로 귀의한다. 인을 함은 나에게서 비롯하는 것이니 남에게 말미암겠는가"16)라고 하고서, 또 거듭하여 말씀하시기를, "예가 아니면 보지 말고, 예가 아니면 듣지 말며, 예가 아니면 말하지 말고, 예가 아니면 움직이지 말라"17) 하셨습니다. 사대(四代)18)의 예악을 손익(損益)해야 된다는 것으로 말하고서, 또 거듭하여 말씀하시기를, "정나라 음악을 내쳐야 하며 아첨하는 사람을 멀리 할 것이니, 정나라 음악은 음란하고 아첨하는 사람은 위태로운 것이다"19) 하셨습니다. 아! 이는 모든 성인들이 서로 전하는 심법의 요체이고, 그 천리의 온전함을 극진히 하고 인욕이 완전하게 제거됨을 살피는 것이니, 그 근본과 말단, 큰 것과 미세한 것을 겸해서 통괄하였다고 이를 만합니다.

양한(兩漢) 이래로 선치(善治)를 원하는 군주가 없지는 않았으나 여기에 능히 뜻을 둘 수 없었기 때문에 비록 시대의 흐름에 따라 공명을 성취하기는 하지만 끝내 제왕의 성대함에는 참여할 수 없었습니다. 더러 평범한 군주가 되기를 부끄러워하여 이 도에 힘쓸 것을 생각하는 경우에도 또한 노자·부처

---

14) 인심은 위태롭고~중도를 견지하라 :『서경』「대우모(大禹謨)」의 글이다.

15) 근거가 없는~끊어질 것이다 :『서경』「대우모」의 글이다.

16) 자기의 사사로움을~남에게 말미암겠는가 :『논어』「안연」에 나오는 말이다.

17) 예가 아니면~움직이지 말라 :『논어』「안연」에 나온다.

18) 사대(四代) :『논어』「위령공(衛靈公)」의 주에 "정자가 말하기를, 삼대의 제도는 다 때에 따라 손익하였다.『논어』에는 삼대(三代)로 되어 있는 것이 여기에서는 사대(四代)로 되어 있는 것은 요와 순을 1대로 삼았기 때문인 듯하다"고 하였다.

19) 정나라 음악은~위태로운 것이다 :『논어』「위령공」에 나오는 글이다.

[浮屠][20]의 설에 가려지게 됨을 면하지 못하였습니다. 고요하게 있을 때[靜]는 곧 한갓 허무적멸만을 즐겨서 실리의 근원[21]이라는 것이 있음을 알지 못하였고, 행동을 하게 되면[動] 곧 한갓 인연에 따라서 거리낌이 없는 것[22]을 통달로 생각하여 선악의 기미라는 것이 있음을 알지 못하였습니다. 이 때문에 일상생활에서는 안과 밖이 어긋나서 서로 도움이 되지 않고 도리어 정사를 해치게 되었습니다. 대개 모든 성인들이 서로 전한 심법의 요체라는 것은 이 때문에 다시 강론하지 않게 되었습니다.

어리석고 불초한 신이 가만히 원하옵건대, 폐하께서는 오늘날 정치의 효과로부터 거슬러 올라가서 그러한 까닭을 구하시고, 순과 우, 공자와 안자가 주고받은 것에 우선 마음을 두십시오. 지금부터는 한 가지 생각이 싹트면 이것이 천리인지 인욕인지 반드시 조심스레 살피도록 하십시오. 과연 천리라면 경(敬)으로써 확충하여 그것이 조금이라도 막히지 않게 하고, 과연 인욕이라면 경으로써 극복하여 그것이 조금이라도 엉켜서 머물게 해서는 안 됩니다. 이것을 미루어 말을 하고 행동할 때나 사람을 등용하고 일을 처리하는 때에도 이것으로써[23] 헤아리지 않음이 없어야 합니다. 그 옳다는 것을 알고 행하게 되면, 힘써 행하지 못함을 염려해야지 지나치게 힘쓸까봐 근심하는 것은 옳지 않습니다. 잘못된 것을 알아서 버릴 때는 과감하게 버리지 못함을 염려해야지 지나치게 과감할까 걱정함은 옳지 않습니다. 그가 어질다는 것을 알고 등용하게 되면 전적으로 맡기지 못할까 염려하고 (그런 사람을) 불러 모이게 하되 적게 모이지 않을까 염려해야지 편당을 지을까 근심하는

---

20) 부처[浮屠] : 『익증』에 "부도는 부처이다. 『위지』에 이르기를 부도의 바른 칭호는 불타인데 부도와 발음이 가깝다. 깨달은 자라 말하는 것과 같고 또 승탑의 뜻이다.(佛也. 『魏志』曰, '浮屠正號曰佛陀, 與浮屠音韻相近, 猶言覺者. 又僧塔也')"라고 하였다.
21) 근원 : 이성을 뜻한다.
22) 인연에~없는 것 : 『차의』에는 "부처의 말이다. 그 무리가 『논어』의 '무적무막의지여비(無適無莫義之與比)'의 설을 본뜨고 바꾸어 이 말을 했다.(佛語也. 其徒依倣『論語』 '無適, 無莫, 義之與比'之說, 而互換爲此語也)"라고 하였다.
23) 이것으로써 : 경(敬)으로 확충하고 경으로 이겨내는 방법을 뜻한다.

것은 옳지 않습니다. 그 현명하지 못함을 알고 물리칠 때 빨리 물리치지 못할까 염려하고, 모두 제거하지 못할까 염려해야지 치우침이 있을까 걱정하는 것은 옳지 않습니다. 이와 같이 하면 폐하의 마음이 확 트여서 마음속과 밖이 두루 통해서 한 터럭의 사욕이라도 그 사이에 끼어들 수 없기 때문에 천하의 일에 장차 폐하가 하고자 하는 것들이 뜻대로 되지 않음이 없을 것입니다.

『시경』에 이르기를, "풍수에 기(芑)풀이 있으니 무왕이 어찌 일을 하지 않으시리오. 그 손자에게 계책을 남겨주셔서 성왕을 편안하도록 도와주셨으니 무왕이 좋은 임금이셨도다"24) 했습니다. 하물며 지금 조종(祖宗)의 광명정대한 사업이 폐하께 맡겨져 장차 무궁토록 전하게 한 것이니, 온 세상 사람들이 폐하께 바라는 것은 몇 세대의 인(仁)25)에 불과한 것이 아닙니다.『서경』에 이르기를, "만약 약이 독하여 어지럽지 않으면 그 병이 낫지 않는다"26) 했으니 오직 폐하께서는 마음을 거기에 두시고, 뼛속 깊이 새겨 힘써 실행하여 만세가 지난 뒤에도 오히려 후대의 성인에게 본보기가 되도록 한다면, 종묘사직의 신령들도 길이 의탁할 것이고, 만방의 현자27)들이 길이 귀의함이 있을 것이니, 천하가 매우 다행일 것입니다. 천하가 매우 다행일 것입니다.

신이 고루하고 들은 것이 적어 학문을 이룬 바가 없어서, 이전에 두 번

---

24) 풍수에 기(芑)풀이~좋은 임금이셨도다 :『시경』「대아・문왕유성(文王有聲)」의 시이다.

25) 몇 세대의 인(仁) :『차보』에 "『예기』에『시경』에 이르기를 '풍수에 기풀이 있으니 무왕이 어찌 일을 하지 않으시리오. 그 손자에게 꾀를 주셔서 성왕을 도와주셨다' 하니 여러 대의 인이고, 국풍에 이르기를 '나도 돌아볼 겨를이 없는데 내 뒤를 걱정하랴'라고 하였으니 한 몸에서 끝나는 인이다.(『禮記』『詩』云豊水有芑, 武王豈不仕? 貽厥孫謀, 以燕翼子. 數世之仁也.「國風」曰, 我今不恤, 遑恤我後? 終身之仁也)"라고 하였다. 정확하게는『시경』「패풍(邶風)・곡풍(谷風)」의 "我躬不閱, 遑恤我後"이란 구절이다. "내 몸도 주체할 수 없는데 하물며 내 뒤를 걱정하랴"라는 뜻이다.

26) 만약 약이~낫지 않는다 :『서경』「열명(說命) 상」에 나오는 말이다.

27) 만방의 현자[黎獻] :『익증』에 "『서경』 주에서 백성들 가운데 현명한 사람이라고 했다"고 하였다.

뵈올 은혜[28]를 입었지만 말씀드린 것의 큰 뜻도 이와 거의 같았습니다. 말이 명백한 분별이 없고 뜻이 분명하지 못해 일찍이 위로는 성심(천자의 마음)을 깨우쳐드리기 부족한데도 폐하께서 불쌍히 여기시어 차마 끝내 버리지 않으시고 다시 청광(귀인의 맑은 풍채)을 바라볼 수 있게 하셨습니다. 제 자신을 돌이켜보아도 달리 가진 것이 없어서 문득 옛날에 들은 것을 엮어 다시 이렇게 올렸으니, 참람되고 경망하여 죄가 만번 죽어 마땅합니다. 엎드려 생각건대 폐하께서는 헤아려서 용서해주십시오. 살펴주시기 바랍니다.

_ 정두영

---

28) 두 번 뵈올 은혜 : 1163년(隆興 원년, 주희 34세) 11월 임안으로 가서 궁중의 수공전(垂拱殿)에서 의견을 개진한 일(「癸未垂拱奏箚」)과 1181년(淳熙 8, 주희 52세) 11월 연화전(延和殿)에서 의견을 개진한 일(「辛丑延和奏箚」)을 가리키는 듯하다.

갑인년(1194) 행궁(行宮)의 편전에서 올린 주차 1

해 제 광종(光宗) 소희(紹熙) 5년(1194) 65세의 주희는 담주지사겸형호남로안무사(潭州知事兼荊湖南路安撫使)로서 담주(潭州 : 湖南省)에 이른다. 이곳은 죽은 친우 장식(張栻)의 고향이다. 주희는 여기에 장식의 사당을 짓고 악록서원(嶽麓書院)을 수리하였다.

이 해 6월 효종이 죽었다. 당시 지추밀원사 조여우(趙汝愚, 1140~1196)는 한탁주(韓侂胄)를 통해 태황태후와 교섭하여 재결을 받아 황제 광종을 퇴위시키고 그 아들을 즉위시켰다. 표면상의 이유는 광종이 병약하여 효종의 상례를 집행할 수 없다는 것이었지만, 실제로는 광종의 황후 이씨의 전횡을 두려워 한 조여우가 이씨를 누르기 위한 계획이었다. 태황태후는 남송 초대황제 고종의 황후 오씨로 궁중의 숨은 실력자였다. 한탁주는 북송의 명신 한기(韓琦, 1008~1075)의 증손으로 태황태후의 외질 즉 자매의 아들이다. 당시 궁중의 행사를 담당하는 지합문사(知閤門事)였다. 조여우의 계획은 성공하여 이 해 7월 광종이 퇴위하고 제2자인 영종(寧宗)이 27세로 즉위했다.

영종이 즉위하자 조여우는 서정의 일신을 꾀하여 인재등용에 힘을 다한다. 장주에 있던 주희는 조여우의 추천으로 소명이 내려져 8월에 환장각대제겸시강(煥章閣待制兼侍講)에 임명된다. 시종으로 천자에게 진강하는 역할이었으나 주희는 두 번에 걸쳐 그것을 사양했다. 그러나 받아들여지지 않자 같은 해 10월 수도 임안(臨安)에 도착하여 궁중에 들어가 임금을 배알했다.

이때 올린 주차의 내용은 첫째, 부군(父君) 광종(光宗)의 위를 빼앗은 것이 아닌가라는 황위 계승에 대한 의문을 천하에 풀기 위해서 퇴위한 부친에 효심을 다할 것, 또 공론에 의한 정치를 행할 것. 둘째, 위학(爲學)의 도는 궁리독서(窮理讀書)에 있고, 궁리독서에는 거경지지(居敬持志)가 긴요하다는 것. 셋째, 호남(湖南)의 회계

적자를 줄이기 위하여 관리와 그 외의 다른 인원을 감할 것. 넷째, 소주(邵州 : 湖南省 寶慶縣)의 방어진지를 바꾸고 수비대를 증강시킬 것. 다섯째, 담주의 성벽을 수축할 것 등이었다.

신이 듣건대 천하의 일에는 상(常)과 변(變)[1]이 있으며, 따라서 일을 처리하는 방법에도 경(經)과 권(權)[2]이 있습니다. 임금과 신하, 아비와 자식은 지위가 정해져 바꿀 없는 것이니 이것이 일[事]의 상(常)입니다. 임금이 명령하고 신하가 행하며, 아버지가 전해주고 아들이 이어받는 것은 도(道)의 경(經)입니다. 일에는 불행히도 상(常)대로 하지 못하는 경우가 있는데, 그것을 변(變)이라 합니다. 그러나 변(變)에 대처하는 방법은 오로지 경(經)에 따라서만 할 수 없으니 이것이 이른바 권(權)입니다. 일의 상(常)을 만나서 경(經)을 지키는 것은 비록 성현이라도 여기에서 벗어날 수 없고,[3] 보통 사람들도 역시 할 수 있습니다. 그런데 일의 변(變)을 만나 권(權)으로 대처하는 것은 오직 대성대현만이 올바름을 잃지 않을 수 있고, 보통 사람들은 미칠 수 없습니다. 그러므로 공자가 말하기를 "함께 설 수는 있어도 함께 권도를 행할 수 없다"[4]고

---

1) 상(常)과 변(變) : 상은 불변의 도, 늘 행하여 할 전법을 가리킨다. 변은 정격(正格)에서 벗어난다는 뜻으로 여기서는 정상적인 상황과 비정상적인 상황을 뜻하며, 그때그때 일을 처리하는 방식이 다름을 말한다.

2) 경(經)과 권(權) : "경은 일상에서 항상 사용하는 도리. 권은 정당한 도리이나 항상 사용하는 것은 아니다."(『公羊傳』, 桓公 11년) "경이 미치지 못하는 바는 권을 써서 통하게 해야 하나, 권을 쓰는 것은 지위가 높은 사람만이 가능하다. 이(理)를 명확히 이해하지 못하고 의(義)에 정미하지 못하다면 틀리게 되는 것은 물론 권을 써야 하는 곳조차 분간할 수 없는 것이다." "권은 경이 미치지 못하는 경우에 쓰지만 경과 서로 어긋나는 것은 아니다." "성인만이 권을 바르게 쓸 수 있다." "천지의 변치 않는 도리가 경이고, 예나 지금이나 두루 통하는 도리가 권이다.(『중용』 2장) 이상『북계자의(北溪字義)』 '경권(經權)'(김영민 옮김, 『북계자의』, 예문서원, 1993, 208~214쪽)

3) 여기에서~없고 : 『차의』에 "여기는 경(經)을 지키는 것을 가리킨다"고 하였다.

4) 함께 설~수 없다 : 『논어』「자한(子罕)」에 나오는 말이다. "공자가 말했다. 함께 배울 수는 있어도 함께 도에 나아갈 수는 없으며, 함께 도에 나아갈 수는 있어도 함께 설 수는 없으며, 함께 설 수는 있어도 함께 권도를 행할 수는 없다.(子曰,

하였으니 대개 그 어려움이 이와 같음을 말한 것입니다. 백이(伯夷)·숙제(叔齊)·계찰(季札)[5]과 같은 사람들이 천승(千乘)의 나라를 가벼이 여기고 자기의 마음이 편안한 바에 나아갈 것을 구하여, 자기 몸을 잃고 자기 나라가 망해도 그 한 사람의 절개를 감히 굽히지 않았던 것은 역시 이 때문입니다.[6]

근자에 하늘의 운수가 어렵고 나라에 큰 허물이 있어서 천변(天變)이 위에서 나타나고 지변(地變)이 아래에서 일어나니, 인정이 그 때문에 애닯고 답답하여 모두 떨어져나가고 어지러운 마음이 있습니다. 바로 이와 같은 때에 종묘와 사직은 철류(綴旒)[7]보다 위태로우니, 이것이 이른바 천하의 큰 변란으로서 상리(常理)로 처리할 수 없는 것입니다. 그런데 태황태후께서 몸소 대책을 정하고,[8] 황제 폐하께서 태황태후의 큰 도모를 공경히 받드시니, 명령이

可與共學, 未可與適道, 可與適道, 未可與立, 可與立, 未可與權)"

5) 계찰(季札) : 계찰은 오(吳) 계찰의 이름인데 춘추 시대 오나라의 공자(公子)이다. 그의 아버지가 그를 임금으로 세우고자 하였으나 사양하고 받지 아니하므로 연릉(延陵)에 봉하였다. 그러므로 연릉계자(延陵季子)라 칭하였다. 그는 상국(上國)에 빙(聘)하여 당시의 현대사부(賢士大夫)를 두루 교제하였으며, 노(魯)나라에 들러 악(樂)을 관찰하고 열국(列國)의 치란흥쇠(治亂興衰)를 알았다.

6) 역시 이 때문입니다 :『차의』에 "권이 어렵기 때문에 그 경을 지킴을 이른다"고 하였다.

7) 철류(綴旒) :『차의』에 "철(綴)은 맨다는 뜻이다. 류(旒)는 면류(冕旒)의 류(旒)이다. 실로 술을 매는데 가늘어서 끊어질 듯하기 때문에 그렇게 말한 것이다.(綴, 繫也. 旒, 冕旒之旒, 以絲綴旒, 綿綿若絶故云)"라고 하였다.『익증』에는 "『좌전』에 '임금이 철류와 같다'라고 했는데, 주에 '류(旒)는 깃발의 술이고, 철(綴)은 매고 연결한다는 말이며, 췌(贅)라고 되어 있기도 하다'라고 하였다.(『左傳』'君若綴旒然.' 註旒, 旗旒, 綴, 繫屬之辭, 又作贅)"고 풀이했다.

8) 몸소 대책을 정하고 :『차의』에 "이때에 광종이 병들어서 정사를 보지 못했는데 재상 조여우는 영종을 세우고자 하였다. 지합문사 한탁주가 태후에게 아뢰었으나 태후가 허락하지 않았기 때문에, 탁주가 나가 내시 관례를 문에서 만나 그 사실을 고하였다. 이에 관례가 혼자 들어가기를 청하여 울면서 여러 번 청하니 태후가 비로소 허락했다. 조여우가 이에 태후 명으로 광종을 추존하여 상황(上皇)으로 삼고 영종(寧宗)을 세웠다.(時光宗病不能視事, 趙相汝愚欲立寧宗. 因知閤門事韓侂冑白太后, 太后不許, 侂冑出遇內侍關禮于門告之. 故禮請獨入, 涕泣固請, 太后始許之. 汝愚乃以太后命, 尊光宗爲上皇, 而立寧宗)"라고 하였다.

채 미치기도 전에, 잠깐의 시간이 지나지도 않아서, 위태로운 것들이 편안해지고 떨어졌던 것이 합해져서 천하의 형세가 크게 안정되었습니다. 이 또한 권(權)으로 대처함에 거의 그 바름을 잃지 않은 것이라 하겠습니다. 그러나 그 때부터 지금에 이르기까지 이미 3개월인데, 천변은 다 없어지지 않고 지변은 다 그치지 않아 군주와 부모의 마음이 기쁨을 다하지 못하며, 학사·대부와 모든 백성이 혹 도리어 역순(逆順)과 명실(名實)[9] 사이에서 의심하는 점이 없지 않습니다. 화란의 뿌리가 또한 이미 어두운 가운데 숨어 있으니 다만 드러날 때를 기다릴 뿐입니다.

신이 비록 지극히 어리석지만 그래도 나름대로 폐하를 위하여 근심할 줄은 알았습니다. 그러나 그 계책이 나오는 곳은 알지 못하였었습니다. 그래서 반복해서 생각하고 들은 바를 참고해 보았더니 그래도 미루어 말씀드릴 만한 것이 있었습니다. 드릴 말씀은 또한 다음과 같습니다. 폐하의 마음에 전날에는 임금 자리를 구하는 생각이 없었으며, 지금도 부친을 그리워하는 마음을 잊지 않으실 뿐입니다. 아아! 이는 이른바 '도심(道心)의 미묘한 전체이며 천리가 작용하는 근본'이어서 권(權)을 행하여도 그 올바름을 잃지 않는 근본입니다. 진실로 이와 같은 마음을 기반으로 해서 확충하면 공자(孔子)가 이른바 '인(仁)을 구하여 인(仁)을 얻었으니 후회가 없다'[10]는 것과 맹자가 이른바 '종신토록 흔쾌히 즐거워하며 천하를 잊었다'[11]는 것이니 (이런 것들이) 폐하께는 어렵지 않음을 신은 압니다. 가령 "천명(天命)과 신기(神器)는

---

9) 역순(逆順)과 명실(名實) :『차의』에서는 "자식이 부친의 명을 받아 서는 것이 순(順)이고 그러지 않으면 역(逆)이다. 종사를 위한 큰 계책이라는 명분을 내세웠으나 지위를 구하려는 마음이 있었으니 실재와 명분이 달랐다. 그러므로 사람들이 의심하지 않을 수 없었다. 생각건대 영종(寧宗)이 처음에는 부득이해서 따랐지만 그 뒤 처신을 잘 하지 못했으므로 장차 사람들의 말에 스스로 해명할 것이 없었으므로 선생이 이와 같이 말한 것이다.(子承父命而立, 順也, 不然則逆也. 以宗社大計爲名, 而有求位之心, 則實與名異矣. 故人不能無疑也. 蓋寧宗當初, 雖迫於不得已, 而其後所處未善, 則將無以自解於人言, 故先生之言如此)"라고 하였다.

10) 인(仁)을 구하여~후회가 없다 :『논어』「술이」에 나오는 말이다.

11) 종신토록 잊었다 :『맹자』「진심 상」에 나오는 말이다.

전하지 않을 수 없고 종묘와 사직을 받들지 않을 수 없는 것이다”라고 말한다면,12) (폐하의 즉위는 국가의 관점에서 볼 때) 화를 복으로 바꾸고 위태로움을 편안함으로 바꾼 것입니다. (즉위를 한 것이) 어찌 이것(효심과 같은 본심)을 버리고 저것(자리)을 구한 것이겠습니까? 내가 임금 자리를 구하려는 마음이 없었던 것을 확충하면 자기를 탓하여 부모에게 허물을 돌리지 않는[負罪引慝] 정성을 다할 수 있으며,13) 또 내가 일찍이 부모를 그리워하는 마음을 잊은 일이 없다는 것을 확충하면 내가 온청정성(溫淸定省)의 예(禮)14)를 다할 수 있게 됩니다. 처음부터 끝까지 여기에서 벗어나지 않으면 대륜(大倫)은 바르게 되고 대본(大本)은 세워집니다. 폐하께서는 진실로 마음을 단련하고 깊이 스스로 억제하고 스스로 처신함을 전날에 임금 자리에 있지 않을 때와 같이 하여, 안으로 궁궐 내의 자봉(自奉)과 복식기용(服食器用)의 쓰임이 티끌만큼도 잠저15)에서보다 더하지 않고, 밖으로는 백관이 행하는 의례[享]16)와 은택을 널리 반포하는[匪頒]17) 격식에서 하루아침에 만승천자의 존귀함을

---

12) 가령~말한다면 :『익증』에 “이는 위의 공자와 맹자의 말을 이어서 말한 것으로, 가령 옛사람의 말과 같이 자리를 버리고 거하지 않을 수는 없다고 하더라도, 변화에 대처하는 도리는 또한 아래 문장에서 말한 것처럼 이 마음을 미루는 데 지나지 않는다는 말이다. 문중자는 천명을 증명하여 제위를 바로잡고 신기가 돌아갈 곳이 있음을 밝혔다.(此承上文孔孟之言而言, 設使不能棄位不居, 如古人之言, 然處變之道, 亦不過自是心而推之, 如下文之云. 文中子證天命, 以正帝位, 以明神器有歸)”라고 하였다.

13) 자기를~않는 정성[負罪引慝] :『서경』「대우모」의 글이다.

14) 온청정성(溫淸定省)의 예(禮) :『예기』「곡례」에 “무릇 자식의 예는 겨울은 따뜻하게 여름은 시원하게 해드리고, 저녁에 자리를 깔아드리고 아침에 문안을 드리며, 동년배들 사이에 다투지 않는다.(凡爲人子之禮, 冬溫而夏淸, 昏定而晨省, 在醜夷不爭)”라고 하였다.

15) 잠저(潛邸) :『익증』에 “『주역』 건괘 초효에 잠룡이 나오고, 한나라 때 제후는 모두 서울에 저택이 있었다.(『易』乾初爻潛龍, 漢時諸侯皆有邸第於京師)”라고 하였다.

16) 백관이 행하는 의례[享] :『익증』에 “『서경』「낙고」 주에 ‘향(享)은 조정에서 행하는 의례’라고 하였다.(『書』「洛誥」註‘享朝享儀禮也’)”라고 하였다.

17) 널리 반포하는[匪頒] :『차의』에 “『주례』「천관・구식(九式)」에 고르고 절도 있게 씀의 여덟 번째는 비반(匪頒)이다. 주에 비(匪)는 나누는 것이고, 반(頒)은 내려주는

온전히 누리려 하지 말며, 오로지 정성스러운 마음을 쌓아 부모의 마음에 이르기를 기약하십시오. 그런 뒤에 목소리는 부드럽게 내시고 통렬히 스스로 책망하며, 호위에게 엄히 당부하며, 더욱 문안드리고 음식 살피기를 삼가 행하소서. 열흘에 한번 이르러 뵙지 못하면 5일로 하시고, 5일에 한번 이르러도 뵙지 못하면 3일로 하시고, 3일에 한번도 뵙지 못하면 2일에 한번 이르도록 하시고, 마침내 하루에 한번도 이르지 않음이 없도록 하십시오. 침실 문 앞에 엎드려 (스스로를) 원망하고 (부모를) 사모하는 마음[18]으로 부르짖으며, 비록 힘이 들고 모욕을 당하는 일이 있더라도 꺼리지 마십시오. 그렇게 하고도 부친의 마음이 기뻐하지 않고, 자애로운 마음이 처음처럼 회복되지 못하고, 역순명실(逆順名實)의 의심이 환하게 얼음 녹듯이[渙然冰釋][19] 풀리지 않는다면 신은 믿지 못하겠습니다.

만약 재이의 변고와 화란의 기미가 아직 완전히 제거되지 않은 것 같다면, 또한 (그 까닭이) 폐하에게 있으니, 마음을 한 곳에 모으고 삼가 침묵하며 깊이 선왕의 일을 본받고, (선왕이 했던 것처럼) 날마다 대신과 정치의 도리를 강구하며, 가부를 서로 조절하여[20] 오직 옳은 것을 따라하며 명령을 내리실 때는 반드시 조정에서 나오지 않는 것이 하나도 없게 하고, 인재를 쓰고 버리는 것은 공론에 합치되지 않는 것이 하나도 없도록 하여 편파적으로 들어주어 사문(私門)이 열리게 하지 않으신다면, 성덕은 날로 새로워지고 성치(聖治)는 날로 일어나 하늘과 인간의 감응에 어김이 없고, 재앙의 싹도 일어나지 않을 것입니다.

금일의 계책은 이보다 큰 것이 없습니다. 오직 폐하께서는 성의를 깊이

것이라고 하였으니, 여러 신하들에게 나누어주는 것을 말한다.(「天官九式」 '均節用, 八曰匪頒.' 註 '匪' 分也, '頒' 賜也, 謂分賜羣臣」)라고 하였다.

18) 원망하고 사모하는 : 『맹자』 「만장 상」에 보인다.

19) 환하게 얼음 녹듯이[渙然冰釋] : 『익증』에 "두예(杜預)의 「좌전서」에 나오는 말이다. (杜預左傳序中語)"라고 하였다.

20) 가부를 서로 조절하여 : 아마도 대신들의 의견을 조절한다는 의미로 사용되었을 것이다.

유념하시고 빨리 시행하십시오. 만약 다시 타성에 젖어 하루하루를 보내어 권도로 행했던 것이 마침내 그 바름을 잃게 되면, 신은 화변이 일어나 예악이 흥기하지 않고 형벌이 정당하지 않는 것[21]으로 끝나지 않을까 두렵습니다. 인심은 쉽게 떠나고 천명은 보존하기 어려우며 그 경계 삼을 바는 멀지 않으니 매우 두렵습니다. 신은 산야에 묻혀있는 어리석은 사람이라 꺼리는 것을 모르니 만 번 죽어 마땅합니다. 폐하께서 너그러이 용서하십시오. 살펴보시기 바랍니다.

_ 정두영

---

21) 예악이~정당하지 않는 것 : 『차의』에서는 "위(衛)나라 군주 첩(輒)은 아비를 거부하고 자신이 군위를 계승하여 할아버지를 도왔다. 공자가 말하기를 '명분이 바르지 못하면 말이 불순하고, 말이 불순하면 일이 이루어지지 못하고, 일이 이루어지지 못하면 예악이 흥하지 않고 형벌이 알맞지 못하다' 하였다.(衛輒拒父自立而補其祖. 孔子曰'名不正, 則言不順, 言不順, 則事不成, 事不成, 則禮樂不興, 刑罰不中')"라고 하였다. 공자의 말은 『논어』「자로」에 보인다.

행궁(行宮)의 편전에서 올린 주차 2

신이 가만히 생각건대 황제 폐하께서는 하늘의 명에 공손히 응해 황제의 자리에 오르셨습니다. 즉위 초년에는 다른 일을 할 겨를이 없고, 먼저 널리 유신들을 끌어들여 경예(經藝)를 토론하는 것을 급선무로 삼아야 합니다. 학식이 많은 분을 구하여 일을 도모하고, 옛 가르침을 배워 (마음에) 터득되는 것이 있어야 합니다.[1] (제가 말하는 유신은) 진정한 지식을 가지고 있지 않은 아둔한 학자[2]나 문장이나 짓는 작은 기예를 가진 사람들이 (지식의) 넓이를 박학이라 여기고 (문장의) 화려함을 훌륭함이라고 여기는데 그치는 사람이 아닙니다. 그렇다면 권학의 관리는 마땅히 신중하게 뽑아야 하는데, 도리어 가려 뽑지 않아 잘못 망령되고 용렬한 자들에게 미쳤으니, 신은 이를 잘못된 일이라고 생각합니다.[3] 신은 타고난 자질이 지극히 어리석고

---

1) 학식이~합니다 : 『절보』에 "『서경』「열명」에 '사람들 가운데 학식이 많은 분을 구하여 일을 도모하고, 옛 가르침을 배워 (마음에) 터득되는 것이 있어야 한다'라고 하였다.(「說命」,'人求多聞, 時惟建事, 學于古訓, 乃有獲')"라고 하였다.

2) 아둔한 학자[記問] : 기문(記問)은 『예기』「학기(學記)」에 보인다. "잡설을 암송한 학문으로는 남의 스승이 되기에 부족하니, 반드시 질문하는 말을 들어보고 설명해주어야 하는 것이다!(記問之學不足以爲人師, 必也其聽語乎!)" '기문우유(記問愚儒)'는 진정한 지식이 없어서 미리 질문거리에 대한 예상 답안을 외워 대답해 줄 뿐 스스로 이해도 못하고 의외의 질문에 대답을 하지 못하는 아둔한 학자라는 의미이다.

3) 망령되고 용렬한 자 : 이 주차는 시강(侍講)으로 임명된 뒤 올린 글이다. 여기에서 말하는 '망용(妄庸 : 망령되고 용렬한 자)'은 자신을 지칭한다. 즉 시강이 될 만한 자격이 없는 자기가 시강이 되었다는 의미로서 겸사이다.

비루하여 비록 일찍이 책을 끼고 독서하며 주제를 모르고 성현의 남긴 뜻을 구했습니다만, 행함에 힘쓰지 못하여 (이미) 늙었는데도 명성이 없습니다.[4] 더욱이 제왕의 학문은 정말로 아직 강구해 보지 않았습니다. 무엇으로써 뽑아 맡겨주신 은총을 감당하며, 돌아보고 물어보신 수고로움을 보답하겠습니까? 그래서 명을 듣고 놀라고 당황스러워 감히 조칙을 받들지 못하였습니다. 그러나 일찍이 들으니 사람이 태어나면 하늘이 인의예지의 성을 주어 군신·부자의 윤리를 정립하고 사물의 당연한 법칙을 제정하도록 하였습니다. 그러나 기질의 치우침이 있고 물욕의 가림이 있어서, 이것이 간혹 성품을 몽매하게 하고 인륜을 어지럽히며 법칙을 무너뜨려도 반성할 줄 모르게 되었습니다. 반드시 그 학문으로 열어준 뒤에야 정심수신(正心修身)하여 제가치국(齊家治國)의 근본됨이 있을 것입니다. 이는 사람이 배우지 않으면 안 되는 까닭이며, 배워야 할 것도 애초에 기문(記問)과 사장(詞章)을 말함이 아니며, 또한 성인과 어리석은 자, 귀한 자와 천한 자의 구분이 있는 것도 아닙니다. 이것으로 말하자면 신이 일찍이 힘써 온 것으로, 진실로 폐하를 위하여 할 수 있는 말이 있으니, 청컨대 이제 말씀드리겠습니다.

학문하는 방법은 이치를 궁구하는 것보다 우선하는 것이 없고, 이치를 궁구하는 요체는 반드시 책을 읽는 데 달려있습니다. 책을 읽는 방법은 순서에 따라 정밀함을 다하는 것보다 귀중한 것이 없고, 정밀함을 다하는 근본은 또 경(敬)에 머무르며 뜻을 견지하는 데 있으니 이는 바꿀 수 없는 이치입니다.

천하의 일에는 반드시 이치가 있어서 군신간에는 군신의 이치가 있고

---

4) 늙었는데도~없습니다 : 이것은 『논어』 「자한(子罕)」의 "40·50이 되어도 명성이 없다면 또한 어려워할 것이 없다"를 원용한 것이다. 주희가 이 주차를 올릴 때에는 이미 60이 넘은 상태였다. 공자의 말대로라면 40·50대가 되어서도 훌륭하다는 명성이 없으면 별 볼일 없는 사람이니 60이 넘어 특별한 명성이 없는 자기는 진정으로 역량이 부족한 사람이란 의미이다. 역시 겸사이다. 기본적으로 겸손의 의미이지만 은연중에 배우는 사람에게 자신감을 실어주려는 의도도 있는 듯하다.

부자간에는 부자의 이치가 있으며 부부·형제·붕우로부터 출입기거(出入起居)와 일을 처리하고 사물에 접하는 데 이르기까지 모두 반드시 이치가 있습니다. 이것을 궁구해 보면 크게는 군신으로부터 작게는 사물에 이르기까지 그렇게 되는 이유[所以然]5)와 그렇게 해야만 하는 준칙[所當然]6)을 모르는 것이 없게 되어 조금도 의심할 것이 없어집니다. 그리하여 선은 따르고 악은 버리게 되니, 터럭만큼의 얽매임도 없게 됩니다. 이것이 학문하는 데는 이치를 궁구[窮理]하는 것보다 우선할 것이 없는 까닭입니다.

천하의 이치를 논함에 이르러서는 오묘하고 정미하여 각기 합당한 바가 있으니, 옛날부터 지금까지 바꿀 수 없는 것입니다. 오직 옛 성인만이 능히 그 이치를 다할 수 있어서 그 행동과 말은 천하 후세의 바꿀 수 없는 큰 법이 되었습니다. 그 나머지 사람은 이치를 따르는 자는 군자가 되니 길하고, 반대로 하는 자는 소인이 되니 흉한 것입니다. 길한 것 가운데 큰 것은 능히 사해를 보전하여 본보기가 될 만하며, 흉한 것 가운데 심한 것은 그 몸도 보존하지 못하니 경계를 삼을 만합니다. 이는 찬연한 자취이고 필연적인 결과라 하겠으니, 경훈(經訓)과 사책(史冊) 가운데 갖추어지지 않은 것이 없습니다. 그러므로 천하의 이치를 궁구하고자 하면서 이것(책)에 나아가 구하지 않는다면 이는 벽을 바라보고 선 것입니다.7) 이것이 바로 이치를 궁구하는 것이 반드시 책을 읽어야 하는 데 있는 까닭입니다.

독서에 대해 말씀드리면 이를 좋아하지 않은 자는 본디 게으르고 소홀하여 중간에 그만두어 이루는 바가 없습니다. 이를 좋아하는 자는 또 많이 읽기만을 탐내고 널리 읽기에만 힘쓰는 것을 면하지 못해서 종종 그 처음도 열지 못했으면서 서둘러 그 끝을 탐구하고자 하고, 이것을 다 궁구하지도 못하고서

---

5) 그렇게~이유 :『차의』에서는 "아버지가 자애로워야 하는 까닭, 자식이 아버지에게 효도해야 하는 까닭과 같은 것이다.(如父之所以慈, 子之所以孝也)"라고 하였다.

6) 그렇게~준칙 :『차의』"아버지는 자애로워야 하고 아들은 효도해야 하는 것이다.(如父慈子孝也)"라고 하였다.

7) 벽을 바라보고 선 것 :『논어』「양화(陽貨)」의 내용을 인용한 것이다.

문득 저쪽에 뜻을 두곤 합니다. 그래서 비록 다시 종일토록 애를 쓰고 쉬지도 못하면서 마음이 바빠 항상 분주하게 쫓기는 듯해서 자연스럽게 푹 젖어드는 즐거움이 없습니다. 이래서야 또 어찌 깊이 믿고 스스로 깨달아 늘 한결같이 싫어하지 않음으로써 저 게으르고 소홀하여 중간에 그만두고 이루는 바가 없는 자와 구별될 수 있겠습니까.

공자가 "서둘러 이루려 하면 도달하지 못한다"[8]고 한 것과, 맹자가 "나아가는 것이 빠르면 물러나는 것도 빠르다"[9]라고 한 것은 바로 이것을 말한 것입니다. 진실로 이것을 거울삼아 되돌아본다면 마음이 한 곳에 침잠하여 오래도록 옮기지 않아서, 읽고 있는 책의 의미가 이어지고 논리가 꿰어져서 자연스럽게 젖어들고 스며들어 마음과 이치가 합해져서, 선은 해야 하는 것이란 생각이 깊어지고 악은 경계해야 한다는 생각이 절실하게 될 것입니다. 이것이 순서에 따라 정밀함을 다하는 것이 독서의 방법이 되는 까닭입니다.

정밀함을 다하는 근본에 이르는 방법은 마음에 있습니다. 마음이라는 것은 지극히 허령(虛靈)하여 신묘하고 헤아릴 수가 없지만, 항상 한 몸의 주인이 되어 모든 일을 처리하는 원칙[10]을 만듭니다. 잠시라도 보존하지

---

8) 서둘러~못한다 : 『논어』 「자로」의 글이다.

9) 나아가는~빠르다 : 『맹자』 「진심 상」의 글이다.

10) 마음이라는~을 만듭니다 : 『주자언론동이고(朱子言論同異考)』에서 여기에 대해 다음과 같이 설명하고 있다. "「장자서(張子書)」에서의 문인 주모(周謨)의 기록에는 '모든 것에는 심(心)이 있고 그 가운데는 모두 비어 있는데, 닭의 심(心)이나 돼지의 심(心)과 같은 것들을 갈라 열어보면 볼 수 있다. 사람의 마음 또한 그렇다'라고 하였다. 이는 심의 허령함은 사람과 사물이 모두 같다는 말이다. 여방숙(余方叔)에게 답하여 '사람이 가장 신령하여 오상(五常)의 성(性)을 가지고 있고, 금수는 어두워 갖추지 못했다'라고 하였다. 이는 허령함이 사람과 사물이 다르다는 말이다. 「갑인행궁주차」에 이르기를, '마음이란 것은 지극히 비고 지극히 신령하여 신묘함을 헤아릴 수 없다. 늘 한 몸의 주인이 되어 모든 일의 벼리를 끌어올린다'라고 하였다. 이는 허령은 성인이나 범인이 모두 같다는 말이다. 『대학혹문』에 '이 덕의 밝음은 날이 갈수록 어둡고 애매해지며 이 마음의 신령함이 알게 되는 것은 정욕과 이해의 사사로움에 지나지 않는다'라고 하였다. 이는 허령이 성인과 범인은 같지 않다는 말이다. 이 몇몇 학설은 말은 같지 않지만 뜻은 진실로 서로 통하니 하나를 고집하여 다른 하나를 폐할 수가 없다. 허령은 동일하지만 허령하게 하는 기는 같지 않다.

않아서는 안 되는 것입니다. 한번이라도 (마음의 상태가) 깨어있지 못하여 분주히 돌아다니고 날뛰어 몸뚱이 바깥의 물욕을 따르게 되면, 한 몸에는 주인이 없고 모든 일에는 강령이 없게 됩니다. 비록 고개를 위아래로 움직이고 시선을 좌우로 돌리면서도 이미 그 몸이 있다는 것을 스스로 깨닫지 못하는데, 하물며 성인의 말씀을 반복하고 사물을 참고하여 의리의 지당함으로 돌아감을 구할 수 있겠습니까? 공자(孔子)는 "군자가 무겁지 않으면 위엄이 없고, 배워도 확고하지 못하다"[11]고 하였고, 맹자는 "학문의 도는 다른 데 있지 않으니, 흩어진 마음을 되찾는 것일 뿐이다"[12]라고 하였는데 바로 이를

새와 짐승의 심은 치우친 기가 모여 허령하므로 그 신령함은 한 길로만 통한다. 사람의 마음은 바른 기운이 모여 허령하기 때문에 그 신령함은 통하지 않는 곳이 없다. 이는 사람과 사물이 다른 점이다. 성인의 마음은 맑은 기운이 모여 허령하므로 신령이 깨닫는 것 모두 이러한 이치이다. 평범하고 어리석은 사람의 심은 탁한 기운이 모여 허령하기 때문에 신령이 깨닫는 것은 모두 욕심이다. 이는 성인과 범인이 다른 점이다. 새와 짐승의 마음은 비록 약간의 허령함이 있으나 이미 사람과는 다른 종류이므로 같다 다르다를 말할 수 없다. 사람에게 있는 것 가운데 다만 그 허령함을 가리켜 말하면 같지 않음이 있다고 할 수 있다. 명덕에 나아가 말하면 같지 않음이 있다고 말할 수 없다. 명덕이라는 호칭은 마음과 달라 허령하다고만 하고 그 기품에 관해서는 언급하지 않는 것이기 때문이다. 【『주자어류』에 심성정(心性情)에 관해 문인 걸(傑)이 기록하여 말하기를 '허령은 본래 마음의 본체이니, 그것을 본체라고 한다면 같지 않음이 없다'고 했다.】 (「張子書」門謨錄曰, '凡物有心而其中皆虛, 如鷄心猪心之屬, 切開可見, 人心亦然.' 此言心之虛靈, 人物皆同也. 「答余方叔」曰, '人爲最靈而備有五常之性, 禽獸昏而不能備.' 此言虛靈人物不同也. 「甲寅行宮奏箚」曰, '心之爲物, 至虛至靈, 神妙不測, 常爲一身之主, 以提萬事之綱.' 此言虛靈聖凡皆同也. 『大學或問』曰, '此德之明日益昏昧, 而此心之靈其所知, 不過情欲利害之私而已.' 此言虛靈聖凡不同也. 凡此數說, 言雖不同, 意實相通, 不可執一而廢一也. 蓋虛靈雖同, 而其所以爲是虛靈之氣則不同. 鳥獸之心, 偏氣聚而虛靈, 故其靈也只通一路. 人之心, 正氣聚而虛靈, 故其靈也無所不通. 此人物之不同也. 聖人之心, 淸氣聚而虛靈, 故靈之所覺者, 皆是理. 凡愚之心, 濁氣聚而虛靈, 故靈之所覺者, 皆是欲. 此聖凡之不同也. 鳥獸之心, 雖有些虛靈, 旣與人異類, 則其同不同不須言也. 其在人者, 只指其虛靈而言, 則可言其有不同, 而就明德而言, 則不可言其有不同. 蓋以明德之稱, 與心不同, 只言虛靈, 而不及其氣稟故耳. 【『語類』'心性情', 門人傑錄曰, '虛靈自是心之本體, 謂之本體, 則無不同矣】)"라고 하였다.

11) 군자가~못하다 : 『논어』 「학이」의 글이다.
12) 학문의~뿐이다 : 『맹자』 「고자 상」의 글이다.

말한 것입니다. 진실로 능히 엄중하고 공손하며 공경하고 두려워하여 항상 이 마음을 보존함으로써 하루종일 엄격한 몸가짐으로 물욕이 침범하여 혼란하지 않을 수 있게 하고 이 상태에서 책을 읽고 이 상태에서 이치를 살핀다면 장차 어디를 가도 통하지 않는 것이 없을 것이고, 이 상태에서 일을 처리하고 이 상태에서 사물을 응대하면 장차 어느 곳에서도 합당하지 않음이 없게 될 것입니다. 이것이 바로 경에 머무르고 뜻을 견지하는 것이 독서의 근본이 되는 까닭입니다.

이상 몇 마디 말들은 모두 어리석은 신이 평생토록 힘들어 학문하고 어렵게 시험해 본 결과입니다. 생각건대 성현이 다시 살아와도 사람을 가르치는 방도는 이에 지나지 않습니다. 포의(布衣)나 위대(韋帶)의 선비가 마땅히 따라야 할 뿐만 아니라, 비록 제왕의 학문이라도 아마 이것을 바꿀 수 없을 것입니다. 다만 요즘 들어서 풍속이 야박해졌기 때문에 사대부들 사이에서는 이런 말을 들으면 모두 도학이라고 지목하여 반드시 배척한 뒤에야 그만둡니다. 그러므로 하찮은 충성이나마[13) 전달할 통로가 없어 매번 옛 경전만 껴안고 개탄할 따름이었습니다. 이제 황제 폐하께서 즉위하신 처음부터 맑고 밝으며 달리 좋아하는 것 없이 오직 학문에 부지런하여 게으르지 않으심을 만나니, 신은 이때를 당하여 특히 인대하는 은혜를 입게 되어 감히 비루함을 잊고 글을 올립니다.

엎드려 바라건대 황제께서는 명철함으로 깊이 살피시고, 시험 삼아 이 말들로 몸소 징험해 보십시오. 새벽에 일찍 잠자리에서 일어나 오늘의 뜻을 잊지 않고 스스로 힘써 쉬지 않음으로써[14) 널리 광명하도록 계속 밝혀서

---

13) 하찮은 충성이나마[食芹] : 겸손한 표현으로 자기의 지위가 낮고 견식이 얕아 비록 충성된 마음으로 임금을 섬기려 하여도 그 바칠 수 있는 것이 하찮은 것이어서 염두에 둘 만한 것이 되지 못한다는 뜻으로 쓰인다.

14) 스스로~않음으로써 :『주역』「건괘」에 "건은 원형하고 이정하다.……상전에 말했다. '하늘의 운행이 굳세니 군자가 보고서 스스로 힘쓰고 쉬지 않는다.'"(乾元亨利貞…… 象曰, 天行建, 君子以自疆不息)"라고 하였다.

다른 날, 상(商)나라 고종처럼 나라를 잘 다스려 편안하게 하고, 주나라 선왕(宣王)처럼 쇠퇴함을 일으키고 어지러움을 다스려 군주가 강학하는 효험을 드러내어 밝히셔서, 우뚝한 만세 제왕의 표준이 되신다면, 신은 비록 전야에 물러나 엎드려 있으면서 세상과 영영 이별을 해도 영광입니다. 어찌 반드시 눈멀고 귀먹은 늙은이를 애써 일으키시어 절뚝절뚝 다리를 끌어 임금을 가까이 모시는 반열을 더럽혀 성세의 부끄러움이 되게 하려 하십니까? 위엄을 무릅쓰니 두렵고 떨림을 이길 수 없으나, 폐하께서 관심을 두신다면 다행이겠습니다. 살펴주시기 바랍니다.

_ 정두영

행궁(行宮)의 편전에서 올린 주차 3

　신이 앞서 담주의 비원(備員) 겸 형호남로(荊湖南路) 안무사(安撫司)의 일을 맡았는데, 본로(本路 : 荊湖南路)는 토지가 척박하고 백성이 가난해서 별다른 생활의 방도가 없습니다. 게다가 이곳 주현은 매년 회계의 수입이 적고 지출은 많아 때때로 전례에 따라 원래 정해진 세금[常賦] 이외에 가모(加耗)[1]를 걷고 [관물(官物)을] 고가로 처분하였는데도[2] 여전히 수입이 지출을 지탱하지 못하여 공사가 모두 곤궁해졌습니다. 지난번에는 여러 관청에서 이러한 폐단을 살펴 몇 차례나 세금을 감면하여 백성의 살림살이가 나아지도록 힘써서 몇 해 동안 베푼 것이 이미 헤아릴 수 없을 정도입니다. 주현에서 위로 올려 보내는 상공(上供)·사용되는 인건비[3] 등 여러 명목의 비용은

---

　1) 가모(加耗) : 본래 정해진 세금 이외의 세금. '가모'의 본래 의미는 소모되는 부분을 보충한다는 의미이다. 예를 들어 쌀을 세금으로 내고 나면 보관 도중 새나 쥐에 의해 일부분의 손모(損耗)가 발생하는데, 이런 것을 이유로 걷는 본 세금 이외의 세금을 가모라 한다.

　2) 고가로 처분하였는데도 :『차의』에 "관물의 싼 것을 비싸게 치고 정해진 값을 깎아 백성에게 판다는 말이다.(謂以官物之賤者從重, 折定價錢, 以賣於民也)"라고 하였다. 『익증』에는 "손실분을 더하여 거두고 비싸게 매겨 값을 깎는다.(所收加耗, 從重折價 以錢代捧也)"라고 하였다. 대개 부족한 재정을 충당하기 위하여 백성에게 세금 외에 더 걷었다가 나중에 그 걷은 것에 미치지 못하는 값의 관물로 갚았다는 뜻으로 보인다.

　3) 주현에서~인건비 : 원문은 "州縣起發上供, 支遣俸給諸色費用"이다. 『차의』에 "'기발(起發)'은 운반한다는 말과 같다. '상공(上供)'은 지금의 진상(進上)과 같다. '지견(支遣)'

여전히 예전의 액수와 같아 조금도 덜어진 것이 없습니다. 이러한 까닭으로
관청들은 이미 낭패하여 지탱하지 못하게 되었습니다.[4] (거기에다가) 간혹
갑작스런 포상과 군병에 대한 지원[5]이 있고, 다시 파견 나온 특수부대원[差到
諸班][6]·새로운 계급을 받은 귀순자[7]·잡류로서 관에 충당되는 인원[8]이
더해지면 (재정은) 더욱더 압박을 받게 되어 대처하여 세울 계책이 없습니다.
신은 얼마 전에 조운을 맡은 하이(何異)와 함께 전주수(全州守)를 맡고 있는
한막(韓邈)이 요청한[申] '파견하는 인원[9]의 수를 줄여달라'는 내용에 대해
자세히 소로 올린 적이 있는데, (여기에서) 이런 사태의 일단을 살필 수
있을 것입니다. 그 밖의 다른 주현들도 종종 이와 같은 경우가 있지만 다만

은 내려주어 쓰는 것과 같다. 봉급은 관청의 봉록이다. 기발은 상공에 속하고, 지견은
봉급에 속한다.(起發猶言輸送也, 上供猶今言進上也, 支遣猶言用下也. 俸給, 官司俸祿
也. 起發屬上供, 支遣屬俸給)"라고 하였다. 『절보』에는 "봉급은 주현의 관원과 군병에
게 지급하는 것이다. 여러 명목의 비용은 한 주의 각 항목의 비용을 통틀어 말한
것이다.(俸給卽支給於州縣官員及軍兵者也. 諸色費用通言一州各項支用)"라고 하였
다.

4) 지탱하지~되었습니다. : 백성에게 거두는 세금은 줄이고 각종 비용은 줄이지 않아
지탱할 수가 없다는 뜻이다.

5) 군병에 대한 지원 : 『절보』에서 "군병을 조발할 때 내려주는 지출을 말한다.(謂調發軍
兵時所支賜也)"라고 하였다.

6) 파견나온 특수부대원[差到諸班] : 『익증』에서는 "일설에는 '차도'에서 구를 나누기도
한다. '제반(諸班)'은 삼반차직(三班借職)의 부류와 같은 무직(武職)이다.(一說, 差到句,
諸班卽武職, 如三班借職之類)"라고 하였다. '제반(諸班)'은 '금위제반직(禁衛諸班直)'
을 말하는 듯하다. '금위제반직'은 송대 황제의 위병(衛兵) 중 일부로서 최근거리에서
보호하는 정예부대이다. '제반직', '제반위사', '제반' 등으로 약칭하기도 한다.

7) 새로운~귀순자 : 『차의』에 "북쪽에서부터 송나라에 돌아온 사람이 있으면 이전의
서열을 고쳐서 새로운 직책을 제수하는 것을 말한다.(謂有自北歸宋之人, 則改其前秩,
而授以新職也)"라고 하였다. 『관보』에서는 "바꾸어 제수 받은 사람은 마땅히 제반(諸
班)에 속하고, 돌아온 사람은 마땅히 잡류(雜流)에 속한다.(換授當屬諸班, 歸正當屬雜
流)"라고 하였다.

8) 잡류로서~인원 : 『차의』에서는 "이서(吏胥)로서 관품 없이 관원에 충당된 사람이다.
(以吏胥流外補官者也)"라고 하였다.

9) 파견하는 인원 : 『차의』에 "곧 위 문장의 파견되어 늘어난 자이다.(卽上文差到增加者
也)"라 하였다.

관리들이 눈앞의 일을 모면하고자 여러 방법을 동원하여 (필요한 자금을) 모으는데 혈안이 되어 국가의 백성들을 위한 계책을 세울 겨를이 없을 뿐만 아니라, 안찰하는 관리들은 이러한 일이 매우 부득이해서 이런 상황에까지 이른 것을 알기에 또한 차마 법대로 다스리지는 못하니 발각될 수가 없습니다. (그래서 모르실 뿐입니다.)

생각건대 본로는 동쪽으로 조정과 2천여 리라는 먼 거리 밖에 있고 북쪽으로는 동정호와 팽려(彭蠡)의 두 호수에 닿아 있고[10] 남쪽으로는 여러 오랑캐[峒][11]와 만나고 있어서 그 형세가 다른 지역과 비교할 바가 아닙니다. 그래서 만일 백성들이 가난하다 못하여 그 가렴주구를 참지 못하고 하루아침에 서로 모여들어 어지러이 소요를 일으키고 도적과 오랑캐[蠻傜][12]가 서로 연결되어[相挺][13] 궐기한다면 정사를 의논하는 이들이 어떻게 대처할지 신은 알지 못하겠습니다. 신이 이곳에 도임하여 관직에서 떠나기까지가 겨우 세 달 정도라서[14] 비록 그 곡절을 상세하고 가까이 살피지는 못하였지만 그 대세가 이와 같은 것은 지혜로운 자가 아니라도 알 수 있는 것입니다. 이 때문에 깊이 걱정하면서 사태를 처리할 방법을 모색하였었는데, 갑자기 소환되는 바람에 자세히 탐문·조사하고 항목을 나누어 주문(奏文)으로서

---

10) 두 호수~있고 : 『익증』에 "동정(洞庭)과 평려(彭蠡)는 모두 장주(潭州)의 북쪽에 있다"고 하였다.

11) 여러 오랑캐[峒] : 『차의』에 "오랑캐가 사는 곳을 동(峒)이라고 한다"고 하였다.

12) 오랑캐[蠻傜] : 중국본에 '傜'는 '猺'로 되어 있다.(『차의』) 『익증』에 "장주(潭州)와 소주(邵州)는 서로 인접해 있다. 그 남쪽 계곡 동(峒)에 오랑캐가 많은데 곧 무릉 오랑캐이다.(潭州與邵州相接, 其南溪峒多蠻猺, 卽武陵蠻也)"라고 하였다.

13) 서로 연결되어[相挺] : 『절보』에 "연(挺)은 끌어당기는 것이다. 『당서(唐書)』「노균전(盧鈞傳)」에 서로 끌어당겨 난을 일으킨다고 하였다.(挺, 引也. 『唐書』「盧鈞傳」相挺爲亂)"

14) 겨우~정도라서 : 『차의』에 "광종 소희 계축(1193) 12월에 호남안무사를 제수받고, 갑인(1194) 5월 진에 이르고, 7월에 영종이 즉위하여 행재소로 불렀고 그 때 주사(奏事)한 것이다.(光宗紹熙癸丑十二月, 除湖南安撫使, 甲寅五月, 至鎭, 七月, 寧宗卽位, 召赴行在奏事故云)"라고 하였다.

폐하께 알릴 겨를이 없었습니다.

　이제 직접 뵐 기회를 주셨으니, 폐하께 한 말씀을 드리지 않을 수가 없습니다. 바라옵건대 성스런 자애로써 깊이 살피시고, 모든 백성을 한결같은 인애함으로 대하셔서, 본로의 수신과 감사에게 특별히 조칙을 내리셔서 다시금 지난번 전주의 관리가 신청하였던 내용을 여러 군에 통지하고 아울러 (재무상태를) 조절하여 크게 피해를 입은 곳은 특별히 (세금을) 줄여주기 위해 (그 감액하는 수를) 지정하여 (상부에) 주문을 올리고[15] 재가를 받아 시행하도록 하십시오. 그러면 주(州)는 그 현들을 보살필 수 있을 것이고, 현은 그 백성들의 생활을 펴지게 할 수 있을 것입니다. 그 가운데 간혹 폐하의 조치를 받들지 않는 자들이 있다면 또한 그 죄를 벗어날 변명거리가 없을 것입니다. 그러면 멀리 있는 백성들도 다 같이 실질적인 혜택을 입을 것이며 폐하의 관대한 은혜의 조서가 단지 담벽 사이에 걸어두는 도구[16]로 전락되지 않을 것입니다. 신이 일도 제대로 못하고 일찍이 보고도 못한 채 지금에 이르렀으니 죽어도 남는 죄가 있을 것입니다. 엎드려 바라옵건대 불쌍히 여겨 용서해주시고 빨리 도모하신다면 한 지역이 모두 매우 다행일 것입니다. 살펴주시기 바랍니다.

＿ 정두영

---

15) 특별히~올리고 : 원문은 "特與痛加退減"이다. 『차의』에서는 "수신(帥臣)과 감사에게 때에 따라 주현의 여러 명목의 비용을 줄이도록 한 뒤에야 그 실제 수를 지정하여 주문하도록 한 것이다.(謂使帥臣監司, 時爲裁減州縣, 諸色費用然後指定其實數而奏聞也)"라고 하였고, 『절보』에서는 "여러 군에서 아울러 고르게 조절하여 그 가운데 아주 부족한 곳은 특별히 더 감세한 뒤에야 그 고르게 조절하고 줄인 수를 함께 지정하여 주문한다는 말이다.(謂諸軍並行均節, 而其中大段缺乏處, 則特爲另加裁減然後, 其均節裁減之數, 並爲指定奏聞也)"라고 하였다. 『차보』에는 "'여(與)'는 하는 것이고, 퇴감(退減)은 더 파견하는 관원의 수를 줄인다는 말이다.('與'爲也, '退減'謂減其添差員數也)"라고 하였다.

16) 담벽~도구 : 『차의』에서는 "세금을 줄여주려는 황제의 명령은 다만 담벼락에 걸리기만 하고 실제로는 행해지지 않는다는 말이다.(謂以蠲減詔書, 但掛諸墻壁, 而其實不行也)"라고 하였고, 『익증』에는 "진자앙(陳子昂)이 말하기를 '내려보낸 조서는 봉행할 사람이 없어 단지 담벼락에 걸려 있을 뿐이다'라고 하였다.(陳子昂言'所下詔書, 奉行不得其人, 徒掛墻壁耳')"고 하였다.

행궁(行宮)의 편전에서 올린 주차 4

신은 지난 겨울에 황제 폐하의 성은을 입어 담주지사(潭州知事)의 직을 제수받아 막 사직하는 소를 갖추어 놓고, 미처 출발하지 않고 있었는데, 문득 호북(湖北)지방의 요인(獠人 : 무릉지방 오랑캐)이 소주(邵州)의 경계를 침범하였다는 말을 들었습니다. 금년 봄에 사직을 허락하지 않는다는 폐하의 성지를 받들게 되어 신은 당일로 임지를 향해 길을 떠났습니다. 관청에 이르렀을 때, 호북에서는 이미 군대를 진군시켜 적을 공격하여 토벌하였고, 적의 기세는 점점 약해져서 적이 마침내 항복의 권유를 받아들여[1] 완전히 안정되었습니다. 문득 소주를 지키는 신하 반도(潘燾)의 보고에 근거해서 다음과 같은 사실을 알게 되었습니다. 전에 변방에 조치가 전혀 없어, 보잘것없는 적이 감히 함부로 침범하였습니다. (이에 반도가) 방어하는 목책을 옮겨 설치하고, 지키는 병사를 늘리는 등 여러 가지 사항의 이해(利害)에 관한 조목을 계획하기에 이르렀습니다. 신이 해운 책임관 하이(何異)와 반도의 보고를 자세히 읽어보니 상당히 조리가 있어서 자세히 연구해본 결과 (반도의 주장은) 현실적이고 합당한 조치라는 것을 알게 되었습니다. 그래서 자세히 상주하여 시행 명령을 내려주시기를 청하였습니다.[2] (날짜를) 계산해보니

---

1) 마침내~받아들여 : 원문은 "遂就招降"이다. 『차의』에 "'취(就)'는 부역하는 사람이 왔다는 것이다. '초강(招降)'은 항복하도록 타이르는 명령이다.(就, 徭人來就也. 招降, 招諭使降之命也)"고 했다.

이미 폐하에게 보고되었을 것입니다. 바라건대 폐하께서는 대신에게 명령을 내려 빨리 처분하도록 하되, 하이(何異)와 반도(潘燾)가 그 직책을 맡고 있을 때 원래 보고한 바에 의거해서 곧바로 조치하게 하십시오. 저 제형(提刑) 조불우(趙不迂)가 (저보다) 먼저 상주한 것도 신등과 더불어 큰 차이가 없사오니, 청컨대 차자(箚子)를 내려서 공개적으로 토론하여 좋은 방향으로 처리하도록 해 주옵소서. (그렇게 해 주신다면) 아마도 간사한 적으로 하여금 우리의 위엄을 두렵게 하고, 변방의 백성으로 하여금 편안하게 생업에 종사할 수 있도록 할 것이오니, 실로 이 지역의 영원한 이익이 될 것입니다. 살펴주시기 바랍니다.

첩황(貼黃)

신은 지난번 요적(獠賊) 포래시(浦來矢) 등을 불러, 이미 안무사에게 나아가 인사하도록3) 하였습니다. 오랑캐들은 미약하고 처음부터 막무가내여서 다만 지세가 험한 것을 믿고 감히 날뛰었던4) 것입니다. 이제 이미 항복했으니, 사리상 구해주지 않을 수 없습니다. 성상께서 본사에 분명히 살펴서 크나큰 믿음을 잃지 않도록 명령을 내려주신다면, 아마 다음에 이런 무리들이 있다 해도 귀순시키기 쉬울 것입니다. 엎드려 폐하의 명령을 기다리겠습니다.

_ 정두영

---

2) 그래서~청하였습니다 : 『차의』에 "주에 재임할 때 이같이 했다는 말이다.(謂在州時如此也)"라고 하였다.

3) 인사하도록 : 『차의』에 "공회에 참알(參謁)하는 것을 말한다"라 하였다.

4) 날뛰었던 : 『익증』에 "『한서』「소망지전(蕭望之傳)」에 작은 오랑캐가 산곡 사이에서 날뛴다고 하였다.(『漢書』「蕭望之傳」'小夷跳梁於山谷間')"라고 하였다.

행궁(行宮)의 편전에서 올린 주차 5

신이 엎드려 보건대 담주(潭州)의 성벽은 지난번 오랑캐의 침입으로 파괴된[1] 뒤로 무너지고 허물어져, 오십여 년간 일찍이 수리를 한 일이 없습니다. 요즈음에 수신(守臣) 주필대(周必大)[2]가 비로소 성벽을 보수할 것을 의논하여, 이미 조정에서 도첩(度牒)[3] 1백도를 지급받고 팔아서 돈 8만 관은 마련하였으

---

1) 오랑캐의~파괴된 :『익증』에 "소흥 초에 금나라 도적들이 담주를 함락시켜 통판 맹언경(孟彦卿) 등을 죽였다.(紹興初, 金賊陷潭州, 通判孟彦卿等死之)"라 하였다.

2) 주필대(周必大) :『익증』에 "자는 자현(子玄)이고 익국공(益國公)에 봉해졌다.『주자어류』에 '익국공은 임기 중에 단지 7만전의 비용을 쓰려고 하였는데, 지금 벽돌과 기와의 비용으로 이미 6만을 썼으니, 나머지는 1만이다. 처음에 쓰려고 한 비용이 지금처럼 모자란데도 조정에서는 증가하려고 않는다고 하였다.(字子玄, 封益國公. 『語類』益公任內只料用錢七萬, 今甎瓦之費, 已使了六萬, 所餘只一萬, 初料得少如今, 朝廷亦不肯添了云云)"라 했다.

3) 도첩(度牒) :『차의』에 "승려나 도사는 반드시 도첩을 얻은 뒤에야 승려나 도사가 됨을 허락받아 장애가 없었다.(僧人道流必得度牒然後許爲僧道, 而無所防礙也)"라고 하였고,『관보』에 "당나라 현종 때 처음 승려나 도사가 돈을 내는 제도가 있었다. 송나라 신종 희녕 원년에 이에 따라 돈을 받고 도첩을 팔아 한때의 위급함을 돕도록 했다.(唐玄宗時, 始納錢度僧尼道士, 宋神宗熙寧元年, 因錢公輔言鬻度牒, 以佐一時之急)"라고 하였다.『익증』에서는 "승려와 도사는 관의 도첩이 있어야 출가할 수 있었다. 그 공명첩은 값이 매우 비쌌다. 소설에 실리기를, 송나라 황제 수태상황(壽太上皇)이 바친 여러 보물 가운데 도첩 수십 도가 있었다. 이 아래 걸항관의 보고서에 '도첩의 본래 값이 400관이다'라고 하였으니, 이에 따르면 200도로 8만 관을 얻을 수 있다. '일(一)'자는 '이(二)'자의 잘못이다.(僧道有官牒乃得出家, 其空名牒價甚高. 小說載宋帝壽太上皇, 所進諸色珍寶中, 有度牒數十道, 此下乞降官會狀云'度牒本價爲四百貫.' 据此則二百道, 乃可得八萬貫. '一'字疑'二'字之誤)"라고 하였다.

나,4) 공사를 시작하지 못하고 필대는 제사를 받들고자 집으로 갔습니다. 신은 부임 초에 바로 점검을 하였는데, 그 돈 6만여 관은 이미 벽돌과 횟가루를 샀고, 현재 그 남은 돈이 많지 않아, 기술자를 부리고 인부들을 먹일 비용5)도 부족합니다. 또 원래 본주의 각종 군병은 3천여 명에 불과하여, 생각건대 오래도록 힘든 노역을 견디지는 못할 것입니다. 그 성은 크고 넓어 성 가운데 빈 채로 백성이 살지 않는 곳이 많아, 만약 성을 다 쌓더라도 또한 쓸데가 없으니 헛된 노력을 들이는 것입니다. 처음에 이미 정한대로, 7월 하순에 공사를 시작하였는데, 날이 좀 가물었다가 장마가 이어졌으며, 잇따라 국상을 당하니, 인심이 소란하여 쉽지 않았습니다. 생각건대, 일은 시작되어 벽돌과 횟가루를 사들인 비용이 이미 많으니, 이대로 갑자기 일을 그만둔다면 또한 아까운 일입니다. 그러므로 황제 폐하께서 등극하여 사면을 행한 뒤로 일의 형편이 조금 안정되면, 관리에게 따로 맡겨 다시 검토하도록 하여, 그 성벽 북쪽 일대의 황량하고 먼 곳에 대해 잘 따져보고, 안쪽으로 들여쌓도록 해야 합니다.6) 이와 같이 한다면, 당장 공사하기가 쉬울 뿐만 아니라, 앞으로 만일의 뜻하지 않은 사태가 있더라도 또한 쉽게 지켜낼 수 있습니다. 다만 자세하게 계획도 하기 전에 신이 갑자기 성은을 받들어 명령에 따라 보고하게 되었습니다. 가만히 생각건대 아마도 새로 부임한 수신은 자초지종을 알지 못할 것이니, 바라건대 폐하께서 분부를 내리셔서 자세히 검토하도록 해 주옵소서. (검토한 결과) 만일 신의 망령된 의논이 시행할 만하다면 바로 도첩을 다시 지급하여 군민을 두루 모아서 급히 북변을 줄이고 안쪽으로 성을 쌓되, 풍년인 올해를 틈타 날짜를 잡아 공사를 시작하게 하신다면,

---

4) 팔아서~마련하였으나 : 『차의』에 "도첩을 팔아 8만 관을 마련하여 온 것을 말한다.(謂 賣度牒而得錢八萬貫以來也)"라 하였다.

5) 기술자를~비용 : 『차보』에 "공장(工匠)을 모집하고 고용한 일꾼들을 먹이는 비용이 다.(雇募工匠及犒饋役丁之費也)"라 하였다.

6) 안쪽으로~합니다 : 『차의』에 "바깥쪽의 황량하고 먼 곳을 따져 줄이고 안쪽으로 들여쌓아야 한다는 말이다.(謂裁減其外面荒迥處, 而縮向內面築之也)"라 하였다.

또한 영원히 이 지역의 근심을 막는 대비가 될 것입니다. 살펴주시기 바랍니다.

_ 정두영

덕업(德業)에 매진하기를 요청하는 차자[1]

해 제 『송사』「영종기」에 따르면 소희(紹熙) 5년(1194, 주희 65세) 8월 5일에 "주희를 환장각대제겸시강(煥章閣待制兼侍講)으로 임명하였다"고 되어 있다.『주희연보장편(朱熹年譜長編)』에 따르면 소희 5년 윤10월 4일 만강(晚講) 이후 의 글이다.

백성의 부모가 되는 제왕(帝王)은 요순과 탕무를 본받아 도를 배우고 몸을 닦으며 뜻을 세우고 일을 처리하는 근본과, 세속을 제어하고 호령을 내고 시행하는 요체에 관해서 강학할 것을 권면하는 내용이다.

신은 듣건대, 주나라 무왕(武王)은 "천지는 만물의 부모이고, 인간은 만물 가운데 신령한 존재이다. 참으로 총명한 이를 제왕으로 세우며 제왕은 백성의 부모가 된다"[2]라고 하였고, 또 맹자가 "요(堯)와 순(舜)은 본성[性]대로 하였고, 탕과 무왕은 노력하여 (본성을) 회복하였다"[3]라고 하였습니다. 신은 이 두

---

1) 『차보』에서는 이 차자는 『주자연보』에 따른다면, 「경연이 끝나고 혼자 남아 면대하면 서 네 가지 일을 진언한 차자」의 아래에 배치되어야 한다고 했다.

2) 천지는 만물의~부모가 된다 :『서경』「주서·태서(泰誓)」에 나오는 글이다.

3) 요(堯)와 순(舜)은~(본성을) 회복하였다 :『맹자』「진심 하」에 나오는 말이다. 해당 본문에 대한 주희의 주에 "'본성대로 하였다'는 것은 하늘로부터 온전한 것을 얻었고 그것을 더럽히거나 파괴한 것이 없이 수행과 노력을 빌리지 않았다는 것이니 성인의 지극함이다. '회복하였다'는 것은 수행과 노력을 통해 본성을 회복하여 성인에 이르는 것이다. 정자는 말하였다. '성지·반지라는 말은 옛날에는 이러한 말이 없었는데 맹자로부터 이야기된 것이다.' 여대림(呂大臨)은 말하였다. '의식 없이 편안히 행하는 것이 본성대로 한다는 것이고, 의식하면서 이롭다고 여겨 실천하여 의식함이 없는

가지 설을 가지고 깊이 생각해본 적이 있습니다. 천지는 커서 낳고 기르지 않는 것이 없으니 참으로 만물의 부모가 됩니다. 사람은 천지 안에 다시 홀로 바른 기(氣)를 얻고 그 성(性)의 온전함을 보존할 수 있으므로 만물의 영장이 됩니다. 제왕의 경우는 인류 가운데서 다시 홀로 왕성한 정기(正氣)를 얻고 더욱 완벽하게 성(性)의 온전함을 보전할 수 있는 사람입니다. 그 때문에 천하의 총명을 다할 수 있고 인류의 위 자리에 나아가 인간을 보호하고 자식처럼 기를 수 있습니다. 이것이 '백성의 부모가 된다'는 것입니다.

그러나 옛 성현들을 살펴보면 오직 요(堯) 황제와 위대한 순(舜)만이 "나면서 알고 편안히 행하는 자질"[4]을 가지고 있었으므로, 이 자리에 올라 이러한 책임을 감당하면서 부끄러움이 없을 수 있었던 것입니다. 성탕(成湯)과 무왕(武王)의 경우는 그 총명한 자질이 참으로 요와 순처럼 완전할 수 없었습니다. 오직 그들은 배워서 알 수 있었고, 선을 이롭게 여겨 잘 실천할 수 있었으며, 선을 골라 굳게 지킬 수 있었고, 자신의 사욕을 이기고 예(禮)로 돌아갈 수 있었으므로, 그 덕성과 총명의 전체를 회복하여 끝내는 또한 요순이 도달한 경지에 나아가 만백성의 부모가 되었던 것입니다. 그 타고난 자질은 요순에 미치지 못한 듯하였으나 회복하는 노력이 지극함에 이르러서는 다르지 않았습니다. 공자가 "공을 이룸에 있어서는 동일하다"[5]라고 한 것이

데까지 이르는 것이 본성을 회복하는 것이다. 요순은 그 본성을 잃지 않았고, 탕무는 그 본성을 잘 회복하였으니 공을 이룸에 있어서는 동일하다.(性者, 得全於天, 無所汙壞, 不假修爲, 聖之至也. 反之者, 修爲以復其性, 而至於聖人也. 程子曰, '性之反之, 古未有此語, 蓋自孟子發之.' 呂氏曰, '無意而安行, 性者也, 有意利行, 而至於無意, 復性者也. 堯舜不失其性, 湯武善反其性, 及其成功則一也")라고 되어 있다.

4) 나면서 알고 편안히 행하는 자질 :『중용장구』제19장에 나오는 말이다. 해당 부분의 원문은 다음과 같다. "태어나면서부터 아는 사람이 있고, 배워서 아는 사람이 있으며 애써 공부하여 아는 사람이 있는데 알게 되는데 있어서는 동일하다. 편안히 행하는 사람이 있고 이롭게 여겨서 행하는 사람이 있으며 힘써 행하는 사람이 있는데, 공을 이룸에 있어서는 동일하다.(或生而知之, 或學而知之, 或困而知之, 及其知之一也. 或安而行之, 或利而行之, 或勉强而行之, 及其成功一也)"

5) 공을 이룸에 있어서는 동일하다 :『중용장구』제19장의 말이다.

바로 이것을 말하는 것입니다.

공손히 생각하건대, 황제 폐하의 총명한 자질은 하늘로부터 타고난 것으로서 참으로 보통 사람이 엿보거나 헤아릴 수 있는 것이 아닙니다. 그러나 깊은 궁궐에서 태어나 자라셨고 춘추는 어리시니, 신은 폐하께서 농사의 어려움을 미처 다 아시지 못할 수도 있고, 사람의 참과 거짓을 미처 다 살피시지 못할 수도 있으며, 국가의 헌장과 법도를 미처 다 익히시지 못할 수도 있으리라고 생각합니다. 아울러 도를 배우고 몸을 닦으며 뜻을 세우고 일을 처리하는 근본과, 세속을 제어하고 호령을 내고 시행하는 요체에 관해서도 강학한 뒤에야 밝아지게 될 것이 있을 수 있을 것입니다.

그 때문에 제 나름대로 다음과 같이 생각하게 되었습니다. 폐하께서 이에 깊이 유의를 하시어 일상생활의 과정에 말할 때나 침묵할 때 거동할 때나 조용히 계실 때 반드시 방치한 본심을 찾아 근본으로 삼으면서 경전과 역사를 공부하시면서는 유학을 가까이 하고 이미 힘써 온 것에 더욱 힘을 쓰시며, 자주 대신을 불러 치도(治道)를 강마하시면서 대신들에게 현재 중요하고 긴급한 업무가 무엇인지 개진하시기를 대략 인종 황제께서 천장각(天章閣)을 개설하신 고사6)처럼 하시고, 아울러 군주와 신하가 만날 경우에는 또한 온화한 얼굴로 반복해서 자문을 구하시어 정사(政事)의 득실과 백성의 즐거움과 괴로움이 무엇인지를 구하시고, 또 그것을 기회로 인재의 사정(邪正)과 장단점을 살피신다면, 천하의 일들에 대해 각각 그 바른 이치를 터득할 수 있을 것입니다.

---

6) 인종 황제께서~개설하신 고사 : 천장각은 송(宋) 진종(眞宗)의 장서각(藏書閣) 명칭으로 천희(天禧) 4년에 건립되었다. 용도각의 북쪽에 있었다. 다음 해에 인종이 즉위하자 진종의 어제를 보관하고 아울러 학사, 직학사, 대제 등의 관리를 두었다.(『송사(宋史)』 「직관지(職官志)」, "天章閣學士, 直學士, 待制, 天禧四年建. 在會慶殿之西, 龍圖閣之北. 明年, 仁宗卽位, 修天章閣畢, 以奉安眞宗御制") 인종 경력(慶曆) 8년 3월, 황제가 용도각(龍圖閣)과 천장각(天章閣)에 행차하여 손수 쓴 조칙을 통해 시정(時政)의 득실을 물었는데, 참가한 모든 사람에게 붓과 종이를 주고 앉은자리에서 대답하도록 하였다. (『차의(箚疑)』)

두루 겪으면서 자세하고 곡진하게 일을 처리해 나가시고 물에 흠뻑 적시듯 충분히 숙달하여 두루 관통해 가신다면, 총명은 날마다 트이고 뜻은 날마다 강해질 것이며, 덕스러운 소문은 날마다 퍼지고 정치의 효과는 날마다 드러나, 천하의 백성들이 친부모처럼 우러러보고 두려워하며 사랑하게 될 것입니다. 이것이 노력하고 회복하는 것의 지극한 상태입니다. 요와 순, 탕과 무의 성대함도 이와 같았을 뿐입니다. 스스로 변변치 못하다고 여겨 타성대로 대충대충 지내면서, 옛 성현처럼 되리라는 스스로의 다짐을 포기해서는 안 될 것입니다.

신은 본래 우활(迂闊)한 학자인데다 늙고 병들어 아무 쓸모가 없으며, 시골구석에서 조용히 지내는 것으로 만족해야 함을 제 자신 잘 알고 있습니다. 이번 경우는 다만 준엄하게 부르신다는 이유로 우매함을 무릅쓰고 오기는 했지만, 보고 듣는 것과 신체가 모두 쇠약해서 무슨 일을 힘써하기는 어렵습니다. 그런데도 감히 갑자기 돌아가겠다고 청하지 않은 것은, 정중하게 맞아주시는 후의에 참으로 감동을 받았기 때문입니다. 그래서 잠시 동안이나마 조금만 참아서 폐하의 뜻이 서고 폐하의 공부가 이루어지기를 기다려, 뒷날 간사한 말과 사악한 설이 폐하의 마음을 침탈할 수 없음이 과연 이전에 기약했던 대로임을 명확히 알게 된 뒤에 간청하여 돌아간다면, 위로는 천자(의 뜻)를 저버리지 않고 아래로는 제 자신이 배운 것을 저버리지 않아 신하와 군주가 모두 영광스럽게 될 것이라는 바람 때문이었습니다.

다만 이 일의 경우는 신으로서는 말만 올릴 수 있을 뿐이고 힘을 쓰는 것은 폐하에게 달려 있습니다. 만에 하나 저물어 가는 석양이 나그네를 몰아세워 오래 머물 수 없게 된다면 이러한 여망을 가슴에 안고 잠 못 드는 저의 한은 끝이 없을 것입니다. 엎드려 바라건대 성상께서는 신의 이러한 뜻을 가련하게 여기시고 신의 이러한 말을 살펴주십시오. 몸과 마음을 채찍질하고 독려하면서 힘써 덕업에 매진하시어 신에게 그 소원을 조금이라도 일찍 이루게 해 주신다면 저녁에 죽어 눈을 감더라도 유감이 없을 것입니다.

폐하의 귀를 더럽히게 되어 신은 몹시 황감하고 감격하여 어찌할 줄을 모르겠
습니다. 살펴주시기 바랍니다.

첩황(貼黃)

신이 듣건대, 『중용』에 다음과 같은 말이 있습니다. "남이 한 번에 할
수 있으면 자기는 백 번을 하고, 남이 열 번에 할 수 있으면 자기는 천
번을 한다. 정말 이 도를 실천할 수만 있다면 비록 어리석더라도 반드시
총명해지고, 비록 유순하더라도 반드시 강인하게 된다."7) 원우(元祐) 연간
관직(館職)8)이었던 여대림(呂大臨)9)은 그것에 대해 다음과 같이 말하였습니
다.

> "군자가 학문을 하는 까닭은 (학문이) 기질을 변화시킬 수 있기 때문이다.
> 덕이 기질을 이기면 어리석은 자도 총명에 나아갈 수 있고, 유순한 자도
> 강인함에 나아갈 수 있다. (덕이 기질을) 이길 수 없으면 비록 배움에 뜻이
> 있더라도 어리석은 자는 총명해지지 못하고 유순한 자는 강인하게 될 수가
> 없다. 대개 고르게 선하고 악이 없는 것이 성(性)인데, 성은 모든 사람이
> 동일하다. 어둡거나 밝고 강하거나 약한 기품의 차이가 있는 것은 재(才)인데,
> 재는 사람마다 다르다. '정성스럽게 한다[誠之]'는 것은 그 같은 것[性을
> 가리킴]으로 돌아가고 그 다른 것[才를 가리킴]을 변화시키려는 것이다.
> 생각건대 아름답지 못한 기질을 아름답게 변화시키고자 하면 백배의 노력이
> 아니고서는 그것을 이루기에 부족하다. 지금 황폐하고 산만하기만한 학문으
> 로 공부를 하기도 하고 멈추기도 하면서 그 아름답지 못한 기질을 변화시키고
> 자 하다가, 변화시킬 수 없게 되면 '하늘로부터 받은 바탕[天質]이 아름답지

---

7) 남이 한 번에~강인하게 된다 :『중용장구』20장에 나오는 말이다.
8) 관직(館職) : 당송 시기 수찬(修撰) 편교(編校) 등을 담당한 관원을 통칭하던 명칭이다.
9) 여대림(呂大臨) : 자(字)는 여숙(與叔)으로 남전(藍田)사람이다. 비서정자(秘書正字)의
   관직을 지냈고, 이정(二程)을 사사하였다.

못하기 때문이다. 이는 배워서 변화시킬 수 있는 것이 아니다'라고 말하니, 이것은 스스로를 포기하는데 과감한 것으로 어질지 못함이 심한 것이다.”

신이 어려서 독서를 하다가 우연히 이 말을 보고는 깊이 반성하였는데, 분발이 되고 감격하게 됨을 그칠 수가 없었습니다. 이때부터 학문을 하는 것에 조금씩 진보가 있었습니다. 미나리를 먹다가 맛이 있어 감히 바치는 마음[10]으로 말씀드리오니 살펴주시기 바랍니다.

_ 장동우

---

10) 미나리를 먹다가~바치는 마음 : 『열자(列子)』「양주(楊朱)」에 나오는 말이다. “옛날 송(宋)나라의 한 농부가 항상 누더기만을 입고 겨울을 지내고는 따스운 봄날을 당하여 따뜻한 햇볕을 쬐면서, 천하에 너른 집, 따뜻한 방과 솜옷이나 여우 갖옷이 있는 줄은 모르고 자기 아내에게 말하기를 '이 등 쬐는 따뜻함[負背之暄]을 아무도 알 사람이 없으리니, 이것을 우리 임금님께 바치면 큰 상을 받게 될 것이다'라고 하자, 그 마을의 부자가 그에게 말하기를 '옛사람 가운데 미나리[芹]를 아주 좋아한 이가 있어 그 마을의 부자에게 미나리가 맛이 좋다고 말하자, 그 부자가 미나리를 먹어 본 결과 입이 부르트고 배가 쓰라렸다. 그래서 뭇사람들이 비웃으니, 그 사람이 크게 부끄러워하였다'라고 하였다.” 미나리를 바치고 싶다는 것은 곧 미력이나마 임금을 위하고자 하는 충성을 의미한다.

휴가와 일에 구애되지 말고 날마다 진강(進講)을 하도록 간청하는 차자

해 제　『주희연보장편(朱熹年譜長編)』에 따르면 소희(紹熙) 5년(1194, 주희 65세) 10월 16일에 올린 글이다. 이보다 앞서 같은 달 14일에『대학』을 진강하도록 조칙을 받았다고 한다.

송대에 진강은 이틀에 한번은 하도록 규정되어 있었으나 여러 가지 사정을 이유로 제대로 지켜지지 않고 있었다. 이에 대해 주희는 삭망(朔望)과 순휴(旬休), 그리고 상황(上皇)께 문안드리는 날을 제외하고는, 춥거나 더운 달, 척일(隻日)이거나 쌍일(双日)이거나 갖가지 휴가나 일에 구애받지 않고 경연을 열도록 요청하고 있다.

신이 근래의 제도를 보건대, 매 척일(隻日)[1]이 되면 아침저녁으로 강론을 올리도록 되어 있으나, 해당 일이 되어 휴가나 무슨 일[2]이 있으면 곧 임시로 중지합니다. 또한 선례에 따르면 앞으로 대한(大寒)과 대서(大暑)가 되면 그에 따라 그 달의 강론을 파합니다. 삼가 듣건대, 폐하께서는 천성적으로 학문을 좋아하여 새벽부터 저녁까지 부지런히 공부하시니, 비록 깊은 궁궐에 거처하

---

1) 척일(隻日) : "당제(唐制)에 척일(隻日)에 일을 처리하게 되어 있었는데, 이손(李遜)이 상주하여 날짜를 가릴 필요가 없다고 하였다. 척일은 아마도 강일(剛日 : 十干의 甲, 丙, 戊, 庚, 壬에 해당하는 陽日)인 듯하다.(唐制, 隻日視事, 李遜奏陳不必擇辰. 隻日疑剛日)"(『차의』)

2) 휴가나 무슨 일 : 송대에 가령격(假寧格)이 있었는데, 가(假)는 휴가를 주는 것을 가리키고, 영(寧)은 정신을 편안히 하는 것을 말한다. 이제 이곳에서의 '가(假)'자는 바로 가녕(假寧)의 '가(假)'자이다. 고(故)는 유고(有故)를 가리킨다.(『차의』)

고 계시더라도 반드시 한가로이 지내지 않으실 것입니다. 다만 신의 경우는 과분하게도 선택을 받아 경(經)을 강론하는 것으로 모시게 되었으니, 날마다 진강을 하여 폐하의 뜻을 보필해야 마땅할 것입니다. 그런데 지금 벌써 몇 달이 지나도록 업무를 수행할 수 없어 ‘헛되이 녹만 축낸다[素餐]’[3]는 비난에 실로 마음 편하지 않았습니다. 그 때문에 일찍이 폐하를 뵙고 일이 없는 날에 강론하는 것이 좋겠다고 아뢰었고, 이미 폐하께서도 기꺼이 허락하셨습니다. 그렇지만 지금 벌써 이틀이 지났는데도 시행되지 못하고 있습니다. 이로 인해 지난번에 아뢴 것을 살펴보니 상세하게 모든 것을 말씀드리지 못하여 이제 따로 갖추어 상주하니 폐하께서 꼭 지혜로운 하교를 내려주시기를 간청합니다.

이제부터 삭망(朔望)과 순휴(旬休),[4] 그리고 상황(上皇)께 문안드리는 날을 제외하고는, 춥거나 더운 달, 척일이거나 쌍일이거나 여러 가지 휴가나 일에 구애받지 않도록 하시고, 아울러 매일 아침저녁으로 진강하도록 명하십시오. 안으로 어전에서 조회가 있는 날은 폐하께서 오래도록 앉아 계시는 것이 적잖이 피곤하시리라 염려되니, 그럴 때는 임시로 아침 강론을 한 차례 쉬시기를 바랍니다. 그렇게 하신다면 ‘(학문을) 마음에 품고, 익히고, (학문에) 노닐고 휴식하게 되어’[5] 학문에 전념하지 않을 때가 없게 되니 성스러운 덕이 날로 높아져서, 천하를 위해 매우 다행스러울 것입니다! 살펴주시기 바랍니다.

_ 장동우

---

3) 헛되이 녹만 축낸다[素餐] : 『시경(詩經)』 「위풍(魏風)·벌단(伐檀)」, “彼君子兮, 不素餐兮”에 대하여 『집전(集傳)』에서는 ‘헛되이 녹만 받음[空食]’이라고 풀이하고 있다.

4) 순휴(旬休) : “『강목』에 ‘개원 연간에 처음으로 백관에게 봄에 순휴를 주도록 명하였다’고 되어 있고, 주에 ‘순휴는 10일마다 백관에게 하루의 휴가를 주는 것’이라고 하였다.(『剛目』開元中, 初令百官於春月旬休, 註‘旬休’, 每十日, 賜與百官, 一休暇也)”(『관보』) “아마도 천자 역시 이 날에는 정사를 보지 않았던 것 같다.”(『차보』)

5) 마음에 품고~휴식하게 되어 : 『예기(禮記)』 「학기(學記)」에 나오는 말이다. 원문은 다음과 같다. “君子之於學也, 藏焉, 修焉, 遊焉, 息焉. 夫然故安其學而親其師, 樂其友而信其道, 是以雖離師輔而不反也.”

담당 관리를 뽑아서 봉사를 자세히
살펴보도록 간청하는 차자

해 제   『주희연보장편(朱熹年譜長編)』에 따르면 소희(紹熙) 5년(1194, 주희 65세) 10월 16일에 올린 글이다. 이 차자를 올리고 같은 달 17일에는 성지(聖旨)에 따라 심유개(沈有開), 유광조(劉光祖) 등이 열흘 안에 상주문을 자세히 살피는 임무를 맡았다고 한다.

재이를 겪고 이를 극복할 방안에 대해 구언(求言)하는 조치가 있었고, 신하들이 많은 봉사를 올렸지만 제대로 검토하지 못하여 시행하지 못하고 있었다. 주희는 후성(後省)의 관리들에게 숙직을 하면서라도 올라온 봉사를 살피도록 요청하고 있다.

신이 일전에 친히 뵙고 아뢸 때[1] 삼가 조지(詔旨)를 받았는데, 우레와 비가 내리는 재이를 당해서 정사(政事)의 잘못을 진언하도록 허락하셨습니다. 이를 통해 폐하께서 하늘을 경외하고 자신을 반성하시는 뜻을 알 수 있었습니다. 그러나 신이 감히 조칙을 받들지 않은 것은 폐하께서 등극하신 초기에 이미 (구언의) 밝은 조칙을 내리셨고[2] 그에 따라 진언한 자가 매우 많았으나

---

1) 일전에 : 속경남(束景南)의 『주희연보장편(朱熹年譜長編)』에 따르면 '전일'은 14일 경연에서 처음 진강을 하면서 직접 대면하여 상주한 것을 가리킨다고 한다.(1159쪽)

2) 등극하신~내리셨고 : 소희(紹熙) 5년(1194, 주희 65세) 7월 5일에 광종(光宗)이 내선(內禪)을 하여 영종(寧宗)이 즉위하였다. 『송사(宋史)』「영종본기(寧宗本紀)」에, "元年甲申, 詔兩省官詳定應詔封事, 具要切者以聞."

어느 것 한 가지도 시행되었다는 말을 들은 적이 없었으니 이제 다시 구언(求言)을 하시는 것도 거의 빈 말이 될 것이어서, 폐하께서 지혜로운 조칙을 내려 후성(後省)³)의 관리들에게 숙직을 해서라도 (올라온 봉사들을) 상세히 살피도록 하시고, 그 가운데 좋은 것은 골라 조목별로 올리게 하여 요지를 취해 순서에 따라 시행하시기를 간청하고 싶었기 때문입니다. 그런데 이미 폐하께서 가납하시어 재삼 선유(宣諭)하기를 이와 같이 하시니, 구언의 조칙은 형식적인 것이 되지 않을 것이라, 신은 감격하여 기쁨을 이기지 못하였습니다.

그러나 지금 이미 이틀이 지났는데도 지시가 없습니다. 외람되이 생각건대 당시에 아뢴 말씀 가운데는 다른 사안이 많았고, 또한 문서로 내려 줄 만한 내용도 없었기 때문⁴)에 더디고 늦어지게 된 것이 아닌가 생각하였습니다. 이에 감히 다시 상주문으로 갖추어 아뢰니 폐하께서 속히 조치를 취해 주시기 바랍니다. 그렇게 된다면 이를 들은 신하들은 서로 권면할 줄 알게 되고 직언은 날마다 보고되어 폐하께서는 총명함을 열고 깨달아 더욱 정사와 덕을 닦게 될 것입니다. 하늘의 뜻에 응하는 실제적인 조치로 이보다 큰 것은 없을 것입니다. 살펴주시기 바랍니다.

【10월 17일 성지(聖旨)를 받들어 심유개(沈有開)와 유광조(劉光祖)를 뽑아 열흘을 기한으로 상주문을 자세히 살피도록 하였다.】

_ 장동우

---

3) 후성(後省) : 송(宋)이 강을 건넌 뒤에 구제(舊制)에 따라 중서성(中書省)과 문하성(門下省)에 각각 후성(後省)을 두었다. 중서후성(中書後省)의 경우는 사인(舍人)이 장관이 되고 문하후성(門下後省)의 경우는 급사중(給事中)이 장관이 되었다. 소흥(紹興) 연간에 조칙을 내려 중서성과 문하성을 통합한 뒤에는 후성도 나눌 필요가 없었으므로 중서문하후성으로 합병되었고 급사가 봉박(封駁)을 관장하였다.

4) 당시에 아뢴~없었기 때문 : "당시 주희는 말로만 아뢰었고 천자도 말로 선유하였을 뿐이었기 때문에 이렇게 말한 것이다.(當時, 只是言語陳達, 而上亦以言語宣諭而已, 故云)"(『차의』)

서경절(瑞慶節)에 하례를 받지 말도록
요청하는 차자

해 제　『주희연보장편(朱熹年譜長編)』에 따르면 소희(紹熙) 5년(1194, 주희 65세) 10월 18일에 올린 글이다.

당시는 광종(光宗)의 아버지인 효종(孝宗)의 상중이었음에도 불구하고 광종이 자신의 탄생일을 기념하여 신하들로부터 하례를 받으려 하였다. 이에 대해 주희는 효치(孝治)의 이념을 근거로 자숙할 것을 권고하고 있다.

신이 엎드려 보건대 서경절(瑞慶節)[1]의 하루 전날인 오늘, 재집(宰執)[2]이 문무 관료들을 인솔하고 행궁의 편전에 나아가 표를 올리면서 하례를 드렸고, 신은 이미 미리 와서 공손하게 반열에 나아가 서 있었습니다. 그러나 생각건대 수황(壽皇)[3]의 재궁(梓宮)[4]이 빈궁(殯宮)에 계시고 폐하의 추모하는 마음이

---

1) 서경절(瑞慶節) : 탄생일이다. "당 현종(玄宗)이 천자의 탄생일을 천추절로 정했고, 당 목종(穆宗)은 처음으로 하례를 받았는데, 역대의 왕조가 이를 따랐다. 『사문류취(事文類聚)』에 조여담(趙汝談)의 서경절을 축하하는 표가 실려 있다.(唐玄宗以誕降日立 千秋節, 唐穆宗始受賀, 歷代因之. 『事文類聚』有趙汝談「瑞慶節賀表」)"(『익중』)

2) 재집(宰執) : 당송 시기 국가의 재상 및 재상과 함께 국권을 조종하는 일군의 사람들을 '재집(宰執)'이라 한다. 송대는 동평장사(同平章事)로 재상(宰相)을 삼고 그 이외 참지정사(參知政事)·좌우승(左右丞)·추밀사(樞密史) 등을 집정관(執政官)이라 불렀다. 그리고 이 둘을 통칭하여 '재집(宰執)'이라 불렀다. 결국 국권을 총괄하는 요직을 지칭한다.

3) 수황(壽皇) : 지존수황성제(至尊壽皇聖帝)의 준말로, 송 광종(宋光宗)이 자기에게 전위

한창 새로우신데, 도리어 이러한 때 하례를 도모하여 실행하니 신은 경술(經術)을 가지고 가까이서 모시는 직분 상 이러한 잘못을 보고 실로 마음이 편안치 못하였습니다. 그리하여 오래 전부터 폐하께 아뢰고자 하였으나 신분이 소원한 처지라 감히 분수에 넘치는 일을 하지 않았던 것입니다.

어제 저녁 갑자기 폐하의 교지를 받들었는데 오늘 저녁 강론에서 접견할 것을 특별히 명령하셨습니다. 폐하께서 허심탄회한 마음으로 선을 구하면서도 오직 선에 이르지 못할지를 근심하시며 은혜롭게 대우해 주시는 것이 보통 때와는 다르다는 것을 알게 되었습니다. 깊이 감격함을 스스로 이기지 못하여 삼가 이 자신의 상주를 하게 되었습니다. 바라건대 폐하께서는 급히 전지를 내리시어 당분간 (상중에) 멈추도록 곧바로 명령을 하시고 그 표 또한 접수하지 않도록 하십시오. 3년 상을 지내는 동안에 무릇 축하를 해야 하는 일들이 있다면 모두 이번의 사례에 따르도록 하십시오. 그렇게 하신다면 위로는 효치(孝治)를 넓히고 성덕을 더욱 융성하게 하며, 사방에 기풍을 진작시키고 만세의 법을 드리우게 될 것이니, 신은 크게 바라는 바입니다. 살펴주시기 바랍니다.

첩황(貼黃)

신의 금번 상주(上奏)가 비록 늦기는 하였지만, 뭇 신하들이 반차(班次)에 따라 밖에서 하례를 하여도 성주(聖主)께서 물리치고 받지 않으시어 더욱 성덕의 융성함을 보이신다면 후세의 모범이 될 수 있을 것입니다. 엎드려 바라건대 명철하게 살펴주시기를 바랍니다.

_ 장동우

(傳位)한 부친 효종(孝宗)에게 올린 존호(尊號)이다.

4) 재궁(梓宮) : 『예기(禮記)』 「단궁(檀弓)」에 "천자의 관은 네 겹이다. 물소와 무소의 가죽을 겹쳐 만든 관으로 덮는데 두께가 세 치이다. 이관(杝棺)이 한 겹이고 재관(梓棺)이 두 겹이다. 네 가지는 모두 둘러친다.(天子之棺四重, 水兕革棺被之, 其厚三寸, 杝棺一梓棺二, 四者皆周)"라고 되어 있다. 따라서 재궁은 천자의 관을 가리킨다.

경연이 끝나고 혼자 남아 면대하면서
네 가지 일을 진언한 차자

해 제 『주희연보장편(朱熹年譜長編)』에 따르면 소희(紹熙) 5년(1194, 주희 65세) 10월 23일에 올린 글이다.

환장각대제겸시강의 지위에 있으면서 경연을 마치고 네 가지 사안에 대한 자신의 입장을 진언하였다. 첫째는 자신을 봉양하는 모든 일을 억제하고 줄일 것, 즉 궁궐 내전의 사사로운 거처 비용을 동궁 때의 규모로 축소하고 외정(外庭)에서 거행하는 의례의 규모 또한 천자의 지위에 따른 것이 아닌 축소된 규모로 진행할 것을 주장한다. 둘째는 수강궁(壽康宮)에 아침저녁으로 문안드리는 예를 근실하게 실천할 것, 즉 수강궁을 알현할 때 수레와 호위하는 사람의 수를 줄이며, 입궁한 뒤에는 잠시 복색을 바꾸어 태상황제께 복종하는 마음을 표현할 것을 진언한다. 셋째는 조정의 기강을 확립할 것, 즉 내시가 정치에 관여하지 못하도록 막고 공로가 있는 신하들에게 충분히 포상할 것을 요구한다. 넷째는 수황의 성대한 공열(功烈)에 상응하는 산릉을 결정하도록 할 것, 즉 산릉의 결정을 7개월간 유보한 뒤 달리 초택을 구하여 새로운 산릉을 조성토록 할 것 등이 그것이다.

신은 우원하고 어리석으며 노쇠하고 미천하여 다른 사람을 도울 것이 없는데도, 폐하께서 먼 지방에 있는 사람을 불러 가까이 모시는 반열에 두고 권송(勸誦)하는 관리로 머물게 하시니,[1] 이것이 어찌 소신(小臣)에 대한

---

1) 권송(勸誦)하는 관직에 머물게 하시니 : "선생은 이때 담주지사에서 환장각대제겸시강에 제수되었다.(先生自知潭州, 除待制侍講)"(『익증』)

사사로운 정 때문에 그러한 것이겠습니까? 생각해보면 필시 신이 거칠게나마 학문을 강토하면서 약간의 생각을 가지고 있어 여러 사람들의 의견을 묵묵히 따르려 하지 않았던 것이 혹시라도 임금의 다스림에 조금이라도 보탬이 될 것으로 생각하였기 때문일 것입니다. 그리고 신이 대궐에 도착하고 나서 세 차례나 면대할 기회를 얻어 개진한 광망(狂妄)한 말을 그때그때 받아주셨습니다. 예를 들어 시강(侍講) 일수를 늘리자는 것, 봉사를 상세하게 살피도록 해야 한다는 것, 서경절을 축하하는 표(表)를 물리치시도록[不受賀表]2) 요청한 것들이 모두 시행되었습니다.

신은 스스로의 분수도 모르고, 마음속에 품고 있는 참 생각을 피력하고 의(義)를 다하고 충성을 다 바쳐 폐하께서 사령장에 본인의 이름을 올리게 한 뜻을 어긋나지 않을 수 있게 되리라 생각하였습니다. 또 내조(內朝)3)에서의 일 처리는 실제로 조용히 풍의(諷議)하는 것을 직책으로 하기 때문에 비록 구언(求言)의 조칙을 받았다하더라도 감히 외신(外臣)처럼 글을 지어 공포하고 드러내지 않았고 단지 한두 번 직접 뵙고 상주하여 폐하께서 자발적으로 시행하시기를 바란 적은 있습니다. 그러나 요 며칠 하늘의 뜻을 살펴보니[竊觀天意]4) 우레와 천둥이 있고 난 뒤 연이어 장마처럼 비가 내리면서 침울한 기운은 가시지 않고, 밤은 낮처럼 환하고 낮은 밤처럼 어둡습니다. 이는 반드시 정사를 시행함에 백성들의 바램을 제대로 만족시키지 못하여 감히 음사(陰邪)가 양덕(陽德)을 침범하게 되었기 때문입니다. 게다가 신이 전일에 말씀드린 큰 문제5)에 대해서도 아직 살피지 않고 계십니다. 다만 줏대 없이

---

2) 이 차자 끝의 첩황 참조.

3) 내조(內朝) : 조(朝)는 천자, 제후가 일을 처리하는 곳이다. 천자, 제후에게는 모두 삼조(三朝)가 있다. 외조(外朝)가 한 곳에 있었다. 천자의 경우는 고문(庫門) 밖에 있고, 제후의 경우는 치문(雉門) 밖에 위치하였는데, 특별한 대사(大事)를 시행하였다. 내조(內朝)가 두 곳에 있었다. 첫째가 정조(正朝)인데, 노문(路門)에 자리하여 천자 제후가 일상적으로 조회를 보던 곳이다. 다른 하나는 연조(燕朝)인데, 노침(路寢)의 뜰에 자리하여 종족(宗族)과 관련된 일을 논의하였다. 삼조는 모두 남쪽에 있었다.

4) 이 차자 끝의 첩황 참조.

뭇사람들의 의견을 좇아 글의 의미나 해석하고, 때때로 한두 가지의 자잘한 문제에 대해서 의견을 개진하여 전례(前例)에 부응하기만 한다면, 폐하께서 어리석은 신을 (먼 곳에서) 불러 등용하신 뜻이 아닐 뿐더러 어찌 어리석은 신이 폐하의 뜻을 받드는 도리이겠습니까? 지금 미천한 정성이 있어 남김없이 말씀드리게 되었습니다.

　신이 말씀드리고자 하는 것 중 가장 큰 것은, 폐하 자신을 봉양하는 모든 일을 억제하고 줄이는데 더욱 애쓰시도록 권하는 것입니다. 궁궐 내전의 사사로운 거처 비용은 동궁 때의 옛 규모로 하고 외정(外庭)에서 거행하는 의례의 정도·부리는 자에게 내리는 은택에 이르러서도 또한 바로 만승천자의 존엄함을 전부 누려서는 안 됩니다. 그렇게 하시면 부친의 마음을 감동시키고 바로잡게 되어 빠른 시간에 혼정신성(昏定晨省)하고자 하는 소망을 이룰 수가 있게 될 것입니다. 따라서 신은 폐하께서 반드시 받아들이시리라 생각하였습니다. 그러나 며칠 사이 의외로 예전의 동궁을 삼백여 칸의 집으로 확장·수리하라는 지시가 있었다고 들었습니다. 조외(朝外)의 의론(議論)은 모두 폐하께서 빨리 궁을 낙성하고 빠른 시일 내에 옮김으로써 편안해지는 계책으로 삼으려 한다고 평가하고 있습니다. 억제하고 줄이지는 못할망정 오히려 지나치게 증가하니, 모르겠습니다만, 이것이 과연 폐하의 마음에서 대신들의 의논에서 군민(軍民)들의 바람에서 나온 것인지요? 아니면 좌우의 근신(近臣)들이 이러한 일을 주창하여 폐하를 오도함으로써 자신들의 간사한 마음을 실현하는 것인지요?

---

5) 신이 전일에 말씀드린 큰 문제 : 『차의』에서는 『주자연보』의 기록을 근거로 부친의 뜻을 잘 받들지 못한 것과 산릉(山陵)의 조성을 지나치게 한 일을 가리킨다고 보았고, 『절보』에서는 『차의』에서 말한 내용은 황제를 직접 대면해서 상주한 글들 속에 보이지 않는다고 지적하면서 앞에 나온 「갑인년 행궁편전에서의 첫 번째 주차(奏箚)」에서 진언한 자신을 낮추고 문안을 더욱 부지런히 하고 측근들의 말만 들어서 사적 통로가 생기게 하는 폐단을 만들지 말라고 한 일을 가리킨다고 보았다. : (“謂過宮·山陵事也, 見『年譜』” : 『차의』) ; (“山陵事, 非面奏, 恐是上第一奏箚中, 深自打損·益勤問安·不爲偏聽以啓私門之事也” : 『절보』)

신이 염려하건대, 상제(上帝)가 진노하여 재이(災異)가 자주 출현하니 바로 두려워하면서 자신을 돌아보고 닦아야 할 때로 이처럼 큰 역사(役事)를 일으켜 하늘이 견고(譴告)하고 경동(警動)하는 뜻을 어겨서는 안 될 것입니다. 또한 기내(畿內)백성들이 굶주림에 지쳐 이리저리 떠돌며 죽음의 나락에 떨어지는 상황에서, 조정에서는 바로 이러한 때를 타서 토목공사를 크게 일으켜 궁실을 축성하고 단지 자신의 뜻에 맞추어 받드는 것으로 일삼을 뿐 백성들을 측은하고 가련하게 여기는 마음이 없다는 것을 백성들이 문득 보게 된다면 원망하는 마음이 분통해하고 절실하게 되어 다른 변고를 낳지 않을까 두렵습니다.

태상황제의 마음을 감격시켜 아직 성사시키지 못한 문안 약속을 이루지 못했을 뿐만이 아닙니다. 수황께서 빈궁(殯宮)에 계신 채 아직 인산(因山)이 결정되지 않은 시점이라 궤연(几筵)을 받드는 일을 조금도 소홀히 해서는 안 되고, 거기에다 태황태후와 황태후[6] 모두 연로하신 몸으로 외로이 슬픔과 괴로움 속에 계시므로 아침저녁으로 봉양하는 일을 빠뜨려서도 더욱 안 되는데, 단지 폐하께서 궁실을 크게 중수하고 빨리 공사를 완성하여 미련 없이 동궁 때의 거처를 버리고 편안한 곳으로 옮기고자함을 사방의 백성들이 본다면, 육군과 만민의 마음에 개탄하고 불평하는 것이 또한 반드시 있을 것입니다.

거울로 삼아야 할 앞 시대의 교훈이 멀리 있지 않으니[7] 매우 두렵습니다. 존친(尊親)의 곁을 일단 떠나고 가볍게 상차(喪次)를 떠나 깊은 궁궐 속에서 원유(園囿)와 연못, 누대 등 눈과 귀를 즐겁게 하는 것들이 뒤섞여 다가오게 되면, 폐하의 마음이 이처럼 화려하고 성대한 것들이 미혹하고 동요시킴을

---

6) 황태후 : "광종후(光宗后) 이씨(李氏)를 가리킨다."(『익증』)

7) 거울로 삼아야 할~멀리 있지 않으니 : 「갑인의상봉사(甲寅擬上封事)」에서 주희는 장수들이 대의를 내세워 일어나고, 이적이 나라 밖에서 군사를 일으킬지 모른다고 우려하였는데, 『차의』에서는 이 소에서 '육군과 만민~'이라고 한 말과 서로 부합하기 때문에 그렇게 말한 것이라고 해석하였다.("光宗時不過重華, 壽皇彌不豫. 先生封事曰, '草野僭竊, 將仗義而起', 今此'六軍萬民云云', 前後相符, 故云")

감당하기 쉽지 않으니, 비록 날마다 선비를 가까이 하여 경전의 뜻을 강구함으로써 그 일을 바로잡아 덕을 닦고 공업(功業)을 성취하고자 해도 겨를이 없게 될까 신은 적이 걱정스럽습니다. 이 또한 신이 크게 두려워하는 바입니다.

수강(壽康)8)궁에 아침저녁으로 문안드리는 예(禮)에 대해서 신이 말씀을 드린 적이 있었으나 제 생각을 다 담지는 못하였습니다. 이제 들으니, 근래에 다시 한두 번 수강궁에 들르셨지만 역시 뵐 수 없었는데, 곧바로 신이 말씀드린 '조칙을 내려 자책하면서 자주 찾아뵙도록 한다'처럼 근심하시기는커녕 느릿느릿 태연하시기가 평상시와 다르지 않으셨고, 범연히 갔다가는 범연히 돌아오셨다고 합니다. 태상황제께서 이것을 들으시고 이것은 한갓 예를 차리기 위해 온 것이지 실제로 나를 반드시 보겠다는 뜻은 없는 것이라고 여겼을 것입니다. 태상황제께서 깊이 문을 닫아걸고 완강하게 거절하시면서 보지 않으려 하신 것도 정말 당연합니다.

또 태상황후께서는 태상황제의 뜻을 거역하시기 두려워 '태상(太上)'이라는 칭호를 듣고자 하지 않으시고, 내선(內禪)하였다는 말도 듣고 싶어하지 않으신다고 들었습니다. 이 또한 고려가 지나친 것입니다. 정말 모르겠습니다. 만일 한결같이 이와 같이만 하고, 이런저런 방법을 통해 태상황제로 하여금 폐하께서 부득이하게 즉위한 이유가 위로는 종사(宗社)를 편안하게 하고 아래로는 군민(軍民)을 안심시키며 잠시 자기의 노고를 대신하려는 것 때문일 뿐 감히 지존으로서의 대우를 조속히 누리려는 것이 아님을 분명히 알도록 하지 않는다면, 부자지간에 아버지는 원망하고 노여워하며 아들은 근심하고 두려워하는 이러한 상황이 언제나 끝나겠습니까? 부자관계는 천륜(天倫)이고 삼강(三綱)을 지탱하는 것입니다. 폐하의 마음이 매우 불편할 뿐 아니라 사방에서 보고 듣는 사람들도 정말로 아름답지 못한 일이라고 여기고 있습니다. 오래도록 이러한 상황을 타개하려 하지 않는다면 또한 그것을 빌미로 비방하는 말을 지어내고 일을 꾸미는 자가 생기게 될 것입니다. 이것이

---

8) 수강(壽康) : "광종이 거처하는 궁이다.(光宗所居宮也)"(『차의』)

또한 신이 크게 두려워하는 바입니다.

조정의 기강의 경우는 더욱 합당하고 엄하게 세워야 할 것입니다. 위로 인주(人主)로부터 아래로 온갖 일을 맡은 관리에 이르기까지 각자 맡은 업무가 있어 서로 침범해서는 안 됩니다. 군주가 비록 명령하는 것[制命]을 직무로 한다고 해도, 반드시 대신들과 의논하고 급사9)를 참여시켜 숙의(熟議)케 해서 공의(公議)가 어디에 있는지를 알아 본 뒤에 '왕정에 공개하고' 분명하게 명령을 내려 공정하게 시행해야 합니다. 이 때문에 조정은 존엄해지고 명령은 상세하고 분명해져서 부당한 경우가 있더라도 천하 사람들 역시 그 잘못이 어떤 사람으로부터 나온 것인지를 모두가 분명하게 알게 되어 군주만이 홀로 그 책임을 지지 않게 되고, 신하들 가운데 논의하고자 하는 이들도 거리낌 없이 모든 생각을 다 말할 수 있을 것입니다. 이것이 고금의 상리(常理)이며, 또한 조종(祖宗)의 가법(家法)입니다.

지금 폐하가 즉위하신 지 열 달10)도 되지 않았는데 재상을 교체하고,11) 대간을 바꾸며,12) 심지어는 급하게 등용하였다가는 난데없이 물러나게 하기도13) 하셨습니다. 이는 모두 폐하의 독단에서 나온 것으로 대신이 참여하지도

---

9) 급사(給舍) : 송대(宋代)에 관료 중 급사중(給事中)과 중서사인(中書舍人)을 가리키는 말로 쓰였다.

10) 열 달도 되지 않았는데 : 『주희연보장편』에 따르면, 영종(寧宗)은 7월 5일 즉위하였고, 이 글은 10월 23일 올린 것으로 되어 있다.

11) 재상을 교체하고 : "당시 한탁주가 조금씩 정치에 관여하였는데, 좌승상 유정이 후성의 관리를 시켜 훈계하였다. 탁주가 노하여 황제에게 그 사실을 보고하였고 드디어 황제가 손수 조칙을 내려 좌승상을 파직시켰다.(時韓侂胄寖謀預政, 左丞相留正, 使省吏諭之 侂胄怒, 間之于帝, 遂以手詔罷之)"(『익증』)

12) 대간을 바꾸며 : "지합문사 유필이 한탁주에게 어필로서 대간을 임명하라고 훈계하였다. 그러자 내비를 내려 사심보를 어사중승에, 유덕수를 감찰어사에 임명하였다. 이로부터 유삼걸·이목 등이 줄줄이 언로에 진출하였는데, 모두가 탁주의 사람이었다.(知閤門事劉弼教侂胄, 以御筆批出臺諫, 於是內批以謝深甫爲御史中丞, 劉德秀爲監察御史. 由是劉三傑·李沐等牽連以進言路, 皆侂胄之人)"(『차의』)

13) 심지어는~물러나게 하기도 : "당시 내비를 내려 정언 황탁을 파직하였다. 탁이 상소하여 탁주의 간괴함을 논하려 하였는데, 탁주가 이를 눈치채고 어필로 황탁을

않았고 급사도 논의에 참여하지 못하였습니다. 가령 실제로 폐하의 독단에서 나왔고 그 판단이 모두 이치에 합당한 경우라 하더라도, 그러한 방식은 정치를 하는 요체가 아니어서 후일의 폐단을 야기할 수 있습니다.[14] 폐단이 생기게 될 것입니다. 더욱이 안팎으로 전해지는 풍문들이 하나같이 의심하고 곤혹스러워 하면서 모두가 '측근들이 아마 권력을 훔친다고 말하고 있고, 또 그 행해지는 것도 모두 다 공의(公議)에 부합하는 것은 아니니 어떻겠습니까? 이러한 폐단이 개혁되지 않는다면 명목상으로는 황제 자신의 결정이 되겠지만 군주의 위엄은 아래로 옮겨짐을 면하지 못할 것이고, 그것을 통해 다스려지기를 구하려 한다면 도리어 혼란을 초래하지 않을까 염려됩니다.

융흥(隆興) 이래로 이미 이러한 잘못이 있어서 신 또한 여러 번 수황(壽皇)께 깊이 그것에 대해 논한 적이 있었으니 오늘날의 근심만이 아닙니다. 그래도 수황께서는 성품이 총명하시고 세상 돌아가는 일을 익히고 단련하셨기 때문에, 이들 무리에 대해서 비록 마음대로 부릴 수 있었다는 점 때문에 약간 관대하게 조치하시기는 하셨지만 알고 보면 역시 은밀하게 제재(制裁) 하여 그들의 계책에 완전하게 빠지지는 않았습니다. 그러나 (소인배들의) 이런 버릇이 쌓여 (사회)기풍이 되고 후세에 근심을 끼치게 되었으니 그 피해는 이미 이루 다 말할 수 없습니다. 예를 들어 진원(陳源)·원좌(袁佐)[15]의 부류들

지평강부에 제수하였다. 황탁은 '탁주가 어필을 칭탁하여 간관을 몰아내는 것은 국가를 위해 도움이 되는 일이 아니다'라고 하였는데, 바로 이 일이다. 사관의 기록에 '선생께서 네 가지 일을 논한 것은 아마도 황탁이 제거된 것 때문에 말한 것'이라고 하였다.(時以內批罷右正言黃度. 度將上疏論侂胄之姦, 侂胄覺之, 以御筆除 度知平江府. 度言'侂胄假御筆, 逐諫宮, 非國之利.' 卽此事也. 蓋史記言'先生論四事, 蓋因黃度之去而發.')(『차의』)

14) 후일의 폐단을~수 있습니다 : 뒷날 이것을 전례(前例)로 삼아 정치적 판단의 절차를 무시하고 정치적 행위를 하는 폐단이 발생할 수 있다는 의미이다.

15) 진원·원좌 : 두 사람의 환관이름. 소희(紹熙) 5년 8월에 시어사(侍御史) 장영(章穎)이 내시(內侍)인 진원과 양순경(楊舜卿), 임억년(林億年) 등 열 사람이 이간(離間)을 하였 다고 논죄(論罪)하였다. 모두 관직을 깎고 외방으로 내쫓도록 조서를 내렸는데 바로 그 사람이다.(『차의』)

은 모두 폐하께서 친히 보신 바입니다. 그런데 어찌하여 다시 그 자취를 답습하고 따르려고 하십니까? 게다가 폐하 스스로 생각하시기에 총명하고 단호한 결단을 하는 데 있어서 수황과 누가 더 낫습니까? 세사를 익히고 단련하여 통달한 것에서 수황과 누가 더 낫습니까? 수황께서도 오히려 사전에 제재할 수 없었는데 폐하께서는 사후에 그들을 제재하고자 하시니, 그들이 더욱 심한 근심거리가 되는 것은 비단 이전 정도에만 그치지 않을 것이라고 신은 염려합니다. 이것이 또한 신이 크게 걱정하는 것입니다.

산릉[欑宮]의 위치[16]를 결정하는 문제의 경우, 대사(臺史)의 완고하고 잘못된 말만을 듣고 그들이 서로 결탁하여 현혹하는 계책에 빠져서 길지를 구하시어, 다만 영우릉(永祐陵)[17]과 영사릉(永思陵)[18]의 옆으로 모아 옮겨 구차하게 처리하고자 하니, 이미 수황의 체백을 편안하게 모시려는 계책이 아닐 뿐더러 종사(宗社)의 제사가 장구하게 이어지기 위한 계획도 아닙니다. 그러나 재상과 시종(侍從)의 신하로부터 군민에 이르기까지 모두가 그것이 잘못임을 알면서도 감히 힘써 간쟁하지 못합니다. 수황의 풍성한 공열(功烈)은 백세가 지나도록 잊어서는 안 되는 것인데도 장례를 치르기는 이처럼 서두르기만 하니, 이것이 하늘과 사람의 바램에 크게 어긋나 재이(災異)가 빈번하게 이어지도록 하여 끝없이 환난을 끼치게 만드는 것이 어찌 아니겠습니까? 이 또한 신이 크게 두려워하는 것입니다.

이 네 가지 두려움은 모두가 사소한 일이 아닙니다. 신은 폐하께서 어리석은 저의 말을 깊이 살피시고 마음속에 돌이켜보시기를 바랍니다. 그런 뒤에 대신들에게 분명히 조칙을 내려 우선 동궁을 수리하는 공역을 중지하도록

---

16) 산릉[欑宮]의 위치 : 『예기』 「단궁」에 "천자의 관을 빈소에 안치할 때는 용을 그린 상여의 사면에 나무를 둘러쌓아 곽으로 삼는다.(天子之殯也, 菆塗龍輴以椁)"라고 되어 있고, 소에서는 "'찬(菆)'은 '쌓는다[叢]'의 뜻으로 나무를 사용하여 관 주위에 쌓아 사면을 두르는 것을 가리킨다"라고 하였다.

17) 영우릉(永祐陵) : 휘종(徽宗)의 능.

18) 영사릉(永思陵) : 고종(高宗)의 능.

하시고, 공사 자재와 비용을 자복궁(慈福宮)19)과 중화궁(重華宮)으로 돌려보내 일이십 간짜리 침전(寢殿)을 새로 지어서 그런 대로 거처할 수 있도록 하십시오. 또 궁문 밖에 몇 십 간짜리 모시고 숙위하는 사람들의 거처를 새로 지어 너무 협소하여 노출되는 고충이 없도록 하십시오. 이렇게 하신다면 위로는 태상황제의 마음을 감격시켜 남내(南內)20)에 나아가 알현하는 시기를 앞당기게 되고, 또 수황의 빈소를 잘 모실 수가 있으며, 양궁(兩宮)21)에 아침저녁으로 문안드리는 예를 다할 수 있을 것입니다. 아래로는 뭇 아랫사람들이 기회를 엿보다가 현혹시키려는 간교한 시도를 막게 되고, 굶주림에 이리저리 떠도는 이 백성들의 탄식을 위무하게 될 것입니다. 이것이 첫 번째 일입니다.

수강궁을 알현하는 계책의 경우, 신은 또 폐하께서 조칙을 내려 자책하시고 수레와 호위하는 사람의 수를 줄이며, 입궁한 뒤에는 잠시 복색을 바꾸시기를 당 숙종이 자포(紫袍)로 바꾸어 입고 말 앞에서 공손히 두 손을 모으고 있었던 것처럼 하시기를 바랍니다. 미리 종친 가운데 항렬이 높은 현명한 분을 먼저 들여보내, 우선 태상황후에게 신이 이전에 아뢴 완곡한 방편적인 이야기를 아뢰게 하십시오. 그런 뒤에 따라 들어가 태상황제를 멀리서 뵙자마자 곧바로 눈물을 흘리면서 땅에 엎드려 태상황제의 무릎을 끌어안고 어린아이가 어미젖을 빨듯이, 죄를 인정하고 자기의 잘못으로 받아들이시겠다는 정성스러운 마음을 알리십시오. 그리고 태상황후와 종친들이 좌우에 둘러서 끌어안고 다시 폐하의 진심을 태상황제께 알리고 설명하는 말씀을 드린다면 태상황제께서 비록 분노하는 마음이 있었다 하더라도 금새 구름이 걷히고 안개가 사라지듯 기뻐하시는 마음이 넘쳐흐를 것입니다. 이것이 두 번째 일입니다.

조정의 기강과 관련된 문제의 경우, 신은 또한 좌우의 내관들에게 조정의

---

19) 자복궁(慈福宮) : 고종(高宗)의 비(妃)인 오(吳)씨가 거처하던 곳이다.
20) 남내(南內) : 광종(光宗)이 거처하는 곳, 즉 수강궁(壽康宮)을 가리킨다.
21) 양궁(兩宮) : 태황태후와 황태후를 가리킨다.(『절보』)

정사에 간여하지 말도록 엄하게 조칙을 내려서, 오직 조정이 존엄해지고 기강이 엄히 서게 하여서 국가가 태산처럼 안정되도록 하시기를 바랍니다. 그렇게만 된다면 이러한 것들은 자연스레 국가가 부귀해지고 장구해지는 계책과 어긋나지 않을 것입니다. 실제로 공로가 있으면서 포상을 받은 것이 중론에 미흡한 자들의 경우[22]는 또한 대신들에게 그 일을 공정하게 논의하도록 하시고 관계법령[令典]을 상고하여 후하게 그 노고를 보상하도록 하십시오.

그리고 정령의 시행여부와 인사 조치에 관해서는 한결같이 여러 대신들에게 맡겨, 반복해서 비교하고 상량하면서 자신들의 의견에 따르지 말고 공론을 헤아려 취하여 보고하고 시행토록 하십시오. 비답을 시행하는 일은 상주(上奏) 때문에 번복해서는 안 됩니다. 다만 아직 상서성(尙書省)에 내려 시행토록 하지 않은 경우라면 먼저 후성(後省)[23]에 보내어 재검토하게 하고, 부당한 것이 있다면 그 날 안으로 반론을 올리게 하며, 그래도 의심이 있는 경우에는 대신과 반론을 올린 관리를 당일 저녁에 조정에 들게 하여 폐하 앞에서 논의하며 서로 논란하게 하여 좋은 안을 규정에 맞게 직접 결정한다면, 가까운 측근들이 조정의 권한에 간여할 수 없게 될 뿐 아니라 대신들도 자기의 사사로운 의견에 따라 전횡할 수 없게 되고 폐하께서도 그러한 과정을 통해 더욱 분명하게 천하의 일을 익힐 수 있게 되어 득실을 계산하는데 의혹이 없게 될 것입니다. 이것이 세 번째 일입니다.[24]

산릉을 결정하는 일은 신이 전일에 의장(議狀)[25]을 올린 적이 있고, 최근에

---

22) 실제로~미흡한 자들의 경우 : 한탁주(韓侂胄)는 내선(內禪)의 과정에 힘을 써서 정책공신(定策功臣)으로 추서하려고 하였지만 조여우(趙汝愚)가 따르지 않았으므로 원망하고 있었다.(『익증』)

23) 후성(後省) : 송(宋)이 강을 건넌 뒤에 구제(舊制)에 따라 중서성(中書省)과 문하성(門下省)에 각각 후성(後省)을 두었다. 중서후성(中書後省)의 경우는 사인(舍人)이 장관이 되고 문하후성(門下後省)의 경우는 급사중(給事中)이 장관이 되었다. 소흥(紹興) 연간에 조칙을 내려 중서성과 문하성을 통합한 뒤에는 후성도 나눌 필요가 없었으므로 중서문하후성으로 합병되었고 급사가 봉박(封駁)을 관장하였다.

24) 이 차자 끝의 첩황 참조.

25) 의장(議狀) : 『주자대전(朱子大全)』 권15에 실려 있는 「산릉의장(山陵議狀)」을 가리킨

다시 동열에 있는 신하들과 연명으로 상주하였습니다. 이제 다시 감히 폐하의 마음을 번거롭게 하지는 못하겠습니다만, 또한 대신들에게 신들이 전후로 논의한 것을 상세하게 살펴 의논하는 자리에서 그 가부를 결정하게 하도록 하시기를 바랍니다. 먼저 7개월의 기한을 늦추고, 대사(臺史)의 주장을 물리친 다음, 달리 초택을 구하여 새로운 산릉을 조성토록 하여 수황[효종]의 유체가 그 속에서 안식을 얻도록 하신다면 종사와 백성들 모두가 밖에서 복을 입게 될 것입니다. 이것이 네 번째 일입니다.

이 네 가지 일은 모두 금일의 급선무들입니다. 간절하게 바라옵건대, 폐하께서 유의하시어 거듭 숙고해서 결단을 내려 시행함으로써 천변(天變)에 응답하고 인심을 위로하십시오. 위로는 폐하께서 사람을 쓰고 간언을 구하는 진실한 마음을 드러내고 아래로는 신하들이 군주를 사랑하고 국가를 근심하는 충성스런 마음을 펴도록 하신다면, 신은 천만 다행스러움을 이기지 못할 것입니다.

또 생각건대 신이 늙고 병든 몸으로 쓸쓸히 홀로 지내면서 밤새도록 잠들지 못하고 만 갈래로 걱정하고 근심하였지만, 막상 진대(進對)하던 당시에는 대부분의 내용을 잊어버렸고, 언어능력이나 정신도 제 자신의 생각을 제대로 전달할 수 없는 상태였습니다. 그 때문에 전일에 한두 차례 직접 뵙고 아뢴 자리에서 진술한 몇 가지 일에 대해서 아직까지 폐하의 깊은 살피심을 받지 못한 점이 있습니다. 이제 입시(入侍)하게 되어 감히 다시 어리석음을 무릅쓰고 의견을 진술합니다. 오직 폐하께서 홀로 자세히 살펴보고 그 합당한 것을 선택하시기를 바랍니다. 외롭고 위태로운 저의 형편에 있어서는 감히 자신을 보존하기 어려워, 지금 이후로 오래도록 임금을 경연 자리에서 모시기는 어려울 것입니다. 신은 간절하게 사모하고 우러르는 마음과 두려워 떨며 죄를 기다리는 지극한 마음을 감당하지 못하겠습니다. 살펴주시기 바랍니다.

다. 『주희연보장편(朱熹年譜長編)』에 따르면 소희(紹熙) 5년(1194, 65세) 10월 10일에 올렸다고 되어 있다.

'축하하는 표(表)를 물리치시도록' 구절 아래의 첩황

신은 또 전일에 축하하는 표(表)가 비록 퇴출되기는 했지만 아직 방침이 내려오지는 않았다고 들었습니다. 이제부터는 축하해야 할 일의 경우 3년 안에는 모두 임시로 피하도록 하고, 절기가 바뀔 적에 백관들이 이름을 올리며 위로문을 바쳐야 하는 경우도 아울러 폐하께서 미리 처분을 내려 주시기 간청합니다. 그렇게 하신다면 어떤 일이 생길 경우 예를 잃게 되는 것은 면할 수 있을 것입니다. 폐하의 처분을 기다립니다.

'하늘의 뜻을 살펴보니' 구절 아래의 첩황

신은 또 이번 뇌우가 내리기 이전에 지진이 계속되었고, 이 달 17일 한밤중을 전후해서는 지진이 더욱 심했으며, 8월 중순에는 촉 지역에 큰 지진이 일어나 담장과 가옥이 여러 번 기울거나 무너졌다고 들었습니다. 신이 비록 몸소 보지는 못했지만 목격한 사람이 자못 많고 소문이 매우 정확하였습니다. 폐하의 정사가 한창 새롭게 진행되는 이 때 재이가 그치지 않아 하늘의 경계하심이 매우 분명하니 반드시 까닭이 있을 것입니다. 지혜롭게 살피시기를 간청합니다.

'이것이 세 번째 일입니다' 구절 아래의 첩황

신은 또 군주는 총명의 실제에 힘써야지 총명하다는 이름을 구해서는 안 된다고 생각한 적이 있습니다. 대신(大臣)을 신임하고 날마다 그들과 더불어 일을 도모하며 반복해서 변론하여 지극히 합당한 것으로 귀착되기를 구하는 이것이 총명의 실제를 추구하는 것입니다. 근신(近臣)의 말만을 치우치게 듣고 가볍게 그들의 말을 믿으며 매사에 내전으로부터 비답을 내려 처분하는 이것은 총명하다는 이름을 추구하는 것입니다. 그 실제에 힘쓰면 지금은

밝지 않더라도 오래되면 반드시 통하고 깨닫게 됩니다. 그 이름에 힘쓰면
밖으로는 일시적으로 인기를 끌어 보고 듣게 할 수 있지만 마음속이 실제로는
밝지 않아서 오래되면 될수록 더욱 어둡게 됩니다. 두 가지의 차이는 작지만
그 득실은 크게 서로 차이가 납니다. 지혜롭게 살펴주시기를 간청합니다.

_ 장동우

재이(災異)를 논하는 차자

해 제 『주자대전(朱子大全)』 권14에 실려 있다. 『주희연보장편(朱熹年譜長編)』 에 따르면 소희(紹熙) 5년(1194, 주희 65세) 윤10월 6일에 올린 글이다. 거듭되는 재이(災異)에 군주가 공구(恐懼) 수성(修省)할 것을 요구하는 내용이다.

신이 들으니, 이번 달 5일 밤 누호(漏壺)[1](의 전주(箭舟))가 막 5~6각 사이에 있을 적에 도성 안에 홀연히 검은 연기가 사방에 가득 차고, 풀 냄새가 사람을 엄습하여 바로 앞에 있는 사람과 사물조차 구별할 수 없었고, 눈과 얼굴에 붙은 것이 모두 모래흙이었습니다. 제가 직접 보지는 못하였습니다만 친구들이 방문함에 본 사람이 많을 것 같아, 몇 사람에게 확인해 보니 그 설명이 한결같아 결코 거짓이 아니었습니다.

신이 생각건대, 요사이 재이(災異)가 자주 일어나 가을과 겨울인데도 우레와 우박이 내리고 장마가 벼이삭을 상하게 하며, 산이 무너지고 땅이 꺼지는 등 별별 사태가 모두 발생했습니다. 이는 모두 음의 기운이 강성하고 양의 기운이 미미해진 증거입니다. 폐하께서 이미 자신을 책망하는 조칙과 꺼리지

---

1) 누호(漏壺) : 고대의 시계. 누호(漏壺) 혹은 누각(漏刻)이라고 한다. 이것은 물시계로서 여러 형태가 있는데 일반적으로는 물이 떨어지면 그 밑의 통에 있던 시계의 시침 같은 것을 가지고 있는 배 모양의 물건[箭舟]이 떠오르게 만들어져 있다. 그 밑의 통에는 표시[刻]가 되어 있어 떠오르는 배가 가리키는 위치로 시간을 알 수 있게 만들어져 있다. 위 내용은 즉 누호(漏壺)의 전주(箭舟)가 5각(刻)에서 6각(刻) 사이를 지시하고 있을 때란 의미이다.

말고 간언하라는 명령을 내리기는 했지만 천심(天心)이 기뻐하지 않아 다시 이러한 변괴가 있게 되었습니다. 이 또한 음(陰)이 모여 양을 포위하고 있어 화합하지 못하고 흩어지는 상(象)입니다. 신은 이것을 두려워하지만 그러한 사실을 아무도 폐하에게 보고하지 않았을까 걱정됩니다.

신은 일찍이 들었습니다. 상(商)나라 중종(中宗) 때 뽕나무와 닥나무[穀]2)가 아침에 함께 자라기 시작하여 하룻밤 사이3)에 아름드리[大拱]4)가 되었는데, 중종은 무함(巫咸)5)의 말을 받아들여서, 두려워하고 덕을 닦았으며 감히 게으름을 피우면서 편하게 지내지 않을 수 있었습니다.6) 그 때문에 상나라의 도가 부흥하였고 오랜 세월 천자의 지위를 누려 칠십오년간 재위하기에 이르렀습니다. 고종(高宗)이 성왕과 탕왕의 묘(廟)에서 제사를 지낼 때 날아가던 꿩이 솥귀에 올라서 울어댔습니다. 고종은 조기(祖己)의 말을 받아들여 정사를 바로잡고7) 감히 게으름을 피우면서 편하게 지내지 않을 수 있었습니다. 때문에 상나라는 평안해졌고 오랜 세월 천자의 지위를 누려 오십구년에

---

2) 닥나무[穀] : "음은 곡이고 닥나무이다.(音谷, 楮也)"(『절보』)

3) 하룻밤 사이 : "하룻밤이라고 말하는 것과 같다. 『상서』의 소(疏)에는 『사기』 「은본기」에서 나왔다고 씌어 있다.(猶言一夜, 『商書』疏云出殷本紀)"(『절보』)

4) 아름드리[大拱] : "양손으로 둘러싸는 것을 공(拱)이라고 한다.(兩手握之曰拱)"(『차의』)

5) 무함(巫咸) : 무함(巫咸)은 고대의 신령한 무당으로, 은(殷)나라 중종(中宗) 때 하늘에서 내려왔다 한다. 『서경(書經)』 「군석(君奭)」에 "무함이 왕가를 다스렸다"라고 하였다. 한유(韓愈)의 '코 골며 자는 것을 조롱하다[嘲鼾睡]'는 글에서 "비록 무함을 시켜 불러도 혼백은 다시 돌아오기 어려워라.(雖令巫咸招 魂爽難復在)"라고 하였다.

6) 상(商)나라 중종(中宗)~수 있었습니다 : 『사기(史記)』 「은본기」에는 다음과 같이 되어 있다. "제(帝) 태무가 세워지자 이척(伊陟)이 재상이 되었는데, 박(亳)에 요상한 일이 나타나 뽕나무와 닥나무가 조회하는 뜰에서 함께 생겨나 하룻밤만에 크기가 한 아름이나 되었다.……이척이 '요얼은 덕을 이길 수 없습니다. 제(帝)께서는 덕을 닦으십시오'라고 하자 태무가 그를 따랐다. 요사스런 뽕나무가 말라 죽자 제거하였다. 이척이 무함에게 고하여, 무함이 왕실의 일로 기양(祈禳)하여 공이 이루어짐에, 「함예(咸乂)」를 지었고, 「태무(太戊)」를 지었다."

7) 고종은~바로잡고 : "『서경』 「고종융일(高宗肜日)」편에 보인다. 『채전』에는 서두에서 탕 임금에게 제사를 지냈다고 했는데 옳지 않다.(見『書』「高宗肜日」, 『蔡傳』以序言祭湯廟非是)"(『익증』)

이르렀습니다.

옛날의 성왕은 재이를 당하면 두려워하면서 덕을 닦고 정사를 바르게 하였습니다. 그 때문에 재앙을 상서로운 것으로 변화시킬 수 있었으니 그 효과가 이와 같았습니다. 엎드려 바라건대 폐하께서는 이것을 살펴 본보기로 삼고 자기를 이겨 스스로 새롭게 하며 이른 아침부터 밤늦게까지 생각하고 반성하면서, 생각을 할 때나[擧心][8] 말을 하고 일을 처리할 때 늘 황천상제가 마치 하늘 위에서 임하시는 것처럼 하며, 종묘사직의 신령들이 마치 곁에서 지키고 있는 것처럼 생각하여 삼가고 삼가서, 그 사이에 터럭만한 것이라도 사사로운 뜻이 다시 생겨 하늘이 경고의 재앙을 내리는 번거로움이 없게 하십시오. 또 중앙과 외지의 크고 작은 관리들에게 거듭 칙령을 내려 서로 공경하며 합심해서 밤낮으로 의논하여 하늘의 뜻이 어디에 있는지를 구하고 서로 닦게 하신다면 재해는 날로 사라지고 복록은 날로 생겨날 것입니다. 신은 임금을 사랑하고 나라를 걱정하는 지극한 정성을 누룰 수 없습니다. 살펴주시기 바랍니다.

【한 부는 중성(中省)에 두어 열람하게 하고, 한 부는 삼성(三省)과 추밀원(樞密院)에 내려 보내주시기를 간청합니다.】

_ 장동우

---

8) 생각을 할 때나[擧心] : "거(擧)는 동(動)자의 뜻이다.(擧亦動字之意)"(『차의』)

간상봉사관(看詳封事官)이 임금께
직접 보고하도록 요청하는 차자

　신이 얼마 전 갖추어 올린 글에서, 신하들이 올린 봉사를 자세히 살피도록 조치해 주십사 간청하였는데, 차자는 이미 폐하께서 시행토록 하셨습니다. 지금 간상관(看詳官)이 갖추어 올린 보고서를 보니 봉사 사이에 덧붙여진 의견서[貼說][1]가 매우 상세하게 잘 갖추어져 있습니다. 만약 경연을 기회로 간상관들로 하여금 직접 뵙고 자세하게 아뢰도록 한다면, 폐하의 지혜로운 판단에 실제적인 도움이 될 것입니다. 살펴주시기 바랍니다.

_ 장동우

---

1) 덧붙여진 의견서[貼說] : 여러 관리들이 올린 봉사(封事) 사이에 간상관이 자기의
　의견을 덧붙여 개진한 것을 말한다.(『차의』)

상복(喪服)에 대한 토론을 요청하는 차자

해 제 『주자대전(朱子大全)』 권14에 실려 있다. 『주희연보장편(朱熹年譜長編)』
에 따르면 소희(紹熙) 5년(1194, 주희 65세) 윤10월 6일에 올린 글이다.
주희가 이 차자를 올리게 된 것은 송나라 효종(孝宗)이 죽었는데 광종이 정신질환으로
상주 역할을 하지 못하게 되자 손자인 영종(寧宗)이 대신 상주 역할을 하게 되었기
때문이다. 주희는 이 차자에서 영종이 효종에 대해 삼년상을 치러 백성들에게
모범을 보일 것을 강조하였다. 차자의 뒤에 붙어 있는 「서주고후(書奏藁後)」는
아버지가 살아계신 상태에서 손자가 아버지를 대신하여 할아버지에 대한 참최복을
하는 경전적 근거를 확보하고자 하는 것이 주된 내용이다. 주희는 『예기(禮記)』
「상복소기(喪服小記)」의 가공언(賈公彦)의 소에서 그 근거를 찾고 있다.

신이 듣건대, 삼년상에 최복(衰服)을 입고 죽을 먹는 것은 천자로부터
서인에 이르기까지 귀천의 차이에 관계없이 적용되는 것입니다. 예경과
칙령에 '아들이 아버지를 위하여' '적손(嫡孫)이 승중(承重)한 경우 할아버지를
위하여' 모두 참최삼년복을 한다고 하였습니다. 대개 적자가 아버지의 후사(後
嗣)가 되어 대종의 중(重)을 이어야 하지만, 그 지위를 이어서 상주 역할을
수행할 수 없을 경우에는 적손이 종통을 계승하고 적자를 대신하여 상주노릇
을 하니 의리상 당연한 것입니다.

그러나 한나라 문제(文帝)가 복상 기간을 단축한 뒤부터[1] 역대 왕조가

---

1) 한나라 문제(文帝)가~단축한 뒤부터 : 한초의 유생(儒生)이었던 숙손통(叔孫通)은
   처음 개국한 나라를 위하여 종묘(宗廟)의 의식(儀式)을 제정하였는데, 대개 삼년상을

이것을 따랐기 때문에 천자에게 드디어 삼년상이 없게 되었습니다. 아버지를 위한 경우조차 그러하였으니 적손이 승중하여 할아버지를 위해 하는 경우도 미루어 알 만한 일입니다. 인간의 도리가 허물어지고 삼강이 밝지 못한 지 천여 년이 되었지만 아무도 이것을 바로잡을 수 없었습니다.

우리 대행(大行)[2] 수황성제(壽皇聖帝 : 효종)께서는 지극히 착한 성품을 타고 나시고 효성이 마음속에서 우러나와 역월의 상[易月之喪][3] 외에 오히려 삼년상을 계속하면서 조회할 때 입는 옷과 관을 거친 베로 만들어 입으셨습니다. 이로써 오랜 세월 얽매이고 끌려왔던 폐단을 뛰어넘고, 수많은 왕들의 쇠미하고 비루하며 얄팍한 풍속을 제거하셨으니 매우 성대한 덕입니다. 이는 방책(方冊)에 기록하여 세상의 모범으로 삼고 자손들이 지켜나가 영원토록 깨뜨리지 말게 해야 할 것입니다.

최근 (효종의) 유고(遺誥)[4]가 처음 발표되었을 때, 태상황제[광종]께서는 마침 건강이 좋지 못하여 몸소 상차(喪次)에 나아갈 수가 없어,[5] 폐하께서

황실(皇室)의 상례(喪禮)에 수용하였다. 문제(文帝)가 사망하면서 단상(短喪)을 명하는 유조(遺詔)를 내림으로써 장상(長喪)과 단상(短喪)을 둘러싼 논쟁을 야기한다. 이후 서한의 여러 황제들의 상례는 대개 '이일역월(以日易月)'하여 36일 만에 복을 벗는 것을 정식화하였다. 서한 말년은 유가학파가 정치적으로 득세한 시기이다. 애제(哀帝)로부터 왕망(王莽)에 이르기까지 삼년상을 제창하기 시작하고 은연중에 문제(文帝)의 단상유조(短喪遺詔)는 취소하였다. 후한의 광무제는 유생(儒生) 출신으로서 한의 황제가 되었지만, 그는 삼년상을 지지하지 않았다. 사후 유조(遺詔)에서 '朕無益百姓, 皆如孝文皇制度, 務從約省'(『후한서(後漢書)』 「광무제기(光武帝紀)」)라고 함으로써 단상(短喪) 제도가 황실의 상례(喪禮)에 도입되었으며, 후한(後漢)의 모든 황제들이 이 단상제도를 따랐다.

2) 대행(大行) : 『사기(史記)』의 주(註)에는 "가서 돌아오지 않으므로 '대행'이라고 한다"고 하였고, 『풍속통』에서는 "천자가 새로 죽으면 정해진 시호가 아직 없으므로 그 이름을 총칭해서 '대행'이라 한다"고 하였다.(『익증』)

3) 역월의 상[易月之喪] : 삼년상은 25개월에 벗으므로 달수를 날수로 바꾸어 25일 만에 복을 벗는 것을 말한다.

4) 유고(遺誥) : 임금이 세상을 떠났음을 가리킨다.(『차의』)

5) 몸소 상차(喪次)에 나아갈 수가 없어 : 주밀(周密)의 「소희행례기(紹熙行禮記)」에 따르면, 효종이 죽었을 때 광종은 병 때문에 들어가 보지 못하였고, 대렴 때에도

세적(世嫡)의 승중손으로써 대통을 계승하였습니다. 이른바 승중한 경우에 해당하는 상복에 관해서는 예경과 율령에 기재되어 있습니다. 수황께서 이미 행하였던 법을 일관되게 준수하여, 역월(易月)의 상복 외에 포의(布衣)와 포관(布冠)을 하고 조회에 임해 정사(政事)를 시행하면서, 태상황제를 대신해 몸소 삼년의 상을 치루는 것이 옳을 것입니다.

그러나 한때 급한 상황에서 상세한 논의를 거치지 않고 결국 칠사천황(漆紗淺黃)의 옷을 입게 하였으니, 이는 위로 예경과 율령에 어긋나 천하에 풍도(風道)를 보일 수 없는 것일 뿐 아니라, 수황께서 이미 제거한 폐단이 없어졌다가 다시 생겨나고 이미 행하던 예가 시행되다가 모두 다시 폐해지도록 하는 것이었습니다. 신이 어리석고 불초하지만 진실로 이것을 가슴아파하고 있습니다. 그러나 이미 지난 실수는 되돌릴 수가 없습니다. 오직 앞으로 있을 계빈(啓殯)이나 발인 때는 예에 따라 다시 초상(初喪)의 상복을 입어야 하니, 상복을 바꾸어 입고 벗는 절차에 관해서 다시 논의할 수 있을 것입니다. 바라건대, 폐하께서는 수황[효종을 가리킴]의 효성과 실천하신 법도를 본받아, 예율(禮律)을 참고하여 미리 결정하도록 예관에게 분명히 조칙을 내리시기를 바랍니다.

관리와 군사와 백성 남녀의 방상(方喪)[6]에 관한 예(禮)도 다시 조금 조정해서 지나치게 화려하고 사치스럽지 않게 하십시오. 천하에 널리 알려 모두 알 수 있도록 하십시오. 옛 제도는 조금씩 회복되고 온 천하의 사람들이 군신의 의리를 드러내기를 바랄 수 있게 될 것이니 진실로 천하만세의 다행스런 일이 될 것입니다. 살펴주시기 바랍니다.

성복에 참여하지 못하였다. 승상인 유정이 '헌성후가 제전을 대행할 것과 백관들이 성복할 것'을 상주하였다.(『익증』)

6) 방상(方喪) : 『예기』 「단궁」, "事君有犯而無隱, 左右就養有方, 服勤至死, 方喪三年."에서 '방상'에 대하여 정현은 "'방상(方喪)'은 부모를 섬기는 상에 준한다. 이것은 의리를 기준으로 제정한 것이다.(方喪, 資于事父. 凡此以義爲制)"라고 주를 달고 있다. 즉 방상이란 부모의 상에 준해서 치르는 군주의 상을 말한다.

상주문 원고 뒤에 쓴다

오복연월격(五服年月格)[7]에 따르면 참최삼년 조에 '적손이 조부를 위해 한다 [중(重)을 계승한 경우를 가리킨다]'고 하였으니 법문의 뜻이 분명하다. 그러나 예경에는 명문이 없고 다만 전(傳)에 '아버지가 죽고 할아버지의 후사가 된 자는 (할아버지를 위해) 참최복을 한다'[8]고 하였다. 그러나 『의례』 경문에는 보이지 않으니 어디에 근거한 것인지 확실치가 않다. 다만 『예기(禮記)』 「상복소기(喪服小記)」에 '할아버지가 죽고 할머니의 후사가 된 자는 (할머니를 위해) 삼년을 한다'고 하였는데 참고할 만하다. '조부의 후사가 된 자' 조항에 대한 가공언의 소(疏) 가운데 인용된 『정지(鄭志)』[9]에 '제후의 경우 아버지가 폐질이 있어 국정을 담당하지 못하고 상주 역할을 할 수 없을 때 어찌 할 것인가'를 묻는 조상(趙商)의 질문에 대하여 정현이 '천자제후의 복은 모두 참최'라고 답하는 문장이 있다. 이로써 아버지가 생존해 있으면서 할아버지로부터 나라를 계승한 경우에 대한 상복을 비로소 알게 된다.

전에 차자를 올릴 때 증거할 만한 글도 없었고 또 물을 만한 친우도 없어서, 대략적으로 예경과 율령에 근거해서 말하였다. 또 아버지가 살아 있으면 승중(承重)할 수 없다고 의심하는 자가 있었지만 당시에는 명백히 증명할 수 없어서 단지 예율과 인정의 대체적인 의미로써 답하였는데 항상 마음이 편치 못했다. 돌아와 상고하다가 처음으로 이 설을 보고서야 의심이 없게 되었다. 배운 것을 강마하지 않으면 그 폐해가 이와 같다는 사실과 예경의 문장에는 진실로 궐략이 있어 후인에게 의존하지 않을 수 없다는 사실을 알게 되었다. 정현(鄭玄)이 없었다면 끝내 이 일을 결단할 수 없었을 것이다. 고경(古經)에 정해진 제도라고 해서 한 글자도 빼거나 더할 수는 없다고 곧바로 말할 수 없다.

_ 장동우

---

7) 오복연월격(五服年月格) : 송대에 정한 상제(喪制)를 말한다.(『차의』)

8) 아버지가 죽고~참최복을 한다 : 『의례(儀禮)』 「상복(喪服)」 '부장기(不杖期)' 전(傳)에 나온다.

9) 정지(鄭志) : 정현의 책이름이다.(『차의』)

삼례(三禮)를 수찬하도록 요청하는 차자

해 제   『주자대전(朱子大全)』 권14에 실려 있다. 『주희연보장편(朱熹年譜長編)』
에 따르면 소희(紹熙) 5년(1194, 주희 65세) 윤10월 11일에 올린 글이다.
주희는 왕안석(王安石)이 옛 제도를 바꾸고 어지럽히면서 『의례』를 폐지해 버리고
오직 『예기』의 과(科)만 남겨놓은 것을 비판하고, 『의례』를 경으로 삼아 『예기』
및 여러 경과 역사서 그리고 잡서에 기록된 예에 관한 언급들을 모두 『의례』의
아래에다 붙이고, 주소(注疏)와 제유의 설을 갖추어 배열하고자 한 자신의 『의례경전
통해』의 구상을 완성할 수 있도록 자료 및 비용을 요청하고 있다.

신이 듣건대, '육경(六經)의 도는 귀착점이 같지만, 『예』와 『악』의 쓰임은
더욱 긴급하다'[1]고 합니다. 진나라가 학문을 멸할 때도 『예』와 『악』이 먼저
파괴되었습니다. 한나라와 진나라 이래로 여러 유자들이 보완하고 편집하기
는 했지만 끝내 온전한 책은 없어지고, 간신히 보존된 것은 삼례(三禮)뿐이었습
니다. 『주관(周官)』이라는 책은 진실로 예의 강령이지만, 의법(儀法)·도수(度
數)와 관련해서는 『의례』가 곧 그 근본이 되는 경전이고, 『예기』의 「교특생(郊
特牲)」과 「관의(冠義)」 등 편은 바로 그 경전의 의미를 풀이한 것입니다.
전에는 '삼례(三禮)' '통례(通禮)' '학구(學究)' 등과 같은 여러 과(科)가 여전히
남아 있어, 예가 시행되지는 않았지만 선비들은 오히려 암송하고 익히면서
그 설이나마 알 수 있었습니다. 희녕(熙寧)이래로 왕안석(王安石)이 옛 제도를

---

1) 육경(六經)의 도는~더욱 긴급하다 : 이 말은 『한서(漢書)』 「예문지(藝文志)」에 나온다.

바꾸고 어지럽히면서 『의례』를 폐지해 버리고 오직 『예기』의 과(科)만 남겨 놓았습니다.[2] 경(經)은 버리고 전(傳)을 믿으며 근본은 버리고 말단을 높인[3] 그 실책은 정말 큰 것이었습니다. 박사와 생도들 역시 공허한 글[4]만을 암송하여 과거시험에 대비하는데 지나지 않게 되었습니다. 그 사이에 의법·도수의 실질에 따라서 문장으로 성립된 것들에 대해서 모두 어둡고 아득하여 아무도 그 근원에 대해 알지 못합니다.[5] 한번이라도 큰 논의가 벌어지기라도 하면 피상적인 지식으로 억측할 뿐이었습니다. 『악(樂)』의 가르침은 또 스승으로부터 전수(傳授)하는 사법(師法)이 전혀 없어, 율척(律尺)의 장단과 성음의 청탁에 대해 학사 대부들 가운데 그 설을 아는 사람이 없을 뿐 아니라 그것이 빠졌다는 사실조차도 모릅니다.

그 때문에 신이 근자에 산림에 있으면서 몇몇 학자들[6]과 그 설을 상고하여 바로잡되, 『의례』를 경으로 삼아 『예기』 및 여러 경과 역사서 그리고 잡서에 기록된 예에 관한 언급들을 모두 『의례』의 아래에다 붙이고, 주소(注疏)와 제유의 설을 갖추어 배열함으로써 대략이나마 단서를 갖추고자 하였습니다.[7]

---

2) 희녕(熙寧)이래로~남겨 놓았습니다 : 희녕(熙寧) 4년 왕안석이 과거법을 개정하도록 요청하였다. 사(士)는 모두 『주역』·『시경』·『상서』·『주례』·『예기』와 『논어』·『맹자』를 겸해서 네 과장을 다섯 등급으로 나누어 시험을 보았다. 『주자어류』에 '조종 때에는 삼례과와 학구과가 있었는데, 형공[왕안석은 재상을 그만 둔 후에 형국공(荊國公)에 봉해졌음]이 학구과를 폐지한 뒤로 후인들은 도무지 『의례』가 있는지도 모른다'고 하였고, 또 '형공이 『의례』를 폐지하고 『예기』를 취한 것은 근본을 버리고 말단을 취한 것이다'라고 하였다.(『익증』)

3) 경(經)은 버리고~말단을 높인 : 『의례』는 경이 되고 근본이 되며, 『예기』는 전이 되고 말단이 된다.(『차의』)

4) 공허한 글 : 『예기』를 가리킴.

5) 그 사이에~알지 못합니다 : 『의례』는 『예기』의 근원이며 근본이니 반드시 안팎을 참조하여 보아야 하는데, 이제 『의례』가 이미 폐지되어서 『예기』 가운데 의법도수의 실질에 따라서 문을 세운 것들의 경우에 대해서도 모두 혼미하고 어둡게 되고 그 근원이 어디에 있는지를 아는 이가 없게 된 것이다.(『차의』)

6) 몇몇 학자들 : 황간(黃榦), 오백풍(吳伯豊), 서정보(余正甫) 등을 가리킨다.(『차의』)

7) 『의례』를 경으로~갖추고자 하였습니다 : 『연보』에 '병진년에 예서의 연구에 착수하면서 그 이름을 『의례경전통해』라 했다'라고 하였는데, 이때는 아직 미완성이었으므

그렇지만 사가(私家)에는 조사해 볼 책도 없고 옮겨 적어줄 사람도 없어 오래도록 완성하지 못하고 있었는데, 마침 벼슬이 제수되어 등용되면서 학도들이 흩어져서 결국은 그 일을 진행할 수 없었습니다. 종률(鍾律)의 제도에 관해서는 사우 중에도 남겨진 의미를 얻은 자[8]가 있어, 다시 여러 서적을 참고하여 별도로 한 책을 만들어서 육예(六藝) 가운데 빠진 것을 보충하고자 했지만 또한 갖출 수 없었습니다.

바라건대, 폐하께서 담당관리에게 특별 조칙을 내리시어, 신이 비서성(秘書省)의 태상시(太常寺)에 나아가 예악에 관한 책들을 빌릴 수 있도록 해 주십시오. 저는 예전에 함께 공부했던 문도 십여 명을 불러 비어있는 관가 몇 간에 함께 들어가 거처하면서 책을 엮고 분류하도록 할 것입니다. 비록 그 가운데 관리가 있더라도 직함에 연계해서 봉록을 요청하지는 않겠습니다. 다만 매달 비용을 계산해 지급하여 음식과 종이 기름과 초의 비용을 대도록 해주십시오. 옮겨 적는 사람의 경우는 곧 임안부(臨安府)에서 첩사(貼司)[9] 이십여 명을 차출하도록 하시고, 일이 끝났을 때 노력에 대한 대가를 지급하고 달리 은전을 베풀지는 마십시오. 그렇게 한다면 관가의 비용을 많이 들이지 않고도 폐기되고 무너졌던 학문을 일으켜 세우고 영구히 전할 수 있을 것입니다. 그래서 선비들에게 실학을 알게 해서 앞으로 조정(朝廷)에서 예악을 제정할 때 도움이 되도록 한다면 사문(斯文)에 매우 다행한 일일 뿐 아니라 천하에 다행일 것입니다. 살펴주시기 바랍니다.

_ 장동우

로 이렇게 말한 것이다.(『익증』)

8) 종률(鍾律)의 제도에~얻은 자 : 채원정(蔡元定)이 저술한 『율려신서(律呂新書)』를 가리킨다.(『차의』)

9) 첩사(貼司) : 아마도 이서(吏胥)를 부르는 말인 듯하다.(『차의』)

原文

卷一

壬午應詔封事

時紹興三十二年壬午夏六月丙子, 孝宗皇帝卽位, 詔求直言. 秋八月, 公應詔, 上封事.

八月七日左迪功郎·監潭州南嶽廟臣朱熹謹昧死再拜, 上書于皇帝闕下. 臣恭惟太上皇帝再造區夏, 受命中興, 憂勤恭儉, 三十六年, 春秋未高, 方內無事, 乃深惟天下國家之至計, 一旦而擧四海之廣·天位之尊, 斷自宸衷, 傳之聖子. 皇帝陛下恭承慈訓, 應期御歷. 爰初踐阼, 曾未幾何, 而設施注措之間, 所以大慰斯民之望者, 新而又新, 曾靡虛日, 其規摹固已弘遠矣. 然猶且謙冲退託, 不以聖智自居, 首下明詔, 以求直言. 此尤足以見帝王之高致, 知爲治之先務也. 天下幸甚.

臣竊伏草茅, 深自惟念, 天下之大, 不爲無人, 忠言嘉謨, 崇論宏議, 計已日陳於陛下之前, 尙恐不足仰望清光, 無以少備採擇, 況臣之愚, 雖欲效其區區, 豈能有補於萬分之一哉?

又惟卽位求言, 累聖相承, 以爲故事, 則未知今日陛下之意, 姑以備故事而已耶? 抑眞欲博盡羣言, 以冀萬一之助也. 臣誠愚昧, 不知所出. 然愛君尊主, 出於犬馬之誠, 有不能自已者. 故昧死言之, 惟陛下留聽.

臣伏讀詔書, 有曰, "朕躬有過失, 朝政有闕遺, 斯民有戚休, 四海有利病, 幷許中外士庶, 直言極諫"者. 臣竊以陛下潛德宮府幾三十年, 不邇聲色, 不殖貨利, 無一物之嗜好, 形於宴私, 無一事之過失, 聞於中外. 昧爽而朝, 嚴恭寅畏, 仁孝之德, 孚于上下. 所以大繫群生之仰望, 濬發太上之深慈, 以至於膺受付託, 奄有萬方者, 其必有以致之矣. 然則聖躬之過失, 臣未之聞也.

今者臨御未幾, 而延登故老, 召用直臣, 抑僥倖以正朝綱, 雪冤憤以作士氣, 貢奉之私不輸於內帑, 恭儉之德日聞於四方. 凡天下之人, 所欲而未行, 所患而未去者, 以次罷行, 幾無遺恨. 然則朝政之闕遺, 臣亦未之聞也.

至於斯民之戚休·四海之利病, 則有之矣. 然臣屛伏閩陬十有餘年, 足跡未嘗及乎四方, 其見聞所及之一二, 內自隱度, 皆非今日所宜道於陛下之前者, 不敢毛擧以瀆聖聽. 至若陰拱噤默, 終不爲陛下一言, 則又非臣之所敢安也.

臣聞, 召公之戒成王曰, "若生子, 罔不在厥初生, 自貽哲命." 孟子之言亦曰, "雖有智慧, 不如乘勢." 方今天命之眷顧方新, 人心之蘄向方切, 此亦陛下端本正始·自貽哲命之時, 因時順理·乘勢有爲之會也.

又況陛下聖德隆盛, 天下之人傳誦道說, 有年于玆. 今者正位宸極, 萬物咸覩, 其心蓋皆以非常之事·非常之功, 望於陛下, 不但爲守文之良主而已也.

然而祖宗之境土未復, 宗廟之讎恥未除, 戎虜之姦譎不常, 生民之困悴已極. 方此之時, 陛下所以汲汲有爲, 以副生靈之望者, 當如何哉?

然則今日之事, 非獨陛下不可失之時, 抑國家盛衰治亂之機, 廟社安危榮辱之兆, 亦皆決乎此矣. 蓋陛下者, 我宋之盛主, 而今日者, 陛下之盛時. 於此而不副其望焉, 則祖宗之遺黎裔冑, 不復有所歸心矣. 可不懼哉! 可不懼哉!

臣愚死罪, 竊以爲聖躬雖未有過失, 而帝王之學, 不可以不熟講也. 朝政雖未有闕遺, 而修攘之計, 不可以不早定也. 利害休戚, 雖不可徧以疏擧, 然本原之地, 不可以不加意也. 蓋學不講, 則過失萌矣, 計不定, 則闕遺大矣, 本不端, 則末流之獘, 不可勝言矣. 臣請得爲陛下詳言之.

臣聞之, 堯舜禹之相受也, 其言曰, "人心惟危, 道心惟微, 惟精惟一, 允執厥中." 夫堯舜禹, 皆大聖人也. 生而知之, 宜無事於學矣, 而猶曰精, 猶曰一, 猶曰執者, 明雖生而知之亦資學以成之也.

陛下聖德純茂, 同符古聖, 生而知之, 臣所不得而窺也. 然竊聞之道路, 陛下毓德之初, 親御簡策衡石之程, 不過諷誦文辭·吟咏情性而已. 比年以來, 聖心獨詣, 欲求大道之要, 又頗留意於老子釋氏之書. 疎遠傳聞, 未知信否. 然私獨以爲若果如此, 則非所以奉承天錫神聖之資而躋之堯舜之盛者也.

蓋記誦華藻, 非所以探淵原而出治道, 虛無寂滅, 非所以貫本末而立大中. 是以古者聖帝明王之學, 必將格物致知以極夫事物之變, 使事物之過乎前者, 義理所存, 纖微畢照, 瞭然乎心目之間, 不容毫髮之隱, 則自然意誠心正, 而所以應天下之務者, 若數一二·辨黑白矣. 苟惟不學與, 學焉而不主乎此, 則內外本末顛倒繆戾, 雖有聰明睿智之資·孝友恭儉之德, 而智不足以明善, 識不足以窮理, 終亦無補乎天下之治亂矣. 然則人君之學與不學, 所學之正與不正, 在乎方寸之間, 而天下國家之治不治, 見乎彼者如此其大, 所繫豈淺淺哉!『易』所謂'差之毫釐, 繆以千里', 此類之謂也.

蓋格物致知者, 堯舜所謂精一也, 正心誠意者, 堯舜所謂執中也. 自古聖人口授心傳而見於行事者, 惟此而已. 至於孔子, 集厥大成, 然進而不得其位, 以施之天下. 故退而筆之, 以爲六經, 以示後世之爲天下國家者. 於其間語其本末終始先後之序, 尤詳且明者, 則今見於戴氏之記所謂「大學」篇者, 是也. 故承議郎程顥與其弟崇政殿說書頤近世大儒, 實得孔孟以來不傳之學, 皆以爲此篇乃孔氏遺書, 學者所當先務, 誠至論也.

臣愚伏願陛下捐去舊習, 無用浮華之文, 攘斥似是而非邪詖之說, 少留聖意於此遺經, 延訪眞儒深明厥旨者, 置諸左右, 以備顧問. 研究擴充, 務於至精至一之地, 而知天下國家之所以治者, 不出乎此. 然後知體用之一原·顯微之無間, 而獨得乎堯舜禹湯文武周公孔子之所傳矣. 於是考之以六經之文, 監之以歷代之跡, 會之於心, 以應當世無窮之變. 以陛下之明聖而所以浚其源·輔其志者, 如此其備, 則其所至, 豈臣愚昧所能量哉! 然臣非知道者, 凡此所陳, 特其所聞於師友之梗槩端緒而已. 陛下由是講學而自得之, 則必有非臣之言所能及者. 惟陛下深留聖意毋忽, 則天下幸甚.

臣又聞之, 爲天下國家者, 必有一定不易之計. 而今日之計, 不過乎修政事·攘夷狄而已矣, 非隱奧而難知也. 然其計所以不時定者, 以講和之說疑之也. 夫金虜於我有不共戴天之讎, 則其不可和也, 義理明矣. 而或者猶爲是說者, 其意必曰今本根未固, 形勢未成, 進未有可以恢復中原之策, 退未有可以備禦衝突之方, 不若縻以虛禮, 因其來聘, 遣使報之, 請復土疆. 示之以弱, 使之優游驕怠, 未遽謀我, 而我得以其間從容興補而大爲之備. 萬一天意悔禍, 或誘其衷, 則我之所大欲者, 將不用一士之命, 而可以坐得, 何憚而不爲哉? 臣竊以爲知義理之不可爲矣, 而猶爲之者, 必以有利而無害故也. 而以臣策之, 所謂講和者, 有百害無一利, 何苦而必爲之? 夫復讎討賊·自疆爲善之說見於經者, 不啻詳矣. 陛下聰明稽古, 固不待臣一二言之. 請姑陳其利害而陛下擇焉.

夫議者所謂本根未固, 形勢未成, 進不能攻, 退不能守, 何爲而然哉? 正以有講和之說故也. 此說不罷, 則天下之事, 無一可成之理, 何哉? 進無生死一決之計, 退有遷延可已之資, 則人之情雖欲勉彊自力於進爲, 而其氣固已渙然離沮, 而莫之應矣. 其守之也必不堅, 其發之也必不勇. 此非其志之本然, 氣爲勢所分, 志爲氣所奪故也. 故今日講和之說不罷, 則陛下之勵志必淺, 大臣之任責必輕, 將士之赴功必緩, 官人百吏之奉承, 必不能悉其心力, 以聽上之所欲爲. 然則本根終欲何時而固, 形勢終欲何時而成, 恢復又何時而可圖, 守備又何時而可恃哉? 其不可冀明矣.

若曰以虛禮縻之, 則彼雖仁義不足, 而凶狡有餘, 誠有謀我之心, 則豈爲區區之虛禮而驕, 誠有兼我之勢, 則亦豈爲區區之虛禮而輟哉? 若曰示之以弱, 則是披腹心, 露情實, 而示之以本然之弱, 非彊而示之弱之謂也. 適所以使之窺見我之底蘊, 知我之無謀, 而益無忌憚耳. 縱其不來, 我恃此以自安, 勢分氣奪, 日復一日, 如前所云者, 雖復曠日十年, 亦將何計之可成哉? 則是所以驕敵者, 乃所以啓敵而自驕, 所以緩寇者, 乃所以養寇而自緩, 爲虜計則善矣, 而非吾臣子所宜言也.

且彼盜有中原, 歲取金幣, 據全盛之勢, 以制和與不和之權, 少懦則以和要我而我不敢動, 力足則大舉深入而我不及支. 蓋彼以從容制和, 而其操術常行乎和之外. 是以利伸否蟠, 而進退皆得, 而我方且仰首於人, 以聽和與不和之命. 謀國者, 惟恐失虜人之驩, 而不爲久遠之計, 進則失中原事機之會, 退則沮忠臣義士之心. 蓋我以汲汲欲和而志慮常陷乎和之中, 是以跋前躓後, 而進退皆失. 自宣和靖康以來, 首尾三四十年, 虜人專恃此計, 中吾腹心, 決策制勝, 縱橫前却, 無不如其意者, 而我墮其術中, 曾不省悟, 危國亡師, 如出一轍.

去歲之事, 人謂朝廷其知之矣, 而解嚴未幾, 虜使復至, 彼何憚於我而遽爲若是? 是又欲以前策得志於我, 而我猶不悟也, 受而報之, 信節未還, 而海州之圍已急矣. 此其包藏反覆, 豈易可測, 而議者猶欲以已試敗事之餘謀當之, 其亦不思也哉!

至於請復土疆而冀其萬一之得, 此又不思之大者. 夫土疆, 我之舊也, 雖不幸淪沒, 而豈可使彼仇讎之虜, 得以制其予奪之權哉? 顧吾之德之力如何耳. 我有以取之, 則彼將不能有而自歸于我, 我無以取之, 則彼安肯舉吾力之所不能取者而與我哉? 且彼能有之, 而我不能取, 則我弱彼彊, 不較明矣. 縱其與我, 我亦豈能據而有之? 彼有大恩, 我有大費, 而所得者未堅也. 向者燕雲三京之事, 可以監矣, 是豈可不爲之寒心也哉?

假使萬有一而出於必不然之計, 彼誠不我欺而不責其報, 我必能自保而永無他虞, 則固善矣. 然以堂堂大宋, 不能自力以復祖宗之土宇, 顧乃乞丐於仇讎之戎狄, 以爲國家, 臣雖不肖, 竊爲陛下羞之. 夫前日之遣使報聘, 以是爲請, 既失之矣. 及陛下嗣位, 天下之望曰庶幾乎, 而赦書下者, 方且禁切諸將, 毋得進兵, 申遣使介, 告諭纂承之意, 繼修和好之禮, 亦若有意於和議之必成, 而坐待土疆之自復者. 遠近傳聞, 頓失所望. 臣愚不能識其何說, 而竊歎左右者用計之不詳也.

古語有之, 疑事無功, 疑行無名. 今虜以好來而兵不戢, 我所以應之者, 常不免出於兩塗, 而無一定之計, 豈非所謂疑事也哉? 以此號令, 使觀聽熒惑, 離心解體, 是乃未攻而已却, 未戰而已敗也. 欲以此成恢復之功, 亦已難矣. 然失之未遠, 易以改圖, 往者不可諫, 而來者猶可追也. 願陛下疇咨大臣, 總攬群策, 鑒失之之由, 求應之之術, 斷以義理之公, 參以利害之實, 罷黜和議, 追還使人. 苟未渡淮, 猶將可及. 自是以往, 閉關絕約, 任賢使能, 立紀綱, 厲風俗, 使吾修政事·攘夷狄之外, 了然無一毫可恃, 以爲遷延中已之資, 而不敢懷頃刻自安之意. 然後將相軍民遠近中外, 無不能曉然知陛下之志必於復讎啓土, 而無玩歲愒日之心, 更相激厲, 以圖事功. 數年之外, 志定氣飽, 國富兵彊, 於是視吾力之彊弱, 觀彼釁之淺深, 徐起而圖之, 中原故地不爲吾有而將焉往? 此不過少遲數年之久, 而理得勢全, 名正實利, 其與講和請地苟且僥倖必不可成之虛計, 不可同年而語也明矣. 惟陛下深留聖意毋忽, 則天下幸甚.

至於四海之利病, 臣則以爲繫於斯民之戚休, 斯民之戚休, 臣則以爲繫於守令之賢否. 然而監司者, 守令之綱也, 朝廷者, 監司之本也. 欲斯民之皆得其所, 本原之地亦在乎朝廷而已. 陛下以爲今日之監司, 姦贓狼藉, 肆虐以病民者誰, 則非宰執臺諫之親舊賓客乎? 其旣失勢者, 陛下旣按見其交私之狀而斥去之矣, 尙在勢者, 豈無其人? 顧陛下無自而知之耳. 然則某事之利爲民之休, 某事之病爲民之戚, 陛下雖欲聞之, 亦誰與奉承而致諸民哉? 臣以爲惟以正朝廷爲先務, 則其患可不日而自革, 而陛下似亦有意乎此矣.

蓋前日所號召數君子者, 皆天下所謂忠臣賢士也. 所以正朝廷之具, 豈有大於此者哉? 然其才之所長者不同, 則任之所宜者亦異. 願陛下於其大者, 使之贊元經體, 以亮天工, 於其細者, 使之居官任職, 以熙庶績. 能外事者, 使任典戎幹方之責, 明治體者, 使備拾遺補過之官. 又使之各擧所知, 布之列位, 以共圖天下之事, 使疎而賢者, 雖遠不遺, 親而否者, 雖邇必棄. 毋主先入, 以致偏聽獨任之譏, 毋篤私恩, 以犯示人不廣之戒. 進退取舍, 惟公論之所在是稽, 則朝廷正, 而內外遠近, 莫敢不一於正矣.

監司得其人, 而後列郡之得失可得而知, 郡守得其人, 而後屬縣之治否可得而察. 重其任以責其成, 擧其善而懲其惡. 夫如是, 則事之所謂利, 民之所謂休, 將無所不擧, 事之所謂病, 民之所謂戚, 將無所不除, 又何足以勞聖慮哉? 苟惟不然, 而切切然今日降一詔, 明日行一事, 欲以惠民而適增其擾者有之, 欲以興利而益重其害者有之, 紛紜叢脞, 旣非君道所宜, 宣布奉行, 徒爲觀聽之美而已, 則亦何補之有? 況今旱蝗四起, 民食將乏, 圖所以寬賦役·備賑贍·業流逋·銷盜賊之計, 尤在於守令之得其人, 而本原之地, 則又有在. 願陛下深留聖意毋忽, 則天下幸甚.

蓋天下之事, 至於今日, 無一不弊, 而不可以勝陳. 以獻言者之衆, 則或已能略盡之矣. 然求其所謂要道先務而不可緩者, 此三事是也. 夫講學所以明理而導之於前, 定計所以養氣而督之於後, 任賢所以修政而經緯乎其中, 天下之事, 無出乎此者矣. 伏惟陛下因此初政, 端本正始·自貽哲命之時, 因時順理·乘勢有爲之會, 於此三言深加察納, 果斷力行, 以幸天下, 則夫所謂不可勝陳之事, 凡見於議者之言, 而合乎義理之公, 切於利害之計者, 自然循次及之, 各得其所.

若其不然, 雖有求治之心, 而致之不得其方, 雖有致治之方, 而爲之不得其序, 一旦恭儉勞苦, 憂勤過甚, 有所不堪, 而不見其效, 則亦終於因循怠惰而無所成矣. 豈天下之人所以延頸舉踵而望陛下之初心哉! 至於是時, 雖欲悔之, 臣恐其倍勞聖慮而成效不可期也. 又況旱蝗之災環數千里, 陛下始初清明, 行誼未過, 而天戒赫然, 若此其甚, 其必有說矣. 臣愚竊以爲此乃天心仁愛陛下之厚, 不待政過行失, 而先致其警戒之意, 以啓聖心, 使盛德大美, 始終純全, 無可非間, 如商中宗・周宣王因災異而修德, 以致中興也. 是宜於此三術, 屢省而亟圖之, 以順民心, 以答天意. 以陛下之聖明, 必將有以處此.

愚臣所慮, 獨患議者不深惟所以然之故, 以爲其間不免有所更張, 或非太上皇帝之意者, 陛下所不宜爲, 以咈親志, 臣竊以爲誤矣. 恭惟太上皇帝, 至公無心, 合德天地, 臨御三紀, 艱難百爲, 其用人造事, 皆因時循理, 以應事變, 未嘗膠於一定之說. 先後始末之不同, 如春秋冬夏之變, 相反以成歲功, 存神過化, 而無有毫髮私意凝滯於其間. 其所以能超然遠引・屣脫萬乘而不以爲難者, 由是而已. 本其傳位陛下之志, 豈不以陛下必能緝熙帝學, 以繼跡堯禹乎? 豈不以陛下必能復讎啓土, 以增光祖宗乎? 豈不以陛下必能任賢修政, 以惠康小民乎? 誠如是也, 則臣之所陳, 乃所以大奉太上詒謀燕翼之聖心, 而助成陛下尊親承志之聖孝也. 議者顧欲守一時偶然之跡一二以循之, 以是爲太上皇帝之本心, 則是以事物有形之粗而語天地變化之神也, 豈不誤哉!

且古者禪授之懿, 莫如堯舜之盛, 而舜承堯禪二十有八年之間, 其於禮樂刑政, 更張多矣. 其大者, 舉十六相, 皆堯之所未舉, 去四凶, 皆堯之所未去. 然而舜不以爲嫌, 堯不以爲罪, 天下之人不以爲非, 載在虞書, 孔子錄之以爲大典, 垂萬世法. 而況臣之所陳, 非欲盡取太上皇帝約束, 紛更之也, 非貴其所賤・賤其所貴, 而悉更置之也. 因革損益, 顧義理如何爾, 亦何不可, 而陛下何嫌之有哉? 願早圖之, 以幸天下, 毋疑於臣之計也.

若夫戰守之機・形制之勢, 則臣未之學, 不敢妄有所陳. 然竊聞之, 上流督帥, 物望素輕, 黜陟失宜, 效於已試, 下流戍兵, 直棄淮甸長江之險, 與虜共之. 斯乃古今之所共憂, 愚智之所同惑. 臣雖鄙闇, 亦竊疑之. 況今秋氣已高, 虜

情叵測, 傳聞洶洶, 咸謂或當復有去歲之擧. 雖虛實未可知, 然是二者, 實彊
弱安危形勢所繫, 呼噏俯仰之間, 未足以喩其急也, 願陛下并留聖意, 臣不勝
大願.

臣凡愚不學, 頃歲冒昧羣試有司, 太上皇帝賜之末第, 獲叨官祿. 旣又誤聽人
言, 猥加收召, 適以疾病留落不前. 今則血氣益衰, 精神益耗, 屛居山田, 未知
所以仰報大恩之日, 敢因明詔, 罄竭愚衷, 昧死獻書以聞. 迂疎狂妄, 不識忌
諱, 忤犯貴近, 切劘事機, 罪當萬死. 惟陛下哀憐, 財赦而擇其中. 干冒天威,
臣無任震懼兢惶, 俯伏待罪之至. 臣熹昧死再拜.

庚子應詔封事

四月二十一日, 宣敎郎・權發遣南康軍事兼管內勸農事・提轄本軍界分諸
鋪遞角借緋, 臣朱熹謹齋沐奉疏, 東向再拜, 昧死獻于皇帝陛下.

臣伏覩三月九日陛下可議臣之奏, 申敕監司郡守, 條具民間利病, 悉以上聞,
無有所隱. 臣以布衣諸生, 蒙被聖恩, 待罪偏壘, 乃獲遭值仁聖求言願治, 不
間疎遠如此, 其敢不悉心竭慮, 以塞詔旨.

然臣嘗病獻言者不惟天下國家之大體, 而毛擧細故以爲忠, 聽言者不察天
下國家之至計, 而抉摘隱伏以爲明. 是以獻言者雖多, 而實無所益於人之國,
聽言者雖廣, 而實無以盡天下之美. 臣誠不佞, 然不敢專以淺意小言仰奉明
詔, 惟陛下幸於其大者, 垂聽而審行之, 則天下幸甚.

臣嘗謂天下國家之大務, 莫大於恤民, 而恤民之實在省賦, 省賦之實在治軍.
若夫治軍省賦以爲恤民之本, 則又在夫人君正其心術, 以立紀綱而已矣. 董
子所謂正心以正朝廷, 正朝廷以正百官, 正百官以正萬民, 正萬民以正四方,
蓋謂此也.

夫民之不可不恤, 不待智者而後能知, 亦不待明者然後能言也. 然欲知其憔
悴困窮之實, 與其所以致此之由, 則臣請以所領之郡推之, 然後以次而及其
所以施置之方焉.

臣謹按南康爲郡, 土地瘠薄, 生物不暢, 水源乾淺, 易得枯涸, 人民稀少, 穀賤
農傷, 固已爲貧國矣. 而其賦稅偏重, 比之他處, 或相倍蓰. 民間雖復盡力耕
種, 所收之利, 或不足以了納稅賦, 須至別作營求, 乃可陪貼輸官. 是以人無
固志, 生無定業, 不肯盡力農桑, 以爲子孫久遠之計. 幸遇豊年, 則賤糶禾穀,
以苟目前之安, 一有水旱, 則扶老携幼, 流移四出, 視其田廬, 無異逆旅之舍.
盖出郊而四望, 則荒疇敗居, 在處有之.

故臣自到任之初, 卽嘗具奏, 乞且將星子一縣稅錢, 特賜蠲減, 又嘗具申提點
坑冶司, 乞爲敷奏將夏稅所折木炭價錢量減分數. 其木炭錢, 已蒙聖慈恩, 曲
賜開允, 獨減稅事, 漕司相度, 方上版曹. 若得更蒙聖恩, 特依所請, 則一方憔
悴困窮之民, 自此庶幾復有更生之望矣.

然以臣計之, 郡之接境江・饒等州, 土田瘠薄類此者, 非一郡一縣而已也, 稅
賦重大如此者, 非一科一色而已也. 若不大爲經理, 深加隱恤, 雖復時於其間
少有縱舍, 如以杯水抹一車薪之火, 恐亦未能大有所濟, 而剝膚椎髓之禍, 必
且愈甚愈酷而不可救. 元氣日耗, 根本日傷, 一旦不幸而有方數千里之水旱,
則其橫潰四出, 將有不可如何者, 未知陛下何以處此. 此臣之所謂民之憔悴
困窮而不可不恤者然也.

而臣所謂省賦理軍者, 請復爲陛下言之. 夫有田則有租, 爲日久矣. 而今日民
間, 特以稅重爲苦者, 正緣二稅之入, 朝廷盡取以供軍, 而州縣無復贏餘也.
夫二稅之入盡以供軍, 則其物有常數, 其時有常限, 而又有貼納水脚轉輸之
費, 州縣皆不容有所寬緩而減免也. 州縣旣無贏餘以給官吏・養軍兵, 而朝
廷發下離軍・歸正等人, 又無紀極, 支費日增, 無所取辦, 則不免創於二稅之
外別作名色, 巧取於民.

且如納米收耗, 則自七斗八斗以至於一倍再倍而未止也, 豫借官物, 則自一
年二年以至三年四年而未止也.　此外又有月樁・移用諸雜名額,　抛賣乳
香・科買軍器・寄招軍兵, 打造鐵甲之屬, 自版曹・總所以至漕司, 上下相
承, 遞相促迫. 今日追究人吏, 明日取勘知通, 官吏無所從出, 不過一切取之
於民耳. 盖不如是, 無以補舊欠支目前, 雖明知其一旦發覺, 違法抵罪而不及
顧也. 夫以罪及其身而不暇恤, 尙何暇於民之恤乎. 以此觀之, 則今日民貧賦

重, 其所從來亦可知矣. 若不計理軍實而去其浮冗, 則民力決不可寬. 然國家蹔處東南, 恢復之勳未集, 所以養兵而固圉者, 常患其力之不足, 則兵又未可以遽減. 竊意惟有選將吏・覈兵籍, 可以節軍貲, 開廣屯田可以實軍儲, 練習民兵, 可以益邊備, 誠能行此三者, 而又時出禁錢以續經用, 民力庶幾其可寬也.

今將帥之選率皆膏梁駔子, 厮役凡流, 徒以趨走應對爲能, 苟且結託爲事, 物望素輕, 旣不爲軍士所服, 而其所以得此差遣, 所費已是不貲. 以故到軍之日, 惟務裒斂刻剥, 經營賈販, 百種搜羅, 以償債負. 償債旣足, 則又別生希望, 愈肆誅求. 蓋上所以奉權貴而求陞擢, 下所以飾子女而快己私, 皆於此乎取之.

至於招收簡閲, 訓習撫摩, 凡軍中之急務, 往往皆不暇及. 軍士旣已困於刻剥, 苦於役使, 而其有能者又不見優異, 無能者或反見親寵, 怨怒鬱積, 無所伸訴. 平時旣皆悍然有不服之心, 一旦緩急 何由可恃.

至於軍中子弟亦有素習弓馬, 諳曉戰陣者, 例皆不肯就本軍投募, 而朝廷反爲之分責州郡, 枉費錢物, 拖拽短小生疎無用之人, 以補軍額.

凡此數端, 本末巨細, 無不乖錯, 而所謂將帥者, 私欲飽滿, 鑽研有效, 則又可以束裝問塗, 而望他軍之積以爲己資矣. 故近歲以來, 管軍臣僚遷代之速, 至有一歲而再易者, 是則不惟軍中利病無由究知, 冗兵浮食日益猥衆, 而此人之所盜竊破費, 與夫送故迎新, 百色支用, 已不知其幾何矣. 至於總餽輸之任者, 亦皆負倚幽陰, 交通賄賂, 其所程督驅催東南數十州之脂膏骨髓, 名爲供軍, 而輂載以輸於權倖之門者, 不可以數計. 若乃屯田・民兵二事, 又特爲誕謾小人竊取官職之資 而未聞其有絲毫尺寸可見之效.

凡此數變, 天下之人, 孰不知之, 而任事之臣, 略不敢一言以告陛下, 惟務迫趣州縣, 使之急征橫賦, 戕伐邦本, 而其所以欺陛下者, 則曰如是而國可富, 如是而兵可彊. 陛下亦聞其說之可喜, 而未究其實, 往往誤加獎寵, 畀以事權. 是以比年以來, 此輩類皆高官厚祿, 志滿氣得, 而生民日益困苦, 無復聊賴. 草茅有識之士, 相與私議竊歎, 以爲莫大之禍必至之憂, 近在朝夕, 顧獨陛下未之知耳.

爲今之計, 欲討軍實以紓民力, 則必盡反前之所爲然後可冀也. 蓋授將印, 委利權, 一出於朝廷之公議, 則可以絶苟且請託之私. 務求忠勇沈毅, 實經行陣, 曾立勞效之人, 則可以革輕授非才之弊. 無苟且請託之私, 則刻剝之風可革, 將得其人, 則軍士畏愛奮厲. 蒐閱以時, 而竄名冗食者不得容於其間. 得人而久其任, 則上下相安, 緩急可恃, 而又可以省送迎之費.

軍之汰卒, 與凡北來歸正, 添差任滿之人, 皆可歸之屯田, 使之與民雜耕而漸損其請給. 其有材勇事藝之人, 則計其品秩而多與之田, 因以爲什伍之長, 使敎其人習於馳射擊刺行伍之法. 罷去諸州招軍之令, 而募諸軍子弟之驍勇者, 別授以田, 使隸尺籍. 大抵令與見行屯田·民兵之法相爲表裏, 擇老成忠實通曉兵農之務者, 使領其事, 付以重權, 久其事任, 毋貪小利, 毋急近功, 俟其果能漸省列屯坐食之兵, 稍損州郡供軍之數, 然後議其課最, 增秩而因任之. 如此十數年間, 自然漸見功效.

若其功效未能遽見之間, 而欲亟圖所以紓州縣民間目前之急者, 則願深詔主計將輸之臣, 且於見今椿積金穀綿絹數內, 每歲量撥三二十萬, 視州郡之貧乏者, 特與免起上供官物三五分而代其輸. 向後軍籍既嚴, 屯田既成, 民兵既練, 則上項量撥之數, 可以漸減, 而州郡免起之數, 可以漸增. 州縣事力, 既益寬舒, 然後可以禁其苛斂, 責以寬恤, 歲課而時稽之, 不惟去其加耗預借非法科敷之弊, 又視其土之肥瘠, 稅之輕重而均減之, 庶幾窮困之民得保生業, 無復流移漂蕩之意. 所在曠土, 亦當漸次有人開墾布種, 而公上之賦亦當自然登足, 次弟增羨, 不俟程督迫促而國眞可富, 兵眞可彊矣. 此臣之所謂省賦治軍之說然也.

至於所謂其本在於正心術以立紀綱者, 則非臣職之所當及. 然天下萬事之根本源流, 有在於是, 雖欲避而不言, 有不可得者. 且臣頃於隆興初元誤蒙召對, 蓋已略陳其梗槪矣. 今請昧死復爲陛下畢其說焉.

夫所謂綱者, 猶網之有綱也, 所謂紀者, 猶絲之有紀也. 網無綱, 則不能以自張, 絲無紀, 則不能自理, 故一家則有一家之綱紀, 一國則有一國之綱紀. 若乃鄉總於縣, 縣總於州, 州總於諸路, 諸路總於臺省, 臺省總於宰相, 而宰相兼統衆職, 以與天子相可否而出政令, 此則天下之綱紀也.

然而綱紀不能以自立, 必人主之心術公平正大, 無偏黨反側之私, 然後綱紀有所繫而立. 君心不能以自正, 必親賢臣・遠小人・講明義理之歸・閉塞私邪之路, 然後乃可得而正也. 古先聖王所以立師傅之官, 設賓友之位, 置諫諍之職, 凡以先後縱臾, 左右維持, 惟恐此心頃刻之間, 或失其正而已. 原其所以然者, 誠以天下之本在是, 一有不正, 則天下萬事將無一物得其正者, 故不得而不謹也.

今天下之事如前所陳, 亦可見矣. 陛下欲恤民, 則民生日蹙, 欲理財, 則財用日匱, 欲治軍, 則軍政日紊, 欲恢復土宇, 則未能北向以取中原尺寸之土, 欲報雪讎恥, 則未能係單于之頸而飲月氏之頭也.

此其政何哉? 宰相・臺省・師傅・賓友・諫諍之臣皆失其職, 而陛下所與親密, 所與謀議者, 不過一二近習之臣也. 此一二小人者, 上則蠱惑陛下之心志 使陛下不信先王之大道而悅於功利之卑說, 不樂莊士之讜言而安於私褻之鄙態, 下則招集天下士大夫之嗜利無恥者, 文武彙分, 各入其門, 所喜則陰爲引援, 擢眞清顯, 所惡則密行訾毀, 公肆擠排. 交通貨賂, 則所盜者皆陛下之財, 命卿置將, 則所竊者陛下之柄. 雖陛下所謂宰相・師保・賓友・諫諍之臣, 或反出入其門牆, 承望其風旨. 其幸能自立者, 亦不過齟齬自守, 而未嘗敢一言以斥之. 其甚畏公論者, 乃略能驚逐其徒黨之一二, 既不能深有所傷, 而終亦不敢明言, 以搗其囊橐巢窟之所在.

勢成威立, 中外靡然向之, 使陛下之號令黜陟, 不復出於朝廷而出於此一二人之門, 名爲陛下之獨斷, 而實此一二者陰執其柄. 蓋其所壞, 非獨壞陛下之綱紀而已, 乃幷與陛下所以立綱紀者而壞之. 使天下之忠臣賢士, 深憂永歎, 不樂其生, 而貪利無恥, 敢於爲惡之人, 四面紛然攘袂而起, 以求逞其所欲. 然則民又安可得而恤, 財又安可得而理, 軍政何自而修, 土宇何自而復, 而宗廟之讎恥, 又何時而可雪耶.

臣誠至愚, 不勝憤懣, 因伏惟念自頃進對, 得竭狂瞽, 陛下不惟赦而不誅, 其後十八年間, 兩蒙收召, 五被除擢. 雖臣愚暗, 自知無用於世, 又爲疾病憂患之所牽留, 有不得祗拜恩命者. 然陛下之知臣不爲不深, 憐臣不爲不厚, 顧臣乃獨畏懦藏縮, 熟視天下之綱紀廢亂, 生靈困苦至於如此, 而不能損生出死, 一

爲陛下言之, 是陛下不負臣而臣負陛下也. 今者幸值聖明開廣言路, 而臣官
守適在可言之數, 於此而又言, 則臣之罪, 雖萬死不足以自贖. 是以敢冒言之,
伏惟陛下曲加容貸, 留神省察, 奮發剛斷, 一正宸心, 斥遠佞邪, 建立綱紀,
以幸四海困窮之民, 則臣不勝大幸! 干冒斧鉞, 臣無任瞻天望聖, 戰慄俟命之
至, 臣熹昧死再拜謹言.

貼黃

本軍管內去秋晚田旱損, 去冬地震有聲, 臣已各具奏聞去訖. 是後一向闕雨,
耕牛疫死. 今雖得雨, 恐已後時, 而牛死不止, 勢甚可慮. 伏乞睿照.
臣昨蒙賜對, 面奉玉音, 治天下當以正心誠意爲本, 常竊仰歎聖學高明, 深達
治本如此, 天下安得不治? 比年以來, 乃聞道路之言, 妄謂陛下惡聞正心誠
意之說, 臣下當進對者, 至相告戒以爲語忌. 臣雖有以決知其不然, 然竊深慮
此語流傳, 上累聖德, 下惑羣聽, 伏望睿明更賜財幸.

繳進奏疏狀

具位臣朱熹, 右臣伏覩進奏院報, 三月九日, 臣寮奏乞申敕監司郡守條具民
間利病, 悉以上聞, 無有所隱. 奉聖旨依奏者, 臣以非材, 誤叨郡寄, 竊見管內
民間利病, 有合奏聞事件. 顧其間有事干機密, 不宜宣露者, 謹昧萬死, 具疏
壹通, 準式實封, 隨狀投進.

貼黃

乞至御前開拆, 庶幾千慮之得有以仰副陛下求言願治之意. 干冒天威, 臣無
任跼蹐俟罪之至. 謹錄奏聞, 伏候勅旨.

戊申封事

十一月一日, 朝奉郎·直寶文閣·主管西京嵩山崇福宮臣朱熹謹齋沐具疏, 昧死再拜, 獻于皇帝陛下. 臣猥以庸陋, 蒙被聖知, 有年於此矣. 而兩歲以來, 受恩稠疊, 有加於前. 顧視輩流, 無如爲比, 其爲感激之深, 固有言所不能諭者.

然竊惟念狂妄之言, 抵觸忌諱, 雖蒙聽納不以爲罪, 而伏俟數月, 未見其有略施行者. 臣誠不自知, 求所以堪陛下非常之恩者, 而未知所出也. 以是慙懼, 久不自安. 不意陛下又欲召而見之, 臣愚於此, 仰窺聖意, 尤不識其果何謂也. 以爲欲聽其計策, 則言已陳而不可用. 以爲欲加之恩意, 則寵旣厚而無以加. 二者之間, 未有所當. 此臣之所以徘回前却, 懇扣辭避, 而不能已也. 然而陛下猶未之許, 則臣又重思之. 前日進對之時, 口陳之說, 迫於疾作, 而猶有未盡焉者. 蓋嘗請以封事上聞, 而久未敢進, 豈非陛下偶垂記憶而欲卒聞之乎? 抑其別有以乎? 臣不得而知也.

然君父之命至于再下, 而爲臣子者堅臥於家, 則臣於此實有所未安者. 其所深慮, 獨恐進見之後, 所言終不可用, 而又徒竊誤寵, 如前之爲, 則臣之進退, 將有所甚難處, 而終得罪者. 是以輒因前請而悉其所言以獻. 以爲雖使得至陛下之前, 所言不過如此.

伏惟聖慈幸賜觀省, 若以其言爲是而次第行之, 則臣之志願千萬滿足, 退伏巖穴, 死無所憾. 萬一聖意, 必欲其來, 則臣亦不過求一望見清光, 而後懇請以歸而已.

若見其言果無可取, 則是臣所學之陋, 他無所有. 政使冒進, 陛下亦將何所用之? 不若因其懇請而許其歸休, 猶足以兩有所全也. 又況陛下之庭, 侍從之列, 方有造爲飛語以中害善良, 唱爲橫議以脅持上下. 其巧謀陰計, 又有甚於前日之不思而妄發者. 陛下無爲使臣輕犯其鋒, 而復蹈己覆之轍也!

蓋臣竊觀今日天下之勢, 如人之有重病, 內自心腹, 外達四肢, 蓋無一毛一髮不受病者. 雖於起居飲食, 未至有妨, 然其危迫之證, 深於醫者, 固已望之而走矣. 是必得如盧扁·華佗之輩, 投以神丹妙劑, 爲之湔腸滌胃, 以去病根,然後可以幸於安全.

如其不然, 則病日益深而病者不覺, 其可寒心, 殆非俗醫常藥之所能及也! 故臣前日之奏, 輒引"藥不暝眩, 厥病不瘳"之語, 意蓋爲此而言有未盡也. 然天下之事, 所當言者不勝其衆, 顧其序有未及者, 臣不暇言. 且獨以天下之大本與今日之急務, 深爲陛下言之.

蓋天下之大本者, 陛下之心也. 今日之急務, 則輔翼太子・選任大臣・振擧綱維・變化風俗・愛養民力・修明軍政六者是也. 臣請昧死而悉陳之, 惟陛下之留聽焉!

臣之輒以陛下之心爲天下之大本者, 何也? 天下之事, 千變萬化, 其端無窮, 而無一不本於人主之心者. 此自然之理也. 故人主之心正, 則天下之事, 無一不出於正. 人主之心不正, 則天下之事, 無一得由於正.

蓋不惟其賞之所勸・刑之所威, 各隨所向, 勢有不能已者, 而其觀感之間, 風動神速, 又有甚焉. 是以人主以眇然之身, 居深宮之中, 其心之邪正, 若不可得而窺者, 而其符驗之著於外者, 常若十目所視, 十手所指, 而不可掩. 此大舜所以有惟精惟一之戒, 孔子所以有克己復禮之云, 皆所以正吾此心而爲天下萬事之本也.

此心既正, 則視明聽聰, 周旋中禮, 而身無不正. 是以所行無過不及而能執其中. 雖以天下之大, 而無一人不歸吾之仁者.

　　【臣謹按『尚書』, 舜告禹曰, "人心惟危, 道心惟微, 惟精惟一, 允執厥中." 夫心之虛靈知覺, 一而已矣, 而以爲有人心・道心之別者, 何哉? 蓋以其或生於形氣之私, 或原於性命之正, 而所以爲知覺者不同. 是以或危殆而不安, 或精微而難見耳. 然人莫不有是形, 故雖上智不能無人心. 亦莫不有是性, 故雖下愚不能無道心. 二者雜于方寸之間, 而不知所以治之, 則危者愈危, 微者愈微, 而天理之公, 卒無以勝乎人欲之私矣. 精則察夫二者之間而不雜也. 一則守其本心之正而不離也. 從事於斯, 無少間斷, 必使道心常爲一身之主, 而人心每聽命焉, 則危者安, 微者著, 而動靜云爲自無過不及之差矣. 又按『論語』, 顏淵問仁, 子曰, "克己復禮爲仁, 一日克己復禮, 天下歸仁焉. 爲仁由己, 而由人乎哉!" 夫仁者, 本心之全德也. 己者, 一身之私慾也. 禮者, 天理之節文也. 蓋人心之全德, 莫非天理之所

爲. 然旣有是身, 則亦不能無人欲之私以害焉, 故爲仁者必有以勝其私欲而復於
禮, 則事皆天理而本心之德復全於我也. 心德旣全, 則雖以天下之大. 而無一人
不歸吾之仁者. 然其機則固在我而不在人也. 日日克之, 不以爲難, 則私欲淨盡,
天理流行, 而仁不可勝用矣. 此大舜・孔子之言, 而臣輒妄論其所以用力之方如
此. 伏乞聖照!】

然邪正之驗, 著於外者, 莫先於家人而次及於左右, 然後有以達於朝廷而及
於天下焉. 若宮闈之內, 端莊齊肅, 后妃有關雎之德, 後宮無盛色之譏, 貫魚
順序, 而無一人敢恃恩私以亂典常, 納賄賂而行請謁. 此則家之正也.
退朝之後, 從容燕息, 貴戚近臣, 携僕奄尹, 陪侍左右, 各恭其職, 而上憚不惡
之嚴, 下謹戴盆之戒, 無一人敢通內外・竊威福, 招權市寵, 以紊朝政. 此則左
右之正也.
內自禁省, 外徹朝廷, 二者之間, 洞然無有毫髮私邪之間, 然後發號施令, 羣聽
不疑, 進賢退姦, 衆志咸服. 紀綱得以振而無侵撓之患, 政事得以修而無阿私
之失. 此所以朝廷百官・六軍萬民, 無敢不出於正而治道畢也.
心一不正, 則是數者固無從而得其正. 是數者一有不正, 而曰心正, 則亦安有
是理哉? 是以古先聖王兢兢業業, 持守此心, 雖在紛華波動之中・幽獨得肆
之地, 而所以精之一之, 克之復之, 如對神明, 如臨淵谷, 未嘗敢有須臾之怠.
然猶恐其隱微之間, 或有差失而不自知也. 是以建師保之官以自開明, 列諫
諍之職以自規正, 而凡其飲食酒漿・衣服次舍・器用財賄, 與夫宦官宮妾之
政, 無一不領於冢宰之官, 使其左右前後, 一動一靜, 無不制以有司之法, 而無
纖芥之隙・瞬息之頃得以隱其毫髮之私. 蓋雖以一人之尊, 深居九重之邃,
而凜然常若立乎宗廟之中・朝廷之上. 此先王之治所以由內及外・自微至
著, 精粹純白, 無少瑕翳, 而其遺風餘烈, 猶可以爲後世法程也.

　　【臣竊見『周禮・天官・冢宰』一篇, 乃周公輔導成王, 垂法後世, 用意最深
　　切處. 欲知三代人主正心誠意之學, 於此考之, 可見其實. 伏乞聖照.】

陛下試以是而思之, 吾之所以精一克復而持守其心者, 果嘗有如此之功乎?

所以修身齊家, 而正其左右者, 果嘗有如此之效乎? 宮省事禁, 臣固有不得
而知者. 然不見其形而視其影, 不覩其內而占其外, 則爵賞之濫・貨賂之流,
閭巷竊言, 久已不勝其藉藉矣. 臣竊以是窺之, 則陛下之所以修之家者, 恐其
未有以及古之聖王也.

至於左右便嬖之私, 恩遇過當. 往者淵・覿・說・抃之徒, 勢焰熏灼, 傾動一
時, 今已無可言矣. 獨有前日臣所面奏者, 雖蒙聖慈委曲開譬, 然臣之愚, 終
竊以爲此輩但當使之守門傳命, 供掃除之役, 不當假借崇長, 使得逞邪媚・
作淫巧於內, 以蕩上心, 立門庭・招權勢於外, 以累聖政. 而其有才無才, 有罪
無罪, 自不當論. 況其有才適所以爲姦, 有罪而不可復用乎?

且如向來主管喪事・欽奉几筵之命, 遠近傳聞, 無不竊笑. 臣不知國史書之,
野史記之, 播于夷狄, 傳於後世, 且以陛下爲何如主也! 縱有曲折, 如前日所
以諭臣者, 陛下亦安能家置一喙而人曉之耶? 刑餘小醜, 不比人類, 顧乃熒
惑聖心, 虧損聖德, 以至此極, 而公卿大臣, 拱手熟視, 無一言以救其失. 臣之
痛心, 始者惟在於此. 比至都城, 則又知此曹之用事者, 非獨此人, 而侍從之
臣, 蓋已有出其門者.

【臣伏見陛下卽位以來, 臣下稍有知識, 無不以此事爲言者. 既皆不蒙聽
納, 甚者至或抵罪, 故自近年以來, 無復有言. 蓋知其根株牢固, 不可動搖,
言之無益, 徒取乖忤, 以致所言他事, 亦不見用. 故置此事於度外, 而姑論其
次耳. 不唯如此, 亦以過失之萌, 人所創見, 故以爲異而爭言之. 及其既久,
則習熟見聞以爲常事而不足言. 正如近年冬雷秋雪, 時時有之, 人遂不以
爲異. 然此豈可常之理哉? 惟臣愚暗不識時宜, 故今日猶復論此人所諱言
而厭道之事. 雖幸未蒙誅斥, 而亦未見有所施行也. 臣竊思之, 必使陛下聽
疏遠之言, 而逐其平日深所愛幸之人, 誠有所難能者. 然此事利害, 既陳於
前, 而臣所深憂, 又恐其不可爲後聖法也. 伏惟陛下深爲宗社子孫萬歲之
慮, 忍而行之, 天下幸甚.】

至其納財之塗, 則又不於士大夫而專於將帥. 臣於前日, 亦嘗輒以面奏, 而陛
下諭臣以爲誠當深察痛懲之矣. 退而始聞陛下比於環列之尹, 已嘗有所易

置. 乃知陛下固已深察其弊, 而無所待於人言. 然猶未能明正其罪, 而反寵以崇資巨鎭, 使卽便安. 此者[1]無知, 何所忌憚? 況中外將帥, 其不爲此者無幾, 陛下亦未能推其類而悉去之也.

　　【臣竊聞之道路, 自王抃旣逐之後, 諸將差除多出此人之手. 盖抃與此人, 專爲諸將 交通內侍, 納賂買官, 得其指意. 風喩軍中等第·論薦, 以欺陛下, 實將帥之牙儈也. 今雖去之, 而未正其罪. 又聞向者鄂帥剋剝之事, 亦是此人內外營救 遂致罪人漏網, 言者被罪, 中外至今爲之不平. 旣而又有匿名揭榜, 暴其過惡者, 亦被決配. 此不惟行遣大偏, 足爲聖政之累, 而自此之後, 遂無復有人敢言諸將之罪者. 以小人握重兵, 或在周廬肘腋之間, 或在江湖千里之外, 而中外無一人敢白其姦, 此於國計, 深恐未便. 前代之監, 盖亦非遠. 伏乞陛下少留聖慮!】

陛下竭生靈之膏血, 以奉軍旅之費, 本非得已. 而爲軍士者, 顧乃未嘗得一溫飽. 甚者採薪織屨, 掇拾糞壞, 以度朝夕. 其又甚者, 至使妻女盛塗澤, 倚市門以求食者也. 怨詈謗讟, 悖逆絶理, 至有不可聞者. 一有緩急, 不知陛下何所倚仗? 是皆爲將帥者, 巧爲名色, 頭會箕斂, 陰奪取其糧賜以自封殖, 而行貨賂於近習, 以圖進用.
彼此旣厭足矣, 然後時以薄少號爲羨餘, 陰奉燕私之費, 以嫁士卒怨怒之毒於陛下. 且幸陛下一受其獻, 則後日雖知其罪, 而不得復有所問也. 出入禁闥腹心之臣, 外交將帥, 共爲欺蔽, 以至於此, 豈有一毫愛戴陛下之心哉? 而陛下不悟, 反寵暱之, 以是爲我之私人, 至使宰相不得議其制置之得失, 給諫不得論其除授之是非. 以此而觀, 則陛下所以正其左右 未能及古之聖王又明矣.
且私之得名, 何爲也? 据己分之所獨有, 而不得以通乎其外之稱也. 故自匹夫而言, 則以一家爲私, 而不得以通乎其鄕. 自鄕人而言, 則以一鄕爲私, 而不得以通乎其國. 自諸侯而言, 則以一國爲私, 而不得以通乎天下. 至於天子, 則際天之所覆, 極地之所載, 莫非己分之所有, 而無外之不通矣. 又何以私爲哉?

---

1) 者 : 1771년판 『朱子大全』本에는 曹로 되어 있음.

今以不能勝其一念之邪而至於有私心, 以不能正其家人近習之故而至於有私人. 以私心用私人, 則不能無私費. 於是內損經費之入, 外納羨餘之獻, 而至於有私財. 陛下上爲皇天之所子, 全付所覆, 使其無有私而不公之處, 其所以與我者, 亦不細矣. 乃不能充其大, 而自爲割裂以狹小之, 使天下萬事之獘, 莫不由此而出, 是豈不可惜也哉?

【臣竊聞, 太祖皇帝改營大內既成, 躬御正殿, 洞開重門, 顧謂侍臣曰, 此如我心, 少有邪曲, 人皆見之. 臣竊謂, 太祖皇帝不爲文字言語之學, 而其方寸之地, 正大光明, 直與堯舜之心如合符節. 此其所以肇造區夏而垂裕無疆也. 伏惟陛下遠稽前聖而近以皇祖之訓爲法, 則一心克正而遠近莫敢不一於正矣. 伏乞聖照.】

若以時勢之利害言之, 則天下之勢, 合則彊, 分則弱. 故諸葛亮之告其君曰 "宮中府中, 俱爲一體, 陟罰臧否, 不宜異同. 若有作姦犯科及爲忠善者, 宜付有司, 論其刑賞, 以昭陛下平明之理, 不宜偏私, 使內外異法也."
當是之時, 昭烈父子以區區之蜀抗衡天下十分之九, 規取中原, 以興漢室. 以亮忠智, 爲之深謀, 而其策不過如此, 可謂深知時勝之要, 而暗合乎先王之法矣. 夫以蜀之小而於其中又以公私自分, 彼此如兩國, 然則是將以梁益之半圖吳魏之全.
又且內小人而外君子, 廢法令而保姦回, 使內之所出者, 日有以賊乎外, 公之所立者, 常不足以勝乎私, 則是此兩國者, 又自相攻, 而其內之私者常勝, 外之公者常負也. 外有鄰敵之虞, 內有陰邪之寇, 日夜夾攻而不置, 爲國家者, 亦已危矣!
夫以義理言之既如彼, 以利害言之又如此, 則今日之事如不蚤正, 臣恐陛下之心雖勞於求賢, 而一有所妨乎此, 則賢人必不得用, 而所用者皆庸繆憸巧之人. 雖勤於立政, 而一有所礙乎此, 則善政必不得立, 而所行者皆阿私苟且之政.
日往月來, 養成禍本, 而貽燕之謀未遠, 輔相之職不修, 紀綱壞於上, 風俗壞於下, 民愁兵怨, 國勢日卑. 一旦猝有不虞, 臣竊寒心, 不知陛下何以善其後也.

然則臣之所謂'天下之本, 惟陛下之一心者', 可不汲汲皇皇而求有以正之哉?

【臣昨來面奏箚子內一節云, "伏願陛下自今以往, 一念之萌, 則必謹而察
之, 此爲天理耶? 爲人欲耶? 果天理也, 則敬以擴之, 而不使其少有壅閼.
果人欲也, 則敬以克之, 而不使其少有凝滯. 推而至於言語動作之間, 用人
處事之際, 無不以是裁之. 知其爲是而行之, 則行之惟恐其不力, 而不當憂
其力之過也. 知其爲非而去之, 則去之惟恐其不果, 而不當憂其果之甚也.
知其爲賢而用之, 則任之惟恐其不專, 聚之惟恐其不衆, 而不當憂其爲黨
也. 知其爲不肖而退之, 則退之惟恐其不速, 去之惟恐其不盡, 而不當憂其
有偏也. 如此則聖心洞然, 中外融徹, 無一毫之私欲得以介乎其間, 而天下
之事, 將惟陛下之所爲, 無不如志矣." 今恐日久, 原本不存, 再此具奏. 伏乞
聖照.】

至於輔翼太子之說, 則臣前日所謂數世之仁者, 蓋已微發其端, 而未敢索言
之也. 夫太子, 天下之本, 其輔翼之不可不謹, 見於「保傅傳」者詳矣. 陛下聖
學高明, 洞貫今古, 宜不待臣言而喻. 然臣嘗竊怪陛下所以調護東宮者, 何其
疎略之甚也? 由前所論而觀之, 豈非所以自治者, 猶未免於疎略, 因是亦以
是爲當然而不之慮耶?
夫自王十朋·陳良翰之後, 宮寮之選, 號爲得人, 而能稱其職者, 蓋已鮮矣.
而又時使邪佞儇薄·闒冗庸妄之輩, 或得參錯於其間. 所謂講讀, 聞亦姑以
應文備數, 而未聞其有箴規之效.
至於從容朝夕, 陪侍遊燕者, 又不過使臣宦者數輩而已. 皇太子睿性夙成, 閱
理久熟, 雖若無待於輔導, 然人心難保, 氣習易汙, 習於正則正, 習於邪則邪.
此古之聖王敎世子者, 所以必選端方正直·道術博聞之士, 與之居處, 而又
使之逐去邪人, 不使見惡行, 蓋常謹之於微, 不待其有過而後規也.
今三代之制, 雖不可考, 且以唐之『六典』論之, 東宮之官, 師傅·賓客旣職輔
導, 而詹事府·兩春坊, 實擬天子之三省, 故以詹事·庶子領之, 其選甚重.
今則師傅·賓客旣不復置, 而詹事·庶子有名無實, 其左·右春坊, 遂直以
使臣掌之, 何其輕且褻之甚耶? 夫立太子而不置師傅·賓客, 則無以發其隆

師親友尊德樂義之心, 獨使春坊使臣得侍左右, 則無以防其戲慢媟狎・奇衰[2]雜進之害. 此已非細事矣.

至於皇孫, 德性未定, 聞見未廣, 又非皇太子之比, 則其保養之具尤不可以不嚴. 而今日之官屬尤不備, 責任尤不專, 豈任事者亦有所未之思耶? 謂宜深詔大臣, 討論前代典故, 東宮除今已置官外, 別置師傅・賓客之官, 使與朝夕遊處, 罷去春坊使臣, 而使詹事・庶子各復其職. 宮中之事, 一言之入, 一令之出, 必由於此而後通焉. 又置贊善大夫, 擬諫官以箴闕失.

王府則宜稍放『六典』親王之制, 置傅友・咨議以司訓導, 置長史・司馬以總衆職. 妙選耆德, 不雜他材, 皆置正員, 不爲兼職, 明其職掌, 以責功效, 則其官屬已略備矣.

陛下又當以時召之, 使侍燕遊, 從容啓迪. 凡古先聖王正心修身・平治天下之要, 陛下所服行而已有效, 與其勉慕而未能及, 愧悔而未能免者, 傾倒羅列, 悉以告之, 則聖子・神孫皆將有以得乎陛下心傳之妙, 而宗社之安・統業之固, 可以垂於永久而無窮矣. 此今日急務之一也.

【臣伏見比者聖詔令皇太子參決庶務, 此見聖慮之深, 將使皇太子以時習知國家政事之得失也. 然臣之愚見, 則以爲使之習事不若勉其修德. 況今皇太子育德春宮幾二十年, 其於天下之事, 蓋不待習而無不熟矣. 獨恐正心修德之學未至, 而於物欲之私未免有所係累, 則雖習於其事, 而或不能自決於取捨之間. 故臣竊論輔養之未至者, 非有他也. 但欲陛下更留聖意於此而已. 伏乞聖照.】

至於選任大臣之說, 則臣前所謂"勞於求賢, 而賢人不得用"者, 蓋已發其端矣. 夫以陛下之聰明, 豈不知天下之事, 必得剛明公正之人, 而後可任也哉? 其所以常不得如此之人, 而反容鄙夫之竊位者, 非有他也. 直以一念之間, 未能撤其私邪之蔽, 而燕私之好・便嬖之流不能盡由於法度, 若用剛明公正之人以爲輔相, 則恐其有以妨吾之事・害吾之人而不得肆. 是以選掄之際,

---

2) '衰' : 『주자봉사』에는 '裏'로 되어 있으나, 『주례』「천관(天官)」의 원문에는 '去其淫怠與其奇衰之民'으로 되어 있다. 이에 따라 바로 잡는다.(『차의』 ; 『절보』)

常先排擯此等, 寘之度外, 而後取凡疲儒軟熟・平日不敢直言正色之人而揣摩之, 又於其中得其至庸極陋, 決可保其不至於有所妨者, 然後舉而加之於位. 是以除書未出, 而物色先定, 姓名未顯, 而中外已逆知其決非天下第一流矣.

故以陛下英明剛斷, 略不世出, 而所取以自輔者, 未嘗有如汲黯・魏徵之比. 顧常反得如秦檜晚年之執政・臺諫者而用之. 彼以人臣竊國柄, 而畏忠言之悟主, 以發其姦也. 故專取此流以塞賢路・蔽主心, 乃其勢之不得已者. 陛下尊居宸極, 威福自己, 亦何賴於此輩而乃與之共天下之政, 以自蔽其聰明・自壞其綱紀, 而使天下受其弊哉?

夫所以取之者如此, 故其選之不得而精. 選之不精, 故任之不得而重. 任之不重, 則彼之所以自任者亦輕. 夫以至庸之材, 當至輕之任, 則雖名爲大臣, 而其實不過供給唯諾・奉行文書, 以求不失其竊坐・資級, 如吏卒之爲而已. 求其有以輔聖德・修朝廷而振紀綱, 不待智者而知其必不能也. 下此一等, 則惟有作姦欺・植黨與・納貨賂, 以濁亂陛下之朝廷耳. 其尤甚者, 乃至十有餘年而後敗露以去. 然其列布於後, 以希次補者, 又已不過此等人矣.

蓋自其爲臺諫爲侍從而其選已如此, 其後又擇其尤喋喋者而登用之, 則亦無怪乎陛下常不得天下之賢材而屬任之也. 然方用之之初, 亦曰'姑欲其無所害於吾之私'而已, 夫豈知其所以害夫天下之公者, 乃至於此哉? 陛下試反是心以求之, 則庶幾乎得之矣.

蓋不求其可喜而求其可畏, 不求其能適吾意而求其能輔吾德, 不憂其自任之不重, 而常恐吾所以任之者之未重, 不爲燕私近習一時之計而爲宗社生靈萬世無窮之計. 陛下誠以此取之, 以此任之, 而猶曰'不得其人', 則臣不信也. 此今日急務之二也.

至於振紀綱・變化風俗之說, 則臣前所謂"勤於立政而善政卒不得立"者, 亦已發其端矣. 夫以陛下之心, 憂勤願治不爲不至, 豈不欲夫綱維之振・風俗之美哉? 但以一念之間, 未能去其私邪之蔽, 是以朝廷之上, 忠邪雜進, 刑賞不分, 士夫之間, 志趣卑污, 廉恥廢壞, 顧猶以爲事理之當然, 而不思有以振厲矯革之也. 蓋明於內, 然後有以齊乎外, 無諸己而後可以非諸人.

今宮省之間, 禁密之地, 而天下不公之道 · 不正之人, 顧乃得以窟穴盤據於其間, 而陛下目見耳聞, 無非不公不正之事, 則其所以熏蒸銷鑠, 使陛下好善之心不著, 疾惡之意不深, 其害已有不可勝言者矣. 及其作姦犯法, 則陛下又未能深割私愛, 而付諸外廷之議, 論以有司之法, 是以紀綱不能無所撓敗, 而所以施諸外者, 亦因是而不欲深究切之.

且如頃年方伯 · 連帥, 嘗以有贓污不法聞者矣, 鞫治未竟, 而已有與郡之命, 及臺臣有言, 則遂與之祠祿而理爲自陳. 至於其所藏匿作過之人, 則又不復逮捕付獄, 名爲降官, 而實以解散其事.

此雖宰相曲庇鄉黨, 以欺陛下, 然臣竊意陛下非全然不悟其欺者, 意必以爲人情各有所私, 我旣欲遂我之私, 則彼亦欲遂彼之私. 君臣之間, 顔情稔熟, 則其勢不得不少容之. 且以爲雖或如此, 亦未至甚害於事, 而不知其敗壞綱紀, 使中外聞之, 腹非巷議, 皆有輕侮朝廷之心, 姦臟之吏, 則皆鼓舞相賀, 不復畏陛下之法令, 則亦非細故也.

又如廷臣爭議配享, 其間邪正曲直, 固有所在, 則兩無所問而幷去之. 監司挾私以誣郡守, 則不問其曲直而兩皆罷免. 監司使酒以凌郡守, 亦不問其曲直而兩皆與祠. 宰相植黨營私, 孤負任使, 則曲加保全, 而使之去. 臺諫懷其私恩, 陰拱不言, 而陛下亦不之問也. 其有初自小官擢爲臺諫, 三四年間, 趨和承意, 不能建明一事, 則年除歲遷, 至極其選.

一日論及一二武臣罪惡, 則便斥爲郡, 而不與職名. 從臣近典東畿, 遠帥西蜀, 一遭飛語, 則體究具析, 無所不至. 及究析來上, 而所聞不實, 則言之者, 晏然一無所訶. 山陵諸使, 鬻賣辟闕, 煩擾吏民, 御史有言, 亦無行遣, 而或反得超遷. 御史言及畿漕, 則名補卿列而實奪之權. 其所言者, 則雖量加絀削, 而繼以進用.

【臣伏見近年惟有主張近習一事, 賞信罰必, 無所假借. 自餘百事, 多務含容, 曲直是非, 兩無所問. 似聞聖意以爲如此處置, 方得均平. 此誠堯舜之用心也. 然臣於此竊有疑焉. 若推其本, 則臣固已妄論於前, 只据平之一字而言, 則臣於『易』「象」"稱物平施"之言, 竊有感也. 蓋古之欲爲平者, 必稱其物之大小高下, 而爲其施之多寡厚薄, 然後乃得其平. 若不問其是非曲直,

而待之如一, 則是善者常不得伸, 而惡者反幸而免. 以此爲平, 是乃所以爲
大不平也. 故雖堯舜之治, 旣擧元·凱, 必放共·兜. 此又『易』「象」所謂
"遏惡揚善, 順天休命"者也. 蓋善者天理之本然, 惡者人欲之邪妄. 是以天
之爲道, 旣福善而禍淫, 又以賞罰之權, 寄於司牧, 使之有以補助其禍福之
所不及. 然則爲人君者, 可不謹執其柄而務有以奉承之哉? 伏惟陛下深留
聖意!】

從班之中, 賢否尤雜. 至有終歲緘默, 不聞一言以裨聖聽者. 顧亦隨羣逐隊,
排連儳補. 其桀黠者, 乃敢造飛語, 立橫議如臣前所陳者, 而宰相畏其凶焰,
反撓公議而從之, 臺諫亦不敢以聞於陛下而請其罪.

　　【臣聞古先聖王'敷求哲人, 俾輔後嗣' 然則今日正是博求賢能, 置之列位
　　之時. 而此人趣操不謹, 懼爲身害, 乃敢陰爲讒慝, 公肆劫之, 遂其姦謀, 不
　　爲國計. 欲望聖慈密賜宣問.】

陛下視此綱紀爲如何? 可不反求諸身而亟有以振肅之耶? 綱紀不振於上,
是以風俗頽弊於下, 蓋其爲患之日久矣, 而淅中爲尤甚. 大率習爲軟美之態,
依阿之言, 而以不分是非, 不辨曲直爲得計. 下之事上, 固不敢少忤其意, 上
之御下, 亦不敢稍咈其情. 惟其私意之所在, 則千塗萬轍, 經營計較, 必得而
後已. 甚者以金珠爲脯醢, 以契券爲詩文. 宰相可啗則啗宰相, 近習可通則通
近習, 惟得之求, 無復廉恥. 父詔其子, 兄勉其弟, 一用此術, 則不復知有忠義
名節之可貴.
其俗已成之後, 則雖賢人君子, 亦不免習於其說. 一有剛毅正直, 守道循理之
士, 出乎其間, 則羣譏衆排, 指爲道學之人而加以矯激之罪, 上惑聖聰, 下鼓流
俗. 蓋自朝廷之上以及閭里之間, 十數年來, 以此二字禁錮天下之賢人君子,
復如崇·宣之間所謂元祐學術者, 排擯詆辱, 必使無所容措其身而後已. 嗚
呼, 豈治世之事而尙復忍言之哉!
又其甚者, 乃敢誦言於衆, 以爲陛下嘗謂今日天下幸無變故, 雖有伏節死義
之士, 亦何所用. 此言一播, 大爲識者之憂, 而臣有以知其必非陛下之言也.

夫伏節死義之士, 當平居無事之時, 誠若無所用者. 然古之人君所以必汲汲以求之者, 蓋以如此之人, 臨患難而能外死生, 則其在平世必能輕爵祿, 臨患難而能盡忠節, 則其在平世必能不詭隨.

平日無事之時, 得而用之, 則君心正於上, 風俗美於下, 足以逆折姦萌, 潛消禍本, 自然不至眞有伏節死義之事, 非謂必知後日當有變故, 而預蓄此人以擬之也.

惟其平日自恃安寧, 便謂此等人材必無所用, 而專取一種無道理・無學識・重爵祿・輕名義之人, 以爲不務矯激而尊寵之. 是以綱紀日壞, 風俗日偷. 非常之禍, 伏於冥冥之中, 而一旦發於意慮之所不及, 平日所用之人, 交臂降叛, 無一人可同患難, 然後前日擯棄留落之人, 始復不幸而著其忠義之節. 以天寶之亂觀之, 其將相貴戚近幸之臣, 皆已頓顙賊庭, 而起兵討賊, 卒至於殺身湛族而不悔, 如巡・遠・杲・卿之流, 則遠方下邑, 人主不識其面目之人也.

使明皇早得巡等而用之, 豈不能銷患於未萌? 巡等早見用於明皇, 又何至眞爲伏節死義之舉哉? 商鑒不遠, 在夏后之世. 此識者所以深憂於或者之言也. 雖以臣知陛下聖學高明, 識慮深遠, 決然不至有此議論. 然每小人敢託聖訓以蓋其姦, 而其爲害至於足以深沮天下忠臣義士之氣, 則亦未嘗不痛心疾首, 而不敢以識者之慮爲過計之憂也! 陛下視此風俗爲如何? 可不反求諸身而亟有以變革之耶? 此今日急務之三四也.

至於愛養民力, 修明軍政之說, 則民力之未裕, 生於私心之未克, 而宰相臺諫失職也. 軍政之未修, 生於私心未克, 而近習得以謀帥也. 是數說者, 臣皆已極陳於前矣. 今請卽民力未裕而推言之.

臣聞虞允文之爲相也. 盡取版曹歲入窠名之必可指擬者, 號爲歲終羨餘之數, 而輸之內帑, 顧以其有名無實・積累掛欠・空載簿籍・不可催理者, 撥還版曹.

其爲說曰, "內帑之積, 將以備他日用兵進取不時之須, 而版曹目今經費已自不失歲入之數." 聽其言誠甘且美矣. 然自是以來二十餘年, 內帑歲入不知幾何, 而認爲私貯, 典以私人, 宰相不得以式貢均節其出入, 版曹不得以簿書勾考其存亡, 其日銷月耗, 以奉燕私之費者, 蓋不知其幾何矣. 而曷嘗聞其能用此錢, 以易胡人之首, 如太祖皇帝之言哉?

徒使版曹經費闕乏日甚, 督趣日峻, 以至廢去祖宗以來破分良法, 而必以十分登足爲限. 以爲未足, 則又造爲比較監司・郡守殿最之法, 以誘脅之, 不復問其政教設施之得失, 而一以其能剝民奉上者爲賢. 於是中外承風, 競爲苛急, 監司明諭州郡, 郡守明諭屬邑, 不必留心民事, 惟務催督財賦. 此民力之所以重困之本, 而稅外無名之賦, 如和買・折帛・科罪・月樁之屬, 尙未論也.

【臣伏見祖宗舊法, 凡州縣催理官物, 已及九分以上, 謂之破分, 諸司卽行住催, 版曹亦置不問. 由是州縣得其羸餘, 以相輔助, 貧民些少拖欠, 亦得遷延, 以待蠲放. 恩自朝廷, 惠及閭里, 君民兩足, 公私俱便, 此誠不刊之令典也. 昨自魯懷用事, 始除此法, 盡刷州縣舊欠, 以爲隱漏, 悉行拘催. 於是民間稅物, 毫分銖兩, 盡要登足. 魯懷以此進身, 遂取宰相, 而生靈受害, 寃痛日深. 得財失民, 猶爲不可, 況今政煩賦重, 民卒流亡, 所謂財者, 又將無有可得之理, 若不亟救, 必爲深害. 臣每讀『大學』卒章, 見其所論“小人之使爲國家, 菑害並至, 雖有善者, 亦無如之何”者. 其言丁寧痛切, 未嘗不爲寒心. 惟陛下少留聖意, 亟發德音, 以幸天下.】

其次, 則陛下所用之宰相, 不能擇中外大吏, 而惟徇私情之厚薄. 所用之臺諫, 不能公行糾劾, 而惟決己意之愛憎. 是以監司・郡守多不得人, 而其賢者或反以舉職業, 忤臺諫而遭斥逐也. 至於監司太多而事權不歸於一, 銓法雖密而縣令未嘗擇人, 則又其法之有未善者. 然其本正, 則此等不難區處, 其本未正, 則雖或舉此, 臣恐未見其益而反有害也.

又嘗卽夫軍政之不修而推之, 則臣聞日者諸將之求進也, 必先掊剋士卒以殖私財, 然後以此自結於陛下之私人, 而祈以姓名達於陛下之貴將. 貴將得其姓名, 卽以付之軍中, 使自什伍以上節次保明, 稱其材武堪任將帥, 然後具爲奏牘而言之陛下之前.

陛下但見其等級推先・案牘具備, 則誠以爲公薦而可得人矣. 而豈知其諸價輸錢, 已若晚唐之債帥哉? 只此一事, 有耳者無不聞, 有口者無不道. 然以其門戶幽深, 蹤跡詭秘, 故無路得以窺其交通之實狀. 是以雖或言之, 而陛下終不信也.

夫將者三軍之司命, 而其選置之方乖剌如此, 則彼智勇材略之人, 其孰肯抑心下首於宦官·宮妾之門? 而陛下之所得以爲將帥者, 皆庸夫走卒, 固不知兵謀師律之爲何事, 而惟剋剝之是先·交結之是圖矣. 陛下不知其然, 而猶望其修明軍政·激勸士卒, 以彊國勢, 豈不悮哉?

然將帥之不得人, 非獨士卒之受其弊也. 推其爲害之極, 則又有以及乎民者. 蓋將帥得人, 則尺籍嚴而儲蓄羨, 屯田立而漕運省. 今爲將帥者如此, 則固無望其肯核軍實而豐儲蓄矣.

至於屯田, 則彼自營者尤所不願, 故朝廷不免爲之別置使者, 以典治之. 而兵屯之衆, 資其撥遣, 則又不免使參其務. 然聞其占護軍人, 不肯募其願耕者以行, 而彊其不能者以往, 至屯則偃蹇不耕, 而反爲民田之害. 使者文吏, 其力蓋有所不能制者. 是以陛下欲爲之切, 而久不得成也.

屯田不立, 漕運煩費, 諸州苗米至或盡數起發, 而無以供州兵之食, 則加耗·斛面之弊, 紛紛而起, 而民益困矣. 凡和買·折帛·科糴·月椿之類, 往往亦爲供軍之故而不可除. 若屯田立而所資於諸路者減, 則此屬庶乎其皆可禁矣. 今乃不然, 則是置將之不善, 而害足以及民也.

凡此數者, 根株深固, 枝條廣闊, 若不可以朝變而夕除者. 然究其本, 則亦在夫陛下之反諸身耳. 聖心誠無不正, 則必能出私帑以歸版曹矣. 版曹不至甚闕, 必能復破分之法·除殿最之科, 以寬州縣矣. 聖心誠無不正, 則必能擇宰相以選牧守矣, 擇臺諫以公刺舉矣. 聖心誠無不正, 則必能嚴宦官·兵將交通之禁, 而以選將屬宰相矣. 宰相誠得其人, 則必能爲陛下擇將帥, 以作士氣, 討軍實, 廣屯田, 以省漕運矣.

上自朝廷, 下達州縣, 治民典軍之官, 旣皆得人, 然後明詔宰相, 議省監司之員, 而精其選, 重其責. 又詔銓曹, 使以縣之劇易, 分爲等差, 而常切詢訪天下之官吏, 能爲縣者, 不拘薦舉之有無, 不限資格之高下, 而籍其姓名, 使以次補最劇之縣. 果有治績, 則優而進之. 不勝其任, 則絀而退之. 凡州縣之間, 無名非理之供, 橫斂巧取之政, 其泰甚而可去者, 可以漸去, 而民力庶乎其可寬矣.
至於屯田之利, 則以臣愚見, 當使大將募軍士, 使者招游民, 各自爲屯, 不相牽
制. 其給授・課督・賞罰・政令, 各從本司, 自爲區處. 軍中自有將校可使,
不須別置官吏. 使者則聽其辟, 置官屬三五人・指使一二十人, 以備使令.
又擇從官通知兵農之務, 兼得軍民之情者一員爲屯田使, 總治兩司之政, 而
通其奏請, 趣其應副. 又以歲時按行, 察其勤墮之實, 以行誅賞. 如此則兩屯
心競, 各務其功, 田事可成, 漕運可省. 而諸路無名非理之供, 橫斂巧取之政,
前日有所不獲已而未可盡去者, 今亦可以悉禁, 民力庶乎其益裕矣. 此今日
急務之五六也.

【屯田一事, 如臣之策, 亦是將來將帥得人之後, 方可施行. 若將帥止如今
日, 却恐徒壞漕司已成之功, 無補將帥兵屯之實. 且乞指揮趁此水災之後,
廣招流冗, 并行民屯之策, 以俟見效, 仍詔漕臣更切詢訪利病之未盡者, 條
具以聞, 然後隨事商量, 及時措置, 庶幾已成之緒, 不至動搖輕有廢壞. 伏乞
聖照.】

凡此六事, 皆不可緩, 而其本在於陛下之一心. 一心正, 則六事無不正, 一有
人心私欲以介乎其間, 則雖欲憊精勞力, 以求正夫六事者, 亦將徒爲文具, 而
天下之事愈至於不可爲矣. 故所謂天下之大本者, 又急務之最急而尤不可
以少緩者, 惟陛下深留聖意而亟圖之. 使大本誠正, 急務誠修而治效不進, 國
勢不彊, 中原不復, 仇虜不滅, 則臣請伏鈇鉞之誅以謝陛下, 陛下雖欲赦之,
臣亦不敢承也.
然又竊聞之, 今日士夫之論, 其與臣不同者非一. 及究其實, 則皆所謂似是而
非者也. 蓋其樂因循之無事者, 則曰陛下之年浸高, 而天下亦幸無事. 年浸高
則血氣不能不衰, 天下無事則不宜更爲庸人所擾. 其欲奮厲而有爲者, 則又
曰祖宗之積憤不可以不攄, 中原之故疆不可以不復. 以此爲務, 則聖心不待
勸勉而自彊, 舍此不圖, 則雖欲策厲以有爲, 而無所向望以爲標準, 亦卒歸於
委靡而已.
凡此二說亦皆有理, 而臣輒皆以爲非者, 蓋樂因循者知聖人之血氣有時而

衰, 而不知聖人之志氣無時而衰也. 知天下有事之不可以苟安, 而不知天下無事之尤不可以少怠也. 況今日之天下又未得爲無事乎!

且以衛武公言之. 其年九十有五矣, 猶箴儆於國, 以求規諫, 而作抑戒之詩以自警, 使人朝夕誦之, 不離於其側. 此其年豈不甚高, 而其戒謹恐懼之心, 豈以是而少衰乎? 況陛下視武公之年三分未及其二, 而責任之重, 地位之高, 又有十百千萬於武公者. 臣雖不肖, 又安敢先處陛下於武公之下而直謂其不能乎?

且天下之事非艱難多事之可憂, 而宴安酖毒之可畏. 政使功成治定, 無一事之可爲, 尙當朝兢夕惕, 居安慮危而不可以少怠. 況今天下雖若未有目前之急, 然民貧財匱, 兵惰將驕, 外有彊暴之夷虜, 內有愁怨之軍民. 其他難言之患, 隱於耳目之所不加, 思慮之所不接者, 近在堂奧之間而遠在數千里外, 何可勝數?

【堂奧之說, 已陳於前, 此句更乞陛下少留聖慮.】

追計其前, 旣未有可見之效, 却顧於後, 又未有可守之規.

【臣竊見尋常之人, 將欲屬人以一至微至細之事, 猶必先爲規模, 使其盡善, 然後所屬之人有所持循, 而不失吾之所以屬之之意. 況有天下者, 將以天下至大之事屬之於人, 而不先爲盡善可守之規以授之乎? 然臣於此事不敢盡言, 若蒙聖明少加聖慮, 則當此之時, 誠亦一新德業, 重整綱維, 不可失之機會也. 臣狂妄僭率, 罪當萬死, 伏惟陛下裁赦.】

亦安得遽謂無事而遂以逸豫處之乎?

其思奮厲者, 又徒知恢復之不可忘, 頽墮之不可久, 然不知不世之大功易立而至微之本心難保, 中原之戎虜易逐而一己之私意難除也. 誠能先其所難, 則其易者將不言而自辦. 不先其難而徒欲僥倖於其易, 則雖朝夕談之不絕於口, 是亦徒爲虛言, 以快一時之意而已. 又況此事之失, 已在隆興之初, 不合遽然罷兵講和, 遂使宴安酖毒之害日滋日長, 而坐薪嘗膽之志日遠日忘.

是以數年以來, 綱維解弛, 釁孽萌生, 區區東南事, 猶有不勝慮者, 何恢復之可
圖乎? 故臣不敢隨例迎合, 苟爲大言以欺陛下. 而所望者, 則惟欲陛下先以
東南之未治爲憂, 而正心克己, 以正朝廷·修政事, 庶幾眞實功效可以馴致,
而不至於別生患害, 以妨遠圖. 蓋所謂善『易』者不言『易』, 而眞有志於恢復
者, 果不在於撫劍抵掌之間也.

論者又或以爲陛下深於老佛之學, 而得其識心見性之妙, 於古先聖王之道,
蓋有不約而自合者, 是以不悅於世儒之常談死法, 而於當世之務, 則寧以
管·商一切功利之說爲可取, 今乃以其所厭飫鄙薄者陳於其前, 亦見其言
愈多而愈不合也. 臣以爲此亦似是而非之論, 非所以進盛德於日新也.

彼老子浮屠之說, 固有疑於聖賢者矣, 然其實不同者, 則此以性命爲眞實, 而
彼以性命爲空虛也. 此以爲實, 故所謂寂然不動者, 萬理粲然於其中, 而民彝
物則, 無一之不具, 所謂感而遂通天下之故, 則必順其事, 必循其法, 而無一事
之或差. 彼以爲空, 則徒知寂滅爲樂, 而不知其爲實理之原, 徒知應物見形,
而不知其有眞妄之別也.

是以自吾之說而修之, 則體用一原, 顯微無間, 而治心修身·齊家治國, 無一
事之非理. 由彼之說, 則其本末橫分, 中外斷絶, 雖有所謂廓澈靈通·虛靜明
妙者, 而無所救於滅理亂倫之罪·顚倒運用之失也. 故自古爲其學者, 其初
無不似有可喜, 考其終, 則詖淫邪遁之見鮮有不作而害於政事者.

是以程顥常闢之曰, "自謂窮神知化, 而不足以開物成務. 言爲無不周徧, 而
實外於倫理, 窮深極微, 而不可以入堯舜之道. 天下之學, 自非淺陋固滯, 則
必入於此, 是謂正路之榛蕪, 聖門之蔽塞, 闢之而後可與入道." 嗚呼, 此眞可
謂理到之言. 惜乎, 其未有以聞於陛下者, 使陛下過聽髡徒誑妄之說, 而以爲
眞有合於聖人之道, 至分治心·治身·治人以爲三術, 而以儒者之學爲最
下, 則臣竊爲陛下憂此心之害於政事, 而惜此說之布於來今也. 如或未以臣
言爲然, 則聖質不爲不高, 學之不爲不久, 而所以正心修身以及天下者, 其效
果安在也? 是豈可不思其所以然者而亟反之哉?

【臣聞仁宗時有程顥者, 與其弟頤同受學於周敦頤, 實得孔孟以來不傳之
緒. 同時又有邵雍·張載, 相與博約, 遂使聖道闇而復明, 其功甚大. 俗儒淺

學旣不足以窺其縕奧, 姦人鄙夫又以其言居必誠敬, 動由禮義, 有害於己
之所爲, 以故相與怨疾, 指爲道學而加詆訕焉. 臣已略論於前矣. 夫世俗無
知, 旣以道學爲不美, 則是必欲擧世之人俱無道, 俱不學, 悉如己之所爲而
後適於其意耳. 邪說肆行, 人心頗僻, 無所忌憚, 乃至於此, 此正閔馬父之所
深憂也. 今敦頤等所著之書頗藏冊府, 陛下試取而觀之, 聖學高明, 必將有
默契合而見諸行事者. 若遂於此賜一言以表章之, 則正心之效不惟自得,
而所以正人心亦在是矣. 伏惟陛下深留聖意.】

若夫管・商功利之說, 則又陋矣. 陛下所以取之者, 則以旣斥儒者之道爲常
談死法, 而天下之務日至於前, 彼浮屠之學又不足以應之, 是以有味乎彼之
言, 而冀其富國彊兵或有近效耳. 然自行其說, 至今幾年, 而國日益貧, 兵日
益弱, 所謂近效者, 亦未之見. 而聖賢所傳生財之道・理財之義・文武之
怒・道德之威, 則固所以爲富彊之大, 而反未有講之者也, 豈不誤哉!
今議者徒見老佛之高・管商之便, 而聖賢所傳明善誠身・齊家治國平天下
者初無新奇可喜之說, 遂以爲常談死法而不足學. 夫豈知其常談之中自有
妙理, 死法之中自有活法, 固非老佛管商之陋所能彷彿其萬分也哉? 伏惟陛
下察臣之言, 以究四說之同異而明辨之, 則知臣之所言非臣所爲之說, 乃古
先聖賢之說, 非聖賢所爲之說, 乃天經地義自然之理. 雖以堯・舜・禹・
湯・文・武・周・孔之聖, 顏・曾・伋・軻之賢, 而有所不能違也. 則於臣
之言與夫論者之說, 其爲取舍從違, 不終日而決矣.
抑臣於此又竊有感而自悲焉. 蓋臣之得事陛下, 於今二十有七年矣, 而於其
間得見陛下, 數不過三. 自其始見於隆興之初, 固嘗輒以近習爲言矣, 辛丑再
見, 又嘗論之, 今歲三見, 而其所言又不過此. 臣遐方下土田野之人, 豈有積
怨深怒於此曹, 而固欲攻之, 以快己私也哉? 其所以至於屢進不合而不敢悔
者, 區區之意獨爲國家之計而不敢自爲身謀, 其愚亦可見矣. 然自頃以來, 歲
月逾邁, 如川之流, 一往而不復反, 不惟臣之蒼顏白髮已迫遲暮, 而竊仰天顏,
亦覺非昔時矣.
臣之鄙滯, 固不能別有忠言奇謀以裨聖聽, 而陛下日新之盛德, 亦未能有以
使臣釋然而忘其夙昔之憂也. 則臣於此安得不深有感而重自悲乎? 身伏衡

茅, 心馳魏闕, 竊不勝其愛君憂國之誠, 敢冒萬死, 刳瀝肺肝, 以效野人食芹炙背之獻, 且以自乞其不肖之身焉.

【臣區區私計, 輒冒威顏, 并此陳述. 臣賦性拙直, 不能隨世俯仰, 故自早年卽自揣度決是不堪從宦. 所以一向竊食祠祿, 前後九任, 豈不知有致身之義? 亦非恬無濟物之心, 寧爲退藏, 蓋以避禍. 中間稍蒙任使, 果然自速顚隮, 七年之間, 措身無所. 今者一出, 又致紛紜. 幸賴聖明保全終始, 增其祿秩, 使足以免於饑寒, 進其官資, 使足以延於嗣息, 此皆已非臣平生意望所及. 天地之恩, 不啻厚矣. 今者奏疏, 止爲感激陛下虛心屈己, 容受狂言, 故竭平日憂國之誠, 而畢前日願忠之意. 所冀上有補於聖明, 下無負於所學而已, 非敢變其初心, 而復有進爲之望也. 若蒙聖慈詳賜觀覽, 循其本末, 次第施行, 使臣之言卓然實有可見之效, 則臣不待違心犯患, 以汚周行, 而其榮遇已不在諸臣之後矣. 如其繆妄, 無可施行, 則投閑置散, 乃分之宜, 雖欲借之恩私, 適足增其慚懼, 決非臣之所敢當也. 竊恐陛下見其所論懇切, 誤謂尙堪使令, 故復具奏, 伏乞聖察.】

伏惟陛下哀憐財赦而擇其中, 則非獨愚臣之幸, 實宗社生靈之幸.

【臣之所論, 雖爲一時之弊, 然其規畫實皆治體之要, 可以傳之久遠而無窮. 蓋前聖後聖, 其時雖異, 而其爲道未嘗不同. 此臣之言所以非徒有望於今日, 而又將有望於後來也. 疏遠賤微, 言不敢盡. 伏惟聖慈憐臣愚忠, 赦其萬死, 或因皇太子參決之際, 特賜宣示, 千萬幸甚.】

臣熹誠惶誠恐, 昧死再拜, 謹言.

卷二

己酉擬上封事

具位臣朱熹敢拜手稽首言曰, 臣竊惟皇帝陛下有聰明睿智之姿, 有孝友溫恭之德, 有寬仁博愛之度, 有神武不殺之威. 養德春宮, 垂二十年, 一旦受命慈皇, 親傳大寶, 龍飛虎變, 御極當天. 凡在覆載之間, 稍有血氣之屬, 莫不延頸舉踵, 觀德聽風. 而臣適逢斯時, 首蒙趣召, 且辱賜對, 得近日月之光, 感幸之深, 其敢無說以效愚忠之一二?

蓋臣聞古之聖賢窮理盡性, 備道全德, 其所施爲雖無不中於義理, 然猶未嘗少有自足之心. 是其平居所以操存省察而致其懲忿窒慾 · 遷善改過之功者, 固無一念之間斷. 及其身之所履有大變革, 則又必因是而有以大警動於其心焉, 所以謹初始而重自新也.

伊尹之告太甲曰, "今王嗣厥德, 罔不在初." 又曰, "今嗣王新服厥命, 惟新厥德." 召公之戒成王曰, "若生子, 罔不在厥初生, 自貽哲命. 今天其命哲, 命吉凶, 命歷年, 知今我初服, 肆惟王其疾敬德." 蓋深以是而望於其君, 其意亦已切矣.

今者陛下自儲貳而履至尊, 由監撫而專聽斷, 其爲身之變革, 孰有大於此者? 則凡所以警動其心而謹始自新者, 計已無所不用其極矣. 而臣之愚猶竊有懼焉者, 誠恐萬分有一所以警動自新之目或未悉舉, 則蘗孽之萌將有作於眇綿之間, 出於防慮之外者.

是以輒忘疎賤, 而妄以平日私憂過計之所及者, 深爲陛下籌之, 則若講學以正心 · 若修身以齊家 · 若遠便嬖以近忠直 · 若抑私恩以抗公道 · 若明義理以絕神姦 · 若擇師傅以輔皇儲 · 若精選任以明體統 · 若振綱紀以厲風俗 · 若節財用以固邦本 · 若修政事以攘夷狄, 凡是十者, 皆陛下所當警動自新而不可一有缺焉者也. 臣不勝犬馬愛君憂國之誠, 輒敢事爲之說, 而昧死以獻. 謹條其事如左.

其一所謂講學以正心者. 臣聞天下之事, 其本在於一人, 而一人之身, 其主在於一心. 故人主之心一正, 則天下之事無有不正. 人主之心一邪, 則天下之事無有不邪. 如表端而影直, 源濁而流汚, 其理有必然者. 是以古先哲王欲明其德於天下者, 莫不一以正心爲本. 然本心之善 其體至微, 而利欲之攻不勝其衆.

嘗試驗之, 一日之間, 聲色臭味游衍馳驅, 土木之華・貨利之殖, 雜進於前, 日新月盛, 其間心體湛然善端呈露之時, 蓋絶無而僅有也. 苟非講學之功, 有以開明其心, 而不迷於是非邪正之所在, 又必信其理之在我而不可以須臾離焉, 則亦何以得此心之正, 勝利欲之私 而應事物無窮之變乎?

然所謂學, 則又有邪正之別焉. 味聖賢之言以求義理之當, 察古今之變以驗得失之幾, 而必反之身以踐其實者, 學之正也. 涉獵記誦而以雜博相高, 割裂裝綴而以華靡相勝, 反之身則無實, 措之事則無當者, 學之邪也.

學之正而心有不正者鮮矣, 學之邪而心有不邪者亦鮮矣. 故講學雖所以爲正心之要, 而學之邪正, 其繫於所行之得失而不可不審者又如此.『易』曰, "正其本萬事理. 差之毫釐 謬以千里." 惟聖明之留意焉, 則天下幸甚.

其二所謂修身以齊家者. 臣聞"天下之本在國, 國之本在家." 故人主之家齊, 則天下無不治, 人主之家不齊, 則未有能治其天下者也. 是以三代之盛, 聖賢之君能修其政者, 莫不本於齊家. 蓋男正位乎外, 女正位乎內, 而夫婦之別嚴者, 家之齊也. 妻齊體於上, 妾接承於下, 而嫡庶之分定者, 家之齊也. 采有德・戒聲色・近嚴敬・遠技能者, 家之齊也. 內言不出, 外言不入, 苞苴不達, 請謁不行者, 家之齊也.

然閨門之內, 恩常掩義, 是以雖以英雄之才, 尚有困於酒色・溺於情愛而不能自克者. 苟非正心修身, 動由禮義, 使之有以服吾之德而畏吾之威, 則亦何以正其宮壼, 杜其請託, 檢其姻戚, 而防禍亂之萌哉?『書』曰, "牝雞之晨, 惟家之索."『傳』曰, "福之興, 莫不本乎室家. 道之衰, 莫不大始乎梱內." 惟聖明之留意焉, 則天下幸甚.

其三所謂遠便嬖以近忠直者. 臣聞"蓬生麻中, 不扶而直. 白沙在泥, 不染而黑." 故賈誼之言曰, "習與正人居之, 不能無正, 猶生長於齊之地, 不能不齊言也. 習與不正人居之, 不能無不正, 猶生長於楚之地, 不能不楚言也."

是以古之聖賢欲修身以治人者, 必遠便嬖以近忠直. 蓋君子小人, 如冰炭之不相容, 薰蕕之不相入. 小人進則君子必退, 君子親則小人必疎. 未有可以兼收並蓄而不相害者也.

能審乎此以定取舍, 則其見聞之益·薰陶之助, 所以謹邪僻之防·安義理之習者, 自不能已, 而其舉措刑賞所以施於外者, 必無偏陂之失.

一有不審, 則不惟其妄行請託, 竊弄威權, 有以害吾之政事, 而其導諛薰染, 使人不自知覺而與之俱化, 則其害吾之本心正性, 又有不可勝言者. 然而此輩, 其類不同, 蓋有本出下流, 不知禮義而稍通文墨者. 亦有服儒衣冠, 叨竊科第, 而實全無行檢者. 是皆國家之大賊, 人主之大蠹. 苟非心正身修, 有以灼見其情狀如臭惡之可惡, 則亦何以遠之而來忠直之士, 望德業之成乎?

諸葛亮有言, "親賢臣, 遠小人. 此先漢所以興隆也. 親小人, 遠賢臣. 此後漢所以傾頹也. 先帝在時, 每與臣論此事, 未嘗不歎息痛恨於桓靈也." 本朝大儒程頤在元祐間常進言於朝, 以爲人主當使一日之中親賢士大夫之時多, 親宦官宮妾之時少, 則可以涵養氣質, 薰陶德性. 此皆切至之言也. 然後主不能用亮之言, 故卒以黃皓·陳祗而亡其國. 元祐大臣亦不能白用頤說, 故紹聖·元符之禍, 至今言之, 猶可哀痛! 前事不遠, 惟聖明之留意焉, 則天下幸甚.

其四所謂抑私恩以抗公道者. 臣聞"天無私覆, 地無私載, 日月無私照." 故王者奉三無私以勞天下, 則兼臨博愛, 廓然大公, 而天下之人莫不心悅而誠服. 儻於其間復以新舊而爲親疎, 則偏黨之情·褊狹之度, 固已使人懣然有不服之心, 而其好惡取舍, 又必不能中於義理, 而甚則至於沮謀敗國·妨德亂政, 而其害有不可勝言者. 蓋左右厮役橫加官賞, 宮府寮屬例得褒遷, 固不問前例之是非, 而或者又不問其有無. 此固舊事之失而不可以不正.

況今又有蓄懷姦心, 預自憑結者, 又將貪天之功以爲己力, 而不顧其仰累於聖德. 妒賢嫉能, 御[禦]下蔽上, 而不憂其有害於聖政也. 苟不有以深抑私情, 痛加屏絶, 則何以明公道而服衆心, 革宿弊而防後患乎? 唐太宗之責龐相壽曰, "我昔爲王, 爲一府作主. 今爲天子, 爲四海作主. 爲四海作主, 不可偏與一府恩澤. 若復令爾重位, 必使爲善者皆不用心!" 正爲此也. 又況有國家者, 當存遠慮. 若漢高祖之戮丁公, 我太祖之薄王溥. 此其深識雄斷, 皆可以爲後聖法. 惟聖明之留意焉, 則天下幸甚.

其五所謂明義理以絶神姦者. 臣聞, "天有顯道, 厥類惟彰." "作善者降之百祥, 不善者降之百殃." 是以人之禍福, 皆其自取, 未有不爲善而以謟禱得福者也. 未有不爲惡而以守正得禍者也.

而況帝王之生, 實受天命, 以爲郊廟・社稷・神人之主, 苟能修德行政, 康濟兆民, 則災害之去, 何待於禳? 福祿之來, 何待於禱? 如其反此, 則獲罪於天, 人怨神怒, 雖欲辟惡鬼以來眞人, 亦無所益! 又況先王制禮, 自天子以至於庶人, 報本享親, 皆有常典, 牲器時日, 皆有常度. 明有禮樂, 幽有鬼神, 一理貫通, 初無間隔, 苟禮之所不載, 卽神之所不享, 是以祭非其鬼, 卽爲淫邪. 淫邪無福, 經有明文, 非固設此以禁之, 乃其理之自然, 不可得而易也.

其或恍惚之間, 如有影響, 乃是心無所主, 妄有憂疑, 遂爲巫祝妖人乘間投隙, 以逞其姦欺誑惑之術. 其術旣行, 則其爲禍又將無所不至.[1] 古今以此坐致亂亡者, 何可勝數! 其監蓋亦非遠, 苟非致精學問, 以明性命之理, 使此心洞然無所疑惑, 當有卽有, 當無卽無, 則亦何据以秉禮執法而絶妖妄之原乎? 先王之政, 執左道以亂政, 假鬼神以疑衆者, 皆必誅而不以聽, 其慮深矣! 然『傳』有之, "明於天地之性者, 不可惑以神怪, 明於萬物之情者, 不可罔以非類." 則其爲妄, 蓋亦不甚難察. 惟聖明之留意焉, 則天下幸甚.

其六所謂擇師傅以輔皇儲者. 臣聞賈誼作「保傅傳」, 其言有曰, "天下之命, 繫於太子. 太子之善, 在於早喩[諭]教與選左右. 教得而左右正, 則太子正, 太子正而天下定矣." 此天下之至言, 萬世不可易之定論也.

至論所以敎諭之方, 則必以孝仁禮義爲本, 而其條目之全, 則至於容貌詞氣

---

1) 1771년판 『朱子大全』에는 "以逞其姦欺誑惑之術其術旣行則其爲禍又將無所不至"라고 되어 있고, 사천교육출판사 『朱熹集』에는 "以逞其姦欺誑惑之術旣行則其爲禍又將無所不至"라 되어 있다. 우선 1771년판 『주자대전』을 따른다. 1771년판 『주자대전』의 글에 의하면 구두는 "以逞其姦欺誑惑之術. 其術旣行則其爲禍又將無所不至"로 되어야 한다.

之微·衣服器用之細, 纖悉曲折, 皆有法度. 一有過失, 則史書之策, 宰撤其膳, 而又必有進善之旌·誹謗之木·敢諫之鼓, 瞽詩史書, 工誦箴諫, 士傳民語, 必使至於化與心成, 中道若性, 而猶不敢怠焉.

其選左右之法, 則有三公之尊, 有三少之親, 有道有充, 有弼有承[丞]. 上之必得周公·太公·召公·史佚之流, 乃勝其任. 下之猶必取於孝弟博聞有道術者. 不幸一有邪人厠乎其間, 則必逐而去之.

是以太子朝夕所與居處出入, 左右前後, 無非正人, 而未嘗見一惡行. 此三代之君所以有道之長, 至於累數百年而不失其天下也. 當誼之時, 固已病於此法之不備. 然考孝昭之詔, 則猶知誦習誼之所言而有以不忘乎先王之意. 降而及於近世, 則帝王所以敎子之法益疎略矣. 盖其所以敎者, 不過記誦書札之工, 而未嘗開以仁孝禮義之習. 至於容貌詞氣·衣服器用, 則雖極於邪侈而未嘗有以裁之也. 寮屬具員而無保傳之嚴, 講讀備禮而無箴規之益, 至於朝夕所與出入居處, 而親密無間者, 則不過宦官·近習·掃除·趨走之流而已.

夫以帝王之世, 當傳付之統, 上有宗廟社稷之重, 下有四海烝民之生, 前有祖宗垂創之艱, 後有子孫長久之計, 而所以輔養之具疎略如此, 是猶家有明月之珠·夜光之璧, 而委之衢路之側·盜賊之衝也. 豈不危哉?『詩』曰 “豐水有芑, 武王豈不仕? 貽厥孫謀, 以燕翼子.” 惟聖明之留意焉, 則天下幸甚.

其七所謂精選任以明體統者. 臣聞人主以論相爲職, 宰相以正君爲職. 二者各得其職, 然後體統正而朝廷尊. 天下之政, 必出於一, 而無多門之弊. 苟當論相者, 求其適己, 而不求其正己, 取其可愛而不取可畏, 則人主失其職矣. 當正君者, 不以獻可替否爲事, 而以趨和承意爲能, 不以經世宰物爲心, 而以容身固寵爲術, 則宰相失其職矣. 二者交失其職, 是以體統不正, 綱紀不立. 而左右近習, 皆得以竊弄威權, 賣官鬻獄, 使政體日亂, 國勢日卑. 雖有非常之禍, 伏於冥冥之中, 上恬下嬉, 亦莫知以爲慮者. 是可不察其所以然者而反之, 以汰其所已用而審其所將用者乎?

選之以其能正己而可畏, 則必有以得自重之士, 而吾所以任之不得不重. 任之既重, 則彼得以盡其獻可替否之志, 而行其經世宰物之心. 而又公選天下

直諒敢言之士, 使爲臺諫給舍 以參其議論. 使吾腹心耳目之寄常在於賢士
大夫而不在於羣小. 陟罰臧否之柄常在於廊廟而不出於私門. 如此而主威
不立, 國勢不彊, 綱維不擧, 刑政不淸, 民力不裕, 軍政不修者, 臣不信也.
『書』曰 “成王畏相”, 『語』曰 “私2)臣不忠”, 且以唐太宗之聰明英特, 號爲身兼
將相, 然猶必使天下之事, 關由宰相審熟便安, 然後施行. 蓋謂理勢之當然,
有不可得而易者. 惟聖明之留意焉, 則天下幸甚.
其八所謂振綱紀以厲風俗者. 臣聞四海之廣, 兆民至衆, 人各有意 欲行其私,
而善爲治者, 乃能總攝而整齊之, 使之各循其理而莫敢不如吾志之所欲者,
則以先有綱紀以持之於上, 而後有風俗以驅之於下也. 何謂綱紀? 辨賢否以
定上下之分, 核功罪以公賞罰之施也. 何謂風俗? 使人皆知善之可慕而必爲,
皆知不善之可羞而必去也.
然綱紀之所以振, 則以宰執秉持而不敢失, 臺諫補察而無所私, 人主又以其
大公至正之心恭已於上而照臨之. 是以賢者必上, 不肖者必下, 有功者必賞,
有罪者必刑, 而萬事之統無所缺也. 綱紀旣振, 則天下之人自將各自矜奮, 更
相勸勉以去惡而從善. 盖不待黜陟刑賞一一加於身, 而禮義之風・廉恥之
俗已丕變矣.
惟至公之道不行於上, 是以宰執臺諫有不得人, 黜陟刑賞多出私意. 而天下
之人俗, 遂至於靡然不知名節行檢之可貴, 而唯阿諛軟熟・奔競交結之爲
務. 一有端言正色於其間, 則羣譏衆排, 必使無所容於斯世而後已. 此其形勢,
如將傾之屋, 輪奐丹雘, 雖未覺其有變於外, 而材木之心, 已蠹朽腐爛, 而不可
復支持矣.
苟非斷自聖志, 洒濯其心而有以大警敕之, 使小大之臣各擧其職, 以明黜陟,
以信賞罰, 則何以振已頹之紀綱而厲已壞之風俗乎? 『管子』曰, “禮・義・
廉・恥, 是謂四維. 四維不張, 國乃滅亡.” 賈誼嘗爲漢文誦之而曰, “使管子而
愚人也則可, 使管子而少知治體, 是豈不可爲寒心哉!” 二子之言, 明白深切,
非虛語者. 惟聖明之留意焉, 則天下幸甚.

---

2) 원문에는 ‘和’로 되어 있으나 1771년판 『朱子大全』에 따라 ‘私’로 바로 잡았다. 『차의』는
  “다른 본에서는 和자가 私자로 되어 있다.”(『차의』)고 하였고, 『익증』은 “和는 마땅히
  私로 보아야 한다. 『후한서』에는 ‘忠臣不私’라고 되어 있다.”(『익증』)고 하였다.

其九所謂節財用以固邦本者. 臣聞先聖之言治國, 而有節用・愛人之說. 蓋國家財用皆出於民, 如有不節而用度有闕, 則橫賦暴斂, 必將有及於民者. 雖有愛人之心, 而民不被其擇矣. 是以將愛人者必先節用, 此不易之理也.

國家承五季之弊, 祖宗創業之初, 日不暇給, 未及大爲經制. 故其所以取於民者, 比之前代已爲過厚. 重以熙豐變法, 頗有增加, 而建炎以來, 地削兵多, 權宜科須又復數倍, 供輸日久, 民力已殫. 而間者諸路上供多入內帑, 是故戶部經費不足, 遂廢祖宗破分之法, 而上供歲額必十分登足而後已.

期限迫促, 科責嚴峻, 監司州縣更相督迫. 唯務自寬己責, 何暇更察民情! 捶撻號呼, 有使人不忍聞者. 而州縣歲入多作上供起發, 則又於額外巧作名色, 寅緣刻剝. 此民力之所以大窮也. 計其所以至此, 雖云多是贍軍, 然內自京師, 外達郡邑, 上自宮禁, 下至胥徒, 無名浮費, 亦豈無可省者!

竊計若能還內帑之入於版曹, 復破分之法於諸路, 然後大計中外冗費之可省者, 悉從廢罷, 則亦豈不能少有所濟? 而又擇將帥, 核軍籍, 汰浮食, 廣屯田, 因時制宜, 大爲分別, 則供軍不貲之費庶幾亦可減節, 而民力之寬, 於是始可議矣. 此其事體至大, 而綱目叢細, 類非一言之可盡, 今亦未暇盡爲陛下言之. 惟聖明之留意其本如上八者, 而後圖之, 則天下幸甚.

甲寅擬上封事

五月二十六日, 朝散郎秘閣修撰・權發遣潭州軍州事兼管內勸農營田事・主管荊湖南路安撫公事・馬步軍都總管・借紫臣朱熹, 謹昧死百拜, 上疏于皇帝陛下.

臣近者竊聞陛下過宮一事, 多有論諫, 未蒙採納, 屢降指揮, 尋復寢罷. 觀聽惶惑, 傳聞駭異. 如臣孤賤疎遠, 竊伏草茅, 不聞外廷末議, 初不敢妄有開說, 塵瀆聖聰. 特以今此蒙恩, 起當藩屏之任, 靜思所職, 上關國體.

若朝廷正紀綱立, 主德修人心悅, 則守土之臣, 雖極駑鈍, 尚可憑藉威靈, 勉自驅策以稱任使. 儻根本動搖, 腹心蠱壞, 大勢傾壓, 無復可爲, 則中外之臣,雖有奇才遠略, 亦無所施. 況如迂愚, 雖欲捐軀報國, 亦何所用其力哉? 是以不能自已, 有不容不爲陛下言者.

然臣所讀者不過『孝經』『語』『孟』六經之書, 所學者不過堯舜周孔之道, 所知者不過三代兩漢以來治亂得失之故, 所講明者不過仁義禮樂・天理人欲之辨, 所遵守者又不過國家之條法, 考其歸趣, 無非欲爲臣者忠・爲子者孝而已. 今者取此以爲言, 則在廷之臣言之悉矣, 陛下聽之亦熟矣. 捨此以爲言, 則自古天下國家未有可以外此而爲治者. 臣今亦不敢廣引前言, 備禮上疏, 以釣敢言之名而歸過於陛下. 請獨以父子天性之說, 爲陛下流涕而陳之.

臣聞人之所以有此身者, 受形於母而資始於父. 雖有彊暴之人, 見子則憐, 至於襁褓之兒, 見父則笑, 果何爲而然哉? 初無所爲而然, 此父子之道, 所以爲天性而不可解也. 然父子之間, 或有不盡其道者, 是豈爲父而天性有不足於慈? 亦豈爲子而天性有不足於孝者哉?

人心本明, 天理素具. 但爲物欲所昏, 利害所蔽, 故小則傷恩害義而不可開, 大則滅天亂倫而不可捄[救]. 假如或好飮酒, 或好貨財, 或好聲色, 或好便安, 如此之類, 皆物欲也. 清明之地, 物欲昏之, 則父或忘其爲慈, 子或忘其爲孝. 然後造爲讒慝者指疑似以爲眞實, 指毫髮以爲丘山. 譖之於其父, 則使施之於其子者不無少過, 譖之於其子, 則使施之於其父者寖失其常. 然後巧爲利害之說以劫之, 蓋謂如此則必受其利, 不如此則必蹈其害.

利害既有以蔽其心, 此心日益猜疑. 今日猜疑, 明日猜疑, 猜疑不已. 子一舉足而得罪於其父, 父一出言而取怨於其子, 父子之情壞而禍亂作矣. 試於暇時, 或於中夜, 或於觀書之際, 或於靜坐之頃, 捐去物欲之私, 盡袪利害之蔽, 默觀此心之本然, 則父子之間固未嘗不慈且孝也.

臣竊觀陛下天資仁孝, 初政清明, 進退人才, 動合公論, 一言之善, 天下誦之. 豈獨於天性至親反用其薄? 況備物之養, 無大虧闕, 政事之間, 無大更革, 過宮定省, 本非難行, 猶豫遲回, 動踰時月, 亦獨何也? 無乃事起於纖微, 情阻於疏闊, 方間隙之將萌, 羣臣不能救之於早, 及形迹既著, 又不能察陛下事親之本心, 且無以和陛下父子之情, 往往語言拙直, 援引過當, 其心雖忠於陛下, 而不足以感悟陛下之聽, 徒以激怒陛下?

故近日臨欲過宮而復輟者, 陛下未必不曰 "身爲萬乘之主, 乃不得一事自由乎?" 故不肯屈獨斷之權, 爲羣論所迫耳. 而陛下父子之情所以至此者, 臣竊料陛下卽位之初, 便有姦人造爲邪說, 離間陛下之父子.

如一飮宴之失, 壽皇慮陛下或怠於政, 一言動之愆, 壽皇憂陛下或至於成疾. 此皆愛陛下之至切, 故或形於言而不自以爲嫌. 其意惟陛下遷善改過, 正心修身, 以奉天地, 以承祖宗, 爲有宋萬年無疆之休而已. 曷嘗有纖芥岔限, 如浚井塗廩之意哉?

而姦人因之, 造爲危語, 往來間諜, 以誤聖聽. 不惟使陛下之身常懷疑懼, 而使陛下之宮中亦皆嚴憚重華而不敢親近. 日遠月疏, 間隙愈大. 天下之人但見壽皇慈覆天下, 而於陛下爲尤篤. 陛下所以事壽皇者, 乃不以孝聞, 而失禮聞. 又不知其爲羣小之姦而直以爲陛下之失. 街談巷議, 偶語族談, 至有臣子所不敢聽者.

臣恐不惟如此, 一旦上帝震怒, 匹夫流言, 草野僭亂, 將仗義而起. 夷狄外侮, 興問罪之師. 當是時, 六軍之情能使之親附乎? 萬姓之心能使之固結而不解乎? 讒邪之人, 雖復臠而食之, 其能有及國家之敗乎? 如臣之愚, 雖百千輩咸欲粉身赤族, 爲陛下死, 其能有補於社稷之存亡乎? 又聞壽皇聖躬比者小愆和豫, 雖未必因此, 而天下後世寧不曰"意念鬱鬱而至此"乎?

夫事固有失於毫釐之間而遂至於不勝悔者. 臣子之所不忍言, 而忠於事君者, 亦不敢隱也. 昔漢文帝徙淮南王, 少失思慮, 而尺布斗粟之謠終身病之. 夫以兄而不能容其弟, 雖賢主不敢自恕其過也. 況以天下之大而不能容其父乎?

爲今之計, 先遣大臣謝罪於重華, 次發明詔告諭在廷, 言前日之所以不能無疑者, 以讒邪惑亂之故, 誅此姦人, 以謝天下. 屛斥餘黨, 還始初之清明. 卽日駕, 過重華, 問安侍膳, 以盡父子之歡. 如此則天下歌舞, 四夷聳仰, 書之信史, 以爲美談. 反危而安 特在陛下反覆手之間耳.

今愛陛下之切者, 中宮也, 嘉邸也. 忠陛下之至者, 二三大臣也. 願出臣章與之參訂, 必有以知臣之惓惓於君父, 而其言雖陋, 實宗社之至計也. 限守遠郡, 無由請對, 而忠憤所激 不能自己. 是以冒死拜疏, 痛哭流涕而極言之, 唯陛下赦其狂瞽. 臣冒犯天威, 無任震懼殞越之至. 臣熹昧死百拜.

卷三

癸未垂拱奏箚　一

臣聞"大學之道, 自天子以至於庶人, 壹是皆以修身爲本", 而家之所以齊·國之所以治·天下之所以平, 莫不由是出焉. 然身不可以徒修也, 深探其本, 則在乎格物以致其知而已. 夫格物者, 窮理之謂也. 盖有是物必有是理. 然理無形而難知, 物有迹而易睹. 故因是物以求之, 使是理瞭然心目之間而無毫髮之差, 則應乎事者, 自無毫髮之繆. 是以意誠心正而身修, 至於家之齊·國之治·天下之平, 亦舉而措之耳. 此所謂大學之道, 雖古之大聖人, 生而知之, 亦未有不學乎此者.

堯舜相授所謂"惟精惟一, 允執厥中"者, 此也. 自是以來, 累聖相傳, 以有天下. 至於孔子, 不得其位而筆之於書, 以示後世之爲天下國家者. 其門人弟子, 又相與傳述而推明之, 其亦可謂詳矣. 而自秦漢以來, 此學絶講, 儒者以詞章記誦爲功, 而事業日淪於卑近. 亦有意其不止於此, 則又不過轉而求之老子釋氏之門, 內外異觀, 本末殊歸, 道術隱晦. 悠悠千載, 雖明君良臣間或一值, 而卒無以復於三代之盛, 由不知此故也.

恭惟皇帝陛下, 聖德純茂, 爰自初潛以至爲帝, 仁孝恭儉之德, 信於天下, 紛華盛麗, 一無所入於其心. 此其身可謂修矣. 而臨御天下, 幕年於此, 平治之效, 未有所聞, 臣竊疑之. 意者前日勸講之臣, 限於程式, 所以聞於陛下者, 不過詞章記誦之習, 而陛下求所以進乎此者, 又不過取之老子釋氏之書. 是以雖有生知之性·高世之行, 而未嘗隨事以觀理, 故天下之事多所未察, 未嘗卽理以應事, 故天下之事多所未明. 是以舉措之間, 動涉疑貳, 聽納之際, 未免蔽欺. 平治之效所以未著, 由不講乎大學之道, 而溺心於淺近虛無之過也.

臣戇愚抵冒, 罪當萬死. 然願陛下清閒之燕, 博訪眞儒知此道者講而明之, 考之於經, 驗之於史, 而會之於心, 以應當世無窮之變, 則今日之務所當爲者不得不爲, 所不當爲者不得不止, 以至於臣下之忠邪, 計慮之得失, 不待燭照數計而可否黑白判然矣. 若是則意不得不誠, 心不得不正, 於以修身·齊家·平治天下, 亦豈有二道哉?

臣之所聞於師者如此. 自常人觀之, 疑若迂闊陳腐而不切於用. 然臣竊以爲正其本, 萬事理, 差之毫釐, 繆以千里, 天下之事, 無急於此. 伏惟陛下擴天日之照 俯賜開納, 則非獨微臣之幸, 實天下萬世之幸. 取進止.

垂拱奏箚　二

臣竊觀今日之論國計者, 大槩有三曰戰曰守曰和而已. 然天下之事利必有害, 得必有失以三者之中, 又各有兩端焉. 盖戰誠進取之勢而亦有輕擧之失, 守固自治之術而亦有持久之難, 至於和之策則下矣. 而主其計者亦以爲屈己愛民, 畜力觀釁, 疑適緩師, 未爲失計. 多事以來, 此三說六端者是非相功可否相奪於冥冥之中, 談者各飾其私而聽者不勝其眩, 雖以陛下之明, 盖未能斷然無惑志於其間也.

臣竊以爲此其所以者, 由不折衷於義理之根本, 而馳騖於利害之末流故也. 故臣嘗竊妄謂人主之學當以明理爲先, 是理旣明, 則凡所當爲而必爲, 所不當爲而必止者, 莫非循天之理 而非有意必固我之私也. 臣請復指其實而明之.

盖臣聞之天高地下人位乎中, 天之道不出乎陰陽, 地之道不出乎柔剛, 是則舍仁與義, 亦無以立人之道矣. 然而仁莫大於父子, 義莫大於君臣, 是謂三綱之要, 五常之本, 人倫天理之至, 無所逃於天地之間. 其曰君父之讎不與共戴天者, 乃天之所覆地之所載, 凡有君臣父子之性者, 發於至痛不能自已之同情, 而非專出於一己之私也.

恭惟國家之與北虜, 乃陵廟之深讎, 言之痛切, 有非臣子所忍聞者, 其不可與共戴天明矣. 太上皇帝念此讎之未報, 雖享天位, 不以爲樂, 一旦擧而付之陛下者, 以陛下聰明智勇, 爲必能成此志也. 然則今日所當爲者, 非戰無以復讎,非守無以制勝, 是皆天理之自然, 非人欲之私忿也.

陛下亦既有意於必爲矣, 間者不知何人輒復唱爲邪議, 以熒惑聖聽, 至遣朝臣持書以復虜師, 而爲講和之計. 臣竊恨陛下於所不當爲者不能必止而重失此舉也. 且不知陛下不得已於議者之言而姑爲此邪, 抑眞欲和議之成而爲此邪.

以爲姑爲此也, 則既爲其始, 必慮其終. 我既請之, 彼必報之, 不可以苟爲也. 且苟而爲此, 欲以何求也哉. 無補於事, 徒害於理, 臣有以知陛下之不爲也. 以爲眞欲和議之成也, 則議者所謂屈己愛民, 蓄力觀釁, 疑敵緩師, 未爲失計者, 臣請有以議之.

夫人以藐然之身位乎天地之間, 至微也而能與天地竝立而爲三者, 以其有仁義之性, 而與夫陰陽之氣剛柔之體同出乎萬物之一原而無間也. 古之聖人所以參天地而贊化育者, 豈有他哉, 亦順此理而無所逆焉耳. 今釋怨而講和, 非屈己也, 乃逆理也. 己可屈也, 理可逆乎.

逆理之禍, 將使三綱淪, 九法斁, 子焉而不知有父, 臣焉而不知有君, 人心僻違而天地閉塞, 夷狄愈盛而禽獸愈繁. 是乃舉南北之民而棄之, 豈愛之之謂哉. 且不曰愛其君父而曰兼愛南北之民, 其於輕重之倫, 緩急之序, 亦可謂舛矣. 夫子爲政, 以正名爲先, 蓋名不正則言不順事不成而民無所措其手足. 今乃欲舍復讎之名而以講好爲觀釁緩師之計, 蓋不惟使上下離心, 中外解體, 緩急之間, 無以應敵, 而吾之君臣上下所爲夙興夜寐以修自治之政者, 亦將因循窳弛而不復振矣.

正使虜人異日果有可乘而不可失之釁, 竊恐吾之可憂乃甚於所可喜, 而信誓之重名分之素, 彼皆得以歸曲于我, 蓋不待兩兵相加而吾氣已索然矣. 且自宣和靖康以來, 講和之效亦可概見, 虜之情僞, 吾之得失, 蓋不待明者而後知.

而小人所以好爲是說者, 蓋惟君子, 然後知義理之所必當爲與義理之必可恃, 利害得失既無所入於其心, 而其學又足以應事物之變, 是以氣勇謀明, 無所懾憚, 不幸蹉跌, 死生以之. 小人之心一切反是, 其所以專爲講和之說者, 特以便其私耳. 而謀國者過而聽焉, 豈不悟哉.

今使者將還, 大義將決, 此亦救過補敗之時也. 臣願陛下姑置利害交至之說
而以窮理爲先, 於仁義之道三綱之本少加意焉, 體驗擴充, 以建人極, 深詔任
事之臣, 亟罷講和之意, 大明黜陟, 以示天下, 使知復讐雪恥之本意未嘗少衰.
雖使虜意效順, 無所邀索, 乃是深有包藏, 尤足疑畏. 正宜引義拒絶, 以伐其
謀, 然後表裏江淮, 合戰守之計以爲一, 使守固而有以戰, 戰勝而有以守, 奇正
相生, 如環之無端. 持以歲月, 以必復中原必滅胡虜爲期而後已.
雖其成敗利鈍不可逆睹, 而吾於君臣父子之間旣已無憾, 則其賢於屈辱而
苟存固已遠矣. 臣願陛下以此處心, 以此立志, 則仁義之道明於上而忠孝之
俗成於下. 人道旣得, 天地之和氣自當訢合無間, 而夷狄禽獸亦將不得久肆
其毒, 則何事之不可成, 何功之不可立哉.
臣草茅微賤, 不識事宜, 獨以所學妄論大計, 惟陛下擇焉, 取進止.

垂拱奏箚 三

臣聞益之戒舜曰, "儆戒無虞, 罔失法度, 罔遊于逸, 罔淫于樂, 任賢勿貳, 去邪
勿疑", 而終之曰, "無怠無荒, 四夷來王." 周之文武, 亦以天保以上治內, 采薇
以下治外, 始於憂勤, 終於逸樂. 其後中微, 小雅盡廢, 四夷交侵, 中國衰削.
宣王承之, 側身修行, 任賢使能, 內修政事, 外攘夷狄, 而周道粲然復興. 臣嘗
以是觀之, 然後知古先聖王所以制御夷狄之道, 其本不在乎威彊, 而在乎德
業, 其任[1]不在乎邊境, 而在乎朝廷, 其具不在乎兵食, 而在乎紀綱, 蓋決然矣.
恭惟陛下躬履艱難之運, 而思所以成中興之功者, 旣知當爲與所當止之大
端矣. 然而戎虜憑陵, 包藏不測, 中外之議, 咸謂國威未振, 邊備未飭, 倉廩未
充, 士卒未練, 一旦緩急, 何以爲計. 臣獨以爲今日之憂非此之謂, 所可憂者,
乃大於此, 而恨議者未及之也.
臣竊觀今日諫爭之道尙壅, 佞幸之勢方張, 爵賞易致而威罰不行, 民力已殫
而國用未節. 以是四者觀之, 德業未可謂修, 朝廷未可謂正, 紀綱未可謂立,

---

1) 其任 : '任'이 『朱子年譜』, 『朱子實紀』에는 모두 '備'로 되어 있다.

凡古先聖王所以彊本折衝・威制夷狄之道, 皆未可謂備. 是則臣之所深憂
也. 不識議者亦嘗以是聞於陛下之聽否乎? 臣願陛下三復『詩』・『書』之言,
以監所行之得失, 而求所以修德業・正朝廷・立紀綱者.

必以開納諫爭・黜遠邪佞・杜塞倖門・安固邦本四者爲急先之務, 治其本
而毋治其末, 治其實而勿治其名, 庶幾人心厭服, 夷狄知畏, 則形勢自彊, 而恢
復可冀矣. 臣踈遠賤愚, 震慴天威, 未敢罄竭所聞, 以久稽聖聽, 而粗舉其端
如此, 伏惟陛下留神財幸. 取進止.

辛丑延和奏箚　一

臣竊惟皇帝陛下臨御以來, 夙興夜寐畏天恤民, 誠敬寬仁格于上下, 宜其天
心克享, 民物阜安, 而二十年之間, 水旱盜賊, 略無寧歲, 邇者垂象差忒, 識者
寒心. 饑饉連年, 民多流殍, 陛下側席興嘆, 進賢退姦, 分命朝臣振廩出粟,
凡所以奉承天意, 慰悅人心者, 無所不至, 又宜若可以少回災疹, 召致和平矣.
而間者, 冬氣太溫, 雷電震激, 嗣歲之計, 尚有可憂. 臣誠愚昧, 有不識其所以
然者, 嘗竊推迹前事, 以深求之. 意者, 德之崇者, 有未至於天歟? 業之廣者,
有未及於地歟? 政之大者有未舉, 而其小者無所繫歟? 刑之遠者或不當, 而
其近者或幸免歟? 君子或有未用, 而小人或有未去歟? 大臣或失其職, 而賤
者或竊其柄歟? 直諒之言罕聞, 而諂諛者衆歟? 德義之風未著, 而汚賤者騁
歟? 貨賂或上流, 而恩澤不下究歟? 責人或已詳, 而反躬有未至歟? 夫必有
是數者, 然後足以召灾而致異. 今以陛下之明聖, 則豈有是哉? 然而天心未
豫, 邦本動搖, 宸慮雖深, 旱氣未究, 是則必有說矣.

臣竊不自量, 敢冒萬死, 伏願陛下聽斷之餘, 虛心靜慮, 試以前數條者, 反之於
身, 驗之於事, 而深自省焉, 則淵默之中, 無微不照, 而凡此得失之端, 孰有孰
無, 孰存孰改, 皆無所遁其情矣. 若猶以爲未也, 則願濬發德音, 布告中外,
反躬引咎, 以圖自新, 內自臣工, 外及畎庶, 有能開寤聖心, 指陳闕政者, 無問
踈賤, 使咸得以自通.

然後差擇近臣之通明正直者一二人，　使各引其所知有識敢言之士三數人，
寓直殿門, 凡四方之言有來上者, 悉令省閱, 舉其盡忠不隱者, 日以聞于聰聽,
則夫天人之際, 譴告所繇, 將有粲然畢陳於前者, 然後兼總條貫, 稱制臨決,
畫爲科品, 以次施行. 使一日之間雲消霧散, 堯天舜日廓然淸明, 則上帝鬼神
收還威怒, 羣黎百姓無不蒙休矣. 臣以孤遠受恩過深, 圖報無階, 抵冒至此,
惟陛下寬其斧鑕, 留神財幸. 臣無任震慴, 俟罪之至.
臣稟性踈拙, 字畫不精, 衰病目昏, 尤難寫染. 今日所陳不宜宣洩, 不免親筆
書寫. 不謹之罪, 伏乞財赦.

貼黃

臣遠稽前史, 近考聖朝 ,以災異求言, 具有故事. 若以至誠行之, 而實采用其
說, 以革前日之弊, 則於應天之實, 所補不細. 今星文雖已退舍, 然餓民目今
流散, 冬雷憂在嗣歲, 伏乞斷自聖志, 早賜施行.

延和奏箚　二

臣聞人主所以制天下之事者, 本乎一心, 而心之所主, 又有天理・人欲之異.
二者一分而公私邪正之道判矣. 蓋天理者, 此心之本然, 循之則其心公而且
正. 人欲者, 此心之疾疢, 循之則其心私而且邪. 公而正者逸而日休, 私而邪
者勞而日拙, 其效至於治亂安危, 有大相絶者, 而其端特在夫一念之間而已.
舜禹相傳, 所謂'人心惟危, 道心惟微, 惟精惟一, 允執厥中'者, 正謂此也.
臣嘗竊怪陛下以大有爲之資, 應受付託, 憂勤願治, 恭儉愛民, 二十年於此矣,
而間者臨軒慨然發嘆, 乃或未免以治效之不進爲憂. 因竊以是推之而得其
說, 請昧萬死爲陛下一二陳之.
夫天下之治, 固必出於一人, 而天下之事, 則有非一人所能獨任者. 是以人君
旣正其心・誠其意於堂阼之上・突奧之中, 而必深求天下敦厚誠實・剛明
公正之賢, 以爲輔相, 使之博選士大夫之聰明達理・直諒敢言・忠信廉節足

以有爲有守者, 隨其器能, 寘之列位, 使之交修衆職, 以上輔君德, 下固邦本,
而左右私褻使令之賤, 無得以奸其間者. 有功則久其任, 不稱則更求賢者而
易之. 蓋其人可退, 而其位不可以苟充, 其人可廢, 而其任不可以輕奪, 此天
理之當然而不可易者也. 人君察於此理, 而不敢以一毫私意鑿於其間, 則其
心廓然大公, 儼然至正, 泰然行其所無事, 而坐收百官衆職之成功. 一或反是,
則爲人欲私意之病, 其偏黨反側, 驩闇猜嫌, 固日擾擾乎方寸之間, 而姦僞讒
慝叢脞眩瞀, 又將有不可勝言者, 此亦理之必然也.

恭惟陛下卽政之初, 蓋嘗選建豪英, 任以政事矣. 不幸其間不能盡得其人, 或
以庸陋凷瑣不堪委寄, 或以朋比欺罔自速罪辜, 而陛下之心又本有前日權
臣跋扈之疑, 是以不復廣求賢哲, 而姑取軟熟易制・承順不違之人, 以充其
位, 於是左右私褻使令之賤始得以奉淸閑・備騙使, 而宰相之權日輕. 旣而
陛下亦慮其勢有所偏, 而因重以壅己也, 則又時聽外庭之論, 雖甚狂訐, 無所
違忤, 意者將以陰察此輩之負犯而操切之, 欲其有所忌憚而不敢肆於爲惡.
陛下之用力, 則已勞矣, 而其翕張禽縱之機, 周防畏備之計, 又可謂無遺巧矣.
然而天下之勢, 終不免於偏有所重, 而治亂安危之效, 又未能盡如聖志之所
欲. 蓋旣未能順天理・公聖心, 以正朝廷之大體, 則固已失其本矣. 而又欲兼
聽士大夫之公言, 以爲駕馭之術, 則士大夫之進見有時, 而近習之從容無間,
士大夫之禮貌旣莊而難親, 其議論又苦而難入, 近習便僻側媚之態, 旣足以
蠱心志, 其胥吏狡獪之術, 又足以眩聰明, 此其生熟甘苦旣有所分, 則恐陛下
未及施其駕馭之策, 而先已墮其數中矣. 是以比來陛下雖欲微抑此輩, 而此
輩之勢日重, 雖欲兼採公論, 而士大夫之勢日輕. 重者旣挾其重, 以竊陛下之
權, 其輕而姦者又借力於陛下之所重, 以爲竊位固寵之計, 中外相應, 更濟其
私. 至於姦窮惡稔, 蹤跡敗露. 然後其素輕者不免於譴訶, 然猶委蛇盤礴, 不
失其崇資峻秩, 而攫取陛下之厚賜優禮以去. 其素重者, 則陛下固未嘗一問
其朋比援引之姦也. 日往月來, 浸淫耗蝕, 使陛下之德業日隳, 綱紀日壞, 邪
佞充塞, 貨賂公行, 兵怨民愁, 盜賊間作, 災異數見, 饑饉荐臻. 蓋群小相挺,
人人皆得滿其所欲, 唯有陛下了無所得, 而國家顧乃獨受其弊. 是則陛下之
勞旣不足以成天下之務, 而反以敗之, 其巧旣不足以勝群小之姦, 而反以助

成其勢. 若彼之所以蔽遮天理, 濁亂聖心, 則將益深錮, 而遂至於不可解. 蓋
其失萌於一念之疑大臣, 而其爲害展轉至此, 所謂'差之毫釐, 謬以天理'者.
臣恐陛下於此偶未察也. 是以往歲蒙恩賜對, 去年應詔言事, 皆以明理正心
之說陳于陛下之前, 惓惓深衷, 實在於此. 而學淺辭拙, 不足以起發聖意, 恐
懼至今, 乃幸復以職事得望淸光, 敢畢其餘忠如此. 誠願陛下深察天理, 以公
聖心, 廣求賢才, 以脩聖政, 則夫左右私褻使令之賤固已無隙可投, 以誤恩顧,
則又痛斥而遠屛之, 以永除後日蔽遮濁亂深錮之害, 庶幾天下之事猶可復
爲, 而陛下之國家將不至於卒受群小之弊. 臣至愚極陋, 學無所成, 獨有螻蟻
愛君憂國之心不能自已, 妄論至此, 悲憤塡臆. 伏惟陛下赦其罪而納其忠, 深
爲宗廟社稷大計, 不俟終日, 斷然行之, 則不唯愚臣之幸, 實天下之幸.

　　貼黃

臣去年所進封事, 恐元本不存, 今別繕寫成冊, 用袋重封, 已於閤門投納, 乞賜
聖旨宣索.
此箚亦係臣親手書寫, 目昏筆縱, 前箚已具貼黃奏陳, 并乞聖照.

延和奏箚　三

臣疏繆不材, 遠跡林野, 陛下過聽, 畀以郡符. 已試罔功, 復叨使指, 誤恩橫被,
又忝職名. 方具辭免之間, 忽於九月二十二日恭被改除之命. 揣分量力, 尤所
不堪. 本欲控陳懇避之誠, 庶安愚賤之迹, 而是時已聞本路紹興府・衢・婺
州水旱飢荒, 上軫宸慮. 竊恐遷延, 或致誤事, 遂已卽日拜命, 具狀申省, 乞許
奏對. 至十月二十八日, 方準省箚, 恭奉聖旨, 令臣疾速奏事, 前去之任. 臣聞
命震惕, 不敢稽留, 卽於今月二日襆被上道. 至十一日始入本路衢州界, 問得
本州災傷, 常山・江山・開化三縣爲甚, 而西安・龍游次之. 其婺州・紹興
府, 則所傳又非衢州之比. 臣不勝恐懼, 遂自衢州乘舟, 取疾以來. 及節次於
本司及被災州縣會到已行事件, 乃聞陛下間嘗親御翰墨,　戒飭帥臣, 詞旨深

切, 聞者感涕. 而前後撥賜米斛, 又已二十有餘萬矣. 仰見聖心懇惻, 急於救民, 而於軍國之儲無所愛惜, 至於如此, 甚大惠也. 臣猥蒙任使, 自惟疏拙, 大懼不能有以出斯人於溝壑, 仰副陛下焦勞之意, 今有管見, 合行申請, 須至畫一奏聞者.

一. 救荒之務, 檢放爲先, 行之及早, 則民知有所恃賴, 未便逃移, 放之稍寬, 則民間有得禾米, 未便闕乏. 然而州郡多是吝惜財計, 不以愛民爲念, 故所差官承望風指, 已是不敢從實檢定分數, 及至申到帳狀, 州郡又加裁減, 不肯依數分明除放. 旱田收割日久, 檢踏後時, 致有無根查者, 乃是州郡差官遲緩之罪, 而檢官反謂人戶違法, 不爲檢定. 有檢定申到者, 州郡亦不爲蠲放. 就中下戶所放不多, 尤被其害. 訪聞本路州縣亦有似此去處. 欲乞候臣將來到任, 廣行詢究, 更與從實蠲減.

一. 伏覩近降指揮, 旱傷州縣上戶賑糶, 止令勸諭, 毋得科抑. 仰見聖明深察物情, 恤貧安富, 兩得其所. 然竊恐官吏被此指揮之後, 其間或有便文自營之人, 必將泛然不以勸諭爲意, 而上戶亦有詞說, 難以勸諭. 官司米斛不多, 必將來無以接續, 其害又有不可勝言者. 欲乞且令州縣將未勸諭者權以去年認數爲約, 已勸諭者權據見認之數爲準, 多方詢訪, 加意考核, 不得比同尋常, 報應空文, 須管究心體訪, 得其實數. 其實不能及數者, 更與量減, 實可更多出者, 則與量添. 其有鹵莽滅裂, 徒爲煩擾去處, 將來本司覺察得知, 具名聞奏. 庶幾所認之數必得其平, 而無科抑之患矣.

一. 應募獻米, 合格推賞之人, 多被官吏邀阻乞覓, 聞有至今未推賞者. 近雖已蒙立法約束, 更乞明詔戶部, 先具見今奏到已未推賞名件進呈, 將未推賞人日下推賞. 行下諸路州縣, 有未申奏者, 限一月內幷到. 如違, 許被抑人進狀陳訴, 重作行遣. 又上戶已經去年獻助, 今年所蓄想已不多. 若必依舊格方得推賞, 則恐無復及格之人可以獻助. 欲乞檢會淳熙元年三月二十四日敕, 戶部勘當到點檢台州措置賑濟官耿延年所申浙東路賑濟賑糶依湖南・江西米數減半紐計推賞指揮謂如四千石合補承信郎, 今減作二千石之類, 申明行下, 庶幾應募者衆, 得濟饑民. 仍勒所司立定保明狀式, 及令逐處官司承受應募理賞詞狀文帖幷要當日行遣. 如將來依式奏到省部却稱文字不圓及諸處故違程限者, 官員重加降責, 人吏幷行決配, 庶幾富者樂輸, 貧者得食, 實爲兩便.

一. 伏覩今歲紹興府已蒙聖慈撥賜米斛十七萬石, 訪聞昨來本府抄箚饑民戶口, 若自十一月至來年三月, 約用米八十萬石, 方可足用. 其間固不能無冒濫虛數, 今來本府節次刪減, 未知將來定作多少戶口計度. 但今所有米數及糶米錢, 姑以元抄箚數計之, 不過得四分之一. 況又州府見闕軍儲 竊慮不免却將撥賜米斛暗行借兌, 則所得糶濟米數愈見不多. 若州府只據見米指定人口, 抄箚糶濟 則所及不廣, 必致人戶流離餓殍, 上勞聖慮. 又臣經由衢州, 見得本州旱損雖云不及紹興府・婺州兩州, 然其處水路淺澀, 冬月尤甚, 運載錢米極爲艱難. 本州雖已差官往浙西收糶, 然糶本至少 所得不多, 而所費水脚已不貲矣. 臣今來欲望聖慈更撥賜豐儲倉米三十萬石應副紹興府, 三萬石應副衢州. 如無見管米斛, 則計目今米價支借內帑見錢, 令其趁此米價未至騰踊之間, 前去有米州郡收糶, 旋次般載回州. 其上件錢米幷乞專責本司差委鄰州官吏出納, 州府不得干豫, 庶免侵台之弊. 其已撥賜錢米, 亦乞令本司選委本州通判一員同共主管, 不得別作支用. 仍詔守臣疾速措置, 收糶軍糧, 不管誤事, 其婺州雖蒙撥賜米五萬石, 尚恐未足賑濟, 却候臣親到本州相度會計, 別具奏聞次.

　　貼黃

臣竊聞陛下節儉憂勤, 規恢遠略, 內庫所積錢帛甚多, 今既天時未順, 未可興師, 而近旬饑荒至於如此, 伏願聖慈權其輕重, 特賜借撥.

據紹興府申到撥下諸縣米數, 總計二十一萬二千餘石. 除嵊縣六萬八千餘石係俳日糶濟外, 餘縣十四萬三千餘石係間日糶濟, 竊恐饑民一日止得半升之米, 不能存活. 今欲依嵊縣例俳日糶濟, 卽合更用十四萬三千餘石. 又聞官吏抄箚不無漏落, 又慮流民却回復業, 兼數內所稱摺運, 乃是三摺之數, 將來米價日增, 及有往來脚費, 風波滯留, 不無欠折. 又本府民貧, 勸諭所得, 恐亦不多, 須更備米十五六萬石, 準備添貼, 所以約計乞米三十萬石, 如蒙撥賜, 今亦未敢盡數般取, 如是將來糶濟不盡, 却行回納, 伏乞睿照.

一. 諸郡荒歉人戶日有流移, 一切官物不堪催理. 其紹興府人戶夏稅已蒙聖慈等第免閣住催, 唯衢婺州當來失於申奏, 致人戶未蒙依例推恩. 而戶部 · 漕司催督州郡, 亦如平日. 州郡無所從出, 其勢必取於縣, 縣無所從出, 則人戶必有受其弊者, 甚失聖主惻怛哀憐之意. 然計戶部, 漕司所催 必是指定支遣之數, 有不得而已者, 其勢又不容直行禁止. 欲乞朝廷取會戶部漕司合得諸州解發錢帛之數, 且於內庫支撥應副, 而詔戶部漕司被災州縣所欠新舊官物并且住催, 直至明年蠶麥熟後, 却將舊欠逐旋催理, 寬作料次, 撥還內庫, 決然不至敢有欠闕. 其人戶名下新舊上供官物, 亦乞明詔州縣未得催理. 其紹興府雖已有前件住催指揮, 竊恐州縣奉行不虔, 及將今年檢放外殘零苗米催督嚴峻, 亦乞聖慈更賜戒約, 令其寬限人戶輸納.

貼黃

臣續訪聞紹興府雖蒙指揮住催官物, 而春夏之間, 官吏多已先期催足, 民戶實未盡霑聖恩. 今體問得本府人戶合納丁鹽錢 · 丁身折帛絹 · 折帛綿 · 本色絹[2] · 本色綿五項, 不以有無産業物力, 一丁并納九百餘錢, 來春卽便起催, 饑餓之餘, 實難供納. 臣愚欲望聖慈將來年合納錢數預行蠲放, 庶幾官吏無以作弊, 下戶實被聖恩, 有以慰安民心, 感召和氣. 伏候聖旨.

一. 今年旱地廣闊, 只有湖南, 二廣及浙西兩三郡豐熟, 而廣東海路至浙東爲近. 臣昨受命之初, 訪問被處米價大段低平, 卽嘗印榜,[3] 遣人散於福建 · 廣東兩路沿海去處, 招邀米客, 許其約束稅務不得妄收力勝雜物稅錢, 到日只依市價出糶, 更不裁減, 如有不售者, 官爲依價收糴. 自此向後, 必多有人興

---

2) 絹 : 원문에 초(綃)로 되어 있으나 1771년판 『朱子大全』에 의거해 고침.

3) 榜 : 1771년판 『朱子大全』에는 '榜'으로, 사천교육출판사판 『朱熹集』에는 '牓'으로 되어 있다. 아래 '榜'자도 마찬가지임.

販前來, 但臣元榜約束本路州縣稅場不得妄有邀阻收稅及力勝一節, 更乞
聖慈申嚴行下, 有違淚者, 官吏幷比見行條法, 各加一等坐罪. 至來年六月,
却依舊法. 其收糴本錢, 乞許行下本路沿海州軍, 將今年糴過米錢及兌那諸
色窠名支撥充應, 庶幾不失信於客人, 向後易爲招誘. 如或更蒙朝廷量立賞
格, 召人興販, 行下諸路, 曉示勸誘, 仍先降空名付身數十道付本司, 俟有上件
販到米斛之人, 卽與書塡給付. 蓋緣客人糴貨了畢, 便欲歸回元處, 不能等候,
卽與土居上戶不同. 伏乞聖察.

一. 救荒之政, 著於令甲及近年節次指揮, 雖已詳悉, 然而全在官吏遵奉推行,
然後民被實惠. 況今年荐饑, 公私匱竭, 比之常歲, 事體不同. 欲乞聖慈特降
指揮, 戒勑本路守令以下, 令其究心奉行　悉意推廣. 其故有違慢不虔之人,
俾臣奏劾一二, 重作施行, 以警其餘. 其有老病昏愚, 不堪驅策者, 亦許具名
聞奏, 別與差遣. 却選本路官吏惻怛愛民, 才力可仗者, 特許不拘文法, 時暫
差權.(謂如治獄捕盜官不許差出之類) 仍依富弼·趙扑例, 選差得替待闕, 宮
廟侍服官員, 時暫管幹, 事畢　具名申奏, 量與推賞, 如減磨勘, 陞名次之類.
庶幾官吏向前, 人蒙實利.

延和奏箚　四

臣比因講求荒政, 復有二事, 雖非今日拯救之急, 而實異時久遠之利, 不敢不
言. 今謹別具進呈下項.

一. 臣昨任南康軍日, 適值旱傷, 深慮檢放搔擾下戶. 偶有士人陳說, 乞將五
斗以下苗米人戶免檢全放, 當時卽與施行, 人以爲便. 本路提舉常平尤袤遂
以其法行之諸郡, 其利甚博. 近日經由信州, 則聞玉山一縣亦得檢官如此措
置, 除上三等戶隨分減放外, 下二等戶盡行蠲免, 通計一縣所放, 亦不過共成
五分. 問之道旁居民, 莫不稱其平允. 此最爲法之善者, 而律令未有明文. 又

今年檢踏已畢, 行之不及, 欲乞聖慈詳酌, 特詔有司定著爲令, 自今水旱約及三分以上, 第五等戶幷免檢踏具帳, 先與全戶蠲放. 如及五分以上, 卽幷第四等戶依此施行. 其州縣差官後時, 致得旱損田苗不存根查, 亦乞立法坐罪. 其所損田卽與相度地形高低·水源近遠, 比幷鄰至分數檢放, 庶幾貧民永遠利便.

一. 臣所居建寧府崇安縣開耀鄉有社倉一所, 係昨乾道四年鄉民艱食, 本府給到上平米六白石, 委臣與本鄉土居朝奉郎劉如愚同共賑貸. 至冬收到元米, 次年夏間, 本府復令依舊貸與人戶, 冬間納還. 臣等申府措置, 每石量收息米二斗, 自後逐年依此斂散. 或遇小歉, 卽蠲其息之半, 大饑卽盡蠲之. 至今十有四年, 其支息米造成倉敖三間收貯, 已將元米六百石納還本府. 其見管三千一百石　幷是累年人戶納到息米, 已申本府照會, 將來依前斂散, 更不收息, 每石只收耗米三升. 係臣與本鄉土居官及士人數人同共掌管, 遇斂散時, 卽申府差縣官一員監視出納. 以此之故, 一鄉四五十里之間, 雖遇凶年, 人不闕食. 竊謂其法可以推廣, 行之他處, 而法令無文, 人情難彊. 妄意欲乞聖慈特依義役體例, 行下諸路州軍, 曉諭人戶, 有願依此置立社倉者, 州縣量支常平米斛, 責與本鄉出等人戶, 主執斂散, 每石收息二斗, 仍差本鄉土居或寄居官員士人有行義者與本縣官同共出納. 收到息米十倍本米之數, 卽送原米還官, 却將息米斂散, 每石只收耗米三升. 其有富家情願出米作本者, 亦從其便, 息米及數, 亦與撥還. 如有鄉土風俗不同者, 更許隨宜立約, 申官遵守, 實爲久遠之利. 其不願置立去處, 官司不得抑勒, 則亦不至搔擾. 此在今日言之, 雖無所濟於目前之急, 然實公私儲蓄, 豫備久遠之計. 及今歉歲施行, 人必願從者衆. 其建寧府社倉見行事目, 謹錄一通進呈. 伏望聖慈詳察, 特賜施行.

延和奏箚　五

臣竊見浙東路和買絹萬數浩瀚, 而紹興府獨當其半. 舊例, 自物力三十八貫五百以上人戶均敷. 人戶苦於輸納, 多立詭戶, 隱寄物力, 以避均敷. 是致見納人戶所敷愈重. 其間又有不該敷納田地之數, 官司不爲除豁, 其弊非一. 前後臣僚申請, 幷蒙聖慈施行, 而一時有司不能奉承德意, 牽於衆說, 未有定論. 臣以得之傳聞, 未知其間微細曲折, 不敢輒有陳請. 然聞一郡之人無不以此爲病, 猥蒙任使, 不敢坐視. 欲望聖慈特降指揮, 許臣到官與本路帥臣監司同共相度, 限來年二月內要見定論, 申奏取旨. 從來年夏料爲始, 革去舊弊, 庶幾饑饉餘民得安生業, 世世子孫沐浴仁聖之膏澤, 不勝幸甚. 取進止.

延和奏箚　六

臣昨蒙聖恩, 待罪南康小壘, 自惟短拙, 無以補報萬分. 到任之初, 卽以本軍星子縣稅錢偏重, 民不聊生, 條具奏聞, 乞賜蠲減, 總計不過納絹一天五十餘匹, 錢二天九百餘貫. 伏蒙聖慈開納, 卽賜施行, 而有司不能仰體德意, 輒引議臣對補之說以拒其請. 臣於今年得替之前, 又嘗具奏, 翼卒蒙恩, 而逮今累月, 未奉進止. 竊意有司尚守前說, 然臣之愚亦有不能自已者, 謹以前奏之內最明白者二條, 復爲陛下陳之.
按本縣所管廬山一帶, 多是高巖峭壁, 穹石茂林, 其間雖有些小田段, 類皆磽瘠寒冷, 所入不多. 而經界官吏起紐稅錢數目浩瀚, 難以輸納, 以故紹興年中守臣徐端輔者, 因寺院之請, 減去一百四十餘貫. 減之, 誠是也 然初不請命於朝而輒私減之, 旣又慮夫經稅之或虧也, 則妄引經界以前不明文帳, 將人戶下田升作中等, 中田升作上等, 亦有徑自下等而升上等者. 按籍履畝而橫加其稅, 計錢一百四十餘貫, 以陰補所免廬山稅錢之數. 中間常有漕臣按臨, 人戶陳訴, 漕司爲之張榜約束改正, 而本軍不復奉行. 其後又有人戶曾經戶部陳訴, 而亦不能正也.

臣竊惟國家子愛黎元, 憂勤懇惻, 常賦之外, 一毫不忍有所多取. 而下土小臣率情妄作, 乃敢以一百四十餘貫之稅無故而妄加於人, 雖其除之於山, 粗若得宜, 而增之於田, 則悖謬甚矣. 故臣前奏, 欲乞將端輔所減山稅明降指揮, 特與蠲減, 而其所增田稅却與改正, 依舊等色均稅. 其爲事理曉然無可疑者, 而所蠲之數亦不甚多. 不謂有司不顧大體而惜小費, 乃欲限以對輔之說, 則是使臣又爲端輔之所爲而後已爾. 未興一利而先起一害, 臣雖至愚, 有所不忍爲也. 今雖已去官守, 然於此縣疲瘵之民, 有未能忘者, 故敢不避斧鉞之誅, 復以上聞. 欲望聖慈矜民, 明詔有司, 將此兩條先次減免改正. 其餘項目, 臣亦未敢便乞施行, 悉祈蠲免. 且乞專委本路監司一員子細相度, 俟其奏報, 別賜指揮.

至於淳熙六年十月十九日議臣對補之說, 其言吝細鄙狹, 不達大體, 無以將順陛下克己愛民聽言革弊之美意. 而程奏顯言, 頒布海內, 非所以宣德意而廣仁聲於天下也. 欲望聖明并賜追寢, 自今以來, 四方內外或有以蠲除爲請者, 究其虛實而一以法義裁之, 則彼固不得以肆其僥倖苟免之計, 亦何必逆爲之限, 以傷遠近祈恩望幸之心哉? 抑古人亦有言曰, "百姓足, 君孰與不足? 百姓不足 君孰與足?" 此乾坤廣大之心, 聖賢親切之訓. 臣願陛下於此深留聖意, 則彼妄庸淺俗之言自將深藏遠屛, 不敢以陳於陛下之前矣. 臣進越妄言, 犯非其分, 不勝恐懼戰慄之至. 取進止.

延和奏箚　七

臣昨任南康軍日, 嘗具狀奏乞賜白鹿洞書院勅額, 及乞以太上皇帝御書石經幷版本九經注疏給賜本洞, 今亦未蒙施行, 而朝野喧傳, 相與譏笑, 以爲怪事. 臣誠恐懼, 不敢不盡其說.

謹按, 本洞書院實唐隱士李渤所居, 當時學者多從之游, 遂立黌舍. 至五代時, 李氏爲建官師, 給田贍養, 徒衆甚盛. 迨至國初, 猶數十百人. 太平興國中,嘗[4]蒙詔賜九經而官其洞主, 見於會要. 而咸平五年, 有敕重修, 仍塑宣聖及弟子像, 又見於陳舜兪所記. 簡牘具存, 可覆視也.

夫以此洞之興, 原其所自, 雖若淺鮮無足言者, 而太宗皇帝・眞宗皇帝眷顧褒崇至於如此, 則聖意所存, 至深至遠, 必有非下吏淺聞所能窺測者. 今乃廢而不擧, 使其有屋廬而無敕額, 有生徒而無賜書, 流俗所輕, 廢壞無日, 此臣所以大懼而不能安也.

然竊意有司所以不能無疑於臣之請, 固未必皆如譏笑者之言, 殆必以爲州縣已有學校, 不必更爲煩費耳. 如其果然, 則臣請有以質之. 夫先王禮義之官與異端鬼敎之居, 孰正孰邪? 三綱五常之敎與無君無父之說, 孰利孰害? 今老佛之宮徧滿天下, 大郡至踰千計, 小邑亦或不下數十, 而公私增益, 其勢未已. 至於學校, 則一郡一縣僅一置焉, 而附郭之縣或不復有. 其盛衰多寡之相絶至於如此, 則於邪正利害之際亦已明矣. 今有司非徒不能有所正於彼, 而反疑臣之請於此, 臣不能識其何說也. 今幸蒙恩賜對, 故敢復以爲請. 伏望聖慈下臣此章, 特從其請, 旣以紹承先志, 啓迪群心, 又以丕闡大猷, 昭示抑邪與正之漸, 實天下萬世之幸. 取進止.

---

4) 嘗: 원문에 '常'으로 되어 있으나 사천교육출판사판 『朱熹集』에 근거하여 고침.

卷四

戊申延和奏箚　一

臣聞, 昔者, 帝舜以百姓不親·五品不遜, 而使契爲司徒之官, 敎以人倫, 父子有親·君臣有義·夫婦有別·長幼有序·朋友有信. 又慮其敎之或不從也, 則命臯陶作士明刑, 以弼五敎, 而期于無刑焉. 蓋三綱五常, 天理民彝之大節, 而治道之本根也. 故聖人之治, 爲之敎以明之, 爲之刑以弼之, 雖其所施或先或後, 或緩或急, 而其丁寧深切之意, 未嘗不在乎此也.

乃若三代王者之制, 則亦有之曰, ‘凡聽五刑之訟, 必原父子之親, 立君臣之義以權之’, 蓋必如此, 然後‘輕重之序’可得而論, ‘淺深之量’可得而測, 而所以‘悉其聰明, 致其忠愛’者, 亦始得其所施而不悖. 此先王之義刑義殺, 所以雖或傷民之肌膚, 殘民之軀命, 然刑一人而天下之人聳然不敢肆意於爲惡, 則是乃所以正直輔翼, 而若其有常之性也.

後世之論刑者不知出此. 其陷於申商之刻薄者, 旣無足論矣, 至於鄙儒姑息之論·異端報應之說·俗吏便文自營之計, 則又一以輕刑爲事. 然刑愈輕而愈不足以厚民之俗, 往往反以長其悖逆作亂之心, 而使獄訟之愈繁, 則不講乎先王之法之過也.

臣伏見近年以來, 或以妻殺夫, 或以族子殺族父, 或以地客殺地主, 而有司議刑, 卒從流宥之法. 夫殺人者不死, 傷人者不刑, 雖二帝三王不能以此爲治於天下, 而況於其繫於父子之親·君臣之義, 三綱之重, 又非凡人之比者乎?

然臣非敢以此之故, 遂勸陛下深於用法, 而果於殺人也. 但竊以爲諸若此類涉於人倫風化之本者, 有司不以經術義理裁之, 而世儒之鄙論·異端之邪說·俗吏之私計得以行乎其間, 則天理民彝幾何不至於泯滅, 而舜之所謂‘無刑’者, 又何日而可期哉?

故臣伏願陛下深詔中外司政典獄之官, 凡有獄訟, 必先論其尊卑上下·長幼親疏之分, 而後聽其曲直之辭, 凡以下犯上, 以卑凌尊者, 雖直不右, 其不直者罪加凡人之坐. 其有不幸至於殺傷者, 雖有疑慮可憫, 而至於奏讞, 亦不許輒用擬貸之例. 又詔儒臣博采經史以及古今賢哲議論及於敎化刑罰之意者, 刪其精要之語, 聚爲一書. 以敎學古入官之士與凡執法治民之官, 皆使略知古先聖王所以敕典敷敎, 制刑明辟之大端, 而不敢陰爲姑息・果報・便文之計, 則庶幾有以助成世敎, 而仰稱陛下好生惡殺期於無刑之本意. 取進止.

延和奏箚　二

臣聞獄者, 民命之所繫, 而君子之所盡心也. 今天下之獄, 死刑當決者皆自縣而達之州, 自州而達之使者. 其有疑者, 又自州而上之朝廷, 自朝廷而下之棘寺, 棘寺讞議而後致辟焉. 其維持防閑, 可謂周且審矣. 然而憲臺之所詳覆, 棘寺之所讞議者, 不過受成於州縣之具獄, 使其文案粗備, 情節稍圓, 則雖顚倒是非, 出入生死, 蓋不得而察也. 是故欲淸庶獄之源者, 莫若遴選州縣治獄之官.

今縣之獄委於令, 其選固已精矣, 而未必皆得人, 其弊未易革也. 若州獄, 則今銓格凡選人任滿, 有舉主關陞者, 方注繁難令錄, 其慮蓋已詳矣. 然注司理者乃不用此令, 而近制唯進納癃老之人, 然後不得注擬, 此外則常調關陞, 雖昏繆疾病之人, 皆得而爲之. 甚至於流外補官若省部胥吏, 亦得而爲之. 彼以薦舉關陞者, 固未必盡得才能公正之人, 然比之昏繆疾病, 無善可稱, 與夫胥吏之入官者, 則有間矣. 蓋昏繆疾病之人苟且微祿, 唯知自營, 其於獄事蒙成吏手, 漫不加省, 而胥吏之入官者又或狃於故習, 與吏爲徒, 販鬻走弄, 無所不至. 故州郡小大之獄往往多失其平, 怨讟咨嗟, 感傷和氣, 上爲聖政之累, 莫此爲甚.

臣愚欲望陛下明詔銓曹, 更定選格, 凡州郡兩獄官專注任滿有舉主關陞人, 或應格不足, 則次任任滿銓試中第二等以上人. 其常調關陞及省部胥吏, 並不得注擬. 見在任者, 非舉主關陞人, 卽令守倅銓量, 如委昏繆疾病. 卽保明聞奏, 特與祠祿. 其未到人, 候赴上日, 亦從守倅銓量, 方許放上. 若守倅徇私失實, 卽許監司劾奏罷免. 所有省部胥吏, 雖已注官待次, 並令赴部別與擬授. 庶幾治獄之官其選少淸, 各知任職, 仰副陛下欽恤之意. 取進止.

貼黃

臣契勘縣獄止是知縣獨員推鞫, 一或不得其人, 則折換款詞, 變亂情節, 無所不至. 今旣未能盡變銓法, 則亦不容無少更革. 欲望睿慈詳酌, 明降指揮, 令縣丞同行推訊, 無丞處卽用主簿. 仍遇大囚到獄, 卽限兩日內, 具入門款, 先次飛申本州及提刑司照會, 庶幾粗革舊弊, 天下幸甚!

延和奏箚　三

臣竊見諸路提刑司所管拘催州縣經總制錢, 蓋前代之所無, 以祖宗盛時, 亦未之有. 特起於宣和末年, 倉卒用兵, 權宜措畫. 當時建議之臣, 方且自以爲功, 而其兄聞之, 乃爲哭於先廟, 以爲作俑之禍, 且及子孫. 渡江以後, 雖知其弊, 然費出愈繁, 遂不能罷, 復有增加. 以至于今, 乃爲大農之經賦, 有司不復敢有蠲除之議. 然其始者, 亦但計其出納多寡之實數, 而隨以取之, 則事雖失體, 而未有甚害. 及紹興中推行經界之法, 民間違限契約, 悉出投印, 故一二年間, 此錢之額倍於常歲, 逮其畢事, 則便復常數, 而無復前日之羨矣.
而一時乃有憸佞掊克之人, 輒爲比較之說以誤朝聽, 使凡歲入經總制錢悉以經界之年爲額. 其後雖或知其非義而小變之, 然猶必使趁及一年所收最多之數. 至其甚無藝者, 則雖或災傷年分檢放倚閣, 苗米稅錢已無所入, 而所謂經總制錢者, 版曹總所猶不肯與之蠲除, 上下相臨, 轉相逼迫. 下吏無所措其手足, 則其勢必至於巧爲名色, 取之於民, 以求幸免. 司察之官雖知其然, 然旣利其歲額之盈, 則亦不容有所訶問. 顧猶不足以及數, 則遂不過將新蓋舊, 轉後爲前. 歲月愈深, 逋負日積, 大郡所欠十數萬緡, 小郡亦不下一二萬數. 官吏操切日益嚴峻, 而莫有知其事之本原者. 臣愚不知州縣之煎熬局促,果何日而少紓, 斯民之歎息愁怨, 果何時而少息也.

陛下厚德深仁, 愛民如子, 疾痛苛癢, 無細不知, 抑搔按摩, 無遠不及, 顧偶未聞此法之弊而已. 故臣輒敢冒昧以聞, 伏望聖慈深照本末, 特詔有司先將災傷年分檢放倚閣苗稅數內, 所收經總制額, 盡依分數豁除. 然後別詔大臣, 深圖所以節用裕民之術,　討論經總制錢合與不合立額比較之利病而罷行之, 以幸天下. 臣不勝大願. 取進止.

延和奏箚　四

臣竊見江西路諸州舊有科罰之弊, 蓋因歲入有限而費出無常, 是以不免巧取於民, 以備支發. 凡是百姓有事入門, 不問曲直, 恣意誅求, 無有藝極, 民間受弊不可勝言. 爲監司州縣者欲一切繩之以法, 則財計頓缺, 州縣不可復爲, 雖有良吏, 亦無以免. 若一切恣之不問, 則法廢不行, 民怨無告, 而貪虐之吏更復並緣以濟其私, 爲害愈甚. 前此漕司蓋嘗頗捐羨錢, 以補州縣歲計之缺而禁其科罰, 然後遠民得以粗安. 然聞其間亦有循習舊態, 未能盡革去處, 欲望聖慈特降睿旨, 令本路帥臣諸司博訪事宜, 共行措畫, 逐一條奏, 以俟聖裁. 庶幾官用不乏, 民賦有經, 仰寬宵旰之憂, 潛消災沴之氣, 一路幸甚. 取進止.

延和奏箚　五

臣竊惟陛下以大有爲之姿, 奮大有爲之志, 卽位之初, 慷慨發憤, 恭儉勤勞, 務以內修政事, 外攘夷狄, 汎掃陵廟, 恢復土疆爲己任, 如是者二十有七年于茲矣. 而因循在莅, 日失歲亡, 了無尺寸之效可以仰酬聖志, 下慰人望. 不審陛下亦嘗中夜以思 而求其所以然之說耶? 以爲所任者非其人, 則陛下之神明, 豈可謂所任盡非其人? 以爲所由者非其道, 則陛下之仁聖, 豈可謂所由盡非其道? 以爲規模不定, 則陛下之規模嘗定矣. 以爲志氣不立, 則陛下之志氣嘗立矣. 然且若是, 何耶?

臣誠愚賤, 竊爲陛下惑之, 故嘗反覆而思之, 無乃燕間蠖濩之中, 虛明應物之地, 所謂天理者有未純, 所謂人欲者有未盡而然歟? 天理有未純, 是以爲善常不能充其量, 人欲有未盡, 是以除惡常不能去其根. 爲善而不能充其量, 除惡而不能去其根, 是以雖以一念之頃, 而公私邪正, 是非得失之幾, 未嘗不朋分角立, 而交戰於其中. 故所以體貌大臣者非不厚, 而便嬖側媚之私 顧得以深被腹心之寄, 所以寤寐豪英者非不切, 而柔邪庸繆之輩 顧得以久竊廊廟之權, 非不樂聞天下之公議正論, 而亦有時而不容, 非不欲聖天下之讒說殄行, 而亦未免於誤聽, 非不欲報復陵廟之讎恥, 而或不免於畏怯苟安之計, 非不欲愛養生靈之財力, 而或未免於歎息愁怨之聲.

凡若此類, 不一而足, 是以所用雖不至盡非其人, 而亦不能盡得其人, 所由雖不至盡非其道, 而亦不能盡合其道, 規模蓋嘗小定, 而卒至於不定, 志氣蓋嘗小立, 而卒至於不立. 虛度歲月, 以至於今, 非獨不足以致治, 而或反足以召亂, 非獨不可以謀人, 而實不足以自守, 非獨天下之人爲陛下惜之, 臣知陛下之心 亦不能不以此爲恨也.

間者天啓聖心, 日新盛德, 奮發英斷, 整頓綱維, 蓋有意乎天理之純 而人欲之盡矣. 然臣竊以其事觀之, 則猶恐其未免乎交戰之患也. 蓋詰傳寫漏洩文字之罪, 則便嬖側媚之流知所懼矣. 然而去者未遠而復還, 存者更進而愈盛, 則知陛下親寵 此曹之意未衰也. 罷累年竊位盜權之姦, 則柔邪庸繆之黨知所懼矣. 然而希次補者 襲其迹以僥倖而不詞 當言責者懷其私以緘默而不問, 則知陛下委任此輩之意猶在也. 增置諫員, 斥遠邪佞, 則兼聽之美固有以異乎前日矣. 然可諫之端無窮, 則其或繼進而愈切, 未知陛下果能納而用之否也. 辨明誣枉, 慰撫孤直, 則燭幽之明固有以異乎前日矣. 然造言之人無責, 則其或捷出而益巧, 未知陛下果能遠而絶之否也. 謝却傲使, 嘉奬壯圖, 宜若可以勵苟安之志矣. 而置將之權旁出奄寺, 軍政敗壞, 士卒愁怨, 則恐未有以待天下之變. 振廩蠲租, 重禁科擾, 宜若可以寬疲民之力矣. 而監司不擇, 守令貪殘, 政煩賦重, 元元失職, 則恐未有以固有邦之本. 即是數者而論之, 則是所謂天理者雖若小勝, 而所謂人欲者終未盡除也. 夫以陛下之神聖仁明, 涖政之久, 圖治之切, 宜其晏然高拱, 以享功成治定之安久矣. 而歲月逾邁, 四顧茫然, 陰陽方爭, 勝負未決, 不知將復何日何時而可以粗見聖治之成也耶!

聞之道路, 比來士大夫之進說者多矣. 然不探其本而徒指其末, 不先其難而姑就其易, 毛擧天下之細故, 而不本於陛下之身, 營營馳騁乎事爲利害之末流, 臣恐其未足以端出治之本, 淸應物之源, 以贊陛下正大宏遠之圖, 而使天下之事悉如聖志之所欲也. 昔者舜禹孔顔之間, 蓋嘗病此而講之矣. 舜之戒禹曰, "人心惟危, 道心惟微, 惟精惟一, 允執闕中", 而必繼之曰, "無稽之言勿聽, 弗詢之謀勿庸, 謹乃有位, 敬修其可願, 四海困窮, 天祿永終." 孔子之告顔淵, 旣曰, "克己復禮爲仁, 一日克己復禮, 天下歸仁焉. 爲仁由己, 而由人乎哉?" 而又申之曰, "非禮勿視, 非禮勿聽, 非禮勿言, 非禮勿動." 旣告之以損益四代之禮樂, 而又申之曰, "放鄭聲, 遠佞人, 鄭聲淫, 佞人殆." 嗚呼! 此千聖相傳心法之要, 其所以極夫天理之全而察乎人欲之盡者, 可謂兼其本末巨細而擧之矣. 兩漢以來, 非無願治之主, 而莫克有志於此, 是以雖或隨世以就功名, 而終不得以與乎帝王之盛. 其或恥爲庸主, 而思用力於此道, 則又不免蔽於老子浮屠之說, 靜則徒以虛無寂滅爲樂, 而不知有所謂實理之原, 動則徒以應緣無礙爲達, 而不知有所謂善惡之機. 是以日用之間, 內外乖離, 不相爲用, 而反以害於政事. 蓋所謂千聖相傳心法之要者, 於是不復講矣.

臣愚不肖, 竊願陛下卽今日之治效, 泝而上之, 以求其所以然之故, 而於舜禹孔顔所授受者 少留意焉. 自今以往, 一念之萌, 則必謹而察之, 此爲天理耶, 爲人欲耶? 果天理也, 則敬以擴之 而不使其少有壅閼, 果人欲也, 則敬以克之 而不使其少有凝滯. 推而至於語言動作之間, 用人處事之際, 無不以是裁之. 知其爲是而行之, 則行之惟恐其不力, 而不當憂其力之過也. 知其爲非而去之, 則去之惟恐其不果, 而不當憂其果之甚也. 知其爲賢而用之, 則任之惟恐其不專, 聚之惟恐其不衆, 而不當憂其爲黨也. 知其爲不肖而退之, 則退之惟恐其不速, 去之惟恐其不盡, 而不當憂其有偏也. 如此則聖心洞然, 中外融徹, 無一毫之私欲得以介乎其間, 而天下之事, 將惟陛下之所欲爲, 無不如志矣.

『詩』曰 "豐水有芑, 武王豈不仕? 貽厥孫謀, 以燕翼子, 武王烝哉." 矧今祖宗
光明盛大之業付在陛下, 將以傳之無窮, 四海之內, 所望於陛下者, 不但數世
之仁而已. 書曰 若藥不瞑眩, 厥疾不瘳. 惟陛下深留聖志, 痛自刻勵而力行
之, 使萬世之後, 猶可以爲後聖法程, 則宗社神靈永有依託, 萬方黎獻永有歸
往, 天下幸甚! 天下幸甚!

臣孤陋寡聞, 學無所就, 前此兩蒙賜對, 所言大義與此略同. 辭不別白, 旨不
分明, 曾不足以上悟聖心, 而陛下哀憐, 不忍終棄, 使得復望淸光. 環視其中,
無它所有, 輒繹舊聞, 復以此進. 僭妄狂率, 罪當萬死, 伏惟陛下財赦. 取進止.

甲寅行宮便殿奏箚　一

臣竊聞之, 天下之事有常有變, 而其所以處事之術有經有權. 君臣父子, 定位
不易, 事之常也, 君令臣行, 父傳子繼, 道之經也. 事有不幸而至於不得盡如
其常, 則謂之變, 而所以處變之術不得全出於經矣, 是則所謂權也. 當事之常
而守其經, 雖聖賢不外乎此, 而衆人亦可能焉. 至於遭事之變 而處之以權,
則唯大聖大賢爲能不失其正, 而非衆人之所及也. 故孔子曰 可與立, 未可與
權. 蓋言其難如此. 而夷齊季札之徒所以輕千乘之國以求即乎吾心之所安
寧, 隕其身亡其國 而不敢失其區區之節者, 亦爲此也.

乃者天運艱難, 國有大咎, 天變爲之見於上, 地變爲之作於下, 人情爲之哀恫
怫鬱 而皆有離叛散亂之心. 方此之時, 宗廟社稷危於綴旒, 是則所謂天下之
大變 而不可以常理處焉者也. 是以太皇太后躬定大策, 皇帝陛下寅紹丕圖,
未及號令之間, 不越須臾之頃, 而鄉之危者安, 離者合, 天下之勢翕然而大定.
此亦可謂處之以權而庶幾乎有以不失其正者矣. 然自頃至今, 亦旣三月, 而
天變未盡消, 地變未盡弭, 君親之心未盡懌, 學士大夫・羣黎百姓或反不能
無疑於逆順名實之際, 至於禍亂之本, 又已伏於冥冥之中, 特待時而發耳.
臣雖至愚, 亦知竊爲陛下憂之, 而未知其計之所出, 故嘗反覆以思而參以所

聞, 則尙猶可諉者, 亦曰陛下之心前日未嘗有求位之計, 今日未嘗忘思親之懷而已爾. 嗚呼! 此則所謂道心微妙之全體, 天理發用之本然, 而所以行權而不失其正之根本也. 誠卽是心以充之, 則孔子所謂求仁得仁而無怨, 孟子所謂終身訴然, 樂而忘天下者, 臣有以知陛下之不難矣. 借曰天命神器不可以無傳, 宗廟社稷不可以無奉, 則轉禍爲福, 易危爲安, 亦豈可以舍此而它求哉? 充吾未嘗求位之心, 則可以盡吾負罪引慝之誠, 充吾未嘗忘親之心, 則可以致吾溫凊定省之禮, 始終不越乎此, 而大倫可正, 大本可立矣. 陛下誠能動心忍性, 深自抑損, 所以自處常如前日未嘗有位之時, 內自宮掖燕私之奉, 服食器用之須, 不敢一毫有所加於潛邸是舊, 外至百辟多儀之享, 恩澤匪頒之式, 不敢一旦而全享乎萬乘之尊, 專務積其誠意, 期以格乎親心, 然後濬發德音, 痛自克責, 嚴飭羽衛, 益勤問安視膳之行, 十日一至而不得見則繼以五日, 五日一至而不得見則繼以三日, 三日而不得見則二日而一至, 以至于無一日而不一至焉, 俯伏寢門, 怨慕號泣, 雖勞且辱, 有所不憚, 然而親心猶未底豫, 慈愛猶未復初, 逆順名實之疑不渙然而冰釋, 則臣不信也.

若夫災異之變, 禍亂之幾有未盡去, 則又在乎陛下凝神恭默, 深監古先, 日與大臣講求政理, 可否相濟, 惟是之從, 必使發號施令無一不出乎朝廷, 進退人材無一不合乎公論, 不爲偏聽以啓私門, 則聖德日新, 聖治日起, 而天人之應不得違, 孽蘗之萌不得作矣.

今日之計, 莫大於此, 惟陛下深留聖意 而亟圖之. 若復因循, 日復一日, 所以行權者遂失其正, 則臣恐禍變之來, 不但禮樂不興, 刑罰不中而已也. 人心易離, 天命難保, 厥監不遠, 深可畏懼. 臣山野戇愚, 不識忌諱, 罪當萬死, 惟陛下寬之. 取進止.

行宮便殿奏箚 二

臣竊惟皇帝陛下祗膺駿命, 恭御寶圖, 正位之初, 未遑它事, 而首以博延儒臣, 討論經藝爲急先之務, 蓋將求多聞以建事, 學古訓而有獲, 非若記問愚儒詞章小技, 誇多以爲博, 鬪靡以爲工而已也. 如是則勸講之官所宜遴選, 顧乃不擇, 誤及妄庸, 則臣竊以爲過矣. 蓋臣天姿至愚極陋, 雖嘗挾策讀書, 妄以求聖賢之遺旨, 而行之不力, 老矣無聞, 況於帝王之學, 則固未之講也, 其何以當擢任之寵 而辱顧問之勤乎? 是以聞命驚惶, 不敢奉詔. 然嘗聞之, 人之有是生也, 天固與之以仁義禮智之性, 而敍其君臣父子之倫, 制其事物當然之則矣, 以其氣質之有偏, 物欲之有蔽也, 是以或昧其性以亂其倫, 敗其則而不知反, 必其學以開之, 然後有以正心·修身, 而爲齊家治國之本. 此人之所以不可不學, 而其所以學者 初非記問詞章之謂, 而亦非有聖愚貴賤之殊也. 以是而言, 則臣之所嘗用力, 固有可爲陛下言者, 請遂陳之.

蓋爲學之道, 莫先於窮理, 窮理之要, 必在於讀書, 讀書之法, 莫貴於循序而致精, 而致精之本, 則又在於居敬而持志, 此不易之理也.

夫天下之事莫不有理, 爲君臣者有君臣之理, 爲父子者有父子之理, 爲夫婦, 爲兄弟, 爲朋友, 以至於出入起居, 應事接物之際, 亦莫不各有理焉. 有以窮之, 則自君臣之大以至事物之微, 莫不知其所以然與其所當然, 而亡纖芥之疑, 善則從之, 惡則去之, 而無毫髮之累. 此爲學所以莫先於窮理也.

至論天下之理, 則要妙精微, 各有攸當, 亙古亙今, 不可移易. 唯古之聖人爲能盡之, 而其所行所言, 無不可爲天下後世不易之大法. 其餘則順之者爲君子而吉, 背之者爲小人而凶. 吉之大者, 則能保四海而可以爲法, 凶之甚者, 則不能保其身而可以爲戒. 是其粲然之跡, 必然之效, 蓋莫不具於經訓史冊之中. 欲窮天下之理而不卽是以求之, 則是正墙面而立爾. 此窮理所以必在乎讀書也.

若夫讀書, 則其不好之者 固怠忽間斷而無所成矣, 其好之者 又不免乎貪多而務廣, 往往未啓其端而遽已欲探其終, 未究乎此而忽已志在乎彼, 是以雖復終日勤勞, 不得休息, 而意緒忽忽, 常若有所奔趁迫逐, 而無從容涵泳之樂, 是又安能深信自得, 常久不厭, 以異於彼之怠忽間斷而無所成者哉? 孔子所謂欲速則不達, 孟子所謂進銳者退速, 正謂此也. 誠能鑒此而有以反之, 則心潛於一, 久而不移, 而所讀之書文意接連, 血脈通貫, 自然漸漬浹洽, 心與理會, 而善之爲勸者深, 惡之爲戒者切矣. 此循序致精所以爲讀書之法也.

若夫致精之本, 則在於心. 而心之爲物, 至虛至靈, 神妙不測, 常爲一身之主,
以提萬事之綱, 而不可有頃刻之不存者也. 一不自覺而馳騖飛揚, 以徇物欲
於軀殼之外, 則一身無主, 萬事無綱. 雖其俯仰顧眄之間, 蓋已不自覺其身之
所在, 而況能反覆聖言, 參考事物, 以求義理至當之歸乎? 孔子所謂 君子不
重則不威, 學則不固, 孟子所謂 學問之道無他, 求其放心而已矣者, 正謂此
也. 誠能嚴恭寅畏, 常存此心, 使其終日儼然, 不爲物欲之所侵亂, 則以之讀
書, 以之觀理, 將無所往而不通, 以之應事, 以之接物, 將無所處而不當矣.
此居敬持志所以爲讀書之本也.

此數語者, 皆愚臣平生爲學艱難幸苦已試之效, 竊意聖賢復生, 所以敎人不
過如此. 不獨布衣韋帶之士所當從事, 蓋雖帝王之學, 殆亦無以易之. 特以近
年以來, 風俗薄陋, 士大夫間聞此等語, 例皆指爲道學, 必排去之而後已. 是
以食芹之美, 無路自通, 每抱遺經, 徒竊慨歎. 今者乃遇皇帝陛下始初淸明,
無他嗜好, 獨於問學孜孜不倦, 而臣當此之時, 特蒙引對, 故敢忘其固陋 而輒
以爲獻. 伏惟聖明深賜省覽, 試以其說驗之於身, 蚤寤晨興, 無忘今日之志而
自彊不息, 以緝熙于光明, 使異時嘉靖邦國如商高宗, 興衰撥亂如周宣王, 以
著明人主講學之效, 卓然爲萬世帝王之標準, 則臣雖退伏田野, 與世長辭, 與
有榮矣, 何必使之勉彊 盲聾, 扶曳跛躄, 以汙近侍之列 而爲盛世之羞哉! 干
冒宸嚴, 不勝戰慄, 惟陛下留神財幸. 取進止.

行宮便殿奏箚　三

臣前任備員潭州, 兼管荊湖南路安撫司事, 竊見本路土瘠民貧, 無他生理, 而
州縣歲計入少出多, 往往例於常賦之外多收加耗, 重折價錢, 尙且入不支出,
公私俱困. 昨來諸司察見其弊, 累嘗蠲減, 務寬民力, 連年所放, 蓋已不貲,
而州縣起發上供, 支遣俸給諸色費用尙仍舊額, 略無所損. 沿此官司已是狼
狽, 不可支吾. 或有非泛賞給, 調發支賜, 若更差到諸班換授歸正, 雜流補官
之人復有增加, 則愈見逼迫, 無以爲計. 臣近者嘗與漕臣何異備奏全州守臣

韓遴所申乞減添差員數, 可見一端. 至於其他州縣, 大略往往類此, 不唯官吏
苟逭目前, 多方趣辦, 不暇爲國家赤子計, 而按察之官知其甚不得已以至於
此, 亦不忍盡法按治, 無由發覺.

竊念本路東望朝廷, 遠在二千餘里之外, 而北據重湖, 南撫諸峒, 形勢所關,
亦非他道之比. 萬一民貧, 不堪誅剝, 一旦屯結, 自爲擾亂, 而盜賊蠻傜相挺
而起, 則不知議者何以處之? 臣自到任以至去官, 僅及三月, 雖未及詳密究
其曲折, 然其大勢如此, 亦不待智者而後知矣. 故嘗深以爲憂, 欲爲料理, 但
以召還之遽, 未暇子細詢考, 畫一奏聞.

今者既蒙賜對, 又不敢不爲陛下一言. 欲望聖慈深察, 一視同仁, 特詔本路帥
臣監司更以前日全州所申事理通之諸郡, 並行均節, 將大段缺乏去處特與
痛加退減, 指定奏聞, 取旨行下, 庶幾州得以恤其縣, 縣得以寬其民. 而其間
或有不奉詔者, 亦且無詞以逃其罪. 則遐遠之民均被實惠, 而寬大之恩不但
爲掛墻壁之具而已. 臣奉使亡狀, 不早上聞, 以至今日, 死有餘罪. 伏惟矜赦
而亟圖之, 則一路幸甚. 取進止.

行宮便殿奏箚　四

臣昨於去冬伏蒙聖恩, 除知潭州, 方具辭免, 未及起發, 即聞湖北傜人侵犯邵
州界分. 及今年春伏奉聖旨, 不許辭免, 臣遂即日就道. 比及到官, 湖北已行
進兵攻討, 賊氣漸衰, 遂就招降, 一向寧帖. 却據邵州守臣潘燾申到, 見得從
前邊防全無措畫, 以致小醜敢肆侵犯, 因條畫到移置寨柵, 增撥戍兵利害數
條, 臣與漕臣何異詳潘燾所申頗有條理, 遂行詢究, 見得委的合行措置, 遂已
具奏, 乞賜施行, 竊計已徹天聽. 欲望聖慈明詔大臣, 早賜處分, 及何異潘燾
在任之日, 依元所申日下措置. 其提刑趙不迃先次申奏, 亦與臣等所乞無大
異同, 欲乞并行箚下, 公共相度, 從長區處, 庶使姦賊畏威, 邊民安業, 實一方
永遠之利. 取進止.

貼黃

臣昨招到傜賊蒲來矢等, 已赴安撫司公參. 傜[1]人衰弱, 初無能解, 但恃險阻, 敢爾跳梁. 今已伏降, 則於事理不得不加存恤. 欲乞聖慈行下本司常切照管, 毋失大信, 庶幾異日復有此輩, 易以招納. 伏候聖旨.

行宮便殿奏箚 五

臣伏見潭州城壁昨因兵騎殘破之後, 剝落摧圮, 五十餘年, 不曾修築. 近者守臣周必大方議補砌, 已蒙朝廷支降度牒一百道, 賣到錢八萬貫, 未及興工, 而必大奉祠就第. 臣到任之初, 卽行點檢, 其錢已支六萬餘貫買到甎灰, 見在餘錢不多, 不足爲雇工犒設之費. 又元料只擬用本州諸色軍兵, 共不過三千餘人, 竊慮不堪久役勞苦. 而其城廣濶, 中間多有空閑無民居處, 若盡修築, 亦無所用, 枉費工力. 初已剋定, 七月下旬起工, 而偶值小旱, 繼以霖雨, 旋遭國哀, 人情洶洶, 未敢容易. 然念興作有緒, 所買甎灰費錢已多, 若遂因循, 便成廢棄, 亦又可惜. 故自登極赦後, 事勢稍定, 卽別委官再行計度, 擬將其城北面一帶荒迥去處量加裁減, 向裏別築. 蓋如此則不唯目今工力易辦, 將來萬一不測有警, 亦易防守. 但未及子細條畫, 而臣忽奉聖恩, 召令奏事. 竊恐新任守臣未知始末, 欲望聖慈行下, 詳審計度. 如臣妄議有可施行, 卽乞睿旨再給度牒, 雜募軍民, 促減北邊, 近裏修築, 乘此樂歲, 擇日興工, 亦爲一方永久不虞之備. 取進止.

乞進德箚子

臣竊聞周武王之言曰, “惟天地, 萬物父母, 惟人, 萬物之靈. 亶聰明作元后,

---

1) 傜 : 傜는 1771년판 『朱子大全』에는 ‘其’로 되어 있다.

元后作民父母." 而孟子又曰, "堯舜性之, 湯武反之." 盖嘗因此二說而深思之, 天地之大, 無不生育, 固爲萬物之父母矣. 人於其間, 又獨得其氣之正, 而能保其性之全, 故爲萬物之靈. 若元后者, 則於人類之中, 又獨得其正氣之盛, 而能保其全性之尤者, 是以能極天下之聰明, 而出乎人類之上, 以覆冒而子蓄之. 是則所謂'作民父母'者也.

然以自古聖賢觀之, 惟帝堯大舜, "生而知之, 安而行之", 爲能履此位, 當此責而無愧. 若成湯武王, 則其聰明之質, 固已不能如堯舜之全矣. 惟其能學而知, 能利而行, 能擇善而固執, 能克己而復禮, 是以有以復其德性聰明之全體, 而卒亦造夫堯舜之域, 以爲億兆之父母. 盖其生質雖若不及, 而其反之之至, 則未嘗不同. 孔子所謂"及其成功, 一也", 正此之謂也.

恭惟皇帝陛下聰明之質, 性之於天, 固非常情所能窺度. 然而生長深宮, 春秋方富, 臣恐稼穡艱難, 容有未盡知, 人之情僞, 容有未盡察, 國家憲度, 容有未盡習. 至於學道修身, 立志揆事之本, 制世御俗, 發號施令之要, 亦容有未能無待於講而後明者.

故竊以爲陛下誠能於此深留聖意, 日用之間, 語默動靜, 必求放心, 以爲之本, 而於玩經觀史, 親近儒學, 已用力處, 益用力焉, 數召大臣, 切劘治道, 俾陳今日要急之務, 畧如仁祖開天章閣故事, 至於君臣進對, 亦賜溫顏, 反復詢訪, 以求政事之得失, 民情之休戚, 而又因以察其人材之邪正短長, 庶於天下之事各得其理.

經歷詳盡, 浹洽貫通, 聰明日開, 志氣日彊, 德聲日聞, 治效日著, 四海之內瞻仰畏愛, 如親父母, 則是反之之至, 而堯舜湯武之盛, 不過如此. 不宜妄自菲薄, 因循苟且, 而不復以古之聖賢自期也.

臣本迂儒, 加以老病, 自知無用, 分甘窮寂. 今者徒以趣召之峻, 冒昧而來, 耳目筋骸, 皆難勉彊. 然而未敢遽以告歸爲請者, 誠感眷遇之厚, 猶欲少忍須臾, 以俟陛下聖志之立, 聖學之成, 決知異日姦言邪說不能侵亂, 果如前所期者, 然後乞身以去, 則爲上不負天子, 下不負所學, 而臣主俱榮矣.

顧以此事在臣但能言之, 而其用力則在陛下, 萬一莫景迫人, 不容宿留, 則抱此耿耿, 私恨無窮. 伏望聖慈憐臣此志, 察臣此言, 策厲身心, 勉進德業, 使臣蚤得遂其所願, 則雖夕死瞑目無憾矣. 冒瀆宸聽, 臣無任悃疑激切之至. 取進止.

貼黃

臣聞『中庸』有言, "人一能之, 己百之. 人十能之, 己千之. 果能此道, 雖愚必明, 雖柔必彊." 而元祐館職呂大臨爲之說曰, "君子所以學者, 爲能變化氣質而已. 德勝氣質, 則愚者可進於明, 柔者可進於彊. 不能勝之, 則雖有志於學, 亦愚不能明, 柔不能彊而已矣. 蓋均善而無惡者, 性也, 人所同也. 昏明彊弱之禀不齊者, 才也, 人所異也. '誠之'者, 所以反其同而變其異也. 夫以不美之質, 求變而美, 非百倍其功, 不足以致之. 今以鹵莽滅裂之學, 或作或輟, 以求變其不美之質, 及不能變則曰, '天質不美, 非學所能變', 是果於自棄, 其爲不仁甚矣."

臣少時讀書, 偶於此語深有省焉, 奮厲感慨, 不能自已. 自此爲學, 方有寸進. 食芹而美, 敢以爲獻, 伏乞聖察.

乞不以假故逐日進講箚子

臣伏見近制, 每遇隻日, 蚤晚進講, 及至當日, 或值假故, 卽行權罷. 又按故事, 將來大寒大暑, 亦繫罷講月分. 恭聞陛下天性好學, 晨夕孜孜, 雖處深宮, 必不暇逸. 但臣誤蒙選擇, 以經入侍, 固當日有獻納, 以輔聖志. 今乃淹旬累月, 不得修其職業, 素餐之刺, 實不自安. 故嘗面奏, 假日無事, 正宜進講, 已蒙聖慈俯賜嘉納, 今已兩日, 未見施行. 因省昨來所陳, 似亦未至詳悉, 今別具奏, 欲乞聖明特降睿旨.

今後除朔望旬休及過宮日外, 不以寒暑雙隻月日諸色假故, 並令逐日蚤晚進講. 內有朝殿日分, 伏恐聖躬久坐, 不無少勞, 却乞權住當日蚤講一次, 庶幾藏修遊息, 無非典學之時, 聖德日躋, 天下幸甚. 取進止.

乞差官看詳封事箚子

臣前日面奏, 恭奉詔旨, 以雷雨之異, 許陳闕失, 仰見陛下畏天省己之意. 然臣未敢奉詔者, 竊見陛下登極之初, 已下明詔, 來獻言者甚衆, 未聞一有施行. 今復求言, 殆成虛語. 欲乞睿旨令後省官鎖宿看詳, 擇其善者, 條上取旨, 以次施行. 已蒙聖慈開納, 再三玉音宣諭如此, 則求言之詔不爲文具, 臣不勝感激欣幸. 而今已兩日, 未見指揮, 竊慮當時所奏他事猥多, 又無文字可以降出, 是致遲緩. 今敢再具奏聞, 欲望聖明早賜處分, 庶幾聞者知勸, 直言日聞, 開悟聖聰, 益修政德. 應天之實, 莫大於此. 取進止.【十月十七日, 奉聖旨差沈有開・劉光祖, 限十日看詳聞奏】

乞瑞慶節不受賀箚子

臣伏覩今日瑞慶節前一日, 宰執率文武百寮, 詣行宮便殿, 拜表稱賀, 臣已前來, 祗赴立班. 然竊惟念壽皇梓宮在殯, 陛下追慕方新, 乃以此時講行賀禮, 臣當以經術入侍帷幄, 覩此缺失, 心實未安. 久欲奏聞, 又念疎遠, 不敢僭越. 昨晚忽奉睿旨, 特令宣引今日晚講. 仰見聖心虛懷求善, 唯恐不及, 待遇之恩, 復異常品. 感激之深, 不能自已, 謹此密奏, 欲望聖慈速賜傳旨, 便令權免, 其表亦不收接. 三年之內, 凡有合稱賀事並依此例, 庶幾上廣孝治, 益隆聖德, 風示四表, 垂法萬世, 臣不勝大願. 取進止.

貼黃

臣今所奏雖已遲晚, 然羣臣班賀於外, 而聖主抑而不受, 益見聖德之盛, 可爲後世法程. 伏乞睿照.

經筵留身面陳四事箚子

臣迂愚衰賤, 無以瘉人, 仰荷聖明召從遠外, 置之近侍之列, 處以勸誦之官, 此豈私於小臣者哉? 意者必以其粗嘗講學, 稍有思慮, 不肯隨衆默默, 或有以仰裨聖治萬分之一也. 而臣伏自到闕, 三獲進對, 狂妄之言, 時蒙采納, 如增添講日, 看詳封事, 不受賀表之屬, 皆得施行.

臣竊不自知以爲庶幾可以披瀝肝膽, 畢義願忠, 而無負於陛下所以收錄使令之意. 又竊惟念服在內朝, 實以從容諷議爲職, 故雖被求言之詔, 亦不敢輒同外臣, 撰述文字, 以致宣洩. 但嘗面奏一二, 意望陛下自以聖意施行. 而累日以來, 竊觀天意, 雷霆之後, 繼以陰雨, 沉鬱不解, 夜明晝昏. 此必政事設施, 大有未厭人望, 以致陰邪敢干陽德者. 而臣前日所嘗言之大者, 尙亦未蒙省察. 若但碌碌隨群, 解釋文義, 時時陳說一二細微, 以應故事, 則不唯非陛下所以召用愚臣之意, 亦豈愚臣所以服事陛下之志哉? 今有微誠, 須至傾竭.

臣之所言, 其最大者, 則勸陛下凡百自奉, 深務抑損, 自宮闈之私, 居處服用, 且如潛邸之舊, 以至外庭禮數, 僕御恩澤, 亦未可遽然全享萬乘之尊, 庶幾有以感格親心, 早遂晨昏定省之願, 以爲陛下必垂開納. 而數日來, 乃聞有旨修葺舊日東宮, 爲屋三數百間, 外議皆謂陛下意欲速成, 早遂移蹕, 以爲便安之計. 不惟未能抑損, 乃是過有增加, 臣不知此果出於陛下之心, 大臣之議, 軍民之願耶? 抑亦左右近習倡爲此說以誤陛下, 而欲因以遂其姦心也?

臣恐不惟上帝震怒, 災異數出, 正當恐懼修省之時, 不當興此大役, 以咈譴告警動之意, 亦恐畿甸百姓飢餓流離, 阽於死亡之際, 忽見朝廷正用此時大興土木, 修造宮室, 但以適己自奉爲事, 而無矜惻憫憐之心, 或能怨望忿切, 以生他變.

不惟無以感格太上皇帝之心, 以致未有進見之期, 亦恐壽皇在殯, 因山未卜, 几筵之奉, 不容少弛. 太皇太后皇太后皆以尊老之年, 煢然在憂苦之中, 晨昏之養, 尤不可闕. 而四方之人但見陛下亟欲大治宮室, 速得成就, 一旦翩然委而去之, 以就安便. 六軍萬民之心, 必又將有扼腕而不平者矣.

前鑒未遠, 甚可懼也. 至於一離尊親之側, 輕去倚廬之次, 深宮永巷, 園囿池臺, 耳目之娛雜然而進, 臣又竊恐陛下之心未易當此紛華盛麗之熒惑感移, 雖欲日親儒士, 講求經訓, 以正厥事, 而進德修業, 亦將有所不暇矣. 此又臣之所大懼也.

至於壽康定省之禮, 則臣嘗言之矣, 而其意有未盡也. 今聞邇日一再過宮, 亦未得見, 而不亟爲之慮, 如臣所謂'下詔自責·頻日繼往'者, 顧乃逶迤舒緩, 無異尋常之時, 泛然而往, 泛然而歸. 太上皇帝聞之, 必以爲此徒備禮而來, 實無必求見我之意, 其深閉固拒而不肯見, 固亦宜矣.

又聞太上皇后懼忤太上皇帝之意, 不欲其聞'太上'之稱, 又不欲其聞內禪之說. 此又慮之過者, 殊不知若但一向如此而不爲宛轉方便, 使太上皇帝灼知陛下所以不得已而卽位者, 但欲上安宗社, 下慰軍民, 姑以代己之勞, 而非敢遽享至尊之奉, 則父子之間, 上怨怒而下憂懼, 將何時而已乎? 父子天倫, 三綱所繫, 不惟陛下之心深所未安, 而四方觀聽殊爲不美. 久而不圖, 亦將有借其名以造謗生事者, 此又臣之所大懼也.

至於朝廷紀綱, 尤所當嚴. 上自人主, 以下至於百執事, 各有職業, 不可相侵. 蓋君雖以制命爲職, 然必謀之大臣, 參之給舍, 使之熟識(議), 以求公議之所在, 然後揚于王庭, 明出命令而公行之. 是以朝廷尊嚴, 命令詳審, 雖有不當, 天下亦皆曉然知其謬之出於某人, 而人主不至獨任其責. 臣下欲議之者, 亦得以極意盡言而無所憚. 此古今之常理, 亦祖宗之家法也.

今者陛下卽位未能旬月, 而進退宰執, 移易臺諫, 甚者方驟進而忽退之, 皆出於陛下之獨斷, 而大臣不與謀, 給舍不及議. 正使實出於陛下之獨斷, 而其事悉當於理, 亦非爲治之體, 以啓將來之弊, 況中外傳聞, 無不疑惑, 皆謂左右或竊其柄, 而其所行又未能盡允於公議乎! 此弊不革, 臣恐名爲獨斷而主威不免於下移, 欲以求治而反不免於致亂.

蓋自隆興以來, 已有此失, 臣嘗再三深爲壽皇論之, 非獨今日之憂也. 尚賴壽皇聖性聰明, 更練世事, 故於此輩雖以驅使之故稍有假借, 實亦陰有以制之, 未至全墮其計. 然積習成風, 貽患於後, 其害已有不可勝言者. 如陳源·袁佐之流, 皆陛下所親見也, 奈何又欲襲其跡而蹈之乎? 且陛下自視聰明剛斷, 孰與壽皇? 更練通達, 孰與壽皇? 壽皇尚不能制之於前, 而陛下乃欲制之於後, 臣恐其爲患之益深, 非但前日而已. 此又臣之所大懼也.

至於攢宮之卜, 偏聽臺史膠固謬妄之言, 墮其交結眩惑之計, 而以求吉地, 但欲於祐思諸陵之傍儧那遷就, 苟且了當, 旣不爲壽皇體魄安寧之慮, 又不爲宗社血食久遠之圖, 則自宰執侍從以至軍民, 皆知其非而不敢力爭. 夫以壽皇之豐功盛烈, 百世不忘, 而所以葬之如此其草草也, 此豈不又大咈天人之心, 以致變異之頻仍, 而貽患於無窮乎? 此又臣之所大懼也.

凡此四懼, 皆非小故. 臣願陛下深察愚言而反之於心, 明詔大臣, 首罷修葺東宮之役, 而以其工料回就慈福・重華之間, 草創寢殿一二十間, 使粗可居, 又於宮門之外, 草創供奉宿衛之廬數十間, 勿使其有偪仄暴露之苦. 如是則上有以感格太上皇帝之心, 而速南內進見之期, 又有以致壽皇几筵之奉, 而盡兩宮晨昏之禮, 下有以塞羣下窺觀眩惑之姦, 而慰斯民飢餓流離之歎. 此一事也.

若夫過宮之計, 則臣又願陛下下詔自責, 減省輿衛, 入宮之後, 暫變服色, 如唐肅宗之改服紫袍, 執控馬前者. 預詔近屬尊行之賢, 使之先入, 首白太上皇后以臣前所陳宛轉方便之說. 然後隨之而入, 望見太上皇帝, 卽當流涕伏地, 抱膝吮乳, 以伸負罪引慝之誠. 而太上皇后・宗戚貴臣左右環擁, 更進譬諭解釋之詞, 則太上皇帝雖有忿怒之情, 亦且霍然雲消霧散而懽意浹洽矣. 此二事也.

若夫朝廷之紀綱, 則臣又願陛下深詔左右勿預朝政, 但使朝廷尊嚴, 紀綱振肅, 而國家有泰山之安, 則此等自然不失富貴長久之計. 其實有勳庸而所得褒賞未愜眾論者, 亦詔大臣公議其事, 稽考令典, 厚報其勞.

而凡號令之弛張, 人才之進退, 則一委之二三大臣, 使之反復較量, 勿徇己見, 酌取公論, 奏而行之. 批旨宣行, 不須奏覆, 但未令尚書省施行, 先送後省審覆, 有不當者, 限以當日便行繳駁. 如更有疑, 則詔大臣與繳駁之官當晚入朝, 面議於前, 互相論難, 擇其善者, 稱制臨決, 則不惟近習不得干預朝權, 大臣不得專任己私, 而陛下亦得以益明習天下之事, 而無所疑於得失之筭矣. 此三事也.

若夫山陵之卜, 則臣前日嘗以議狀進呈, 近日又與同列連名具奏. 今更不敢頻煩聖聽, 亦望特宣大臣, 使詳臣等前後所論而決其可否於立談之間. 先寬七月之期, 次黜臺史之說, 別求草澤, 以營新宮, 使壽皇之遺體得安於內, 則宗社生靈皆蒙福於外矣. 此四事也.

凡此四事, 皆今日最急之務, 切乞留神, 反覆思慮, 斷而行之, 以答天變, 以慰人心, 上以彰聖主用人求諫之實, 下以伸小臣愛君憂國之忠, 則臣不勝千萬大幸.

又竊念臣老病之餘, 寒齋獨宿, 終夜不寐, 憂慮萬端, 而進對之時, 率多遺忘, 言語精神又不能以自達. 是以前日一再面奏, 所陳數事, 有未蒙深察者. 今因入侍, 敢復冒昧, 輒形紙墨, 伏惟聖明獨賜詳覽而擇其中. 至於孤危之蹤, 不敢自保, 竊恐自今以往, 不復久侍清閒之燕矣. 臣無任瞻戀懇切皇恐俟罪之至. 取進止.

'不受賀表'下　貼黃

臣又聞前日賀表雖蒙退出, 而未降指揮. 今後合稱賀事, 三年之內幷與權免, 其節序變遷, 幷合進名奉慰. 幷乞聖明先賜處分, 庶幾遇事免致失禮. 伏候聖旨.

'竊觀天意'下　貼黃

臣又聞前此雷雨之時, 累曾地震, 此十七日半夜前後, 其震尤甚. 八月半間, 蜀中大震, 墻屋往往傾摧. 臣雖不曾親見, 然見者頗多, 傳聞甚的. 聖政方新而變異不止, 天戒甚明, 必有所爲以. 幷乞睿照.

'此三事也'下　貼黃

臣又嘗謂人主當務聰明之實, 而不可求聰明之名. 信任大臣, 日與圖事, 反覆辯論, 以求至當之歸, 此聰明之實也. 偏聽左右, 輕信其言, 每事從中批出處分, 此聰明之名也. 務其實者, 今雖未明, 久必通悟. 務其名者, 或外間一時可以竦動觀聽, 然中實未明, 愈久而愈暗矣. 二者之間, 所差毫釐, 而其得失則有大相遠者. 伏乞睿照.

論災異箚子

臣竊聞今月五日夜漏方下五六刻間, 都城之內忽有黑煙四塞, 草氣襲人, 咫尺之間, 不辨人物, 著於面目, 皆爲沙土. 臣雖不曾親見, 然親舊相訪, 見之者多, 驗之數人, 其說如一, 決非虛妄.

臣竊思惟, 間者以來, 災異數見, 秋冬雷電, 苦雨傷稼, 山摧地陷, 無所不有, 皆爲陰盛陽微之證. 陛下雖嘗下責躬之詔, 出敢諫之令, 而天心未豫, 復有此怪, 亦爲陰聚包陽, 不和而散之象. 臣竊懼焉, 而恐其未有敢以聞於聖德者也. 蓋嘗聞之, 商中宗時, 有桑穀并生于朝, 一暮大拱. 中宗能用巫咸之言, 恐懼修德, 不敢荒寧, 而商道復興, 享國長久, 至于七十有五年. 高宗祭于成湯之廟, 有飛雉升鼎耳而鳴. 高宗能用祖己之言, 克正厥事, 不敢荒寧, 而商用嘉靖, 享國亦久, 至于五十有九年.

古之聖王遇災而懼, 修德正事, 故能變災爲祥, 其效如此. 伏願陛下視以爲法, 克己自新, 蚤夜思省, 擧心動念, 出言行事之際, 常若皇天上帝臨之在上, 宗社神靈守之在旁, 懍懍然不復敢使一毫私意萌於其間, 以煩譴告. 而又申敕中外大小之臣, 同寅協恭, 日夕謀議, 以求天意之所在而交修焉, 則庶乎災害日去而福祿日來矣. 臣不勝惓惓愛君憂國之至. 取進止.【一本乞留中省覽, 一本乞降付三省樞密院.】

乞令看詳封事官面奏箚子

臣昨具奏, 乞降指揮看詳臣庶所上封事, 已蒙聖慈施行. 今來竊見看詳官所具進冊, 其間貼說極爲詳備, 若令因侍經幄面奏指陳, 庶於聰明實有裨補. 取進止.

乞討論喪服箚子

臣聞三年之喪, 齊疏之服, 飦粥之食, 自天子達於庶人, 無貴賤之殊. 而禮經・敕令, ‘子爲父’, ‘嫡孫承重爲祖父’, 皆斬衰三年. 蓋嫡子當爲父後, 以承大宗之重, 而不能襲位以執喪, 則嫡孫繼統而代之執喪, 義當然也.

然自漢文短喪之後, 歷代因之, 天子遂無三年之喪. 爲父且然, 則嫡孫承重從可知已. 人紀廢壞, 三綱不明, 千有餘年, 莫能釐正.

及我大行至尊壽皇聖帝, 至性自天, 孝誠內發, 易月之外, 猶執通喪, 朝衣朝冠, 皆以大布. 超越千古拘攣牽制之弊, 革去百王衰陋卑薄之風, 甚盛德也. 所宜著在方冊, 爲世法程, 子孫守之, 永永無斁.

而間者遺誥初頒, 太上皇帝偶違康豫, 不能躬就喪次, 陛下實以世嫡之重仰承大統, 則所謂承重之服, 著在禮律, 所宜一遵壽皇已行之法, 易月之外, 且以布衣布冠視朝聽政, 以代太上皇帝躬執三年之喪.

而一時倉卒, 不及詳議, 遂用漆紗淺黃之服, 不唯上違禮律, 無以風示天下, 且將使壽皇已革之弊去而復留, 已行之禮舉而復墜. 臣愚不肖, 誠竊痛之. 然既往之失, 不及追改, 唯有將來啓殯發引, 禮當復用初喪之服, 則其變除之節, 尚有可議. 欲望陛下仰體壽皇聖孝成法, 明詔禮官稽考禮律, 預行指定.

其官吏軍民男女方喪之禮, 亦宜稍爲之制, 勿使過爲華靡. 布告郡國, 咸使聞知. 庶幾漸復古制, 而四海之衆有以著於君臣之義, 實天下萬世之幸. 取進止.

書奏藁後

準五服年月格, 斬衰三年, 嫡孫爲祖【謂承重者】, 法意甚明. 而禮經無文, 但傳云, “父沒而爲祖後者服斬”, 然而不見本經, 未詳何據. 但「小記」云, “祖父沒而爲祖母後者三年”, 可以旁照. 至‘爲祖後者’條下, 『疏』中所引『鄭志』, 乃有‘諸侯父有廢疾, 不任國政, 不任喪事’之問, 而鄭答以天子諸侯之服皆斬之文, 方見父在而承國於祖之服.

向來入此文字時, 無文字可檢, 又無朋友可問, 故大約且以禮律言之. 亦有疑父在不當承重者, 時無明白證驗, 但以禮律人情大意答之, 心常不安. 歸來稽考, 始見此說, 方得無疑. 乃知學之不講, 其害如此, 而禮經之文誠有闕畧, 不無待於後人. 向使無鄭康成, 則此事終未有決斷. 不可直謂古經定制一字不可增損也.

乞脩三禮劄子

臣聞之, 六經之道同歸, 而『禮』『樂』之用爲急. 遭秦滅學, 『禮』『樂』先壞. 漢晉以來, 諸儒補緝, 竟無全書, 其頗存者三禮而已. 『周官』一書, 固爲禮之綱領. 至其儀法・度數, 則『儀禮』乃其本經, 而『禮記』「郊特牲」「冠義」等篇, 乃其義說耳. 前此猶有三禮・通禮・學究諸科, 禮雖不行, 而士猶得以誦習而知其說. 熙寧以來, 王安石變亂舊制, 廢罷『儀禮』, 而獨存『禮記』之科, 棄經任傳, 遺本宗末, 其失已甚. 而博士諸生, 又不過誦其虛文, 以供應舉. 至於其間, 亦有因儀法度數之實而立文者, 則咸幽冥而莫知其源. 一有大議, 率用耳學臆斷而已. 若乃樂之爲敎, 則又絕無師授, 律尺短長, 聲音清濁, 學士大夫莫有知其說者, 而不知其爲闕也.

故臣頃在山林, 嘗與一二學者, 考訂其說, 欲以『儀禮』爲經, 而取『禮記』及諸經史雜書所載有及於禮者, 皆以附於本經之下, 具列注疏諸儒之說, 畧有端緒. 而私家無書檢閱, 無人抄寫, 久之未成. 會蒙除用, 學徒分散, 遂不能就. 而鍾律之制, 則士友間亦有得其遺意者, 竊欲更加參考, 別爲一書, 以補六藝之闕, 而亦未能具也.

欲望聖明特詔有司, 許臣就秘書省太常寺, 關借禮樂諸書, 自行招致舊日學徒十餘人, 踏逐空閑官屋數間, 與之居處, 令其編類. 雖有官人, 亦不繫銜請俸, 但乞逐月量支錢米, 以給飲食紙札油燭之費. 其抄寫人卽乞下臨安府差撥貼司二十餘名, 候結局日量支犒賞, 別無推恩, 則於公家無甚費用, 而可以興起廢墜, 垂之永久. 使士知實學, 異時可爲聖朝制作之助, 則斯文幸甚, 天下幸甚. 取進止.

찾아보기

역 자

김정신　연세대학교 국학연구원 연구교수
도현철　연세대학교 사학과 교수
안대회　성균관대학교 한문학과 교수
안은수　성균관대학교 유학동양학부 강사
이봉규　인하대학교 인문학부 교수
장동우　연세대학교 국학연구원 연구교수
정호훈　서울대학교 규장각한국학연구원 HK교수
한정길　연세대학교 국학연구원 연구교수
황병기　연세대학교 강진다산실학연구원 연구교수

정두영　연세대학교 국학연구원 연구교수

연세국학총서 90

朱子封事

朱子思想硏究會　譯

2011년 7월 29일　초판 1쇄 발행

펴낸이 · 오일주
펴낸곳 · 도서출판 혜안
등록번호 · 제22-471호
등록일자 · 1993년 7월 30일

㉾ 121-836 서울시 마포구 서교동 326-26번지 102호
전화 · 3141-3711~2 / 팩시밀리 · 3141-3710
E-Mail hyeanpub@hanmail.net

ISBN 978-89-8494-427-5　93150

값 28,000 원